Gedichte und Interpretationen 3

Gedichte
und Interpretationen

Band 1   Renaissance und Barock
Band 2   Aufklärung und Sturm und Drang
Band 3   Klassik und Romantik
Band 4   Vom Biedermeier
          zum Bürgerlichen Realismus
Band 5   Vom Naturalismus
          bis zur Jahrhundertmitte
Band 6   Gegenwart I
Band 7   Gegenwart II

Philipp Reclam jun. Stuttgart

Gedichte und Interpretationen

Band 3

Klassik und Romantik

Herausgegeben von
Wulf Segebrecht

Philipp Reclam jun. Stuttgart

Universal-Bibliothek Nr. 7892
Alle Rechte vorbehalten
© 1984 Philipp Reclam jun. GmbH & Co., Stuttgart
Gesamtherstellung: Reclam, Ditzingen. Printed in Germany 1998
RECLAM und UNIVERSAL-BIBLIOTHEK sind eingetragene Marken
der Philipp Reclam jun. GmbH & Co., Stuttgart
ISBN 3-15-007892-X

Inhalt

Wulf Segebrecht: Einleitung . . . .　9

Johann Wolfgang Goethe: Grenzen der Menschheit .　23
Ursula Segebrecht: Besonnene Bestandsaufnahme. Zu
Goethes »Grenzen der Menschheit« . . . .　25

Friedrich Schiller: Die Götter Griechenlands . . . . .　33
Sybille Demmer: Von der Kunst über Religion zur
Kunst-Religion. Zu Schillers Gedicht »Die Götter
Griechenlands« . . . .　37

Johann Wolfgang Goethe: Fünfte Elegie . . . .　48
Wulf Segebrecht: Sinnliche Wahrnehmung Roms. Zu
Goethes »Römischen Elegien«, unter besonderer Be-
rücksichtigung der »Fünften Elegie« . . . .　49

Friedrich Schiller: Der Spaziergang . . . .　60
Jürgen Stenzel: Die Freiheit des Gefangenen: Schillers
Elegie »Der Spaziergang« . . . .　67

Friedrich Schiller: Das Ideal und das Leben . . . . .　78
Helmut Koopmann: Mythologische Reise zum Olymp　83

Ludwig Tieck: Melankolie . . . .　99
Franz Loquai: Lovells Leiden und die Poesie der Me-
lancholie. Zu Ludwig Tiecks Gedicht »Melankolie«　100

Johann Wolfgang Goethe: Der Gott und die Bajadere　114
Hartmut Laufhütte: Formulierungshilfe für Hausty-
rannen? Goethe: »Der Gott und die Bajadere« . . . .　117

Friedrich Hölderlin: Die Eichbäume . . . .　144
Momme Mommsen: Zu Hölderlins Gedicht »Die Eich-
bäume« . . . .　145

Johann Wolfgang Goethe: Die Metamorphose der
Pflanzen . . . .　153
Karl Richter: Wissenschaft und Poesie »auf höherer
Stelle« vereint. Goethes Elegie »Die Metamorphose
der Pflanzen« . . . .　156

Friedrich Schiller: Die Bürgschaft 169
Jürgen Stenzel: Über die ästhetische Erziehung eines
Tyrannen. Zu Schillers Ballade »Die Bürgschaft« . . . 173

Friedrich Schiller: Nänie 181
Norbert Oellers: Das verlorene Schöne in bewahren-
der Klage. Zu Schillers »Nänie« 182

Novalis (Friedrich von Hardenberg): Hymnen an die
Nacht. 5 196
Gerhard Schulz: »Mit den Menschen ändert die Welt
sich«. Zu Friedrich von Hardenbergs »5. Hymne an
die Nacht« 202

Clemens Brentano: Auf dem Rhein 216
Walter Hinck: Aufhebung der erzählerischen in der
lyrischen Imagination. Zu Brentanos »Auf dem Rhein« 219

Friedrich Hölderlin: Dichterberuf / An unsre großen
Dichter 227
Walter Müller-Seidel: Hölderlins Ode »Dichterberuf«.
Zum schriftstellerischen Selbstverständnis um 1800 . . 230

Novalis (Friedrich von Hardenberg): An Tieck 243
Gerhard Schulz: »Potenzierte Poesie«. Zu Friedrich
von Hardenbergs Gedicht »An Tieck« 245

Friedrich Hölderlin: Hälfte des Lebens 256
Jochen Schmidt: »Sobria ebrietas«. Hölderlins »Hälfte
des Lebens« 257

Clemens Brentano: Es sang vor langen Jahren 268
Wolfgang Frühwald: Die artistische Konstruktion des
Volkstones. Zu Clemens Brentanos »Der Spinnerin
Nachtlied« 269

Achim von Arnim: Getrennte Liebe 280
Hartwig Schultz: Getrennt und vereint: Arnims Kö-
nigskinder 283

Joseph von Eichendorff: Frische Fahrt 293
Helmut Koopmann: Romantische Lebensfahrt 294

Joseph von Eichendorff: Waldgespräch 306
Alexander von Bormann: »Das zertrümmerte Alte«.
Zu Eichendorffs Lorelei-Romanze »Waldgespräch« . . 307

Ludwig Uhland: Des Sängers Fluch 320
Fritz Martini: Ohnmacht und Macht des Gesanges. Zu
Ludwig Uhlands Ballade »Des Sängers Fluch« 322

Johann Wolfgang Goethe: Selige Sehnsucht 334
Hannelore Schlaffer: Weisheit als Spiel. Zu Goethes
Gedicht »Selige Sehnsucht« 335

Ludwig Tieck: Glosse 342
Paul Gerhard Klussmann: Bewegliche Imagination
oder Die Kunst der Töne. Zu Ludwig Tiecks »Glosse« . 343

Johann Wolfgang Goethe: Locken! haltet mich gefangen 358
Gisela Henckmann: Zu Goethes »Divan«-Gedicht
»Locken! haltet mich gefangen« 359

Friedrich Hölderlin: Der blinde Sänger 368
Lawrence Ryan: Hölderlins »tragische Ode« »Der
blinde Sänger« 370

Joseph von Eichendorff: Sehnsucht 380
Wolfgang Frühwald: Die Poesie und der poetische
Mensch. Zu Eichendorffs Gedicht »Sehnsucht« 381

Josepf von Eichendorff: Mondnacht 394
Wolfgang Frühwald: Die Erneuerung des Mythos. Zu
Eichendorffs Gedicht »Mondnacht« 395

Clemens Brentano: Die Abendwinde wehen 408
Karl Eibl: Ein ›Klanggebilde‹ – beim Wort genommen 410

Clemens Brentano: Was reif in diesen Zeilen steht . . 421
Erika Tunner: Die geheime heilige Geschichte des
Herzens. Zu Clemens Brentanos Gedicht »Was reif in
diesen Zeilen steht« 422

Clemens Brentano: Frühlingsschrei eines Knechtes
aus der Tiefe 434
*Wolfgang Frühwald: Der Bergmann in der Seele
Schacht. Zu Clemens Brentanos Gedicht »Frühlingsschrei eines Knechtes aus der Tiefe«* 437

Joseph von Eichendorff: Denkst Du des Schlosses
noch auf stiller Höh? 451
*Alexander von Bormann: »Tief Verlangen nach beßrer
Lust«. Zu Eichendorffs Gedicht »Die Heimat. An
meinen Bruder«* 452

Autorenregister 463

Wulf Segebrecht

Einleitung

Wer noch die Lust und den Mut hat, sich auf Gedichte
einzulassen, dem begegnet vielleicht, wenn er Glück hat, der
Reiz des Befremdlichen. Gewiß: auch das Vertraute wird
ihm entgegentreten, Verse, in denen er sich gleichsam zu
Hause fühlt. Doch nicht selten erweisen sich gerade die
scheinbar wohlbekannten Gedichte bei näherem Zusehen als
die eigentlich fremd gebliebenen.

Daß das ein Glück sein kann und jedenfalls kein Nachteil ist,
entspricht allerdings nicht der allgemeinen Auffassung vieler, die sich professionell mit der Erläuterung von Lyrik
befassen. Will man ihnen glauben, dann ist Lyrik nur etwas
für Eingeweihte, für Leute, die mitzuschwingen und sich
einzustimmen verstehen, für wenige Gleichgesinnte, für
potentielle oder tatsächliche Lyriker: »Wer in der gleichen
Stimmung ist, besitzt einen Schlüssel, der mehr erschließt,
als geordnete Anschauung und folgerichtiges Denken. Es
wird dem Leser zumute sein, als habe er selbst das Lied
verfaßt.«[1]

Es besteht wenig Veranlassung, solche Gefühle geringzu-
schätzen. Wer so ergriffen ist, verdient keinen leichtfertigen
Spott. Aber Ergriffenheit und kongeniale Gleichgesinntheit
sind nicht die einzigen Zugangswege zur Lyrik, und sie sind,
recht besehen, nicht einmal die ungefährlichsten. Wieviel
Selbstbetrug, von der unberechtigten Inanspruchnahme bis
hin zum Massenwahn, hat nicht seine Grundlage dort, wo
man sich auf die Einfühlung, die Einstimmung und die
Gleichgesinntheit beruft! Selbst Bertolt Brecht, der sicherlich nicht im Verdacht steht, eine Mehrheit von der Teilnahme an der Literatur ausschließen zu wollen, hat zu
bedenken gegeben: »Die Gedichte, welche die meisten Men-

1 Emil Staiger, *Grundbegriffe der Poetik*, Zürich ⁴1959, S. 49.

schen in Stimmung versetzen, müssen nicht die besten Gedichte sein.«[2]

So gesehen, bietet die ›natürliche‹ Fremdheit mancher Lyrik ihr den Schutz vor falscher Inanspruchnahme. Die gelehrte rhetorische und repräsentative Poesie eines Martin Opitz scheint ebenso sicher zu sein vor einfühlender Aneignung wie die hermetische Chiffrensprache eines Paul Celan. Andererseits, das zeigt beispielsweise der Umgang mit der Lyrik Hölderlins, geben objektive Verständnisschwierigkeiten noch keine Gewähr dafür, daß mit ihnen kein Mißbrauch durch Einstimmung oder Indienstnahme getrieben werden kann.

Der Lyrik der klassisch-romantischen Zeit ist Fremdheit oder Hermetismus kaum je vorgeworfen worden. Gedichte aus dieser Zeit zählen noch immer zu den zentralen Lehr- und Prüfungsgegenständen in Schulen und Hochschulen. Aller Revisions- oder gar Umwälzungsversuche unerachtet, gehört diese Lyrik noch am ehesten zu dem, was man, meist despektierlich, den ›Bildungsbesitz‹ zu nennen pflegt, und nach wie vor gilt sie als ein, wenn nicht der Höhepunkt in der Geschichte der deutschen Lyrik. Was Lyrik ›eigentlich‹ ist und was sie zu erreichen vermag, wird immer noch, wo man sie überhaupt einiger Rede für wert hält, vor allem an Beispielen aus der klassisch-romantischen Zeit demonstriert. Wohlgemerkt: nicht nur die klassische Lyrik hat man dabei im Sinn und nicht nur die romantische, sondern beide zusammen, als Einheit, als gemeinsamen Gipfel.

Eine solche durchaus populäre Synopse muß denjenigen überraschen, dessen Literaturgeschichtsbild von der Vorstellung einer ›romantischen Rebellion‹ gegen ›alles ›Klassische‹ geprägt ist. In seiner vergleichenden Gegenüberstellung von Klassik und Romantik hat Fritz Strich einer solchen Betrachtungsweise gewissermaßen die ›Grundbegriffe‹ zur Verfügung gestellt, mit denen sich der Gegensatz von Klassik und Romantik einprägsam illustrieren läßt:

---

2 Bertolt Brecht, *Über Lyrik*, Frankfurt a. M. 1964, S. 50.

»Vollendung« und »Unendlichkeit«.[3] Freilich mit bedenklichen Konsequenzen: »Wo der deutsche Geist sich selber folgt, ist er Geist der Romantik. Sein klassisches Ideal vermag er nur mit fremder Hilfe zu verwirklichen.«[4] Das läuft auf eine Rechtfertigung oder gar auf eine Apotheose der deutschen ›Tiefe‹ auf Kosten der undeutschen (antikisierenden) Klarheit hinaus, auf eine Heroisierung der ›deutschen Bewegung‹ einschließlich ihrer Perversionen.

Über die Zulässigkeit und Praktikabilität der Epochenbegriffe ›Klassik‹ und ›Romantik‹ ist – wie über alle derart generalisierenden Bezeichnungen – sehr viel, vielleicht zu viel geschrieben und gestritten worden. Da ist es recht heilsam, wenn man sich vor Augen hält, daß man sowohl mit der Zuordnung einzelner Autoren zur Epoche der deutschen Klassik bzw. der deutschen Romantik als auch mit der Gegenüberstellung dieser beiden Epochen (im Sinne von Alternativen) bei Kennern der europäischen Literaturen auf pures Unverständnis stößt. Goethe, Schiller, Hölderlin, Novalis, Kleist und Brentano (um nur sie zu nennen) gehören für sie ganz selbstverständlich der gleichen Epoche zu. »Die Goethezeit ist nicht nach Klassik und Romantik hin teilbar«, folgert Otto Pöggeler aus solcher heute durchaus nicht mehr ganz ungewöhnlichen Betrachtungsweise.[5]

Der Begriff der ›Goethezeit‹ allerdings, den vor allem Hermann August Korff als übergreifende Epochenbezeichnung begründet hat,[6] ist selbst nicht unbedenklich, weil durch ihn »die Figur Goethes und – in ihm repräsentiert – die klassische Kultur von Weimar zur selbstverständlichen Mitte und zum zentralen Bezugspunkt für das literarische Geschehen

---

3 Fritz Strich, *Deutsche Klassik und Romantik. Oder Vollendung und Unendlichkeit. Ein Vergleich*, München ²1924.

4 Strich, S. 400.

5 Otto Pöggeler, *Die neue Mythologie. Grenzen der Brauchbarkeit des deutschen Romantik-Begriffs*, in: *Romantik in Deutschland. Ein interdisziplinäres Symposion*, hrsg. von Richard Brinkmann, Stuttgart 1978, S. 341.

6 Hermann August Korff, *Geist der Goethezeit. Versuch einer ideellen Entwicklung der klassisch-romantischen Literaturgeschichte*, 4 Bde., Leipzig 1923–53.

in diesem Zeitraum erhoben würden«.[7] Es ist, mit anderen Worten, der an den Namen Goethes geknüpfte normative Anspruch des Begriffs, der hier Vorbehalte weckt.

Aber es geht ja nicht nur um mehr oder weniger passable Bezeichnungen, so als wäre die Sache, die so bezeichnet werden soll, jederzeit als solche greifbar, unabhängig von dem Wert, den man ihr beimißt, und den Interessen, mit denen man sich ihr zuwendet. ›Klassik‹ und ›Romantik‹ sind in diesem Sinne schon in der Literaturgeschichtsschreibung des 19. Jahrhunderts und bis in die jüngste Gegenwart hinein als Interessen-, ja als Kampfbegriffe benutzt worden, und diese Geschichte ist nicht ohne weiteres ablösbar von ihrem Gegenstand. Schon aus diesem Grunde kann auf die herkömmlichen Bezeichnungen ›Klassik‹ und ›Romantik‹ nicht verzichtet werden; man würde die geschichtliche Kontinuität der Bemühung um das Verständnis dieser historischen Phänomene leugnen, würde man sie als statische, dem Wandel der Geschichte gleichsam entzogene Begriffe benutzen. ›Klassik‹ und ›Romantik‹ sind nicht nur Bezeichnungen für fixierbare Literaturbestrebungen der Vergangenheit, sondern sie sind zugleich aufgefüllt mit der Geschichte der Deutungen, Bewertungen, Anwendungen und Mißverständnisse, d. h. mit der Geschichte der permanenten Erkenntnisbemühung, in die man sich als Leser einfügt, ob man sich das nun bewußt macht oder nicht. Schillers *Lied von der Glocke* beispielsweise (zu dem sich für diesen Band leider kein Interpret finden ließ) kann in seinem spezifischen Anspruch, mit dem hier der Natur ihre Idealität abgerungen wird, nur angemessen verstanden werden, wenn man sowohl seine Eingebundenheit in den historischen Kontext als auch die historische Differenz erkennt, die seine von unseren ›Rahmenbedingungen‹ trennt. Anders als ein ›umstrittenes‹ Gedicht ist es heute kaum lesbar, aber um-

7 Karl Richter / Jörg Schönert, *Einleitung*, in: *Klassik und Moderne. Die Weimarer Klassik als historisches Ereignis und Herausforderung im kulturgeschichtlichen Prozeß*, hrsg. von K. R. und J. Sch., Stuttgart 1983, S. XX.

stritten war es übrigens auch schon zu seiner eigenen Zeit; und das spricht ja nicht unbedingt gegen das Lied.

Erkenntnis der geschichtlichen Differenz impliziert die Anerkennung, daß weder die Maßstäbe der Vergangenheit noch diejenigen der Gegenwart als zeitlos oder als uneingeschränkt gültige Maßstäbe zu gelten haben. Mit einem Indifferentismus historistischer Provenienz hat das nichts zu tun, wenn man sich kritisch den Ansprüchen und den Widersprüchen stellt, die die dichterischen Werke der Vergangenheit ebenso bereithalten wie die der Gegenwart.

In diesem Sinne scheint mir die gelegentlich resolute Scheidung von ›Klassik‹ und ›Romantik‹, soweit sie noch vorgenommen wird, revisionsbedürftig zu sein. Viele der in diesem Band versammelten Interpretationen ›klassischer‹ und ›romantischer‹ Gedichte bestätigen die Möglichkeit und den guten Sinn einer solchen Revision. Über persönliche Differenzen und generationstypische Konfrontationen zwischen den maßgebenden ›Klassikern‹ und den ›jugendbewegten‹ ›Romantikern‹ hinweg könnte so der Blick geöffnet werden für Gemeinsamkeiten der Denkformen in jener Zeit, deren Kenntnis dazu beitragen könnte, ein vertieftes Verständnis für die klassisch-romantische Poesie zu vermitteln, jenseits von pauschalen Apologien oder Verdikten.

Nähert man sich von solchen Überlegungen aus den Dichtungen, die in der Regel als zentrale Werke der Klassik einerseits und der Frühromantik andererseits betrachtet werden, so stellt man zunächst fest, daß diese Werke zu ihrer Zeit in engster zeitlicher Nachbarschaft stehen. Das gilt für alle literarischen Gattungen: *Wilhelm Meisters Lehrjahre* (Paradigma und Provokation romantischer Poesie zugleich) und die *Geschichte des Herrn William Lovell* kamen gleichzeitig heraus, Wackenroders *Herzensergießungen*, Hölderlins *Hyperion*, *Franz Sternbalds Wanderungen* von Tieck und Friedrich Schlegels *Lucinde* folgten in kurzem Abstand. Es gilt auch für das Drama: Schillers klassische Dramen seit dem *Wallenstein*, darunter *Die Jungfrau von Orleans* sogar als »romantische Tragödie«, erschienen erst im neuen Jahrhundert, zu einer Zeit also, als Tiecks romantische dramatische Dichtungen *Der gestiefelte Kater*, *Die verkehrte Welt* und *Prinz Zerbino* längst vorlagen. Und es gilt schließlich auch für die Lyrik: Nahezu innerhalb eines Jahrzehnts traten in bunter Folge die Elegien, Xenien, Epigramme und Balladen der Klassiker neben Friedrich von Hardenbergs *Hymnen an die Nacht*, Hölderlins Gedichten und Tiecks *Minneliedern aus dem Schwäbischen Zeitalter* ans Licht, bis hin zu der Liedersammlung *Des Knaben Wunderhorn* von Achim von Arnim und Clemens Brentano.

Mögen solche zeitlichen Überschneidungen noch als etwas nur Äußerliches betrachtet werden, so ändert sich dieser Eindruck, wenn man auf Übereinstimmungen anderer Art stößt. Nur drei Jahre liegen zwischen den programmatischen Zeitschriftengründungen der Klassik und der Romantik: Schillers *Horen* erschienen zuerst 1795, das *Athenaeum* der Brüder Schlegel 1798. Aber beide Zeitschriften beziehen sich schon in ihren ›Vorerinnerungen‹ auf die Ideen der Französischen Revolution, die – mehr oder weniger explizit – das untergründige Leitthema bleiben, freilich befreit vom »unreinen Parteigeist«,[8] der, wie aus Schillers Zeitschrift, so auch aus dem *Athenaeum* ausgeschlossen bleiben soll. Das ändert aber nichts daran, daß Klassik und Romantik in gleicher Weise unter dem Eindruck der Ereignisse der Französischen Revolution entstehen. Auf allen Seiten wird die weltgeschichtliche Dimension dieser revolutionären Ereignisse in Frankreich sofort verstanden. Und die Erschütterung hält lange an, länger als anfängliche Faszination oder erster Abscheu. Daß ausgerechnet der Romantiker Friedrich Schlegel diese zeitgeschichtlichen Ereignisse im *Athenaeum* in Verbindung mit einer philosophischen Schrift des Idealismus und einem poetischen Werk der deutschen Klassik zu den bestimmenden Merkmalen seiner Zeit zählt – »Die Französische Revoluzion, Fichte's Wissenschaftslehre,

8 *Schillers Werke. Nationalausgabe*, Bd. 22, hrsg. von Herbert Meyer, Weimar 1958, S. 106.

14

und Goethe's Meister sind die größten Tendenzen des Zeitalters« –,[9] ist, aller sonstigen Abgrenzungsbemühungen unerachtet, symptomatisch für die geistesgeschichtliche Zuordnung der jungen Generation.

Die Lyrik verschließt sich der allgemeinen Erschütterung
durch die zeitgeschichtlichen Ereignisse von Anfang an
nicht. Schon 1791 begründet Schiller in seiner bedeutsamen
Rezension *Über Bürgers Gedichte* seine Forderung nach
einer permanenten Erneuerung der Lyrik mit einer zeitgeschichtlichen Diagnose, der bereits die gleichen Befunde
zugrunde liegen, als deren Konsequenz er in seiner Schrift
*Über die ästhetische Erziehung des Menschen, in einer Reihe
von Briefen* die Französische Revolution darstellen sollte. Es
ist vor allem der Prozeß der Spezialisierung in allen Bereichen der zunehmend arbeitsteilig werdenden Gesellschaft im
Zeitalter der Aufklärung, den Schiller, hier wie dort, hell-
sichtig konstatiert. In einer solchen historischen Situation
erwartet er von der Lyrik, daß sie »die getrennten Kräfte der
Seele wieder in Vereinigung bringt« und »den *ganzen Menschen* in uns wieder herstellt. [. . .] Dazu aber würde erfo-
dert, daß sie selbst mit dem Zeitalter fortschritte, dem sie
diesen wichtigen Dienst leisten soll.«[10] Eine mit der Zeit
fortschreitende, also in diesem Sinne progressive Poesie, die
zugleich die bedrohte Einheit, also die Universalität des
Menschen, im Auge behält – das ist es, was Schiller hier
postuliert. Es ist nicht auszuschließen, daß Schillers Postulat
in Friedrich Schlegels Begriff der »progressiven Universalpoesie«, die er zugleich die »romantische Poesie« nennt, in
komprimierter Form wiederkehrt: »Sie ist«, schreibt Schlegel, »der höchsten und der allseitigsten Bildung fähig; nicht
bloß von innen heraus, sondern auch von außen hinein;
indem sie jedem, was ein Ganzes in ihren Produkten seyn
soll, alle Theile ähnlich organisirt, wodurch ihr die Aus-

9 *Athenaeum. Eine Zeitschrift von August Wilhelm Schlegel und Friedrich
Schlegel*, Bd. 1, H. 2, Berlin 1798, Neudr. München 1924, S. 56.
10 *Schillers Werke*, Bd. 22 (Anm. 8), S. 245 f.

sicht auf eine gränzenlos wachsende Klassizität eröffnet wird.«[11]

Die Funktion, die hier einer Klassizität ausstrahlenden romantischen Literatur zugeschrieben wird, weist auf eine weitere der Klassik und Romantik gemeinsame Denkform hin: auf die klassisch-romantische Erneuerung der Idee des goldenen Zeitalters. Darauf ist in der jüngeren Forschung mehrfach und mit besonderem Nachdruck hingewiesen worden. In der Klassik nicht anders als in der Romantik versteht man dieses goldene Zeitalter als »hoffnungsvolle Verheißung einer Wiederherstellung des verlorenen Menschenglückes«,[12] nicht als Rückkehr zu einer vergangenen Stufe der Menschheitsentwicklung. Solche Vorstellungen finden sich bei Schiller und Goethe ebenso wie bei Hölderlin und Friedrich Schlegel, bei Novalis und Kleist, bei Clemens Brentano und bei E. T. A. Hoffmann, um hier nur diese zu nennen. Sie sind auch in der Lyrik dieses Zeitraums, von Schiller bis hin zu Eichendorff, immer wieder anzutreffen. Bahnbrechend auch für die romantischen Vorstellungen vom verlorenen und wiederzufindenden Paradies hat abermals ein Aufsatz Schillers gewirkt: *Über naive und sentimentalische Dichtung*. Der naive Dichter besitzt nach Schiller die Fähigkeit, »immer als eine ungetheilte Einheit zu wirken, in jedem Moment ein selbstständiges und vollendetes Ganze zu seyn«;[13] er repräsentiert damit den Zustand der Ursprünglichkeit, der Einheit des Menschen mit der Natur. Der sentimentalische Dichter dagegen ist ausgestattet mit der Last des Bewußtseins, er hat die Einheit mit der Natur verloren und leidet an diesem Verlust. In diesem Zustand befindet sich der Dichter der Gegenwart; das ist gemeinsame Auffassung Schillers und der Roman-

11 *Athenaeum* (Anm. 9), S. 29.
12 Hans-Joachim Mähl, *Die Idee des goldenen Zeitalters im Werk des Novalis. Studien zur Wesensbestimmung der frühromantischen Utopie und zu ihren ideengeschichtlichen Voraussetzungen*, Heidelberg 1965, S. 181.
13 *Schillers Werke. Nationalausgabe*, Bd. 20, unter Mitw. von Helmut Koopmann hrsg. von Benno von Wiese, Weimar 1962, S. 473.

16

tiker. »Romantik ist verlorene Identität; und Schiller, der ›Klassiker‹, denkt nicht anders.«[14] Das Leiden am Bewußtsein ist die unaufhebbare Bedingung des sentimentalischen Dichters. Bewußtseinsprobleme des sentimentalischen Dichters sind daher, wie auch die Interpretationen dieses Bandes zeigen, wiederholt die Themen klassisch-romantischer Lyrik; man findet sie, unter jeweils veränderten Vorzeichen und in durchaus verschiedener Gestaltung, bei Goethe, Schiller, Hölderlin, Brentano und Eichendorff dargestellt.

Man kann nicht nachdrücklich genug darauf hinweisen, daß die Vorstellungen vom verlorenen und wiederzugewinnenden goldenen Zeitalter nicht in einem gleichsam luftleeren Raum entwickelt wurden, sondern auf der soliden Grundlage eines ausgeprägten Geschichtsbewußtseins, einer kritischen Zeitdiagnose sowie eines gelegentlich geradezu professionellen Interesses an den zeitgenössischen Wissenschaften. Die triadische Geschichtskonzeption kann ihre utopische Potenz in dieser Zeit offenbar erst entfalten, wenn sie von einem zeitgeschichtlich und wissenschaftlich begründeten Geschichtsbewußtsein gestützt wird. Daß dem naturforschenden Verfasser der *Römischen Elegien* ein solches Geschichtsbewußtsein ebensowenig abzusprechen ist wie dem Historiker, der *Die Götter Griechenlands* schrieb, dürften auch diejenigen nicht leugnen, die mit den ästhetischen und politischen Konsequenzen nicht einverstanden sind, die die ›Klassiker‹ daraus zogen. Den Romantikern dagegen hat man ein solches Geschichtsbewußtsein weithin abgesprochen, unbekümmert darum, daß z. B. Achim von Arnim die Liedersammlung *Des Knaben Wunderhorn* geradezu als ein Instrument der nationalen Opposition gegen Napoleon verstanden wissen wollte. Mit dieser bis heute in ihrer Vielfalt unübertroffenen und als Kunstwerk kaum enträtselten Sammlung wollten Clemens Brentano und Achim von Arnim nicht lediglich Vergangenes restaurieren,

14 Walter Müller-Seidel, *Brentanos naive und sentimentalische Poesie*, in: *Jahrbuch der Deutschen Schillergesellschaft* 18 (1974) S. 455.

sondern sie wollten die Lebendigkeit der altdeutschen Volkspoesie gerade dadurch bezeugen, daß sie die gesammelten Texte ihrer eigenen schöpferischen Phantasie aussetzten, sich selbst also in den Überlieferungszusammenhang einbezogen, in dem die Volkslieder seit jeher standen, und in dem sie seit jeher auch Veränderungen und Umwandlungen unterworfen waren.

Während die Klassiker die Paradigmata ihrer Geschichtskonzeption überwiegend der antiken und europäischen Geschichte entnahmen (*Götz von Berlichingen* soll freilich nicht vergessen werden), versenkten sich die Romantiker mit geradezu wissenschaftlicher Leidenschaft in die ›altdeutsche Zeit‹, ins Mittelalter. Arnim beugt sich über alte Folianten in den Bibliotheken von Göttingen und Heidelberg, Clemens Brentano sammelt seltene Flugblätter und Bücher, die Brüder Grimm fördern deutsche Märchen, Sagen und Mythen zutage, Tieck gibt altdeutsche Theaterstücke und mittelalterliche Minnelieder heraus, Joseph Görres die Volksbücher, August Wilhelm Schlegel begeistert sich für das *Nibelungenlied*, andere für die Versepen des Mittelalters. Sie alle stehen entzückt vor verfallenen Schlössern und Burgruinen und träumen von den vergangenen Zeiten der Ritter und Sänger. Die sehnsuchtsvolle Rückwendung in die Vergangenheit ist allen Romantikern gemeinsam, ja die Romantik nimmt recht eigentlich hier ihren Ausgangspunkt.

Dennoch: Die Besinnung auf ›altdeutsche‹ Traditionen, die Aneignung des ›kulturellen Erbes‹ und ihr praktischer Gebrauch sowie die produktive Erneuerung des Überlieferten – das alles war nicht nur ästhetisch, sondern auch politisch gemeint, wenigstens in dem Sinne, daß ein Primat des Ästhetischen vor dem Politischen behauptet wurde. Das Eintauchen in die Geschichte hatte den Sinn, diejenigen Kräfte zu mobilisieren, mit deren Hilfe eine Überwindung der dissoziierten Verhältnisse, eine auch politische ›Erneuerung‹, eine (auch nationale) ›Einheit‹ überhaupt erst möglich erschien. Wieviel ein solches Konzept mit Schillers These, derzufolge »es die Schönheit ist, durch welche man zur Freiheit wandert«,[15] zu tun hat, braucht nach dem Gesagten kaum noch betont zu werden.

Die Ursachen für die Depravation des gesellschaftlichen und individuellen Zustands wurden auch von den Romantikern in der von einer pervertierten, nämlich nur noch am Nutzen orientierten Aufklärung verschuldeten Erneuerungsunfähigkeit gesehen, in der Vernachlässigung der menschlichen Fähigkeiten der Phantasie, der Begeisterungsbereitschaft, des gesamten Bereichs der Psyche, des Glaubens. Über einer nur zweckgerichteten rationalistischen Aufklärung, so meinten sie, wurde versäumt, den Menschen, die Natur, die Gesellschaft noch als Ganzheiten zu begreifen, mit Tag- und Nachtseiten behaftet, mit notwendigen Widersprüchen und Konflikten, mit Träumen und Hoffnungen, mit Geschichte und Zukunft.

In der Intensität und in der Methode des Suchens nach einer höchsten Totalität, im Kult des Universalisierens freilich waren die Romantiker weit radikaler als die Klassiker. Sie unterwarfen die Wissenschaften (die Physik, Chemie, Medizin, Psychologie, aber auch die Philologien), in denen sie weit mehr als nur oberflächlich bewandert waren, und die Künste, die Geschichte und die Zeitgeschichte, Religion und Kirche ihrem uneingeschränkten Poetisierungsprogramm (»Die Welt muß poetisirt werden«)[16] und verabsolutierten sie so zu höchsten symbolischen Einheiten: In der Poesie und nirgends als dort sollte das wiederzufindende Paradies verlockend zur Erscheinung kommen. Dieser Rückverweis der Poesie auf sich selbst, in dem sich Verfahrensweisen des europäischen Symbolismus und der L'art-pour-l'art-Poetik ankündigen, führt in der romantischen Lyrik ebenso zu ›esoterischen‹ wie zu ›volkstümlichen‹ Versen; in beiden Fällen werden Grenzüberschreitungen vorgenommen: Die Poesie stößt mit höchst artifiziellem Kunstbewußtsein und

15 *Schillers Werke*, Bd. 20 (Anm. 13), S. 312.
16 *Novalis Schriften*, Bd. 2, hrsg. von Richard Samuel in Zusammenarb. mit Hans-Joachim Mähl und Gerhard Schulz, Stuttgart ³1981, S. 545.

Kunstanspruch in Bereiche vor, in die das Verstehen nicht mehr hineinzureichen scheint oder in denen es, scheinbar, gar keines Verstehens bedarf: Formen der Abstraktion einerseits und des Musikalischen andererseits erweitern in der Romantik die Skala der lyrischen Möglichkeiten.

In beiden Fällen handelt es sich um eine lyrische Kunstsprache, nicht um Naturlaute. Die kaum noch zugänglichen Mystifikationen sind ebenso wie die so eingängigen Volkslied-Töne – auch die aus *Des Knaben Wunderhorn* – »konstruiert«,[17] wie man in den vergangenen Jahren zunehmend gelernt hat. Damit wird aber zugleich auch die Kennzeichnung der romantischen Lyrik als ›Stimmungslyrik‹ fragwürdig, von der zu Beginn dieser Einleitung die Rede war. Vergleichbares gilt für die angebliche ›Erlebnislyrik‹ der Klassik und Romantik.

Die Popularität, die der klassisch-romantischen Lyrik in der Vergangenheit zuteil wurde, war gebunden an ein ungeschichtliches Lyrikverständnis sowie an Klassik- und Romantikbilder überwiegend normativer Art, die insofern überwindungsbedürftig sind. Popularität war schon den Klassikern und den Romantikern kein Wert um ihrer selbst willen. Schiller wies Gottfried August Bürgers egalisierendes Wort »Popularität eines Werkes ist das Siegel seiner Vollkommenheit«[18] schroff zurück. »Ist der Popularität nichts von der höhern Schönheit aufgeopfert worden?« – das ist vielmehr Schillers erste Frage an populäre Gedichte; und: »Haben sie, was sie für die Volksmasse an Interesse gewannen, nicht für den Kenner verloren?«[19] Und als Achim von Arnim im Jahre 1808 seine *Zeitung für Einsiedler* herausbrachte, in der er entschlossen Qualität an die Stelle von Aktualität setzte, schrieb er an Goethe: »Es ist ein Versuch,

---

17 Wolfgang Frühwald, *Romantische Lyrik im Spannungsfeld von Esoterik und Öffentlichkeit*, in: *Neues Handbuch der Literaturwissenschaft*, Bd. 14: *Europäische Romantik I*, hrsg. von Karl Robert Mandelkow, Wiesbaden 1982, S. 365.

18 Gottfried August Bürger, *Gedichte*, hrsg. von August Sauer, Stuttgart [o. J.], S. 7.

19 *Schillers Werke*, Bd. 22 (Anm. 8), S. 250.

den ich mit Deutschland mache, [...] ob wohl irgend ein Kunstinteresse vorhanden ist in der Mehrzahl.«[20] Der Versuch – wie könnte es anders sein – scheiterte: Es gab diese Mehrheit schon damals nicht. Der Bemühung um Popularität, die man weder den Klassikern noch den Romantikern wird absprechen können (wie am sichtbarsten die Balladen und Lieder zeigen), muß die Bemühung entsprechen, dem hohen Kunstanspruch gerecht zu werden, den die Lyriker in ihren Gedichten erheben. Dabei wollen die Interpreten den Lesern helfen.

Die vorliegende Sammlung von Interpretationen zur klassisch-romantischen Lyrik möchte den Weg von der einsetzenden Klassik (als Loslösung vom Sturm und Drang) bis zur Spätromantik (mit den bezeichnenden Stilisierungen und Rekapitulationen) als einen auch historischen Entwicklungsgang der deutschen Lyrik nachzeichnen. Deshalb folgen die Gedichte und die ihnen geltenden Interpretationen chronologisch aufeinander. Die Nähe und die Gemeinsamkeiten werden auf diese Weise ebenso sichtbar wie die Wandlungen und Fortschritte; und erkennbar wird darüber hinaus die große Spannweite der Lyrik dieses Zeitraums. Sie reicht vom kleinen Lyricon bis zur ausgedehnten philosophischen Gedankenlyrik, von sinnlich-erotischen Versen bis zur innigen neupietistischen Lyrik, von der populären Ballade und dem schlichten Lied bis zum exklusiven Reflexionsgedicht – ohne daß damit schon die ganze Breite dessen genannt wäre, was die Gattung der Lyrik zu dieser Zeit zu umfassen vermag. Nie zuvor war die Bereitschaft so ausgeprägt, eine solche formale und gedankliche Fülle und Vielfalt in den artifiziellen Einzugsbereich der Lyrik zu rücken. Daß diese Vielfalt in der vorliegenden Sammlung nicht in erster Linie durch die Repräsentanz möglichst vieler Lyriker bezeugt wird, entspricht durchaus der Konzeption, obwohl nicht verschwiegen werden soll, daß in dieser Hinsicht nicht alle Wünsche erfüllbar waren.

20 *Goethe und die Romantik. Briefe mit Erläuterungen*, Bd. 2, hrsg. von Carl Schüddekopf und Oskar Walzel, Weimar 1899, S. 129.

Johann Wolfgang Goethe

Grenzen der Menschheit

Wenn der uralte
Heilige Vater
Mit gelassener Hand
Aus rollenden Wolken
5 Segnende Blitze
Über die Erde sät
Küss' ich den letzten
Saum seines Kleides,
Kindliche Schauer
10 Treu in der Brust.

Denn mit Göttern
Soll sich nicht messen
Irgend ein Mensch.
Hebt er sich aufwärts
15 Und berührt
Mit dem Scheitel die Sterne,
Nirgends haften dann
Die unsichern Sohlen,
Und mit ihm spielen
20 Wolken und Winde.

Steht er mit festen,
Markigen Knochen
Auf der wohlgegründeten
Dauernden Erde,
25 Reicht er nicht auf,
Nur mit der Eiche
Oder der Rebe
Sich zu vergleichen.

Was unterscheidet
30 Götter von Menschen?
Daß viele Wellen
Vor jenen wandeln,
Ein ewiger Strom:
Uns hebt die Welle,
35 Verschlingt die Welle,
Und wir versinken.

Ein kleiner Ring
Begrenzt unser Leben,
Und viele Geschlechter
40 Reihen sich dauernd
An ihres Daseins
Unendliche Kette.

Abdruck nach: Goethes Werke. Hamburger Ausgabe. 14 Bde. Hrsg. von Erich Trunz. Hamburg: Christian Wegner, 1948–64. Bd. 1. ³1956. S. 146 f. [Jedoch schließe ich mich Trunz' Vorgehen, in Zeile 40 abweichend von den durch Goethe autorisierten Drucken »sie« anstelle von »sich« zu setzen, nicht an. Trunz beruft sich auf handschriftliche Abschriften Goethes und Herders (vgl. I,479). Der Argumentationsgang des Textes läßt mir »sich« richtig erscheinen.]
Erstdruck: Goethes Schriften. 8 Bde. Leipzig: Göschen, 1787–90. Bd. 8. 1789.
Weitere wichtige Drucke: Goethes Werke. 13 Bde. Tübingen: Cotta, 1806–10. Bd. 1. 1806. – Goethes Werke. 20 Bde. Stuttgart/Tübingen: Cotta, 1815–19. Bd. 2. 1815. – Goethes Werke. Vollst. Ausg. letzter Hand. 60 Bde., 1 Suppl.-Bd. Stuttgart/Tübingen: Cotta, 1827–42. Bd. 2. 1827. – Goethes Werke. Weimarer Ausgabe. Im Auftrage der Großherzogin Sophie von Sachsen. 143 Bde. Weimar: Böhlau, 1887–1919. Bd. 2. 1888.

Ursula Segebrecht

Besonnene Bestandsaufnahme. Zu Goethes
Grenzen der Menschheit

Seit seinem ersten Druck 1789 hat Goethe das Gedicht im
Rahmen eines Kontexts erscheinen lassen, den er für die
folgenden von ihm veranstalteten Ausgaben ausdrücklich
beibehalten hat: Die Hymnen *Prometheus* und *Ganymed*
gehen dem Text voran, die Ode *Das Göttliche* folgt ihm.
Allen vier Texten dieser Gedichtgruppe ist gemeinsam, daß
sie das Verhältnis des Sprechers zu Gott, den Göttern oder
dem Göttlichen behandeln. Während jedoch in den beiden
Sturm-und-Drang-Hymnen mythische Gestalten, Halbgöt-
ter, sprechen, die die Abkehr (Prometheus) oder Hinwendung (Ganymed) gegenüber dem Vatergott vorführen,
spricht in *Grenzen der Menschheit* ein menschliches Ich, das
das Menschsein im Verhältnis zu den Göttern zeigt und
bedenkt.
In der ersten Strophe teilt dieses menschliche Ich mit, wie es
sich verhält, wenn sich der Gott in der Natur übermächtig
offenbart: Wenn der an seinen Insignien Donner und Blitz
kenntliche Jupiter, der »uralte / Heilige Vater« (1 f.), seine
Macht über Himmel und Erde und seine Hoheit demonstriert, indem er »Blitze / Über die Erde sät« (5 f.), begegnet
das Ich diesem göttlichen Machtbeweis nach eignem Bekennen mit einem Gestus (7 ff.: »Küss' ich . . .«), in dem sich
Unterwerfung und Liebe, Furcht vor der Vaterautorität und
Vertrauen in die Gotteskindschaft, kurz: Fürchten, Lieben
und Vertrauen dem göttlichen Herrn und Vater gegenüber
auf bündige Weise kundtun. Ein solches Bekenntnis zur
fraglosen Anerkennung der Gottheit muß überraschen,
wenn man von den Sturm-und-Drang-Hymnen herkommt:
Prometheus hatte Zeus verhöhnt und ihm in eigener Selbst-
herrlichkeit jeden Herrschaftsanspruch streitig gemacht,
und Ganymed hatte in Selbsthingabe und distanzloser sehn-

süchtiger Liebe den »Alliebenden Vater« (I,47) zu umarmen gesucht. Hier, am Eingang des Gedichts *Grenzen der Menschheit*, ist demgegenüber die Gottheit in ihr altes Recht gesetzt.

Die zweite Strophe stellt dem Bekenntnis die Begründung nach: »Denn mit Göttern / Soll sich nicht messen / Irgend ein Mensch« (11–13). Ein allgemeines sittliches Gesetz, ein Gebot, das den Abstand zwischen Göttern und Menschen betont, begründet zunächst die beschriebene Verhaltensweise und rechtfertigt die vorgeführte Ergebenheit als angemessene Haltung. Ist es also blinder Gebotsgehorsam, der den Sprecher des Gedichts seine Gottergebenheit bekennen und als offenbar einzig angemessen im Umgang mit den Göttern propagieren läßt? Die folgenden Verse der zweiten und dritten Strophe führen den Beweis für die Richtigkeit des abstrakten Gebots, so daß es als Summe einer Erkenntnis verstanden werden darf, die der Leser im folgenden Argumentationsgang nachvollziehen kann. An zwei unterschiedlichen, ja gegensätzlichen Verhaltensweisen des Menschen demonstriert der Text, wohin es führt, wenn der Mensch sich mit den Göttern mißt, wenn er sich in einen konkurrierenden Vergleich mit den Göttern begibt:

Hebt er sich aufwärts
Und berührt
Mit dem Scheitel die Sterne,
Nirgends haften dann
Die unsichern Sohlen,
Und mit ihm spielen
Wolken und Winde.

Steht er mit festen,
Markigen Knochen
Auf der wohlgegründeten
Dauernden Erde,
Reicht er nicht auf,
Nur mit der Eiche
Oder der Rebe
Sich zu vergleichen. (14–28)

Zwei Fähigkeiten des Menschen, nämlich sich aufwärts zu heben und fest zu stehen, werden hier grundsätzlich angenommen und sogleich in ihren extremen Möglichkeiten vorgeführt: als Höhenflug zum Himmel, der »Mit dem Scheitel die Sterne« (16) berühren läßt, und als Verbundenheit mit der Erde, die mit »Markigen Knochen / Auf der wohlgegründeten / Dauernden Erde« (22–24) verhaftet sein läßt. Beide Möglichkeiten hatten die dem Text voranstehenden Sturm-und-Drang-Gedichte vorgeführt: Ganymed hatte in hingebender Entselbstigung im Aufwärtsstreben zum Himmel seine Vereinigung mit der Gottheit gefeiert, Prometheus in trotziger Verselbstigung auf »meiner Erde« (I,45) seine göttliche Schöpferherrlichkeit verkündet. Beide hatten sich auf gegensätzliche Weise an der Gottheit gemessen, mit ihr verglichen und ihr gleichgestellt. Das Gedicht *Grenzen der Menschheit* führt vor, daß dem Menschen weder die Entselbstigung noch die Verselbstigung im Streben nach Gottgleichheit angemessen ist: Er verliert den Boden unter den Füßen, wenn er sich ganz dem Wunsch nach einem höheren Dasein hingibt, und er erreicht nicht einmal die Himmelsnähe der gottgeweihten Pflanzen, wenn er in starrer Selbstkonzentration auf die Erde fixiert bleibt. Weder in der Entselbstigung noch in der Verselbstigung erreicht der Mensch die Absolutheit, die Unbedingtheit der Götter, wie es Ganymed und Prometheus in den Hymnen möglich war. Er erkennt vielmehr nur seine eigene Bedingtheit, die offensichtlich darin beruht, daß er Scheitel *und* Sohle, Füße *und* Kopf zugleich hat und deshalb von Natur aus an beiden Bereichen zugleich Anteil haben muß: am Oben und Unten, an Himmel und Erde, an Geist und Materie, am Geistigen und Sinnlichen. Wenn der Mensch jedoch – wie Ganymed und Prometheus – an den Göttern sich messend sich ihnen in Entselbstigung oder Verselbstigung gleichzustellen versucht, verfehlt er das ihm zukommende Maß, das aus der natürlichen Bedingtheit des Menschen resultiert. Deshalb, so das sittliche Gebot, soll er sich nicht mit den Göttern messen. Er soll vielmehr, so wird man weiter folgern dürfen, das ihm zukommende Maß finden, das seine Möglichkeiten des Aufwärtshebens und Feststehens in der Balance zwischen Entselbstigung und Verselbstigung, zwischen Selbsthingabe und Selbstbehauptung wird halten müssen.

Damit erscheint der Wirkungskreis, den das Gedicht den Menschen zumißt, verengt, eingeschränkt, begrenzt im Vergleich zu den einseitigen Verabsolutierungsmöglichkeiten in Expansion und Konzentration bei den Sturm-und-Drang-Gestalten (zum Menschenbild der Sturm-und-Drang-Zeit Goethes und zu seinen Voraussetzungen aus der hermetischen Philosophie vgl. vor allem Zimmermann).

Die vierte Strophe fügt diesen Bestimmungen des menschlichen Seins eine weitere Dimension hinzu. Sie lenkt den Blick vom messenden Vergleich mit dem Göttlichen (Str. 2 und 3) auf grundsätzliche Wesensunterschiede zwischen Göttern und Menschen:

Was unterscheidet
Götter von Menschen?
Daß viele Wellen
Vor jenen wandeln,
Ein ewiger Strom:
Uns hebt die Welle,
Verschlingt die Welle,
Und wir versinken. (29–36)

Die Menschen sind in der zeitlichen Begrenztheit ihres Daseins, in ihrer Sterblichkeit gesehen, sie sind dem Schicksal mit der sie hebenden und verschlingenden Welle ausgeliefert und existieren in unruhiger Bewegung. Den Göttern dagegen sind Ruhe und Gelassenheit, Unberührtheit vom Schicksal der Menschen, Unsterblichkeit, Zeitlosigkeit eigen. Da die zeitliche Begrenztheit und schicksalsmäßige Bewegtheit des Menschen im Wellen-Bild wiedergegeben ist, wird nahegelegt, auch die Umgrenzung von Lebenszeit und Lebenslauf des Menschen als einen natürlichen, ja naturgesetzhaften Vorgang zu begreifen. Die Götter stehen außerhalb solcher Naturgesetzlichkeit, wenn sie auch im gesamten Kosmos anwesend sind, den das Gedicht mit seiner Bildlichkeit aus dem Bereich der vier Elemente abschreitet (Str. 1: Blitz/Feuer; Str. 2: Himmel/Luft; Str. 3: Erde; Str. 4: Wasser). Sie haben an der Unendlichkeit des natürlichen Kosmos teil. Der Mensch aber kann sein Leben innerhalb dieses unbegrenzten Natur-Kosmos nur durch die natürliche Begrenzung seiner Wirkungsmöglichkeit (Str. 2 und 3) und seiner Lebenszeit (Str. 4), also rundum begrenzt, von einem »kleinen Ring« (37) begrenzt, erfahren. Davon spricht die fünfte Strophe. Sie faßt die naturhaften Beschränkungen des Menschen im Ring-Bild, das bei aller Illusionslosigkeit über Freiheit ausschließende Zwänge, über die eng gezogenen Grenzen des Menschseins, über den beschränkten und umgrenzten Wirkungskreis des Menschen, doch auch die Vorstellung von einer harmonisch geschlossenen und vollendeten Form evoziert. Da der Ring des menschlichen Einzellebens sich in der Geschlechterabfolge an vorangehende Ringe anreiht – auch hier folgt der Mensch einem Naturgesetz –, hat er teil an der Unbegrenztheit der menschlichen Existenz überhaupt, die sich der Text unendlich fortlaufend in einer Kette denkt (Str. 5).

Ring- und Ketten-Bild machen deutlich, daß durch den Aufweis von Beschränkungen des menschlichen Seins, den der Gedichtablauf vollzogen hat, seine Konturen hervortreten: die Vorstellung vom menschlichen Leben wird in einem faßlichen Bild geboten. Die Götter dagegen verlieren im Ablauf des Textes an Faßbarkeit: war der »uralte [...] Vater« (1 f.) zu Beginn noch eine vorstellbare Person, so sind die Götter in Strophe 4 nur noch »jene« (32), vor denen »viele Wellen« (31) wandeln.

Das Ring-Bild, das aus der naturnahen Bildlichkeit des Gedichts herausfällt, läßt aber auch erkennen, daß sich die Haltung des Sprechers gewandelt hat: Hatte er zu Beginn aus subjektiver Erfahrung nur die Unterwerfung seines Seins unter die göttliche Existenz bekennen können (Str. 1), so hat er nach ruhiger Beobachtung von menschlichem Extremverhalten im Umgang mit den Göttern (Str. 2 und 3) und dem unterscheidenden Blick auf das Ganze der göttlichen und menschlichen Existenz (Str. 4) nun in Strophe 5 die Möglichkeit, aus seiner Erkenntnis die Konsequenz zu ziehen, d. h. sie in ein Bild zu fassen, zu formen. Von der unmittelbaren Betroffenheit in Strophe 1 ist er zur souveränen Gefaßtheit gelangt. Nicht ein ›Nichts‹ scheint trotz aller erkannten naturgemäßen Einschränkungen das menschliche Leben dem Sprecher zu sein, sondern ein von einem kleinen Ring umgrenzter Raum, der im Kontext der Götter- und Naturbildlichkeit eine gewisse gestalthafte Autonomie besitzt.

Das Gedicht sagt nichts darüber, wie innerhalb des umgrenzten kleinen Rings das Menschenmögliche aussehen kann. Davon spricht erst der in der Gedichtgruppe folgende Text: *Das Göttliche* (I,147–149). Er schließt mit den Worten »Nach ewigen, ehrnen, / Großen Gesetzen / Müssen wir alle / Unseres Daseins / Kreise vollenden« (I,148) an die Vorstellung von naturgesetzmäßiger Bedingtheit des engen menschlichen Wirkungskreises, wie sie *Grenzen der Menschheit* gezeigt hatte, an; aber er fordert nun – unseren Text gleichsam weiterführend – den Menschen auf, sich seiner Möglichkeiten bewußt zu sein und innerhalb der gesteckten Grenzen die Freiheit zu sittlichem Tun wahrzunehmen. Der Mensch erreicht damit die Autonomie des klassischen Menschenbildes, für die die Erkenntnis von gesetzmäßigen Grenzen die Grundlage und Voraussetzung ist.

Die Einsicht, daß der Mensch Grenzen anerkennen und sich beschränken müsse, findet sich in Goethes schriftlichen Äußerungen seit 1776 häufig und in vielfacher Beziehung, nämlich den persönlichen, beruflichen und künstlerischen Bereich betreffend. Konkrete Erfahrungen, die dem Menschen, dem Minister und dem Künstler die Grenzen seiner Bestrebungen deutlich machten, liegen diesen Äußerungen wiederholt zugrunde. Man kann diese Einsicht geradezu als

ein »Grundmotiv des Goetheschen Denkens« (so Mandelkow, in: Goethes Briefe, Bd. 1, S. 654) seit der ersten Weimarer Zeit bezeichnen. Freilich wird die fundamentale
Erkenntnis von der *wesensmäßigen* Bestimmung des Menschen als eines begrenzten Geschöpfs erst 1779 im *Iphigenie*-
Drama (Prosafassung) greifbar. Hier verstößt Tantalus, der
gottgleich sein will, gegen die ihm als Mensch gesetzten
Grenzen und verursacht damit den Fluch, der fortan die
Geschichte seines Hauses bestimmt. Das Drama begründet
die Grenzen des Menschseins jedoch noch nicht mit der
Natur des Menschen (als eines Geist- und Körperwesens)
gegeben, wie es erst der 1780 oder 1781 entstandene Text
Grenzen der Menschheit vollzieht. Für ihn ist der objektivierende Blick auf Gesetzmäßigkeiten in der Natur Voraussetzung, von dem die Briefe von der Schweizer Reise 1779/80
erstmals Zeugnis ablegen (vgl. *Goethes Briefe*, Bd. 1,
S. 270 ff.). Jedoch ist noch ein anderer einflußreicher Er-
kenntnisbereich des frühklassischen Goethe für den Entste-
hungshintergrund des Gedichts von Bedeutung: seine Auseinandersetzung mit dem frühgriechischen, genauer dem
pythagoreischen Denken. Adolf Beck hat überzeugend dar-
gelegt, wie wesentlich Grundzüge der pythagoreischen
Ethik die Bemühungen Goethes um Selbstformung im
ersten Weimarer Jahrzehnt mitbestimmen. So benutzte
Goethe *Die Goldenen Sprüche des Pythagoras*, eine Sammlung von Lebensregeln zu richtigem Verhalten auf dem Weg
zur Selbstvervollkommnung, wo u. a. Ehrfurcht vor den
Göttern, Achtung der Gesetze, Bedenken der eigenen Sterblichkeit, Maß und Selbstbeherrschung gefordert werden
(vgl. Fischer, S. 398 f.). Eine Textstelle aus den *Goldenen
Sprüchen des Pythagoras* hat Goethe übersetzt. Sie folgt auf
die Ermahnung zu ständiger Rechenschaftsablegung über
das eigene Verhalten, weil man dadurch zur Sittlichkeit
gelangen könne. In einem Brief am 8. September 1780 Charlotte von Stein mitgeteilt, hat Goethes Übersetzung folgenden Wortlaut:

Und wenn du's vollbracht hast,
Wirst du erkennen der Götter und Menschen unänderlich Wesen
Drinne sich alles bewegt und davon alles umgränzt ist,
Stille schaun die Natur sich gleich in allem und allem
Nichts unmögliches hoffen, und doch dem Leben genüg seyn.
                                  (*Goethes Briefe*, Bd. 1, S. 316.)

Von diesen Versen aus lassen sich zu *Grenzen der Menschheit* nicht nur Beziehungen im Inhaltlichen (Erkennen der Wesenseigentümlichkeiten von Göttern und Menschen, des »umgränzt«-Seins), sondern auch im Verfahren (»Stille schaun die Natur«) und in der Absicht (Erkennen; »Nichts unmögliches hoffen«) der Aussage herstellen. Jedenfalls können sie zusätzlich belegen, daß Goethes Gedicht *Grenzen der Menschheit* Zeugnis einer Besinnung auf dem Weg zu verantwortetem menschlichen Selbstverständnis ist.

Zitierte Literatur: Adolf BECK: Der ›Geist der Reinheit‹ und die ›Idee des Reinen‹. Deutsches und Frühgriechisches in Goethes Humanitätsideal. In: A. B.: Forschung und Deutung. Ausgewählte Aufsätze zur Literatur. Hrsg. von Ulrich Fülleborn. Frankfurt a. M. / Bonn 1966. S. 69–118. [Zuerst 1942 und 1943.] – Carl FISCHER (Hrsg.): Antike Lyrik. Mit einem Nachw. von Wolf-Hartmut Friedrich und Erl. von Klaus Ries. München 1964. – Goethes Werke. Hamburger Ausgabe. [Siehe Textquelle. Zit. mit Band- und Seitenzahl.] – Goethes Briefe. Hamburger Ausgabe. Bd. 1. Textkrit. durchges. und mit Anm. vers. von Karl Robert Mandelkow unter Mitarb. von Bodo Morawe. Hamburg 1962. – Rolf Christian ZIMMERMANN: Das Weltbild des jungen Goethe. Studien zur hermetischen Tradition des deutschen 18. Jahrhunderts. Bd. 1: Elemente und Fundamente. Bd. 2: Interpretation und Dokumentation. München 1969–79.

Weitere Literatur: Karl Otto CONRADY: Goethe. Leben und Werk. Bd. 1: Hälfte des Lebens. Königstein (Ts.) 1982. S. 407–411. – Karl Otto CONRADY: Zwei Gedichte Goethes kritisch gelesen. »Grenzen der Menschheit«, »Das Göttliche«. In: K. O. C.: Literatur und Germanistik als Herausforderung. Skizzen und Stellungnahmen. Frankfurt a. M. 1974. S. 154–184. – Hans Gerhard GRÄF: Goethe über seine Dichtungen. T. 3: Die lyrischen Dichtungen. Bd. 2,2. Frankfurt a. M. 1914. Neudr. 1968. – O. R. MEYER: Goethes Ode »Grenzen der Menschheit«. In: Euphorion 26 (1925) S. 592–602. – Emil STAIGER: Goethe. Bd. 1. Zürich/Freiburg ²1957. S. 345–349. – Albrecht WEBER: Goethe. Grenzen der Menschheit. In: Wege zum Gedicht. Mit einer Einf. von Edgar Hederer. Hrsg. von Rupert Hirschenauer und A. W. München/Zürich 1956. S. 136–139.

Friedrich Schiller

Die Götter Griechenlands

Da ihr noch die schöne Welt regieret,
An der Freude leichtem Gängelband
Selige Geschlechter noch geführet,
Schöne Wesen aus dem Fabelland –
Ach, da euer Wonnedienst noch glänzte,
Wie ganz anders, anders war es da!
Da man deine Tempel noch bekränzte,
Venus Amathusia!

Da der Dichtung zauberische Hülle
Sich noch lieblich um die Wahrheit wand,
Durch die Schöpfung floß da Lebensfülle,
Und was nie empfinden wird, empfand.
An der Liebe Busen sie zu drücken,
Gab man höhern Adel der Natur,
Alles wies den eingeweihten Blicken,
Alles eines Gottes Spur.

Wo jetzt nur, wie unsre Weisen sagen,
Seelenlos ein Feuerball sich dreht,
Lenkte damals seinen goldnen Wagen
Helios in stiller Majestät.
Diese Höhen füllten Oreaden,
Eine Dryas lebt' in jenem Baum,
Aus den Urnen lieblicher Najaden
Sprang der Ströme Silberschaum.

Jener Lorbeer wand sich einst um Hilfe,
Tantals Tochter schweigt in diesem Stein,
Syrinx' Klage tönt' aus jenem Schilfe,
Philomelas Schmerz aus diesem Hain.

Jener Bach empfing Demeters Zähre,
Die sie um Persephonen geweint,
Und von diesem Hügel rief Cythere,
Ach umsonst! dem schönen Freund.

Zu Deukalions Geschlechte stiegen
Damals noch die Himmlischen herab,
Pyrrhas schöne Töchter zu besiegen,
Nahm der Leto Sohn den Hirtenstab.
Zwischen Menschen, Göttern und Heroen
Knüpfte Amor einen schönen Bund,
Sterbliche mit Göttern und Heroen
Huldigten in Amathunt.

Finstrer Ernst und trauriges Entsagen
War aus eurem heitern Dienst verbannt,
Glücklich sollten alle Herzen schlagen,
Denn euch war der Glückliche verwandt.
Damals war nichts heilig als das Schöne,
Keiner Freude schämte sich der Gott,
Wo die keusch errötende Kamöne,
Wo die Grazie gebot.

Eure Tempel lachten gleich Palästen,
Euch verherrlichte das Heldenspiel
An des Isthmus kronenreichen Festen,
Und die Wagen donnerten zum Ziel.
Schön geschlungne seelenvolle Tänze
Kreisten um den prangenden Altar,
Eure Schläfe schmückten Siegeskränze,
Kronen euer duftend Haar.

Das Evoe muntrer Thyrsusschwinger
Und der Panther prächtiges Gespann
Meldeten den großen Freudebringer,
Faun und Satyr taumeln ihm voran,

34

Um ihn springen rasende Mänaden,
Ihre Tänze loben seinen Wein,
Und des Wirtes braune Wangen laden
Lustig zu dem Becher ein.

Damals trat kein gräßliches Gerippe
Vor das Bett des Sterbenden. Ein Kuß
Nahm das letzte Leben von der Lippe,
Seine Fackel senkt' ein Genius.
Selbst des Orkus strenge Richterwage
Hielt der Enkel einer Sterblichen,
Und des Thrakers seelenvolle Klage
Rührte die Erinnyen.

Seine Freuden traf der frohe Schatten
In Elysiens Hainen wieder an,
Treue Liebe fand den treuen Gatten
Und der Wagenlenker seine Bahn;
Linus' Spiel tönt die gewohnten Lieder,
In Alcestens Arme sinkt Admet,
Seinen Freund erkennt Orestes wieder,
Seine Pfeile Philoktet.

Höhre Preise stärkten da den Ringer
Auf der Tugend arbeitvoller Bahn,
Großer Taten herrliche Vollbringer
Klimmten zu den Seligen hinan.
Vor dem Wiederforderer der Toten
Neigte sich der Götter stille Schar,
Durch die Fluten leuchtet dem Piloten
Vom Olymp das Zwillingspaar.

Schöne Welt, wo bist du? Kehre wieder,
Holdes Blütenalter der Natur!
Ach, nur in dem Feenland der Lieder
Lebt noch deine fabelhafte Spur.

Ausgestorben trauert das Gefilde,
Keine Gottheit zeigt sich meinem Blick,
95 Ach, von jenem lebenwarmen Bilde
Blieb der Schatten nur zurück.

Alle jene Blüten sind gefallen
Von des Nordes schauerlichem Wehn,
Einen zu bereichern unter allen,
100 Mußte diese Götterwelt vergehn.
Traurig such' ich an dem Sternenbogen,
Dich, Selene, find' ich dort nicht mehr;
Durch die Wälder ruf' ich, durch die Wogen,
Ach! sie widerhallen leer!

105 Unbewußt der Freuden, die sie schenket,
Nie entzückt von ihrer Herrlichkeit,
Nie gewahr des Geistes, der sie lenket,
Sel'ger nie durch meine Seligkeit,
Fühllos selbst für ihres Künstlers Ehre,
110 Gleich dem toten Schlag der Pendeluhr,
Dient sie knechtisch dem Gesetz der Schwere,
Die entgötterte Natur.

Morgen wieder neu sich zu entbinden,
Wühlt sie heute sich ihr eignes Grab,
115 Und an ewig gleicher Spindel winden
Sich von selbst die Monde auf und ab.
Müßig kehrten zu dem Dichterlande
Heim die Götter, unnütz einer Welt,
Die, entwachsen ihrem Gängelbande,
120 Sich durch eignes Schweben hält.

Ja, sie kehrten heim, und alles Schöne,
Alles Hohe nahmen sie mit fort,
Alle Farben, alle Lebenstöne,
Und uns blieb nur das entseelte Wort.

⁵ Aus der Zeitflut weggerissen, schweben
Sie gerettet auf des Pindus Höhn:
Was unsterblich im Gesang soll leben,
Muß im Leben untergehn.

Abdruck nach: Friedrich Schiller: Sämtliche Werke. Säkularausgabe. 16 Bde. In Verb. mit Richard Fester, Gustav Kettner [...] hrsg. von Eduard von der Hellen. Stuttgart/Berlin: Cotta, [1904/05]. Bd. 1: Gedichte I. Mit Einl. und Anm. von Eduard von der Hellen. [1904.] S. 156–160. [Abdruck der zweiten Fassung.]
Erstdrucke: Gedichte von Friedrich Schiller. 2 Tle. Leipzig: Siegfried Lebrecht Crusius, 1800–03. T. 1. 1800. [Zweite Fassung, 1793.] – Der Teutsche Merkur. Hrsg. von Chr. M. Wieland. März 1788. Weimar: Hofmann, 1788. [Erste Fassung, 1788.]

Sybille Demmer

Von der Kunst über Religion zur Kunst-Religion. Zu Schillers Gedicht *Die Götter Griechenlands*

Schiller verfaßte seine *Götter Griechenlands* im März 1788 für Wielands *Teutschen Merkur*. Die Entstehung des Gedichts gehört biographisch in eine Phase der Selbstsuche, in der die Begegnung mit der Antike sowie der schwierige Weg zu Goethe bestimmend werden, eine Zeit der begrifflichen Klärung philosophischer und ästhetischer Grundfragen.

1793 entstand die hier zugrunde gelegte zweite Fassung des Gedichts. Sie unterscheidet sich von der ersten durch eine beträchtliche Kürzung – 16 Strophen statt 25 – und formale Konzentration – die lose Reihung der Strophen wird aufgegeben zugunsten einer strengen Gliederung in elf ›griechische‹ und vier ›moderne‹ Strophen; manche von den Zeitgenossen heftig kritisierten Verse sind gestrichen oder gemildert, und die neuen Schlußverse eröffnen die Perspektive einer ästhetischen Versöhnung der Gegensätze.

Das Gedicht *Die Götter Griechenlands* thematisiert die Begegnung der beiden Quellen abendländischer Existenz: der griechisch-römischen Antike und des Christentums. Lebensgefühl und Weltbild der beginnenden Klassik kristallisieren sich im Gegenentwurf des als heiterer Traum erlebten Griechentums.

Plastik und Literatur – wenig hingegen Philosophie oder Staatskunst – hatten den Zugang des 18. Jahrhunderts zur griechischen Welt bestimmt. Winckelmann hatte in seinen *Gedanken über die Nachahmung der griechischen Werke in der Malerei und Bildhauerkunst* (1755) aus der »edlen Einfalt und stillen Größe« griechischer Skulpturen ein Ethos maßvoller Gesinnung unter der Gesetzlichkeit des Schönen abgeleitet. Die Lektüre Homers prägte das Bild des griechischen Menschen und seiner Welt, dessen konstitutive Elemente der unmittelbare Bezug zwischen Mensch und Natur, seliger Lebensgenuß und Präsenz des Göttlichen im Irdischen darstellten. Die griechische Tragödie schließlich vermittelte die Begegnung mit dem Archaisch-Chthonischen als dem Gegenpol des Apollinisch-Olympischen innerhalb des Griechenlandbildes. Ebenso unwirklich wie verbindlich – keiner der Klassiker der Goethezeit betrat selbst griechischen Boden, doch herrschte Einigkeit in der Auffassung des Griechentums als der »Schule der Humanität« (Herder) – wurde der Griechen-Enthusiasmus zu einem »gültigen Glaubensbild einer ganzen geistigen und dichterischen Gemeinschaft« (Rehm, S. 54). Werther trug »seinen« Homer bei sich, Faust fand im zweiten Teil der Tragödie den Weg nach Griechenland; Goethes *Iphigenie* thematisierte griechische Humanität und bewies klassische Formstrenge, Schillers *Braut von Messina* versuchte eine Rückkehr zur antiken Tragödie.

»Griechheit« als mit religiöser Hingabe bekannter Mythos war zugleich Medium der Selbstfindung und Selbstdeutung, deren Glaubenssatz Winckelmann zu Beginn seiner *Gedan-*

ken formulierte: »Der einzige Weg für uns, groß, ja wenn es möglich ist, unnachahmlich zu werden, ist die Nachahmung der Alten.« Den Traum einer möglichen Wiederkehr des griechischen Ideals deuten die Schlußverse in Schillers Gedicht *Der Spaziergang* an: »Und die Sonne Homers, siehe! sie lächelt auch uns« – eine Bestätigung schienen die »griechischen Naturen« im 18. Jahrhundert, wie sie Schiller in Goethe, dieser seinerseits in Winckelmann sah.

Schillers *Götter Griechenlands* enthalten in poetischer Konzentration die Griechenauffassung der Frühklassik: Die retrospektive Utopie überwindet die in der eigenen Gegenwart erlebte Diskrepanz von Idee und Leben – die Trennung von Religion, Philosophie und Naturerfahrung ebenso wie den Widerstreit sich vereinzelnder Interessen und Kräfte – im gedanklichen Entwurf eines goldenen Zeitalters ungeteilter Einheit und menschlicher Vollendung. Das Zeitenthobene-Arkadische der heiteren Griechenwelt wird zugleich als das Ideale wie auch als das unwiederholbar Verlorene erlebt: hymnische Feier und elegische Klage wechseln einander ab. Die Intensität der Vergegenwärtigung des griechischen Mythos verdankt sich dabei vor allem der abweisenden, düster-feindlichen Charakterisierung der eigenen Zeit unter dem Diktat eines rationalistisch-lebensfern aufgefaßten Christentums und einer seelenlos-mechanistischen Naturauffassung. Aus der Konfrontation resultiert der Ton einer »gemäßigten Begeisterung«, in der sich »edle Anmut mit einer Farbe von Wehmut« mischt (Schiller an Körner, 12. Juni 1788), den Hegel später als »schöne Trauer des Gemüths« (*Ästhetik II*, Kapitel 3, Abschnitt 2b) beschrieb.

Der Rückblick wird eröffnet mit der Apostrophe der Göttergestalten, die in ihrer Gesamtheit die »schöne Welt« bestimmen und regieren. Die Herrschaft der Götter ist die der »Freude« und des »leichten Gängelbands« (2): Im Mittelpunkt der Götterverehrung steht die Venus von Amathus, Repräsentantin einer Annäherung von Götter- und Menschensphäre im Eros. Gegenüber der großen Gebärde der Anrufung vergangener Schönheit erscheint die eigene Zeit nur implizit im kargen, abstrakten »anders, anders« (6), dessen Doppelruf die Klage akzentuiert.

Die nachfolgenden Strophen gestalten die Andersartigkeit in verschiedenen Thesen, Bildern und skizzierten Szenerien: Einheit von Wahrheit und Schönheit, Beseelung, die alles Lebendige durchzieht, und Göttlichkeit in ihrer unmittelbaren Anwesenheit in der Natur bilden den gedanklichen Rahmen des Entwurfs (9 ff.).

Die Transzendierung der Schöpfung konkretisiert sich im Blick in die Landschaft: Der Sonne als nach mechanistischer Auffassung seelenlos sich drehendem Feuerball (18) wird die szenische Vision des Helios im Sonnenwagen gegenübergestellt; die Natur zeigt sich als von Halbgöttern auf Höhen, in Bäumen und Quellen belebt, Lorbeer, Stein, Schilf und Hain evozieren archetypische göttliche und menschliche Schicksale, deren Leiden durch die tröstlich-mildernde Verwandlung in Natur nur mehr in sanft tönenden Klagen zu vernehmen sind.

Der Blick richtet sich ins Weite, wenn die liebende Annäherung zwischen Götter- und Menschenwelt, zwischen den Himmlischen und den Kindern Deukalions und Pyrrhas in variierten Verben des Aufeinanderzugehens und korrespondierenden Enjambements sinnfällig wird. Die Liebe – Amor ebenso wie die gemeinsame Huldigung an Venus – verbindet Götter, Heroen und Sterbliche. Den Kult der Griechen kennzeichneten Freude, Fülle und Götternähe als einen »heitern Dienst« (42), während das christliche Zeitalter nur »finstren Ernst« und »trauriges Entsagen« (41) kennt. Das Glück verband sich mit dem Schönen, das seinerseits – jenseits aller Moral – mit dem Heiligen in eins gesetzt wurde.

In Spielen und Festen manifestierte sich das Fest des Lebens: Pracht der Architektur und Glanz olympischer Begegnung in Wettkampf, Opfer und Siegesfeier werden in einer Fülle optischer, akustischer und anderer sensueller Eindrücke vermittelt: »Lachen« der Tempel (49), »donnernde Wagen« (52), »schön geschlungne seelenvolle Tänze« (53), ein »prangender Altar« (54) und »Kronen« im »duftenden Haar« (56) versinnlichen Bewegtheit und Vielfalt der Erscheinungen und konkreten Genuß. Der Aufzug des Dionysos, des »großen Freudebringers« (59), setzt nur den Zug der Helden in ekstatischer, durch Masken, Taumel und Weinseligkeit gesteigerter Form fort.

Auch der Tod – für die spätere Zeit als »gräßliches Gerippe« (65) der extreme Gegenspieler dionysischen Lebensgenusses – gebietet der Daseinslust nur vorübergehenden Einhalt: Im Bild des Kusses (66) erscheint er versöhnlich, und ein Enjambement veranschaulicht den bruchlosen Übergang zwischen Leben und Totenwelt. Der »Genius«, der »seine Fackel senkt« (68), verweist auf Lessing (*Wie die Alten den Tod gebildet*, 1769) und Herder (*Wie die Alten den Tod gebildet? Ein Nachtrag zu Leßings Abhandlung desselben Titels und Inhalts*, 1774) und assoziiert Tod mit Schlaf.

Der Aufhebung des Antagonismus zwischen Tod und Leben entspricht die personale Verknüpfung von Mensch- und Unterwelt, repräsentiert in den Gestalten des Minos, der als Sohn der sterblichen Europa im Orkus das Richteramt versah, und des Orpheus, der Eurydike aus der Unterwelt zurückholen durfte. »Elysiens Haine« (74) setzen die irdische Welt fort, und den »frohen Schatten« (73) wiederholen sich die Freuden der Welt: Spiegelung, Ergänzung oder Fortsetzung des Gewesenen, Wiederfinden und Wiedersehen konkretisieren sich in Begriffspaaren und Assonanzen: »treu«/»treu« (75), »Wagenlenker«/»Bahn« (76), »Alceste«/»Admet« (78), »Linus«/»Spiel«/»Lieder« (77). »Große Taten« (83) führen Sterbliche zu den Himmlischen: Herkules und die Dioskuren Castor und Pollux gehen in die Götterwelt ein und wirken von dort zurück – Heroentum bedeutet gesteigerte Menschlichkeit und antizipiert Göttlichkeit.

Die visionäre Vergegenwärtigung der griechischen Welt mündet in den sehnsuchtsvollen Ruf nach der Wiederkehr des Verlorenen, die Hymne wendet sich zur Elegie. Die »schöne Welt« wird metaphorisch identifiziert mit dem

»holden Blütenalter der Natur« (89 f.): Hier verbinden sich Vorstellungen des Pflanzenwachstums mit der Lebensalter-lehre und indizieren höchste sinnhafte Entfaltung im transi-torischen Augenblick, zugleich eine »glückhafte Frühe, wel-cher Bewußtheit und Zwiespalt fremd sind« (Storz, *Schiller und die Antike*, S. 200). Der Dichter führt die Metapher fort in den gefallenen Blüten (97), die der Nordwind hinterließ – eine Anspielung auf den Nord-Süd-Gegensatz, der nach klassischer Auffassung Griechisch-Heiteres und Nordisch-Düsteres trennt. Die Götter ziehen sich ins »Feenland der Lieder« (91) zurück, in die Welt des Imaginativen und der Dichtung, die allein die »fabelhafte Spur« (92), die Reminis-zenzen an das Wunderbare jenes Traums, bewahrt. Der Entwurf des christlichen Zeitalters, der sich anschließt, zeigt statt Leben ausgestorbene Gefilde (93), statt Bildern nur Schatten (95 f.), statt Götterpräsenz nur Leere in der Natur. Der reichen Vielfalt der Erscheinungen der ersten elf Stro-phen steht in deutlicher Kargheit eine vier Strophen umfas-sende Kontrastwelt gegenüber: »*Einen* zu bereichern unter allen, / Mußte diese Götterwelt vergehn« (99 f.) – dem Polytheismus wird ein usurpatorischer Monotheismus ent-gegengesetzt, der – zugleich christlich und aufgeklärt – die Erfahrung einer seelenlosen, in mechanistischen Abläufen sich selbst überlassenen Natur bedingt. Die Gesetze der Gravitation, der Kausalität und der monotonen Wiederkehr des Gleichen (109 ff. und 113 ff.) bedeuten die Absonderung der Natur vom Göttlichen. Empfindungslosigkeit und feh-lendes Bewußtsein verhindern die Lust der Schöpfung an sich selbst und ihrem Schöpfer (105 ff.): Ein dreifaches »nie« akzentuiert den Verlust, die Wörter »tot« (110), »fühllos« (109) und »Grab« (114) assoziieren die stete Nähe des Todes. Der Gott hat sich dem Blick entzogen und thront in unzugänglichen, abstrakten Höhen. Die Natur hält sich »durch eignes Schweben« (120), das Ich bleibt traurig suchend (101) in einer leer widerhallenden Naturszenerie (104) zurück. Gottesferne, Todesnähe und Indifferenz der Natur – für das Ich bleibt eine Welt des »entseelten Worts«

(124), in der abstrakte Rationalität an die Stelle lebendiger Erfahrung tritt. Der Verlust der Sinnlichkeit der Anschauung geht einher mit einer Moralisierung des Daseins, in der die Drohung mit Strafe, Tod und Gericht zu jenem »finstren Ernst« und »traurigen Entsagen« (41) des christlichen Bewußtseins führt.

Die Kritik am Christentum trug Schiller den Vorwurf der Blasphemie und des Atheismus ein. Körner sprach von störenden »Ausfällen«, doch schränkte er ein, daß diese »nur die plumpe Dogmatik, nicht das verfeinerte Christentum« beträfen (an Schiller, 25. April 1788). Aus pietistischer Sicht konstatierte Friedrich Leopold Graf zu Stolberg empört einen »Mißbrauch der Poesie« (*Gedanken über Herrn Schillers Gedicht »Die Götter Griechenlandes«*). Die Entgegnung Johann Georg Forsters auf Stolbergs Vorwürfe (*Fragment eines Briefes an einen deutschen Schriftsteller*) erscheint weniger eine Verteidigung Schillers als »eine allgemeine, aber konkrete politische Ziele erstrebende Verteidigung der ›Denk- und Gewissensfreyheit‹« (Frühwald, S. 265 f.). In seiner erst Monate später verfaßten Selbstrechtfertigung argumentiert Schiller mit der Freiheit des Dichters: Habe er in den griechischen Göttern »nur die lieblichen Vorstellungen der griechischen Mythologie, in *eine* Vorstellungsart zusammengefaßt«, dargestellt, so sei der christliche Gott eine »aus vielen gebrechlichen Vorstellungen zusammengeflossene Mißgeburt« (an Körner, 25. Dezember 1788). Der Versuch, das unverkennbar Heidnische des Griechenmythos durch ästhetische Erwägungen zu verbergen, erscheint halbherzig und wenig ›schillerisch‹.

In der Kritik am Christentum als dem Repräsentanten eines rationalistisch-monotheistischen Weltbilds drückt der Dichter sein eigenes Lebensgefühl aus, er generalisiert individuelle Not und Einsamkeit gegenüber einer antwortlosen Natur und Gottheit im Kontrast zweier Epochen der Menschheitsgeschichte. Das Pathos als Resultat des Leidens an der eigenen Gegenwart und der begeisterten Vision des Verlorenen bedingt die antagonistische Verbildlichung (vgl.

Keller, S. 167 ff.). Ohne Rücksicht auf historische Gerechtigkeit steht der Mythisierung des griechischen Zeitalters eine entmythologisierte Neuzeit gegenüber – der »schönen Welt« die »entgötterte Natur« (112).

Bereits innerhalb der hymnischen Verse auf die Griechenwelt finden sich Spuren, die auf das stets präsente Bewußtsein der eigenen Distanz deuten: Die Heimat der Götter wird als »Fabelland« (4), als die Sphäre des Imaginativen, gekennzeichnet – nicht bloß eine rokokohafte Auffassung in der Manier Wielands (so v. Wiese, *Die Götter Griechenlands*, S. 327, und Gerhard, S. 9), sondern Ausdruck des wehmütigen Blicks ins Utopische. Entsprechend läßt sich die Zeile »Und was nie empfinden wird, empfand« (12) als Indiz eben dieser schmerzlich bewußten Distanz verstehen, wenn man die zeitliche Deutung durch eine kategoriale ersetzt: Nur in der Fiktion läßt sich das Empfindungslose vorübergehend als empfindend setzen.

So stellt sich die Frage nach der ›Realität‹ der Götter Griechenlands für den Dichter: Bereits 1785 hatte Schiller in seinem Aufsatz über den Mannheimer Antikensaal die griechischen Götter als »romantisch« bezeichnet (*Brief eines reisenden Dänen*, XX,101–106, hier S. 102) und hierin – so deutet Storz (*Schiller und die Antike*, S. 190) – »idealische Schönheit und märchenhafte Unwirklichkeit« zugleich formuliert. Bedeuteten die Götter nur einen »idealischen Traum« (v. Wiese, *Die Götter Griechenlandes*, S. 324) oder gar bloß ein »literarisches Motiv« (Storz, *Der Dichter Friedrich Schiller*, S. 207)? Oder war umgekehrt »die wirkliche Welt selbst durch die Anwesenheit der Götter ›Dichterland‹ gewesen« (v. Wiese, *Die Götter Griechenlandes*, S. 332)? Schadewaldt gibt die Antwort: »[. . .] so hatte Schiller sich auch ein ›eigenes, gedachtes‹ Griechentum entwickelt, jedoch ein mit der ganzen Kraft ›gedachtes‹, der der Gedanke in seiner höchsten Freiheit nur fähig ist. Wie Schillers reines Kunstwerk, so hat auch sein Griechenbild den Charakter eines ›idealischen Modells‹« (Schadewaldt, S. 828).

Im sechsten seiner Briefe *Über die ästhetische Erziehung* sieht Schiller die griechische Göttervielfalt als poetische Konkretisation menschlicher Totalität. Dem »Maximum« an Menschheit im Griechentum folgte geschichtlich notwendig der Zwang, »die Wahrheit auf getrennten Bahnen [zu] verfolgen« (XX,326): Zugewinn an Erkenntnis geht einher mit Verlust von Totalität und Individualität und bedingt die Subjektivität als »Schicksal der Moderne« (Schadewaldt, S. 831). So bezeichnet Schiller im Gegenzug die Vermittlung des Objektiven und Subjektiven als Aufgabe des Dichters (an Körner, 10. November 1794). In diesem Sinne stellen die Götter Griechenlands anschauliche Bilder für lebendige Ideale dar.

Schließt die erste Fassung der *Götter Griechenlands* mit der resignierend-bescheidenen Bitte, die Göttin Wahrheit möge noch einmal ihrer Schwester, der Schönheit, weichen, erhält die zweite Fassung in den letzten vier Versen eine überraschende Wendung: Als Antwort auf Verlust und Sehnsucht wird die Kunst postuliert, wenn es heißt: »Was unsterblich im Gesang soll leben, / Muß im Leben untergehn« (127 f.).

Die Götter, die »müßig [...] zu dem Dichterlande« (117) zurückkehren, werden nur auf diese Weise »gerettet« (126), da der Vergänglichkeit entzogen. »Aus der Zeitflut weggerissen« (125), bewahrt sich ihre Unsterblichkeit in der Dichtung, dem »Gesang« (126). Die utopische Aufhebung der Zeit, wie sie für die arkadische Welt galt, wird wiederholbar in der Zeitenthobenheit der Kunst. Der ›wirklichen Wirklichkeit‹ wird die ›Kunstwirklichkeit‹ entgegengestellt, die den transitorischen Charakter jener zu transzendieren vermag. Dichtung als Mnemosyne triumphiert über die Vergänglichkeit des Lebens. Die Gegenwirklichkeit der Kunst heilt die reale Götterleere, die verlorene Theodizee wird kontrastiert mit einer Kunst-Religion.

Nahmen zwar die Götter »alles Hohe«, »alle Farben«, »alle Lebenstöne« mit sich fort (122 f.), so bleibt es Anspruch und Möglichkeit der Poesie, an die Stelle des »entseelten Worts«

ihrer Gegenwart nun ›Hohes‹, ›Farbiges‹, ›Tönendes‹ zu setzen. Ähnlich wie der verklärte Schmerz der mythologischen Gestalten, verwandelt in Natur, zu tönen begann (25 ff.), transzendiert das elegische Ich seinen Verlust in der neugewonnenen Schönheit des Klagegesangs.

Diese Perspektive hilft bei der Interpretation der äußeren Form des Gedichts: Die strenge strophische Form fünffüßiger trochäischer Achtzeiler mit kreuzenden Reimen, die die Strophen in gleichgewichtige Hälften gliedern, gibt ein Muster ruhiger und ebenmäßiger Struktur vor. Die Wechselwirkung von Satzsinn und Versstruktur, Gedankenschritt und Strophenaufbau ebenso wie die Übereinstimmung von Begrifflichkeit und Klang zeigen das Bemühen, in der dichterischen Verwendung der Sprache den »unsterblichen Gesang« zu realisieren. Bereits im Blick auf die erste Fassung der *Götter Griechenlands* sprach Schiller von »Horazischer Correctheit« (an Körner, 17. März 1788), doch zeigt die Umarbeitung zur zweiten Fassung über »Einklang und Wohlklang des elegischen Tons« (v. Wiese, *Die Götter Griechenlandes*, S. 327) hinaus den erhöhten Anspruch der Kunst selbst. Bezeichnend ist die Korrektur eines Epithetons von der ersten zur zweiten Fassung: »der Dichtung malerische Hülle« wird ersetzt durch »der Dichtung zauberische Hülle« (9), wobei der eher dekorative Aspekt zugunsten des transzendierenden weichen muß.

Formbewußtsein und »ästhetische Synthesis« (v. Wiese, *Friedrich Schiller*, S. 568) korrespondieren mit der griechischen Welt, ja erhalten diese über den realen Verlust hinweg. Die verwandelnde Kraft der Kunst bringt die Gewißheit der Unsterblichkeit: Den verlorenen Göttern Griechenlands stellt sich als Antwort die um Klassizität bemühte Kunst der Neuzeit entgegen, die – den Verlust betrauernd, doch der Distanz bewußt – im neuen Bewußtsein auf einer höheren Stufe ›Griechentum‹ anstrebt.

Die der deutschen Elegie in besonderem Maße eigene Tendenz zum versöhnlichen Schluß, der jede Klage in einer nachträglichen Bejahung des Lebens enden, jede Anklage der Gottheit in eine Theodizee münden läßt (Keller, unveröffentlicht), zeigt sich in Schillers *Göttern Griechenlands* in der neuen Funktion, die der Kunst, insbesondere der Dichtung, zugewiesen wird: Wenn aus der Klage der Klagegesang entsteht, wird das philosophische Gedicht zum Gedicht als Philosophie, wird die Kunst über Religion zur Kunst-Religion.

Zitierte Literatur: Johann Georg FORSTER: Fragment eines Briefes an einen deutschen Schriftsteller, über Schillers »Götter Griechenlandes«. In: Neue Litteratur und Völkerkunde. Mai 1789. – Wolfgang FRÜHWALD: Die Auseinandersetzung um Schillers Gedicht »Die Götter Griechenlandes«. In: Jahrbuch der Deutschen Schillergesellschaft 13 (1969) S. 251–271. – Melitta GERHARD: Antike Götterwelt in Wielands und in Schillers Sicht. Zur Entstehung und Auffassung der »Götter Griechenlands«. In: Schiller 1759–1959. Urbana, Ill., 1959. S. 1–11. – Werner KELLER: Das Pathos in Schillers Jugendlyrik. Berlin [West] 1964. – Walter REHM: Griechentum und Goethezeit. Leipzig 1936. [2]1938. – Wolfgang SCHADEWALDT: Der Weg Schillers zu den Griechen. In: W. Sch.: Hellas und Hesperien. Gesammelte Schriften zur Antike und zur neueren Literatur. Zürich/Stuttgart 1960. S. 825–831. – Schillers Werke. Nationalausgabe. Weimar 1943 ff. [Zit. mit Band- und Seitenzahl.] – Friedrich Leopold Graf zu STOLBERG: Gedanken über Herrn Schillers Gedicht »Die Götter Griechenlandes«. In: Deutsches Museum. 8. Stück. August 1788. – Gerhard STORZ: Der Dichter Friedrich Schiller. Stuttgart [3]1963. – Gerhard STORZ: Schiller und die Antike. In: Jahrbuch der Deutschen Schillergesellschaft 10 (1966) S. 189–204. – Benno von WIESE: F. Schiller: Die Götter Griechenlandes. In: Die deutsche Lyrik. Hrsg. von B. v. W. Düsseldorf 1956. Bd. 1. S. 318–335. – Benno von WIESE: Friedrich Schiller. Stuttgart [3]1963.
Weitere Literatur: Friedrich BEISSNER: Geschichte der deutschen Elegie. Berlin 1941. [Bes. S. 138 ff.] – Melitta GERHARD: Schillers »Götter Griechenlands« in ihrer geistesgeschichtlichen Bedeutung. In: Monatshefte für den deutschen Unterricht 38 (1946) S. 32 ff. – Victor LANGE: Zu Schillers Poetik. In: Dichtung und Deutung. Festschrift für Hans M. Wolff. Hrsg. von Karl S. Guthke. Bern/München 1961. S. 55–68. – Walther REHM: Götterstille und Göttertrauer. In: W. R.: Götterstille und Göttertrauer. Aufsätze zur deutsch-antiken Begegnung. München 1951. S. 101–182. – Friedrich-Wilhelm WENTZLAFF-EGGEBERT: Schillers Weg zu Goethe. Berlin [West] [2]1963.

Johann Wolfgang Goethe

Fünfte Elegie

Froh empfind' ich mich nun auf klassischem Boden
          begeistert,
  Lauter und reitzender spricht Vorwelt und Mitwelt zu
          mir.
Ich befolge den Rath, durchblättere die Werke der Alten
  Mit geschäftiger Hand täglich mit neuem Genuß.
5 Aber die Nächte hindurch hält Amor mich anders
          beschäftigt,
  Werd ich auch halb nur gelehrt, bin ich doch doppelt
          vergnügt.
Und belehr ich mich nicht? wenn ich des lieblichen Busens
  Formen spähe, die Hand leite die Hüften hinab.
Dann versteh ich erst recht den Marmor, ich denk' und
          vergleiche,
10 Sehe mit fühlendem Aug', fühle mit sehender Hand.
Raubt die Liebste denn gleich mir einige Stunden des Tages;
  Giebt sie Stunden der Nacht mir zur Entschädigung hin.
Wird doch nicht immer geküßt, es wird vernünftig
          gesprochen,
  Ueberfällt sie der Schlaf, lieg ich und denke mir viel.
15 Oftmals hab' ich auch schon in ihren Armen gedichtet
  Und des Hexameters Maas, leise, mit fingernder Hand,
Ihr auf den Rücken gezählt, sie athmet in lieblichem
          Schlummer
  Und es durchglühet ihr Hauch mir bis ins tiefste die
          Brust.
Amor schüret indeß die Lampe und denket der Zeiten,
20 Da er den nämlichen Dienst seinen Triumvirn gethan.

Abdruck nach: Die Horen, eine Monatsschrift. Hrsg. von Schiller. Jg. 1.
6. Stück. Tübingen: Cotta, 1795. S. 10 f. [Erstdruck.]
Weitere wichtige Drucke: Göthe's Neue Schriften. 7 Bde. Berlin: Unger,

1792–1800. Bd. 7. 1800. [Redaktionelle Überarbeitung der im Inhaltsverzeichnis erstmals als *Römische Elegien* bezeichneten Elegien unter Berücksichtigung prosodischer Korrekturvorschläge insbesondere August Wilhelm Schlegels.] – Goethes Werke. Weimarer Ausgabe. Hrsg. im Auftrage der Großherzogin Sophie von Sachsen. 143 Bde. Weimar: Böhlau, 1887–1919. Bd. 1. 1887. [Der Text folgt der Ausgabe letzter Hand (1827–30).] – Goethe's Römische Elegien. Nach der ältesten Reinschrift hrsg. von Albert Leitzmann. Bonn: A. Marcus & E. Weber, 1912. [Diese Ausgabe gibt die Elegien nach Goethes eigenhändiger Handschrift (H^{50}) wieder.] – Johann Wolfgang von Goethe: Elegien. Rom 1788. Faks.-Ausg. Mit Nachw. und Erl. zur Faks.-Ausg. der Handschrift von Goethes »Römischen Elegien« von Max Hecker. Leipzig: Insel, [1920]. – Dominik Jost: Deutsche Klassik: Goethes »Römische Elegien«. Einführung, Text, Kommentar. München [u. a.]: Verlag Dokumentation, ^{2}1978. [Paralleldruck nach H^{50} und nach der Weimarer Ausgabe.] – Goethe: Römische Elegien. Transkription und »Zur Überlieferung« von Hans-Georg Dewitz. Mit einem Nachw. von Horst Rüdiger. Frankfurt a. M.: Insel, 1980. [Enthält ein vollständiges Faksimile der Handschrift H^{50}.]

Wulf Segebrecht

Sinnliche Wahrnehmung Roms.
Zu Goethes *Römischen Elegien*, unter besonderer Berücksichtigung der *Fünften Elegie*

Nirgends, meine ich, läßt sich so sinnfällig wie am Beispiel von Goethes *Römischen Elegien* erfahren, was ›Klassik‹ eigentlich bedeutet. Und das um so mehr, als Klassik-Erfahrung selbst das durchgängige Thema dieser nur locker, aber erkennbar zu einem Zyklus (zur Zyklus-Frage vgl. Kaiser, Malsch, Jost und Lee) gefügten Gedichte ist, die Goethe nach seinem Italien-Aufenthalt (1786–88) in Weimar niederschrieb. Die *Römischen Elegien* entstanden also nicht »auf klassischem Boden« (1), wie der heute gebräuchliche Titel der Sammlung vermuten läßt; sie entstanden vielmehr in der nachitalienischen Zeit, unter dem Eindruck neuer zeitgeschichtlicher Ereignisse (vor allem derjenigen der

Französischen Revolution) und persönlicher Erlebnisse (vor allem der Verbindung Goethes mit Christiane Vulpius), die auf die Klassik-Konzeption der *Römischen Elegien* nachhaltig eingewirkt haben. Die *Römischen Elegien* sind deshalb kein unmittelbares Erlebnis-Protokoll Goethes aus Rom, sondern die künstlerische Darstellung und Demonstration seines in Rom vollzogenen Bewußtseinswandels.

Nur eines der zwischen 1788 und 1790 entstandenen Gedichte (die spätere *Dreyzehnte Elegie*) hat Goethe bald nach seiner Entstehung auch veröffentlicht; und zwar unter der Überschrift *Elegie. Rom 1789*. Diese Ortsangabe ist in Verbindung mit der Datierung allerdings eine Fiktion; denn 1789 war Goethe nicht mehr in Rom. Die bewußt fingierte Überschrift »als Alternative zum möglichen Titel *Paris 1789*« zu verstehen und anzunehmen, Goethe habe damit die ihm entsprechende Art und Weise kennzeichnen wollen, »den revolutionären Gehalt eines Jahres 1789 auszuleben« (Albertsen, S. 186), scheint mir allzu spekulativ zu sein. Wenigstens müßte dann auch erklärt werden, warum Goethe das Datum in der Überschrift fortließ, als er die Elegien in den *Horen* unter dem Titel *Elegien* publizierte, und warum er das Datum änderte, als er eine sorgfältige Sammelhandschrift unter dem Titel *Elegien. Rom 1788* anlegte. Der revolutionäre Geist der *Römischen Elegien* (so nennt Goethe die Gedichte erst seit 1799) ist nicht an eine Jahreszahl gebunden; er ist, wenn es ihn gibt, in den Texten selbst aufzusuchen.

Schon der erste Vers der *Fünften Elegie* signalisiert zwar keine revolutionäre, aber doch eine emphatische Empfindung, die den Rom-Besucher »auf klassischem Boden« bewegt: »Froh« ist er hier und jetzt, ja »begeistert« (1). So äußert sich das veränderte, das neue Lebensgefühl des Dichters. Seine Sinne sind sensibilisiert, empfänglicher geworden für die Eindrücke der Außenwelt, so daß diese ihm »lauter und reitzender« (2) vorkommen als sonst. Er stellt eine stärkere Affizierbarkeit an sich selbst fest. Dabei lösen »Vorwelt und Mitwelt« (2) in gleicher Weise solche Wirkungen aus. Auf klassischem Boden sind Vergangenheit und Gegenwart gleichzeitig präsent und wirksam. Darin ist durchaus ein programmatischer Sinn zu sehen: Aus der Position des Hier und Jetzt (1: »nun auf klassischem Boden«) wird eine Intensivierung des gesamten Lebensgefühls erfahren, die Vergangenheit und Gegenwart ausdrücklich einschließt. Die Zeiten (und die Welten, die sie umfassen) bewirken eine Bewußtseinserweiterung und verändern dabei ihre eigene Substanz.

Diesen programmatischen Sinn der *Römischen Elegien* hat Goethe publikationsstrategisch noch dadurch verstärkt, daß er sie zuerst in Schillers Zeitschrift *Die Horen* 1795 veröffentlichte. Zu dieser Zeitschrift hatten sich Schiller und Goethe 1794 zusammengefunden, um eine Alternative zum »Lieblingsthema des Tages« und zum »Kampf politischer Meinungen und Interessen« im Gefolge der Französischen Revolution zu entwickeln: »je mehr das beschränkte Interesse der Gegenwart die Gemüter in Spannung setzt, einengt und unterjocht, desto dringender wird das Bedürfnis, durch ein allgemeines und höheres Interesse an dem, was *rein menschlich* und über allen Einfluß der Zeiten erhaben ist, sie wieder in Freiheit zu setzen und die politisch geteilte Welt unter der Fahne der Wahrheit und Schönheit wieder zu vereinigen« (*Schillers Werke*, S. 106).

Diesem Programm der Wiedervereinigung des Getrennten hat Goethe seine *Horen*-Beiträge zugeordnet, wobei er sich durchaus nicht immer in völliger Übereinstimmung mit Schiller befand. Die Poesie, so hatte er in den *Unterhaltungen deutscher Ausgewanderten* vorgeführt, hat die Kraft, die infolge der Revolution zerstörten Formen der Geselligkeit und Gesellschaft wieder zu heilen und zu restaurieren.

Auf eine solche Wiedervereinigung des Getrennten haben es auch die *Römischen Elegien* abgesehen, freilich in einem zugleich allgemeineren und konkreteren Sinne als die *Unterhaltungen deutscher Ausgewanderten*. Antikenrezeption und Gegenwartszugewandtheit schließen sich, wie die *Fünfte Elegie* zeigt, nicht aus, sondern sie intensivieren einander. Das Nachsinnen und die Sinnlichkeit sind nur zwei Seiten ein und derselben Sache: der Präsenz. Die »Hand« (4, 8, 10, 16) ist das Instrument dieser Präsenz; sie durchblättert »die Werke der Alten« (3), sie gleitet über die Hüften der Geliebten (8) und sie skandiert gar »des Hexameters Maas« (16) auf ihrem Rücken. Die Hand ist das Organ des Verstehens, des Fühlens und der dichterischen Produktivität. Sie wird geradezu »sehend« (10) und dadurch zum umfassenden Erkenntnismittel: »Dann versteh ich erst recht den Marmor« (9). Was »verstehen«, erkennen, ›begreifen‹ hier und eigentlich heißt, das macht diese Hand deutlich: Es ist die Wiedervereinigung von Fühlen, Sehen, Verstehen, von Denken, Lieben und Dichten, die sich hier ereignet. Die Elegie führt menschliche Fähigkeiten zu einer Ganzheit und Totalität zusammen, die bis dahin als miteinander unvereinbar galten; und sie widerspricht damit der Tendenz des Zeitalters zur Ausbildung von Vereinzelungen, Sonderinteressen, Parteiungen, die nach Goethes wie nach Schillers Befund die auch »politisch geteilte Welt« hervorgebracht hatten, am sichtbarsten durch die Ereignisse der Französischen Revolution.

Dieser Zusammenhang mit der Zeitgeschichte ist es, durch den die *Römischen Elegien*, durchaus im Sinne einer Provokation, in das Konzept der Klassik gehören; denn sie verweisen die einseitig in der zeitgenössischen Revolutionsrezeption Befangenen mit Nachdruck auf die notwendige Einheit von Vergangenheit und Gegenwart, von historischem Verständnis und aktueller Empfindung. Den gleichen Verweis aber müssen sich auch diejenigen gefallen lassen, die – nicht weniger einseitig – von der gegenwärtigen Zeitgeschichte ganz und gar absehen und sich in die scheinbar ›heile‹ Welt der Antike flüchten wollen. Die *Römischen Elegien* erteilen beiden ›Parteien‹ eine Absage; und das Mittel, durch das dies geschieht, ist die Sinnlichkeit.

Goethes in diesem Sinne antirevolutionäres Plädoyer gegen die Vereinzelung und für die Totalität des Menschen (einschließlich seiner Sinnlichkeit) wirkte seinerseits auf die

Zeitgenossen (und nicht nur auf sie) skandalös, wenn nicht gar revolutionär. Viele seiner Freunde und Ratgeber, darunter sogar der Herzog Karl August von Weimar, rieten ihm von einer Veröffentlichung der *Römischen Elegien* ab. Selbst Schiller fand sie »schlüpfrig und nicht sehr decent«, ließ aber keinen Zweifel daran, daß sie »zu den beßten Sachen gehören, die er gemacht hat« (Brief an seine Frau, 20. September 1794; *Schillers Briefe*, S. 19). Karl August Böttiger berichtet 1795 aus Weimar: »Zu den merkwürdigsten Erscheinungen an unserm literarischen Himmel gehören Goethes ›Elegien‹ im 6. Stück der ›Horen‹. Es brennt eine genialische Dichterglut darinnen, und sie stehn in unserer Literatur *einzig*. Aber alle ehrbaren Frauen sind empört über die bordellmäßige Nacktheit. Herder sagte sehr schön: er habe der Frechheit ein kaiserliches Insiegel aufgedrückt. Die ›Horen‹ müßten nun mit dem u gedruckt werden. Die meisten Elegien sind bei seiner Rückkunft im ersten Rausche mit der Dame Vulpius geschrieben« (Bode, S. 528 f.).

Die »Dame Vulpius« und Goethes ›Verhältnis‹ mit ihr haben die Phantasie nicht nur der Zeitgenossen ausgiebig beschäftigt. Damals dürften das Getuschel am Weimarer Hof und der Klatsch in der Stadt Goethe tatsächlich veranlaßt haben, die Publikationen der Elegien vorerst zurückzustellen. Doch gab er diese Rücksichten offensichtlich höherer Interessen wegen auf, als Schiller ihn um Beiträge für die *Horen* bat.

Von den 24 *Römischen Elegien*, die Goethe geschrieben hat, wurden 20 in Schillers *Horen* veröffentlicht. Zwei zog Goethe selbst zurück, als sich abzeichnete, daß sie nicht ohne Eingriffe würden gedruckt werden können: »Mit den Elegien wird nicht viel zu thun seyn, als daß man die 2te und die 16te wegläßt; denn ihr zerstümmeltes Ansehn wird auffallend seyn, wenn man statt der anstößigen Stellen nicht etwas Currenteres hinein restaurirte, wozu ich mich aber ganz und gar ungeschickt fühle« (Brief an Schiller, 12. Mai 1795; IV,10,256). Die beiden anderen, in denen der Gott Priapos frech und protzend erscheint, hatte er Schiller gar nicht erst zum Druck vorgelegt, sondern sie von vornherein sekretiert; alle vier wurden vollständig erst in unserem Jahrhundert gedruckt (1914 in I,53).

Die Sammelhandschrift der *Römischen Elegien* trug ursprünglich den Titel *Erotica Romana*. Wo das Obszöne der Elegien unterdrückt oder das Moralische legitimierend in den Vordergrund gerückt wird, da wird stets der Bereich der Erotik eingeschränkt, den Goethe hier entwirft. Denn der umfaßt das bürgerlich-behagliche Besitzdenken des ehegattenähnlichen Liebhabers ebenso wie die grobe Sexualprahlerei des Priap; die Geliebte erscheint bald als behütetes Bürgermädchen, bald als lose Dirne, bald als reife Witwe; die Situationen wechseln vom Künstlermilieu in die burleske Lustspielkonstellation; Eros hat hier sein Recht und Revier ebenso wie Anakreon. Diese Vielfalt erst öffnet den ganzen Bereich der Erotik in den *Römischen Elegien*, der nicht erfaßt werden kann, wenn man nur nach der römischen Faustine oder der weimarischen Christiane als ›Urbild‹ der Geliebten sucht oder nach einer Verbindung von beiden, wie das doch allzu häufig geschah und geschieht.

Denn die Liebe, die sich hier äußert, ist alles andere als besinnungslos, wie allein schon die Abfolge der Verben deutlich macht, die die Wirkung des Liebesgeschehens erläutern: Der Liebende belehrt sich (7), er versteht, denkt und vergleicht (9), er sieht und fühlt (10), »es wird vernünftig gesprochen« (13), der Liebhaber denkt sich viel (14) und hat schließlich, wie er sagt, schon oft in den Armen der Geliebten gedichtet (15). Das mit allen Sinnen Erfahrene wird sinnreich gedeutet und zur neuen Sinngebung in der Poesie genutzt. Das sinnlich Erfahrene, das Denken und die poetische Produktivität gehören in dieser Liebesdichtung aufs engste zusammen.

»Roma – Amor‹: der alte magische Einklang, immer wieder seit dem frühen Mittelalter als ›incantatio sacrae urbis‹ im ›versus reciprocus‹: ›Roma tibi subito motibus ibit Amor‹ heraufgerufen, gibt sich auch dem nordischen Dichter zu vernehmen und läßt ihm, glücklicher als Properz, die Einheit von Rom- und von Liebesdichtung gelingen« (Rehm,

S. 176). Über Amor, den Gott der Liebe, führt der Weg der Nachgeborenen nach Rom, das er sich aneignet durch Sinnlichkeit:

Eine Welt zwar bist du, o Rom, doch ohne die Liebe
  Wäre die Welt nicht die Welt, wäre denn Rom auch nicht Rom.
(*Erste Elegie*)

In diesem umfassenden Sinn ist Amor auch in der *Fünften Elegie* wirkend tätig. Er wird tagsüber in den »Werken der Alten« vorgefunden, aber er ist auch nächtens gegenwärtig im Dienste der Liebe und der Poesie. Dieser Amor, der im 18. Jahrhundert zum neckischen Rokoko-Gott heruntergekommen war, erhält die Vitalität zurück, die nötig ist, um die schweigenden Steine der alten Stadt Rom wieder zum Sprechen zu bringen. Amor ist der Inbegriff der Kontinuität zwischen dem Alten und dem Neuen; seine Macht ist die Macht der Sinnlichkeit. Die Schlußzeilen der Elegie bringen das noch einmal sehr konzentriert ins Bild:

Amor schüret indeß die Lampe und denket der Zeiten,
  Da er den nämlichen Dienst seinen Triumvirn gethan. (19 f.)

Tätigkeit und Nachdenklichkeit zeichnen diesen Amor aus. Den Liebenden stellt er das Licht der Lampe zur Verfügung, er erleuchtet sie gleichsam im aufklärerischen Sinne, zugleich aber schürt er das Feuer ihrer Liebe, entflammt sie aufs neue, so wie er es seit den Zeiten der römischen Liebesdichter getan hat. »Zweideutigkeiten« dieser Art (vgl. Albertsen) sind in den *Römischen Elegien* notwendig, um Art und Umfang der ›Sinnlichkeit‹ näher zu bezeichnen, die darin herrscht. So wie Amor selbst zugleich Sinnlichkeit befördert, Sinn vermittelt und Nachsinnen ermöglicht, so gehören Aktivität, Erkenntnisbemühung und Reflexivität zu den Kennzeichen des Liebhabers, der in den *Römischen Elegien* von sich selbst spricht.
Im Oktober 1788 erhielt Goethe von Karl Ludwig von Knebel einen Sammelband zum Geschenk, der Liebesge-

dichte der römischen Dichter Catull, Tibull und Properz unter dem Titel *Catullus, Tibullus, Propertius ad fidem optimorum librorum denuo accurate recensiti. Adiectum est Pervigilium Veneris* (erschienen 1762) enthielt; das Buch befindet sich noch heute in Goethes Bibliothek (vgl. Ruppert, Nr. 1366). »Danke für das Kleeblatt der Dichter«, antwortete Goethe, »ich besaß es nicht« (IV,9,44). Die Tradition, die Elegien dieser drei Liebesdichter in einem Band zu versammeln, reicht weit zurück. Schon Joseph Justus Scaliger hatte 1577 in Paris eine solche Anthologie herausgegeben; und schon damals galten diese drei Dichter als die »Triumvirn« der Liebe: »Catullus observantissimus vel morosissimus observator puritatis latinae linguae. Tibullus tersissimus ac nitidissimus poeta fuit. Propertius castigatissimus auctor et facundissimus, a me emendatus est. Hi tres dicti sunt triumviri amoris« (Scaliger, zit. nach Bernays, S. 237). Ob Goethe zu diesen Triumvirn »neben Tibull und Properz nicht Katull, sondern Ovid« zählte, wie Ernst Maass (S. 564) meint (aber schon August Wilhelm Schlegel hat das vermutet), ist in diesem Zusammenhang unerheblich; dagegen ist seine Vorliebe für Properz in der Entstehungszeit der *Römischen Elegien* vielfach belegt und gut begründet. An Knebels Übersetzungen der Elegien des Properz, deren rhythmisierte Prosafassungen zeitlich parallel zu den *Römischen Elegien* entstanden und deren Versfassungen ebenfalls in den *Horen* erschienen (im 2. Jahrgang, 1796), hatten Goethe und Schiller ungewöhnlich intensiv Anteil genommen (vgl. dazu Blumenthal und Herwig-Hager): »sie haben eine Erschütterung in meiner Natur hervorgebracht«, schreibt Goethe später, »wie es Werke dieser Art zu thun pflegen, eine Lust etwas ähnliches hervorzubringen« (an Knebel, 28. November 1798; IV,13,322).

Mit den *Römischen Elegien* schließt Goethe betont an die Formtradition und an Inhalte der spätrömischen Liebeselegie an. Zum ersten Mal bedient er sich hier der elegischen Versart, indem er Hexameter mit Pentametern verbindet, so daß die Elegien aus einer Reihe von Distichen bestehen. Mit der Aneignung dieser Form entspricht Goethe also vollkommen dem Thema der Elegien: der Aneignung Roms; auch so ist der Titel *Römische Elegien* zu verstehen. In der *Fünften Elegie* hat Goethe den Vorgang dieser Aneignung selbst thematisiert:

Oftmals hab' ich auch schon in ihren Armen gedichtet
  Und des Hexameters Maas, leise, mit fingernder Hand,
Ihr auf den Rücken gezählt [. . .] (15–17).

Wie das antike Rom selbst, so wird auch die Tradition der antiken Versmaße nicht als bloßes Bildungsgut übernommen, sondern geradezu körperlich erfahren, sinnlich wahrgenommen. Erst so erlauben es die Distichen, von dem zu sprechen, was anders unaussprechlich wäre:

Dir Hexameter, dir Pentameter sey es vertrauet
  Wie sie des Tags mich erfreut, wie sie des Nachts mich beglückt.
(Zwanzigste Elegie)

Geheimes und Intimes kann in den Elegien aufgehoben werden. Die Elegien selbst übernehmen die Funktion von Vertrauten und Freunden; ihre Form bewahrt das Bekenntnis als Fiktion. Es ist ein heiteres, lebenszugewandtes Bekenntnis, das die *Römischen Elegien* auszeichnet; ein ›elegischer Ton‹ der Wehmut, der Traurigkeit und der Melancholie herrscht in ihnen nicht. Hier wird nicht Verlorenes beklagt, sondern Erobertes fröhlich und genußvoll begrüßt.

Die Eroberung der Geliebten ist identisch mit der Eroberung Roms. Diese ›Bedeutung‹ der Geliebten ist denjenigen entgegenzuhalten, die davon sprechen, Goethe entwerfe in den *Römischen Elegien* ein reaktionäres Frauenbild, demzufolge die Frau nur Liebesobjekt des lüsternen Mannes sei, dem es letztlich nur um seine Bildung, nicht um ihren Wert gehe. Die Geliebte der *Römischen Elegien* ist kein bloßes Objekt. Sie ist Person, Verkörperung der gegenwärtigen Antike, die ›begriffen‹ wird und zu vergnügen – später ändert Goethe in »beglücken« – versteht:

Werd ich auch halb nur gelehrt, bin ich doch doppelt vergnügt. (6)

Eine Reduzierung der Buch-Gelehrsamkeit, wie sie durch »die Werke der Alten« (3) erfolgt, ist nicht nur hinzunehmen, sondern sie wird »doppelt« aufgewogen durch die Beglückungs-Erfahrung im persönlichen Umgang mit der Geliebten, die, als gegenwärtige Antike, ihrerseits durch die Begegnung mit dem Dichter zu neuem Leben erweckt wird.

Zitierte Literatur: Leif Ludwig ALBERTSEN: Rom 1789, Auch eine Revolution. Unmoralisches oder vielmehr Moralisches in den »Römischen Elegien«. In: Goethe-Jahrbuch 99 (1982) S. 183–194. – Michael BERNAYS: Die Triumvirn in Goethes römischen Elegien. In: M. B.: Schriften zur Kritik und Literaturgeschichte. Bd. 3: Zur neueren und neuesten Literaturgeschichte. Leipzig 1899. S. 234–240. – Lieselotte BLUMENTHAL: Schillers und Goethes Anteil an Knebels Properz-Übertragung. In: Jahrbuch der Deutschen Schillergesellschaft 3 (1959) S. 71–93. – Wilhelm BODE: Goethe in vertraulichen Briefen seiner Zeitgenossen. Bd. 1: 1749–1803. Berlin 1918. – Goethes Werke. Weimarer Ausgabe. [Siehe Textquelle. Zit. mit Abteilung, Band- und Seitenzahl.] – Gertrud HERWIG-HAGER: Goethes Properz-Begegnung. In: Synusia. Festgabe für Wolfgang Schadewaldt. Hrsg. von Hellmut Flashar und Konrad Gaiser. Pfullingen 1965. S. 429–453. – Dominik JOST: Deutsche Klassik. [Siehe Textquelle.] – Gerhard KAISER: Wandrer und Idylle. Ein Zugang zur zyklischen Ordnung der »Römischen Elegien«. In: Archiv für das Studium der neueren Sprachen und Literaturen 117 (1965) Bd. 202. S. 1–27. – Meredith LEE: Studies in Goethe's Lyric Cycles. Chapel Hill, N. C., 1978. – Ernst MAASS: Goethe und die Antike. Berlin/Stuttgart/Leipzig 1912. – Wilfried MALSCH: Vorzeit und Gegenwart des Liebesglücks in den »Römischen Elegien« Goethes. In: Geist und Zeichen. Festschrift für Arthur Henkel. Hrsg. von Herbert Anton, Bernhard Gajek, Peter Pfaff. Heidelberg 1977. S. 241–267. – Walther REHM: Erotica Romana. Wolfgang Goethe. In: W. R.: Europäische Romdichtung. München ²1960. S. 167–180. – Hans RUPPERT: Goethes Bibliothek. Weimar 1958. – Schillers Werke. Nationalausgabe. Bd. 22. Hrsg. von Herbert Meyer. Weimar 1958. – Schillers Briefe. Krit. Gesamtausg. Hrsg. und mit Anm. vers. von Fritz Jonas. Bd. 4. Stuttgart/Leipzig/Berlin/Wien [1894].

Weitere Literatur: Ferdinand BRONNER: Goethes Römische Elegien und ihre Quellen. In: Neue Jahrbücher für Philosophie und Pädagogik 63 (1893) Bd. 148. – Ernst GRUMACH (Hrsg.): Goethe und die Antike. Eine Sammlung. 2 Bde. Berlin [West] 1949. – Wolfgang KOEPPEN: Die Fünfte Elegie. In: Frankfurter Allgemeine Zeitung. 29. 5. 1982. – Max KOMMERELL: Gedanken über Gedichte. Tübingen 1943. S. 224–249. – Georg LUCK: Goethes Römische Elegien und die augusteische Liebeselegie. In: arcadia 2 (1967) S. 173–195. – Ernst MAASS: Goethes Elegien. In: Neue Jahrbücher für das klassische Altertum, Geschichte und deutsche Literatur 45 (1920) S. 270–287. – Roger PAULIN: Römische Elegien V, VII. In: German Life and Letters 36 (1982/83) S. 66–76. –

Robert PETSCH: Goethes Römische Elegien. In: Jahrbuch des Freien Deutschen Hochstifts 1931. S. 167–207. – Horst RÜDIGER: Göttin Gelegenheit.
Gestaltwandel einer Allegorie. In: arcadia 1 (1966) S. 121–166. – Horst RÜDI-
GER: Goethes »Römische Elegien« und die antike Tradition. In: Goethe-
Jahrbuch 95 (1978) S. 174–198. – Walter WIMMEL: Rom in Goethes »Römischen Elegien« und im letzten Buch des Properz. In: Antike und Abendland 7
(1958) S. 121–138. – Herbert ZEMAN: Goethes Elegiendichtung in der Tradition der Liebeslyrik des 18. Jahrhunderts. In: Goethe-Jahrbuch 95 (1978)
S. 163–173.

Friedrich Schiller

Der Spaziergang

Sei mir gegrüßt, mein Berg mit dem rötlich strahlenden
                                    Gipfel!
   Sei mir, Sonne, gegrüßt, die ihn so lieblich bescheint!
Dich auch grüß' ich, belebte Flur, euch, säuselnde
                                    Linden,
   Und den fröhlichen Chor, der auf den Ästen sich wiegt,
5 Ruhige Bläue, dich auch, die unermeßlich sich ausgießt
   Um das braune Gebirg, über den grünenden Wald,
Auch um mich, der, endlich entflohn des Zimmers
                                    Gefängnis
   Und dem engen Gespräch, freudig sich rettet zu dir.
Deiner Lüfte balsamischer Strom durchrinnt mich
                                    erquickend,
10   Und den durstigen Blick labt das energische Licht.
Kräftig auf blühender Au erglänzen die wechselnden
                                    Farben,
   Aber der reizende Streit löset in Anmut sich auf.
Frei empfängt mich die Wiese mit weithin verbreitetem
                                    Teppich,
   Durch ihr freundliches Grün schlingt sich der ländliche
                                    Pfad,
15 Um mich summt die geschäftige Bien', mit zweifelndem
                                    Flügel
   Wiegt der Schmetterling sich über dem rötlichten Klee,
Glühend trifft mich der Sonne Pfeil, still liegen die Weste,
   Nur der Lerche Gesang wirbelt in heiterer Luft.
Doch jetzt braust's aus dem nahen Gebüsch, tief neigen der
                                    Erlen
20 Kronen sich, und im Wind wogt das versilberte Gras.
Mich umfängt ambrosische Nacht: in duftende Kühlung
   Nimmt ein prächtiges Dach schattender Buchen mich
                                    ein,

In des Waldes Geheimnis entflieht mir auf einmal die
                                         Landschaft,
   Und ein schlängelnder Pfad leitet mich steigend empor.
Nur verstohlen durchdringt der Zweige laubigtes Gitter
   Sparsames Licht, und es blickt lachend das Blaue herein.
Aber plötzlich zerreißt der Flor. Der geöffnete Wald gibt
   Überraschend des Tags blendendem Glanz mich zurück.
Unabsehbar ergießt sich vor meinen Blicken die Ferne,
   Und ein blaues Gebirg endigt im Dufte die Welt.
Tief an des Berges Fuß, der gählings unter mir abstürzt,
   Wallet des grünlichten Stroms fließender Spiegel vorbei.
Endlos unter mir seh' ich den Äther, über mir endlos,
   Blicke mit Schwindeln hinauf, blicke mit Schaudern
                                         hinab;
Aber zwischen der ewigen Höh' und der ewigen Tiefe
   Trägt ein geländerter Steig sicher den Wandrer dahin.
Lachend fliehen an mir die reichen Ufer vorüber,
   Und den fröhlichen Fleiß rühmet das prangende Tal.
Jene Linien, sieh! die des Landmanns Eigentum scheiden,
   In den Teppich der Flur hat sie Demeter gewirkt.
Freundliche Schrift des Gesetzes, des menschenerhaltenden
                                         Gottes,
   Seit aus der ehernen Welt fliehend die Liebe verschwand!
Aber in freieren Schlangen durchkreuzt die geregelten
                                         Felder,
   Jetzt verschlungen vom Wald, jetzt an den Bergen hinauf
Klimmend, ein schimmernder Streif, die
                                         länderverknüpfende Straße,
   Auf dem ebenen Strom gleiten die Flöße dahin.
Vielfach ertönt der Herden Geläut' im belebten Gefilde,
   Und den Widerhall weckt einsam des Hirten Gesang,
Muntre Dörfer bekränzen den Strom, in Gebüschen
                                         verschwinden
   Andre, vom Rücken des Bergs stürzen sie gäh dort herab.
Nachbarlich wohnet der Mensch noch mit dem Acker
                                         zusammen,
   Seine Felder umruhn friedlich sein ländliches Dach,

Traulich rankt sich die Reb' empor an dem niedrigen
Fenster,
Einen umarmenden Zweig schlingt um die Hütte der
Baum.
55 Glückliches Volk der Gefilde! Noch nicht zur Freiheit
erwachet,
Teilst du mit deiner Flur fröhlich das enge Gesetz.
Deine Wünsche beschränkt der Ernten ruhiger Kreislauf,
Wie dein Tagewerk, gleich, windet dein Leben sich ab!
Aber wer raubt mir auf einmal den lieblichen Anblick? Ein
fremder
60 Geist verbreitet sich schnell über die fremdere Flur.
Spröde sondert sich ab, was kaum noch liebend sich
mischte,
Und das Gleiche nur ist's, was an das Gleiche sich reiht.
Stände seh' ich gebildet, der Pappeln stolze Geschlechter
Ziehn in geordnetem Pomp vornehm und prächtig daher.
65 Regel wird alles, und alles wird Wahl, und alles Bedeutung,
Dieses Dienergefolg meldet den Herrscher mir an.
Prangend verkündigen ihn von fern die beleuchteten
Kuppeln,
Aus dem felsigten Kern hebt sich die türmende Stadt.
In die Wildnis hinaus sind des Waldes Faunen verstoßen,
70 Aber die Andacht leiht höheres Leben dem Stein.
Näher gerückt ist der Mensch an den Menschen. Enger wird
um ihn,
Reger erwacht, es umwälzt rascher sich in ihm die Welt.
Sieh, da entbrennen in feurigem Kampf die eifernden Kräfte,
Großes wirket ihr Streit, Größeres wirket ihr Bund.
75 Tausend Hände belebt *ein* Geist, hoch schläget in tausend
Brüsten, von *einem* Gefühl glühend, ein einziges Herz,
Schlägt für das Vaterland und glüht für der Ahnen Gesetze,
Hier auf dem teuren Grund ruht ihr verehrtes Gebein.
Nieder steigen vom Himmel die seligen Götter und nehmen
80 In dem geweihten Bezirk festliche Wohnungen ein.
Herrliche Gaben bescherend erscheinen sie: Ceres vor allen
Bringet des Pfluges Geschenk, Hermes den Anker herbei,

62

Bacchus die Traube, Minerva des Ölbaums grünende
                                    Reiser,
    Auch das kriegrische Roß führet Poseidon heran,
5   Mutter Cybele spannt an des Wagens Deichsel die Löwen,
    In das gastliche Tor zieht sie als Bürgerin ein.
Heilige Steine! Aus euch ergossen sich Pflanzer der
                                    Menschheit,
    Fernen Inseln des Meers sandtet ihr Sitten und Kunst,
Weise sprachen das Recht an diesen geselligen Toren,
10 Helden stürzten zum Kampf für die Penaten heraus.
Auf den Mauern erschienen, den Säugling im Arme, die
                                    Mütter,
    Blickten dem Heerzug nach, bis ihn die Ferne verschlang.
Betend stürzten sie dann vor der Götter Altären sich nieder,
    Flehten um Ruhm und Sieg, flehten um Rückkehr für
                                    euch.
15 Ehre ward euch und Sieg, doch der Ruhm nur kehrte
                                    zurücke,
    Eurer Taten Verdienst meldet der rührende Stein:
»Wanderer, kommst du nach Sparta, verkündige dorten, du
                                    habest
    Uns hier liegen gesehn, wie das Gesetz es befahl.«
Ruhet sanft, ihr Geliebten! Von eurem Blute begossen,
20 Grünet der Ölbaum, es keimt lustig die köstliche Saat.
Munter entbrennt, des Eigentums froh, das freie Gewerbe,
    Aus dem Schilfe des Stroms winket der bläulichte Gott.
Zischend fliegt in den Baum die Axt, es erseufzt die Dryade,
    Hoch von des Berges Haupt stürzt sich die donnernde
                                    Last.
25 Aus dem Felsbruch wiegt sich der Stein, vom Hebel
                                    beflügelt;
    In der Gebirge Schlucht taucht sich der Bergmann hinab.
Mulcibers Amboß tönt von dem Takt geschwungener
                                    Hämmer,
    Unter der nervigten Faust spritzen die Funken des Stahls.
Glänzend umwindet der goldne Lein die tanzende Spindel,
30 Durch die Saiten des Garns sauset das webende Schiff.

Fern auf der Reede ruft der Pilot, es warten die Flotten,
    Die in der Fremdlinge Land tragen den heimischen Fleiß;
Andre ziehn frohlockend dort ein, mit den Gaben der
                         Ferne,
    Hoch von dem ragenden Mast wehet der festliche Kranz.
115 Siehe, da wimmeln die Märkte, der Kran von fröhlichem
                         Leben,
    Seltsamer Sprachen Gewirr braust in das wundernde Ohr.
Auf den Stapel schüttet die Ernten der Erde der Kaufmann,
    Was dem glühenden Strahl Afrikas Boden gebiert,
Was Arabien kocht, was die äußerste Thule bereitet,
120   Hoch mit erfreuendem Gut füllt Amalthea das Horn.
Da gebieret das Glück dem Talente die göttlichen Kinder,
    Von der Freiheit gesäugt, wachsen die Künste der Lust.
Mit nachahmendem Leben erfreuet der Bildner die Augen,
    Und vom Meißel beseelt, redet der fühlende Stein.
125 Künstliche Himmel ruhn auf schlanken jonischen Säulen,
    Und den ganzen Olymp schließet ein Pantheon ein.
Leicht wie der Iris Sprung durch die Luft, wie der Pfeil von
                         der Senne,
    Hüpfet der Brücke Joch über den brausenden Strom.
Aber im stillen Gemach entwirft bedeutende Zirkel
130   Sinnend der Weise, beschleicht forschend den schaffenden
                         Geist,
Prüft der Stoffe Gewalt, der Magnete Hassen und Lieben,
    Folgt durch die Lüfte dem Klang, folgt durch den Äther
                         dem Strahl,
Sucht das vertraute Gesetz in des Zufalls grausenden
                         Wundern,
    Sucht den ruhenden Pol in der Erscheinungen Flucht.
135 Körper und Stimme leiht die Schrift dem stummen
                         Gedanken,
    Durch der Jahrhunderte Strom trägt ihn das redende
                         Blatt.
Da zerrinnt vor dem wundernden Blick der Nebel des
                         Wahnes,
    Und die Gebilde der Nacht weichen dem tagenden Licht.

Seine Fesseln zerbricht der Mensch. Der Beglückte! Zerriss'
er
    Mit den Fesseln der Furcht nur nicht den Zügel der
Scham!
Freiheit ruft die Vernunft, Freiheit die wilde Begierde,
    Von der heil'gen Natur ringen sie lüstern sich los.
Ach, da reißen im Sturm die Anker, die an dem Ufer
    Warnend ihn hielten, ihn faßt mächtig der flutende Strom,
Ins Unendliche reißt er ihn hin, die Küste verschwindet,
    Hoch auf der Fluten Gebirg wiegt sich entmastet der
Kahn;
Hinter Wolken erlöschen des Wagens beharrliche Sterne,
    Bleibend ist nichts mehr, es irrt selbst in dem Busen der
Gott.
Aus dem Gespräche verschwindet die Wahrheit, Glauben
und Treue
    Aus dem Leben, es lügt selbst auf der Lippe der Schwur.
In der Herzen vertraulichsten Bund, in der Liebe Geheimnis
    Drängt sich der Sykophant, reißt von dem Freunde den
Freund,
Auf die Unschuld schielt der Verrat mit verschlingendem
Blicke,
    Mit vergiftendem Biß tötet des Lästerers Zahn.
Feil ist in der geschändeten Brust der Gedanke, die Liebe
    Wirft des freien Gefühls göttlichen Adel hinweg.
Deiner heiligen Zeichen, o Wahrheit, hat der Betrug sich
    Angemaßt, der Natur köstlichste Stimmen entweiht,
Die das bedürftige Herz in der Freude Drang sich erfindet;
    Kaum gibt wahres Gefühl noch durch Verstummen sich
kund.
Auf der Tribüne prahlet das Recht, in der Hütte die
Eintracht,
    Des Gesetzes Gespenst steht an der Könige Thron.
Jahrelang mag, jahrhundertelang die Mumie dauern,
    Mag das trügende Bild lebender Fülle bestehn,
Bis die Natur erwacht, und mit schweren ehernen Händen
    An das hohle Gebäu rühret die Not und die Zeit,

Einer Tigerin gleich, die das eiserne Gitter durchbrochen
    Und des numidischen Walds plötzlich und schrecklich
                    gedenkt,
Aufsteht mit des Verbrechens Wut und des Elends die
                    Menschheit
170   Und in der Asche der Stadt sucht die verlorne Natur.
O, so öffnet euch, Mauern, und gebt den Gefangenen ledig!
    Zu der verlassenen Flur kehr' er gerettet zurück!
Aber wo bin ich? Es birgt sich der Pfad. Abschüssige
                    Gründe
Hemmen mit gähnender Kluft hinter mir, vor mir den
                    Schritt.
175   Hinter mir blieb der Gärten, der Hecken vertraute
                    Begleitung,
Hinter mir jegliche Spur menschlicher Hände zurück.
Nur die Stoffe seh' ich getürmt, aus welchen das Leben
    Keimet, der rohe Basalt hofft auf die bildende Hand.
Brausend stürzt der Gießbach herab durch die Rinne des
                    Felsen,
180   Unter den Wurzeln des Baums bricht er entrüstet sich
                    Bahn.
Wild ist es hier und schauerlich öd'. Im einsamen Luftraum
    Hängt nur der Adler und knüpft an das Gewölke die
                    Welt.
Hoch herauf bis zu mir trägt keines Windes Gefieder
    Den verlorenen Schall menschlicher Mühen und Lust.
185   Bin ich wirklich allein? In deinen Armen, an deinem
    Herzen wieder, Natur, ach! und es war nur ein Traum,
Der mich schaudernd ergriff mit des Lebens furchtbarem
                    Bilde;
Mit dem stürzenden Tal stürzte der finstre hinab.
Reiner nehm' ich mein Leben von deinem reinen Altare,
190   Nehme den fröhlichen Mut hoffender Jugend zurück!
Ewig wechselt der Wille den Zweck und die Regel, in ewig
    Wiederholter Gestalt wälzen die Taten sich um;
Aber jugendlich immer, in immer veränderter Schöne
    Ehrst du, fromme Natur, züchtig das alte Gesetz.

5 Immer dieselbe, bewahrst du in treuen Händen dem *Manne*,
   Was dir das gaukelnde Kind, was dir der Jüngling
                                          vertraut,
   Nährest an gleicher Brust die vielfach wechselnden Alter:
   Unter demselben Blau, über dem nämlichen Grün
   Wandeln die nahen und wandeln vereint die fernen
                                          Geschlechter,
0   Und die Sonne Homers, siehe! sie lächelt auch uns.

Abdruck nach: Friedrich Schiller: Sämtliche Werke. Säkularausgabe. 16 Bde. In
Verb. mit Richard Fester, Gustav Kettner [. . .] hrsg. von Eduard von der
Hellen. Stuttgart/Berlin: Cotta, [1904/05]. Bd. 1: Gedichte I. Mit Einl. und
Anm. von Eduard von der Hellen. [1904.] S. 132–140.
Erstdruck: Die Horen, eine Monatsschrift. Hrsg. von Schiller. Jg. 1. 10. Stück.
Tübingen: Cotta, 1795.
Weitere wichtige Drucke: Gedichte von Friederich Schiller. 2 Tle. Leipzig:
Siegfried Lebrecht Crusius, 1800–03. T. 1. 1800.

Jürgen Stenzel

Die Freiheit des Gefangenen:
Schillers Elegie *Der Spaziergang*

Am 13. September des Jahres 1795 schreibt Schiller an den
Weimarer Geheimrat Gottlob Voigt: »Mein altes körperli-
ches Leiden setzt mir diesen Sommer sehr hartnäckig zu,
und macht mich [un]unterbrochen zum Gefangenen meines
Zimmers.« In eben diesem Monat arbeitet er das große
Gedicht *Elegie* aus, daneben seine *Abhandlung über das
Naive*, der jene *Über die Sentimentalischen Dichter* sogleich
folgen wird – Essays, in denen der Gedanke an die verlorene
Natur des Menschen und ihre Wiedergewinnung das zentrale Thema liefert. »Endlich entflohn des Zimmers Gefängnis« (7) ist das imaginäre Ich zu Beginn der *Elegie*, der

Schiller für die Ausgabe seiner Gedichte von 1800 dann die Überschrift *Der Spaziergang* gab. Schiller, der in jener Zeit ständig gegen die schmerzhaften Grenzen seiner eigenen zerstörbaren, von Krämpfen gequälten Natur stößt, phantasiert sich, Gefangener seines Zimmers in Jena, hinaus in die Freiheit der Natur, um dort das unzerstörbare, ewige Wesen des Menschen und damit seine eigentliche Freiheit zu finden. Ewald von Kleist, der sich knapp ein halbes Jahrhundert vorher aus den Potsdamer Kasernen seiner Offiziersmisere in den *Frühling* geflüchtet hatte (Schiller erwähnte seiner als eines »sentimentalischen« Dichters), lieferte das Grundmuster eines Spaziergangs. Erstmals versuchte sich Schiller in größerem Umfang am elegischen Versmaß (Brief an August Wilhelm Schlegel vom 9. Januar 1796), so daß es für die zweite Fassung denn auch eine Menge zu korrigieren gab. Der Wettstreit mit den bewunderten Griechen war angetreten, der des modernen sentimentalischen Dichters mit den naiven der klassischen Antike.

Für Schiller war es die Zeit, in welcher er – seit 1794 hatte sich die Freundschaft mit Goethe entwickelt – nicht nur allmählich die »philosophische Bude« zu schließen sich anschickte, sondern auch von philosophisch-rhetorischer Lehrdichtung zu einer philosophisch durchdrungenen Poesie sich hinzuarbeiten suchte. Gleichwohl gilt, was Lessing 1759 in der Vorrede zu seinen Fabeln über deren Verhältnis zu den sie begleitenden Abhandlungen geschrieben hat, auch für das Verhältnis des *Spaziergangs* zu Schillers philosophischen Gedankengängen der neunziger Jahre: Es »entlehnen doch beide, als Dinge, die zu *einer* Zeit in *einem* Kopfe entsprungen, allzuviel von einander, als daß sie einzeln und abgesondert noch eben dieselben bleiben könnten«. Mit einem gewaltigen Griff verarbeitet Schiller in diesem Gedicht, was die Beschäftigung mit Kants Philosophie in ihm gezeitigt hat; und so wird man die *Elegie* denn auch ohne genaue Lektüre der *Kritik der Urteilskraft* (namentlich der *Analytik des Erhabenen*) und von Schillers Aufsätzen *Über das Erhabene*, *Vom Erhabenen*, *Über das Pathetische*,

*Zerstreute Betrachtungen über verschiedene ästhetische Ge-
genstände*, ferner natürlich der Abhandlung *Über naive und
sentimentalische Dichtung* und schließlich der Rezension
Über den Gartenkalender auf das Jahr 1795 – ohne dies alles
wird man das Gedicht schwerlich begreifen können.

An diesem Ort kann es allerdings nur um die Skizzierung
grober Hauptlinien gehen; fürs Detail wäre mein Aufsatz
»Zum Erhabenen tauglich« zu benutzen, der auch weitere
Literatur benennt.

Vorweg ist einiges über die Hauptvorstellung anzudeuten,
die das Gedicht allererst zu einem Zusammenhang bindet,
die Idee des *Erhabenen* nämlich. Schiller hat sie in den
wesentlichen Zügen aus Kants *Kritik der Urteilskraft* übernommen. Möglichst einfach und kurz formuliert geht es
dabei etwa um folgendes: Der Mensch stößt allenthalben an
die Grenzen seiner natürlichen Existenz; die unüberwind-
lichste ist der Tod. Damit scheint die Freiheit des Menschen,
in der Kant und Schiller doch sein innerstes Wesen sahen,
aufgehoben zu sein. Dennoch gibt es eine Möglichkeit, der
absoluten Geltung bloßer Notwendigkeit zu entkommen:
ihre freiwillige Anerkennung. Die nämlich wird von keiner
Notwendigkeit diktiert und verbürgt also die Existenz eines
unbedingten, freien Willens des Menschen. »Nehmt die
Gottheit auf in euren Willen, / Und sie steigt von ihrem
Weltenthron« (*Das Reich der Schatten*, später *Das Ideal und
das Leben*, I,250). Natur und Geschichte bieten nun eine
Menge von Eindrücken, in denen der Mensch seine natürliche Ohnmacht erfährt. Sofern solche Eindrücke nicht als
konkrete Gefährdung der ihnen ausgesetzten Existenz
begegnen, sondern aus betrachtender Distanz noch als
ästhetische Eindrücke erscheinen, *erhebt* sich gegen deren
andringende Gewalt das gleichsam trotzige ›Ich‹ des Menschen. Die vorstellende Wahrnehmung der eigenen Ohn-
mächtigkeit provoziert ein Gefühl, in dem der Mensch einer
Freiheit innewird, die durch Naturbedingungen, durch
äußere Gewalt schlechterdings nicht zerstört werden kann.
Die ästhetische Vermittlung solcher Eindrücke, die erhabene

Gefühle zu erregen vermögend sind, macht den Betrachter, Leser, Zuschauer stets erneut mit jener unbedingten Freiheit bekannt und bestimmt so letzten Endes auch seine praktische Existenz.

Diese Vorstellung scheint uns heute etwas sehr Fremdartiges zu haben, und sie spielt in der philosophischen Diskussion auch seit langem keine erkennbare Rolle mehr. Vergegenwärtigen wir uns jedoch Situationen, in denen Menschen äußerer Gewalt ausgesetzt sind – Armut etwa, Unterdrückung und Demütigung, Gefangenschaft und Folter, Krankheit und Todesangst – und trotzdem bewahren, was wir noch heute *Würde* nennen, dann erfassen wir wohl etwas von dem, was Schiller vorschwebte. Daß freilich die Fähigkeit zur Würde durch ästhetische Eindrücke – vom Anblick des gestirnten Himmels über uns oder gewaltiger Gebirge oder des weiten Meeres bis zum Anblick des untergehenden Helden der Tragödie – genährt werden könne, das ist eine Annahme, die wir nur noch schwer nachvollziehen können. Ob dieser Verlust ein Gewinn sei, sollte eine offene Frage sein.

Für das Verständnis des *Spaziergangs* muß man ferner wissen, daß die Gesamtheit erhabener Gefühle von Kant und Schiller zu verschiedenen Klassen geordnet werden, die nacheinander in unserem Gedicht die philosophische Substanz poetischer Situationen bilden.

Schon mit dem ersten Vers hebt der Wanderer seinen Blick aufwärts; aber erst in Vers 29 wird sich die erste ›erhabene‹ Situation eröffnen. Der Eingangsteil (1–8) wird von freudiger Anrufung der Natur geprägt, die der Spaziergänger sehend, hörend und fühlend als lebensvollen Kontrast zu seiner eingeschränkten Existenz erfährt. »Endlich entflohn« (7) – Erfüllung einer Sehnsucht nach lange Entbehrtem: Freiheit. (Das erinnert nicht nur an Ewald von Kleists *Frühling*, sondern auch an die zweite von Goethes *Römischen Elegien*, die gerade in Schillers *Horen* erschienen waren.) Die Natur wirkt zunächst (9 f.) als ›angenehme‹, dann (11–16) mit ihren Farb-, Form- und Bewegungsqualitäten als ›schöne‹ (vgl. XX,222 f.); ihre Elemente erinnern den Menschen an einen verlorenen Zustand, den er erst wiedergewinnen muß, an »das stille schaffende Leben, das ruhige Wirken aus sich selbst, das Daseyn nach eignen Gesetzen, die innere Nothwendigkeit, die ewige Einheit mit sich selbst. Sie *sind*, was wir *waren*; sie sind, was wir wieder *werden sollen*. Wir waren Natur, wie sie, und unsere Kultur soll uns, auf dem Wege der Vernunft und der Freyheit, zur Natur zurückführen« (XX,414). Als ›angenehm‹ wird die Natur dann auch in Vers 23 empfunden (vgl. XX,223). Das Brausen des Windes (19 f.) und die »plötzliche Erhellung der Dunkelheit« (XX,189) – beide als Kontrastphänomene deutlich hervorgehoben (19: »Doch«, 27: »Aber«) – bereiten dann endgültig die Begegnung mit dem erhabenen Ort vor, den man in Analogie zum Locus amoenus einen ›Locus sublimis‹ nennen könnte:

Unabsehbar ergießt sich vor meinen Blicken die Ferne,
  Und ein blaues Gebirg endigt im Dufte die Welt. (29 f.)

Erhaben ist dieser Anblick, weil das ›Unendliche‹ die Fassungskraft des menschlichen Verstandes überfordert, seine Sinnlichkeit damit zur Ohnmacht verurteilt und – nach dem oben beschriebenen Mechanismus – den Betrachter auf seine absolute Vernunft zurückverweist. Kant hatte diesen Typus des Erhabenen das »Mathematisch-Erhabene« genannt, Schiller bildet dafür den Begriff des »Theoretisch-Erhabenen« (auch des »Erhabenen der Erkenntnis«), und zwar eines »der Quantität« (da es hier Größenverhältnisse sind, die die menschliche Natur überwältigen). Ein Berg übrigens (30) im Horizont vermag uns »einen weit stärkern Eindruck des Erhabenen zu geben« (XX,238). Der horizontalen Blickrichtung folgt in den Versen 31–36 die vertikale: Der Wanderer wird, nach unten und oben blickend, von Furcht erfaßt. Da der »geländerte Steig« (36) physische Sicherheit gewährt und so die Furcht vor allem der Phantasie entspringt und nicht zu blanker Angst wird; indem also der Eindruck ein ästhetischer bleibt, kann sich wiederum das

Gefühl des Erhabenen melden, und zwar diesmal das des »Dynamisch-Erhabenen«, wie Kant sich ausdrückt, oder des »Praktischerhabenen« oder »Erhabenen der Macht«, wie Schiller sagt (XX,179 f.). Unser ›Locus sublimis‹ präsentiert also die Natur als eine, die zugleich den Verstand und die Existenz des Menschen bedrängt und damit die Besinnung auf das Unzerstörbare im vorstellenden Subjekt auszulösen vermag, ohne daß übrigens diese Reaktion erhabener Gefühle eher als im Schlußteil des Gedichts geschildert würde. Es werden bis dahin immer nur Sachverhalte dargestellt, die zur Erregung derartiger Gefühle tauglich sind.

Von Vers 37 an tritt nun die Natur als von Geschichte geprägte in den Blick: zunächst wiederum als schöne Natur (37–58), die das »Glückliche Volk der Gefilde« in naiver Symbiose mit ihr zeigt, »Noch nicht zur Freiheit erwachet« (55). Die Idylle mithin eines goldenen Zeitalters. Ein »lieblicher Anblick« (59), aber kein großer und erhabener natürlich, denn es fehlt die Freiheit (vgl. XXI,49) – und wo die in der Geschichte nicht anschaubar wird, kann für Schiller auch kein erhabener Eindruck auf den Betrachter entstehen.

Die Verse 59–66 vollziehen den Übergang von »ländlicher Simplizität« zum »höhern System« der Stadt (XXII,290). »Regel wird alles, und alles wird Wahl, und alles Bedeutung« (65), absolutistische Pappelreihen. Entwickelte Kultur, ja, aber eine, in der die Empfindung von der Regel, das Konkrete vom Abstrakten, das Mannigfaltige von Uniformität erdrückt wird. Das ist der Preis, den der geschichtliche Mensch zu entrichten hat, wenn er den Zustand halb bewußtloser Natürlichkeit mit dem der Freiheit vertauscht. Trotz dieser Entfremdung entsteht aber eine entwickelte Religion, eine Gesellschaft, ein allgemeines Bewußtsein, Kultur in jedem Sinne des Worts vom Ackerbau bis zu Sitte, Kunst und Kolonisation. Schon am 27. November 1788 hatte Schiller (an Caroline von Beulwitz) mit Bezug auf die Großstadt Paris geschrieben: »Der Mensch, wenn er vereinigt wirkt, ist immer ein großes Wesen«. Auf dieser Stufe ist er dann auch imstande, dem Sittengesetz zu folgen, ja dafür sich aufzuopfern, wie Leonidas bei den Thermopylen: »wie das Gesetz es befahl« (98).

Der diesem vorläufigen Höhepunkt der Entwicklung folgende Abschnitt (99–136) kann hier nur in seinem entscheidenden Merkmal charakterisiert werden: Der Mensch bildet seine Überlegenheit über die Natur aus; »physische Cultur« (XXI,39) nennt Schiller ein Verhalten, in dem die Natur realistisch, teleologisch, zweckmäßig behandelt wird. »Alle diese Fälle [. . .] erwecken kein Gefühl des Erhabenen, ob sie gleich etwas analoges damit haben und deßwegen auch in der aesthetischen Beurtheilung gefallen« (XX,176). Und wenn auch kein erhabener Anblick, so doch ein großer ist der Zustand der Geschichte hier in der Tat. Am deutlichsten zeigt das der rätselhafte Vers 126: »Und den ganzen Olymp schließet ein Pantheon ein.« Der Olymp, das wissen wir, ist für Schiller der göttliche Ort der Freiheit. Und in seiner gerade in den *Horen* gedruckten elften *Römischen Elegie* hatte Goethe sein von Götterbildern belebtes Studio »ein Pantheon« genannt. Was der Vers also andeutet, ist die Höhe einer Kultur, in der die Idee der Freiheit sich in den plastischen Gebilden menschlicher Kunst darzustellen vermag.

Mit dem Erreichen einer Aufklärung (137 f.) schlägt nun freilich das Glück der Geschichte in Unglück um. Aber: »Groß kann man sich im *Glück*, erhaben nur im *Unglück* zeigen« (XX,185). Und in der Tat wird – was die Forschung früher verkannt hat – die Weltgeschichte im folgenden (139–170) nicht unter dem Aspekt einer Geschichtsphilosophie betrachtet, sondern als »ein erhabenes Object« (XXI,49). »Die Welt, als historischer Gegenstand, ist im Grunde nichts anders als der Konflikt der Naturkräfte unter einander selbst und mit der Freyheit des Menschen und den Erfolg dieses Kampfs berichtet uns die Geschichte« (ebd.). Es sieht nicht gut aus mit diesem Erfolg. Moralische Anarchie zerfrißt die Kultur, bis mit der Revolution die rohe Natur wieder ausbricht. Die in langem Prozeß entwickelte

Menschheit – nicht die Gesamtheit der Menschen, sondern ihr Wesen meint Schiller damit – ist wieder verloren (170). Bezeichnenderweise faßt Schiller dieses Geschehen eingangs im Bild eines Menschen, der im stürmischen Ozean untergeht (143–146). War der Ozean in den Versen 111–120 noch als völkerverbindendes Element des Handels gezeigt worden (wie er nach Kant, S. 117, dem teleologischen Urteil erscheint), so jetzt als einer, der das Gefühl des »Praktisch-Erhabenen« auszulösen vermag, da der Ozean im Sturm »die Vorstellung einer Gefahr mit sich führt, welche zu besiegen sich unsre physische Kraft nicht vermögend fühlt« (XX,173). Aber damit nicht genug, denn der Ozean »zeigt« ja nicht nur seine Macht – wie es die Tiefe in den Versen 31 ff. getan hat –, sondern er »äußert« sie (XX,192), indem er den Schiffer verschlingt. »Die Vorstellung eines fremden Leidens, verbunden mit Affekt und mit dem Bewußtsein unsrer innern moralischen Freyheit, ist *Pathetischerhaben*« (XX,192). Zugleich aber zeigt die Geschichte sich hier als ein Chaos, in dem ein Sinn nicht mehr zu erkennen ist: »Bleibend ist nichts mehr, es irrt selbst in dem Busen der Gott« (148).

Genau die Unbegreiflichkeit der Geschichte aber qualifiziert sie für Schiller zum erhabenen Gegenstand, »und das Gemüth wird also unwiderstehlich aus der Welt der Erscheinungen heraus in die Ideenwelt, aus dem Bedingten ins Unbedingte getrieben« (XXI,50). So auch das Gemüt des Spaziergängers, der nach Durchschreiten all dieser bedrängenden Bilder abermals als Gefangener sich fühlt und Rettung in der Natur sucht – wie zu Beginn der Elegie. Abermals fühlt er sich plötzlich (das ist für Schiller der Modus, in dem das Erhabene den menschlichen Geist von der Abhängigkeit in die Freiheit reißt; vgl. XXI,45) in einen ›Locus sublimis‹ versetzt. Diesmal gewährt kein »geländerter Steig« (36) Sicherheit:

> Es birgt sich der Pfad. Abschüssige Gründe
> Hemmen mit gähnender Kluft hinter mir, vor mir den Schritt.
> (173 f.)

In diesem Ossianischen und Hallerschen Hochgebirge ist es »schauerlich öd'« (181). Schauer und Einsamkeit sind für Schiller Indizien des »Praktischerhabenen«.

Erst hier findet nun das Gefühl des Erhabenen seine Darstellung, nachdem bisher nur Situationen vor die Einbildung gebracht wurden, die ein derartiges Gefühl auszulösen fähig sind. Die Vergegenwärtigung des Unbedingten geschieht zunächst symbolisch:

> Im einsamen Luftraum
> Hängt nur der Adler und knüpft an das Gewölke die Welt. (181 f.)

Der »Vogel im Flug« sei ein »Symbol der Freyheit«, hatte Schiller am 23. Februar 1793 an Körner in einem seiner *Kallias*-Briefe geschrieben.

Eingebunden in das nun beginnende Gebet an die Natur wird die Erhebung des Gemüts und was sie auslöste in äußerster Konzentration geschildert:

> und es war nur ein Traum,
> Der mich schaudernd ergriff mit des Lebens furchtbarem Bilde;
>   Mit dem stürzenden Tal stürzte der finstre hinab. (186–188)

Die Worte »Traum« und »Bild« zeigen, daß die vorangegangenen Situationen durch die Einbildungskraft vermittelt waren – eine Grundbedingung dafür, daß das ästhetische Gefühl des Erhabenen tatsächlich entstehen kann. Die Worte »schaudernd«, »furchtbar« und auch »finster« gehören zu dem Vorstellungsinventar, zu dem Kant und Schiller immer wieder greifen, wenn sie praktischerhabene Eindrücke charakterisieren. Die bedrohlich-ausweglose Natur wird zudem mit dem zuvor geschilderten Bild der ins Chaos versinkenden Geschichte in eins gefaßt (188). Damit ist die menschliche Sinnlichkeit aufs alleräußerste gefährdet: durch das »Praktischerhabene« der Natur und zugleich das »Theoretischerhabene der Verwirrung« (vgl. XXI,47) und das »Pathetischerhabene« der Geschichte. Hier hilft einzig moralische Sicherheit, die Besinnung auf die Idee des unzerstörbaren Selbst; und hier ist es, wo das ewige Ich des

Menschen sich *erhebt*. Schiller verzichtet mit größter Konsequenz auch an dieser Stelle darauf, in seine alte rhetorische Manier der Gedankenlyrik zurückzufallen. Der Vorgang der Erhebung wird ganz indirekt und sinnlich zur Sprache gebracht: die erhabenen Bilder stürzen hinab. Welche Abbreviatur das ist, erhellt der Blick auf eine Stelle im *Reich der Schatten* (*Das Ideal und das Leben*), die einen ähnlichen Vorgang – die Erhebung des Herkules in den Olymp, das Reich der Freiheit – schildert:

[1] Froh des neuen ungewohnten Schwebens
Fließt er aufwärts, [2] und des Erdenlebens
Schweres Traumbild sinkt und sinkt und sinkt. (I,251)

Das sind ja zwei Darstellungen ein- und desselben Geschehens, und wenn Schiller im *Spaziergang* nur die zweite zum Modell nimmt, zielt er damit zugleich und wesentlich auf die Essenz der ersten.
»Reiner nehm' ich mein Leben von deinem reinen Altare« (189) – dafür dankt der Spaziergänger der Natur. Das Wort »rein« bezeichnet hier wie bei Kant etwas, dem nichts von den Bedingtheiten der sinnlichen Erfahrung mehr beigemischt ist, es bezeichnet auch bei Schiller »die reine Vernunft«. Während in der Geschichte mit ihrer »alles zerstörenden und wieder erschaffenden, und wieder zerstörenden Veränderung« (XXI,52) das »ernste Angesicht der Notwendigkeit« erscheint, gewährt die Natur dem Selbstbewußtsein die Einheit des Ich jenseits der Bedingungen der Zeit (vgl. dazu Schillers Brief an die Schwestern von Lengefeld vom 12. Juli 1789).
Symbol der Unabhängigkeit von der Zeit ist schließlich auch die »Sonne Homers« (200). Von Ossian, dem »elegischen Dichter«, schreibt Schiller bald nach Abschluß der *Elegie*: »der gerührte Barde, den das Bild des allgegenwärtigen Ruins verfolgt, schwingt sich zum Himmel auf, um dort in dem Sonnenlauf ein Sinnbild des Unvergänglichen zu finden« (XX,451). Homers Werk ist für Schiller ein Werk der Natur (vgl. das Epigramm *Ilias*, I,259). Das zu erreichen ist

Jugendlich, von allen Erdenmalen   IV
Frei, in der Vollendung Strahlen
Schwebet hier der Menschheit Götterbild,
Wie des Lebens schweigende Phantome
35 Glänzend wandeln an dem styg'schen Strome,
Wie sie stand im himmlischen Gefild,
Ehe noch zum traur'gen Sarkophage
Die Unsterbliche heruntersteig.
Wenn im Leben noch des Kampfes Wage
40 Schwankt, erscheinet hier der Sieg.

Nicht vom Kampf die Glieder zu entstricken,   V
Den Erschöpften zu erquicken,
Wehet hier des Sieges duft'ger Kranz.
Mächtig, selbst wenn eure Sehnen ruhten,
45 Reißt das Leben euch in seine Fluten,
Euch die Zeit in ihren Wirbeltanz.
Aber sinkt des Mutes kühner Flügel
Bei der Schranken peinlichem Gefühl,
Dann erblicket von der Schönheit Hügel
50 Freudig das erflogne Ziel.

Wenn es gilt, zu herrschen und zu schirmen,   VI
Kämpfer gegen Kämpfer stürmen
Auf des Glückes, auf des Ruhmes Bahn,
Da mag Kühnheit sich an Kraft zerschlagen
55 Und mit krachendem Getös die Wagen
Sich vermengen auf bestäubtem Plan.
Mut allein kann hier den Dank erringen,
Der am Ziel des Hippodromes winkt;
Nur der Starke wird das Schicksal zwingen,
60 Wenn der Schwächling untersinkt.

Aber der, von Klippen eingeschlossen,   VII
Wild und schäumend sich ergossen,
Sanft und eben rinnt des Lebens Fluß
Durch der Schönheit stille Schattenlande,

65 Und auf seiner Wellen Silberrande
Malt Aurora sich und Hesperus.
Aufgelöst in zarter Wechselliebe,
In der Anmut freiem Bund vereint,
Ruhen hier die ausgesöhnten Triebe,
70 Und verschwunden ist der Feind.

Wenn, das Tote bildend zu beseelen,   VIII
Mit dem Stoff sich zu vermählen,
Tatenvoll der Genius entbrennt,
Da, da spanne sich des Fleißes Nerve,
75 Und beharrlich ringend unterwerfe
Der Gedanke sich das Element.
Nur dem Ernst, den keine Mühe bleichet,
Rauscht der Wahrheit tief versteckter Born;
Nur des Meißels schwerem Schlag erweichet
80 Sich des Marmors sprödes Korn.

Aber dringt bis in der Schönheit Sphäre,   IX
Und im Staube bleibt die Schwere
Mit dem Stoff, den sie beherrscht, zurück.
Nicht der Masse qualvoll abgerungen,
85 Schlank und leicht, wie aus dem Nichts gesprungen,
Steht das Bild vor dem entzückten Blick.
Alle Zweifel, alle Kämpfe schweigen
In des Sieges hoher Sicherheit;
Ausgestoßen hat es jeden Zeugen
90 Menschlicher Bedürftigkeit.

Wenn ihr in der Menschheit traur'ger Blöße   X
Steht vor des Gesetzes Größe,
Wenn dem Heiligen die Schuld sich naht,
Da erblasse vor der Wahrheit Strahle
95 Eure Tugend, vor dem Ideale
Fliehe mutlos die beschämte Tat.
Kein Erschaffner hat dies Ziel erflogen,

Über diesen grauenvollen Schlund
Trägt kein Nachen, keiner Brücke Bogen,
100 Und kein Anker findet Grund.

Aber flüchtet aus der Sinne Schranken   XI
In die Freiheit der Gedanken,
Und die Furchterscheinung ist entflohn,
Und der ew'ge Abgrund wird sich füllen;
105 Nehmt die Gottheit auf in euren Willen,
Und sie steigt von ihrem Weltenthron.
Des Gesetzes strenge Fessel bindet
Nur den Sklavensinn, der es verschmäht;
Mit des Menschen Widerstand verschwindet
110 Auch des Gottes Majestät.

Wenn der Menschheit Leiden euch umfangen,   XII
Wenn Laokoon der Schlangen
Sich erwehrt mit namenlosem Schmerz,
Da empöre sich der Mensch! Es schlage
115 An des Himmels Wölbung seine Klage
Und zerreiße euer fühlend Herz!
Der Natur furchtbare Stimme siege,
Und der Freude Wange werde bleich,
Und der heil'gen Sympathie erliege
120 Das Unsterbliche in euch!

Aber in den heitern Regionen,   XIII
Wo die reinen Formen wohnen,
Rauscht des Jammers trüber Sturm nicht mehr.
Hier darf Schmerz die Seele nicht durchschneiden,
125 Keine Träne fließt hier mehr dem Leiden,
Nur des Geistes tapfrer Gegenwehr.
Lieblich wie der Iris Farbenfeuer
Auf der Donnerwolke duft'gem Tau
Schimmert durch der Wehmut düstern Schleier
130 Hier der Ruhe heitres Blau.

Tief erniedrigt zu des Feigen Knechte,
Ging in ewigem Gefechte
Einst Alcid des Lebens schwere Bahn,
Rang mit Hydern und umarmt' den Leuen,
135 Stürzte sich, die Freunde zu befreien,
Lebend in des Totenschiffers Kahn.
Alle Plagen, alle Erdenlasten
Wälzt der unversöhnten Göttin List
Auf die will'gen Schultern des Verhaßten,
140 Bis sein Lauf geendigt ist –

Bis der Gott, des Irdischen entkleidet,
Flammend sich vom Menschen scheidet
Und des Äthers leichte Lüfte trinkt.
Froh des neuen ungewohnten Schwebens,
145 Fließt er aufwärts, und des Erdenlebens
Schweres Traumbild sinkt und sinkt und sinkt.
Des Olympus Harmonien empfangen
Den Verklärten in Kronions Saal,
Und die Göttin mit den Rosenwangen
150 Reicht ihm lächelnd den Pokal.

Abdruck nach: Friedrich Schiller: Sämtliche Werke. Säkularausgabe. 16 Bde. In
Verb. mit Richard Fester, Gustav Kettner [. . .] hrsg. von Eduard von der
Hellen. Stuttgart/Berlin: Cotta, [1904/05]. Bd. 1: Gedichte I. Mit Einl. und
Anm. von Eduard von der Hellen. [1904.] S. 191–196.
Erstdruck: Die Horen, eine Monatsschrift. Hrsg. von Schiller. Jg. 1. 9. Stück.
Tübingen: Cotta, 1795. [Unter dem Titel: Das Reich der Schatten, 18 Stro-
phen.]
Weitere wichtige Drucke: Gedichte von Friederich Schiller. 2 Tle. Leipzig:
Siegfried Lebrecht Crusius, 1800–03. T. 1. 1800. [Unter dem Titel: Das Reich
der Formen.] – Gedichte von Friedrich Schiller. 2., von neuem durchges. Aufl.
2 Tle. Leipzig: Siegfried Lebrecht Crusius, 1804/05. T. 1. 1804. [Unter dem
Titel: Das Ideal und das Leben.]

Helmut Koopmann

Mythologische Reise zum Olymp

Schillers großes Gedicht, eines unter vielen ähnlich struk-
turierten philosophischen Gedichten, ist heute nicht leicht
zu lesen. Sein Verständnis setzt vorerst einmal gute mythologische Kenntnisse voraus, darüber hinaus aber auch die
Bereitschaft des Lesers, sich auf einen schwierigen oder doch
zumindest zunächst unübersichtlichen Gedankengang einzulassen, der dazu noch nicht einmal an ein klar fixiertes Ziel
führt, sondern der sich auf eigentümlich mäandrische Weise
durch einen Stoff bewegt, der alles andere als anschaulich ist.
Zwar gibt es in diesem Gedicht, das man Schillers philosophischer Lyrik, seiner Gedankendichtung, seiner Reflexionspoesie (oder was man sonst an Kategorien genannt hat)
zuzurechnen pflegt, durchaus einige bildhafte, anschauliche
Momente und Szenen: vom ewig klaren, spiegelreinen und
eben dahinfließenden Lebensstrom zu Anfang des Gedichts
(1 f.) bis hin zur »Göttin mit den Rosenwangen«, die ihm,
dem Menschen, lächelnd den Pokal reicht (149 f.). Und ganz
ohne Zweifel gibt es auch eine äußerliche Einheit des
Gedichtes in dem Sinne, daß die letzte Strophe, die den
Olymp beschreibt, der ersten korrespondiert, die ebenfalls
vom Olymp handelt, und das Rosenmotiv in der ersten und
letzten Strophe dient ebenfalls dazu, die lange Gedanken-
kette, die zahlreichen Strophen miteinander zu verklam-
mern. Schiller hat darüber hinaus offenbar ein übriges getan,
um dem Gedicht eine äußere Struktur zu geben, über die
gleichfalls in der ersten und letzten Strophe auftauchende
Lichtmotivik hinaus: Handeln die erste und die letzte Strophe also vom Olymp, vom Leben der Seligen und dem
heiteren Frieden derer, die das Erdenleben unter sich wissen, so spielen die zweite und die vorletzte Strophe »in des
Todes Reichen« (12), was freilich nicht so zu verstehen ist,
als sei dem Dasein der Seligen im Himmel die finstere

83

Hadeswelt unausweichlich gegenübergestellt, sondern vielmehr so, daß der Tod als Bedrohung erscheint, verdeutlicht in mythischen Bildern: von der Unterwelt als dem Gegenreich des heiteren Daseins im Olymp ist die Rede – auch wenn dieser die größere Gewalt hat. Dennoch hat die Unterwelt poetische Realität. Orkus (20), Styx (17), des Totenschiffers Kahn (136) markieren die Gegenwelt zu den Harmonien des Olymp, und Schiller folgt hierin dem heidnisch-antiken Dreischichtenmodell des Universums, demzufolge dem Menschen das Dasein im Mittelreich zukommt. Folgt man der äußeren Tektonik des Gedichtes noch weiter, so ergibt sich eine dritte Analogie, nämlich die zwischen der dritten Strophe des Gedichtes und ihrer drittletzten. Denn in ihnen ist wieder vom Himmel die Rede, von »des Lichtes Fluren« (25), den »heitern Regionen« (121), der »Ruhe heitrem Blau« (130), dem Reich »frei von jeder Zeitgewalt« (23). Die Bestimmungen des Schönen sind dabei in gewissem Sinne frei konvertierbar, Formel und Formulierungen der dritten Strophe könnten ebenso in der drittletzten stehen und umgekehrt. Dann freilich scheint die Analogie erschöpft, oder besser: damit ist der dreifache Rahmen bestimmt, über den hinaus die Symmetrie der Strophen sich nicht länger fortzusetzen scheint. Denn auf die dritte Strophe folgen zunächst weitere, die eher im »himmlischen Gefild« (36) spielen als auf der Erde; sie enthalten Aufforderungen an den Menschen, sich dorthin zu orientieren, während die viertletzte Strophe des Gedichtes und die ihr vorangehenden vom Menschen sprechen, an das Unverletzliche in ihm appellieren, und so erschließt sich eine dritte Einheit: Sie handelt, von der vierten bis zur viertletzten Strophe reichend, vom mittleren Reich, nämlich vom Menschen, seiner Mittelstellung zwischen Olymp und Hades, und diese Strophen, insgesamt neun, sind an den Menschen gerichtet und fordern ihn auf, sich vom Olymp und der Götterwelt her zu bestimmen, im Anschluß an die beiden letzten Zeilen der dritten Strophe: »Fliehet aus dem engen dumpfen Leben / In des Ideales Reich« (29 f.). Dieses Idealreich scheint vor allem in den folgenden sechs Strophen vorgestellt zu werden, und in den verbleibenden drei Strophen 10–12 wird der Appell an den Menschen eindringlicher, sich dem Ideal so weit wie möglich anzunähern; ja Schiller scheint den Menschen zu beschwören, »aus der Sinne Schranken« (101) ein für allemal herauszuflüchten, um sich auf diese Weise vom Sklaven zum Herrn des Lebens zu läutern. Beschreibt man die Struktur des Gedichtes so, dann ergibt sich eine wohlüberlegte Tektonik, mit jeweils drei den Olymp und Hades beschreibenden Strophen am Anfang und am Ende, sechs weiteren Strophen, die den Olymp zwar nicht unmittelbar zeigen, wohl aber die Beziehungen des Menschen zu ihm offenlegen wollen, und drei folgenden, die sich wie Appelle an den Menschen ausnehmen, den Olymp nicht als fernab liegendes Reich der Seligen zu betrachten, sondern als jedermann erreichbar. Die Welt des Olymp, in der ersten und dritten und am Ende des Gedichtes noch einmal in der letzten und drittletzten Strophe vorgestellt als jene Insel der Seligen, die von der Menschenwelt durch eine Unendlichkeit getrennt zu sein scheint, wird in den mittleren sechs Strophen dann als durchaus zugänglich beschrieben, ja nicht nur als möglicherweise auch für den Menschen betretbares Areal, sondern als eine ideale Sphäre, die verpflichtet: Der Mensch hat sich dem Olymp anzunähern, will er sich als Mensch bewahren, und er hat im gleichen Maße dem Hades zu entsagen, der ihn in seiner Menschlichkeit depravieren wird, läßt er sich auf die unteren Mächte ein.

Die mögliche Gegenrede, nämlich die, daß Schiller hier ziemlich wahllos und diffus Szenen im Olymp und Äußerungen aus dem Hades miteinander vermischt habe, und zwar nicht nur in dem Sinne, daß er Strophen, die dort oben und da unten spielen, offenbar reichlich unüberlegt gegeneinander gesetzt, sondern vielmehr auch in ein und derselben Strophe Olympisches und Hadeshaftes ineinandergemischt habe, daß er also vermutlich ohne viel Formbewußtsein eine Anzahl von Strophen niedergeschrieben und dann an einem beliebigen Punkt seines Gedankengangs, wenn man von einem solchen überhaupt sprechen möchte, geendet habe: diese Gegenrede wäre unschwer zu führen. Man könnte hier gerade nicht eine durchdachte Struktur erkennen, sondern nur ein allenfalls oberflächlich geordnetes, im Grunde genommen aber ziemlich chaotisches Neben- und Durcheinander verschiedener Strophen, unterschiedlicher Perspektiven, wiederholter, aber letztlich doch immer gleicher Appelle an den Menschen.

Nun sind von strukturellen Überlegungen her Gegenargumente wie diese ebensowenig völlig auszuschließen, wie die Tektonik selbst von rein strukturellen Momenten her allein zu verteidigen ist. Denn es handelt sich hier nicht um ein experimentelles Gedicht, in dem die Form zugleich auch der Inhalt ist, sondern vielmehr um einen äußeren Rahmen, um Bauelemente, deren Sinn und notwendige Zuordnung natürlich so lange zweifelhaft bleiben muß, wie nicht abgeklärt ist, was denn nun die jeweilige Position der Strophen, der Gedanken, der Bilder bestimmt. So muß sich jede Deutung, will sie in diesen Erwägungen überhaupt nur einen Schritt vorankommen, auf den Gehalt richten, um dessentwillen Schiller dieses Gedicht ja letztlich auch geschrieben hat.

Auch hier gibt es zumindest anfängliche Verständnisschwierigkeiten, nämlich in der eigentümlichen Bildhaftigkeit einiger Szenen, wie sie schon in den ersten Zeilen des Gedichtes (und ebenso noch in den letzten) deutlich wird. An solchen bildhaften Momenten ist im Gedicht kein Mangel. Auf der Stirn des hohen Uraniden leuchtet ein Strahl (9 f.); der Styx umwindet neunfach die Erde (17), Ceres' Tochter, Persephone also, greift nach dem Apfel (18 f.), des Lebens Phantome wandeln glänzend am stygischen Strome (34 f.), von der Schönheit Hügel ist die Rede (49), auch von der Schönheit stillen Schattenlanden (64), vom krachenden Getöse der Wagen auf dem Kampfplatz (55 f.), ebenso aber auch davon, daß Aurora sich auf dem Silberrande der Wellen im Schattenland spiegelt (64–66), und so geht es noch über manche Bildlichkeiten durch das ganze Gedicht hin: Die Gottheit steigt von ihrem Weltenthron herab (105 f.), die Klage des

Menschen schlägt an des Himmels Wölbung (114 f.), vom trüben Sturm des Jammers wird gesprochen (123), von der Iris Farbenfeuer (127), der Donnerwolke duftigem Tau (128), der Ruhe heiterem Blau (130) und schließlich vom Gott, der sich flammend vom Menschen scheidet und des Äthers leichte Lüfte trinkt (141–143), bis hin zum lächelnd gereichten Pokal, den die Göttin mit den Rosenwangen dem Herkules darbringt (149 f.). Das verspricht auf den ersten Blick Anschaulichkeit. Aber dieser Augenschein täuscht. Denn die Bilder stehen nicht für sich, und ihre Illustrationskraft ist nicht gerade groß: Sie sind funktionell eingesetzt, und was sie verdeutlichen sollen, kann eigentlich nicht verdeutlicht werden: es sind Abstrakta, Grundsätzlichkeiten, die sich der piktoralen Demonstration und Vergegenständlichung ein für allemal entziehen – auch wenn Schiller so tut, als gelinge ihm die Verbildlichung des Unabbildbaren. Allerdings sind sich nicht alle Bilder gleich. Es gibt verschiedene Bildschichten in diesem Gedicht, damit auch verschiedene Grade der Verdeutlichung oder der Verstehbarkeit dieser eigentümlichen Metaphorik. Einige Bilder sind traditionell überliefert, und das bedeutet, daß sich Abstraktes in sie nicht einschleichen kann, sondern daß sie nur vergleichsweise herangezogen werden. Dazu gehört etwa die Erwähnung des Laokoon. Laokoon, der sich der Schlangen »mit namenlosem Schmerz« (113) erwehrt: der Leser des Gedichts kennt die Plastik, und sie ist hier eingesetzt als Beispiel für ein fast nicht mehr ertragbares Leiden des Menschen, wobei Schiller unterstellt, daß das Leiden des Laokoon, dessen er sich mit namenlosem Schmerz erwehrt, jedermann in vergleichbarer Weise treffen könne. Schiller generalisiert das Bild des Laokoon, indem er auf »der Menschheit Leiden« (111) überhaupt zu sprechen kommt. Nun war es allerdings wohl kaum Schillers Absicht, dem Leser die Vorstellung einzugeben, auch ihm könne ähnliches wie Laokoon passieren. Schiller bedient sich dieses plastischen Beispiels aus der Mythologie vielmehr, um an etwas allgemein Bekanntes zu erinnern – zugleich aber auch, um mit Hilfe der antiken Plastik eine Extremsituation zu charakterisieren, die das Leiden, seine Möglichkeit und seine Grade, diese äußerste Steigerung des Verhängnisvollen, nur um so eindringlicher machen sollte. Das Laokoon-Schicksal bedeutet Leiden in seiner äußersten Form, und eben dieses ist nicht hinzunehmen, sondern zu überwinden. In der Attacke auf Laokoon ist letztlich nicht das Verwundbare, sondern das Unsterbliche im Menschen angesprochen, und auf dieses, auf das Erwecken dieser Übernatur im Menschen kommt es Schiller an. Oder ein anderes Motiv aus der Mythologie: das Leben des Herkules, sein Kampf mit der Hydra und dem Löwen, sein Einstieg »in des Totenschiffers Kahn« (131–140): das kannte jedermann, und Schiller verfährt ähnlich wie mit dem Laokoon-Bild: Die mythischen Szenen sind Demonstrationsmittel, die Mythologie wird zur Analogie, sie ist in gleicher Weise wie das Bild von Laokoon funktionalisiert.

Aber diese mythologischen Klischees und piktoralen Vergleiche sind weit in der Minderzahl. Schillers Bilder sind normalerweise anders organisiert – und eben sie machen so große Verständnisschwierigkeiten. Denn in ihnen verbindet sich etwas Konkretes mit etwas Abstraktem, Anschauung und Gedanke, Idee und Vorstellung, oder wie immer man diesen Gegensatz oder vielmehr dieses Ineinander zweier heterogener Bedeutungs- und Verständnisebenen auch benennen mag. Denn der Hügel, von dem in der fünften Strophe die Rede ist, ist der »Schönheit Hügel« (49), und ähnlich ist kurz darauf vom »stillen Schattenlande« (64) die Rede – wiederum ist das »der Schönheit« gemeint, und dem steht später »des Jammers trüber Sturm« (123) entgegen. Abstraktum und Konkretum sind untrennbar miteinander vermischt, so, als solle hier eben wirklich eine Idee zur Anschauung gebracht (und nicht etwa die Anschauung zur Idee geführt) werden: und dieses Verdeutlichen der Idee geschieht auf kürzestem Wege, also nicht indirekt durch Vergleich, Metapher, Analogie oder Parabel. Vielmehr soll das Abstrakte, Ideelle auf direkteste Weise veranschaulicht werden, und so kommt es zu »der Wehmut düstern Schleier« (129), oder zu »der Ruhe heitrem Blau« (130). Schiller ist wegen dieser seiner Tendenz, das Abstrakte anschaulich machen zu wollen, das Ideal zu vergegenwärtigen, den Gedanken sinnlich faßbar zu machen, ebensooft bewundert wie angegriffen worden. Aber es geht hier nicht darum, daß nur allgemein Gedanke und Anschauung zusammengebracht werden: Hier, in der Bildsphäre, die für das ganze Gedicht so dominant ist, treffen Anschauung und Abstraktion aufs unmittelbarste aufeinander, oder besser: sind Gedanke und Bild nicht nur miteinander verbunden, sondern so aneinandergekettet, daß das eine zur Verdeutlichung des anderen dienen soll und jenes andere, die Idee, auch wieder nur sichtbar werden kann, wenn sie sich eines Transporteurs in den Bereich des Wirklichen bedient. Im Grunde genommen ist es auch nicht richtig, von einem Nebeneinander oder gar einem Gegeneinander von Idee und Erscheinung zu sprechen. Schiller unternimmt vielmehr den kühnen Versuch, die Idee selbst zu vergegenwärtigen, und so kommt es zu einer merkwürdig traumhaften Ideallandschaft, die nicht als ganze und geschlossen vorgestellt wird, die aber in Einzelheiten immer wieder sichtbar wird, ein Zwischenreich zwischen Wirklichkeit und Gedankenwelt, so wie das Menschenreich ein solches zwischen Orkus und Olymp ist. Und in diesem Zwischenreich, in dieser eigentümlich phantasmagorischen Landschaft, in der es Hügel der Schönheit gibt (49), auch Schattenlande der Schönheit (64), den Wirbeltanz der Zeit (46), die Fluten des Lebens (45), die Schwere, im Staub zurückbleibend (82), den Strahl der Wahrheit (94), die Wange der Freude (118), des Jammers Sturm (123), der Wahrheit Born (78) – in diesem Zwischenreich soll auf intelligible und doch sinnliche Weise zur Darstellung gebracht werden, was vielleicht als undarstellbar erscheint: die eigentliche Sphäre des Menschen. In dieser unwirklichen Realität, diesem realisierten Ideal vollziehen sich die eigentlichen Denk- und Darstellungsvorgänge, und hat man sich einmal dazu entschlossen, hier nicht das mehr oder weniger geglückte Nebeneinander von Gedanke und Anschauung zu sehen, sondern das dichteste Ineinander beider, das sich denken läßt, und ist man bereit, hier die Sphäre einer irrealen Wirklichkeit zu sehen, dann ist man vorbereitet, auch das zu verstehen, was das Gedicht eigentlich vermitteln will.

Die Überschrift *Das Ideal und das Leben* legt nahe, in dem Gedicht Schillers die Darstellung zweier oppositioneller Kräfte zu sehen, bestenfalls den Versuch einer Vermittlung zwischen ihnen. Dieser Eindruck verstärkt sich zweifellos noch, wenn der Leser das scheinbar kontradiktorische Gegeneinander von Olymp und Hades, von himmlischer und unterirdischer Welt in den ersten Strophen des Gedichtes erkennt. Aber Olymp und Hades sind nur die oberen und unteren Grenzbereiche dessen, was Schiller eigentlich abzuhandeln hat. Es geht um den Menschen und um seine Positionsbestimmung in jenem Zwischenreich zwischen Olymp und Hades. Und spätestens von der dritten Strophe an ist der eigentliche Charakter des Gedichtes nicht mehr zu überlesen: Es enthält die Aufforderung an den Menschen, das Reich der Schatten, ebenso aber auch die »Angst des Irdischen« (28) abzuwerfen, um sich »in des Ideales Reich« (30) zu begeben – wobei der Begriff des Idealen nicht etwas Abstrakt-Gedankliches meint, sondern als Chiffre für einen Zustand steht, in dem der Mensch sich nicht befindet, den er aber erreichen kann, und dieses »Idealisieren« (Schiller hat so erstmals in seiner Rezension über Bürgers Gedichte 1789 diesen Begriff der Steigerung, der Veredelung, der Hinaufläuterung verwandt) ist dem Menschen sogar aufgetragen. Über das Reich des Ideals wird freilich direkt wenig gesagt – es sei denn, man nähme die Schilderung des Olymps als poetisches Analogon, was aber vermutlich tatsächlich in der Absicht Schillers gelegen hat. Das heißt: an sich kann das Ideal nicht dargestellt werden, die poetisch-mythologischen Bilder jedoch lassen eine Welt erkennen, die in anschaulicher Form eben das verdeutlicht, was jenem Zustand des Ideals entspricht. Den stellt die letzte Strophe dar. Sie berichtet freilich nur über den Weg dorthin. Er ist deswegen unabdingbar, weil der Mensch sonst völlig der »Angst des Irdischen« (28) verfällt, weil er, darin hat Schiller sich keiner Täuschung hingegeben, als Mensch durchaus jenem »dunklen Schicksal« (22) unterworfen ist, von dem die dritte Strophe des Gedichtes spricht. Das dualistische Welt- und Menschenbild der Aufklärung ist hier noch lebendig, und die Vorstellung, daß der Mensch eine ursprüngliche Einheit sei, die nicht zu spalten sei und die ihm sowohl seine Existenz wie seine Identität garantiere – eine solche Vorstellung ist Schiller, ist seinem ganzen Zeitalter absolut fern, ja undenkbar. Da er also zweigeteilt erscheint, oder, wie Albrecht von Haller gesagt hat, als »unselig Mittel-Ding von Engel und Vieh« (Haller, S. 44), dieser Zustand aber immer dazu zu führen scheint, daß die intelligible, autonome Seite des Menschen von der Angst des Irdischen überwältigt wird, ist Schillers Appell an den Menschen eindeutig: er habe sich, so lautet seine Lehre, die zugleich Warnung ist, in das Reich des Idealen zu flüchten, um aus dem Wirbeltanz der Fluten, in dem der Mensch unterzugehen droht (45 f.), herauszukommen. Nun ist das Reich des Ideals zwar nicht sichtbar, und zu bewohnen ist es schon gar nicht. Schillers appellative Lehre geht aber dennoch dahin, das eigentliche Wesen dieses idealen Reiches darzustellen. Da es äußerlich nicht existiert, die mythisch-poetischen Bilder nur Analogien sind, die allenfalls ahnen lassen, wie es zu verstehen sei, wenn es sich konkretisieren würde – da es das Reich des Ideals also realiter nicht gibt, nichts jedoch auf der anderen Seite notwendiger ist als der Nachweis der Existenz dieses Ideals, muß Schiller zwangsläufig zunächst einmal den Existenzbeweis dieses Reichs des Ideals antreten, d. h. die Existenz jenes Zustandes verdeutlichen, in dem der Mensch frei, autonom, selbstbestimmt ist und eben jenem Irdischen nicht unterworfen, das immer nur Angst einflößen kann. Es ist die alte, dem Jahrhundert so vertraute und wichtige Idee der Autonomie, die mit diesem Reich des Idealen etwas zu tun hat, ja die sein eigentliches Wesen ausmacht. Schiller verfällt hier in eine Gedankenbahn, die er vorher schon in seinen ästhetisch-philosophischen Schriften vorgezeichnet hatte; und er bedient sich eines Mediums, um die Wahrscheinlichkeit der Existenz des Reichs des Idealen so groß wie nur möglich zu machen. Es ist alles andere als ein Zufall, daß gleich dreifach, nämlich in Strophe 5, 7 und 9, von der Schönheit die Rede ist, der Schönheit Hügel (49), der Schönheit stillem Schattenlande (64), der Schönheit Sphäre (81). In der Schönheit, so Schillers Überzeugung, ist der Macht des Irdischen insofern eine Grenze gesetzt, als alles Stoffliche, alles Amorph-Chaotische, alles bloß Sinnliche, alles Irdische gebändigt erscheint: Schönheit ist eine Qualität des Geistes, nicht der Triebe, und nichts könnte die Existenz einer unabhängigen, idealen Welt für Schiller stärker verdeutlichen als das Schöne, in welcher Gestalt es auch immer in Erscheinung tritt. Hier ist es auf beinahe naive, nichtsdestoweniger jedoch eindringliche Weise verdeutlicht als das Reich über der Welt: Es ist kein Zufall, daß der Mensch von der Schönheit Hügel herabblicken soll, daß des Lebens Fluß tiefer fließt als das Schattenland der Schönheit, daß der Schönheit Sphäre der staubigen Welt enthoben ist. Das sind schlichte Verdeutlichungstaktiken, die sich an das Empfinden des zeitgenössischen Lesers wenden, und zwar daran, das Höhere, Zuoberstliegende als das auch substantiell und wertmäßig Bessere zu bestimmen. Eben jener Zustand im Olymp, von dem die Eingangsstrophe des Gedichtes fast schwärmerisch spricht, ist mit dem Schönen identisch, das Schöne also, so läßt sich weiter folgern, eine Erscheinungsform des Unirdischen in der irdischen Welt, das die Macht der Ideen, des Intellekts, des Unverletzlichen, des Idealen demonstriert. Schiller hat diesen Zustand der Schönheit hier nicht weiter beschrieben, offenbar auch deswegen nicht, weil er eine Beschreibung für überflüssig erachtete – denn diese Ideallandschaft der Schönheit, die uns hier begegnet, trägt ihre Rechtfertigung gewissermaßen in sich selbst. Sie bedarf nicht der näheren Verdeutlichung und Begründung, weil sie unmittelbar wirkt, also mit Hilfe dieser eigentümlich geistigen Anschauung, die dort tätig werden muß, wo etwa »von der Schönheit Hügel« (49) oder von der Schönheit stillem Schattenland die Rede ist. Daß Anschauung unmittelbar überzeugt, gehört zu den Grundvorstellungen des 18. Jahrhunderts, und damit sind die Bilder, die eigentümlichen Bildmischungen nicht rhetorischer Schmuck, kein artistisches Decorum; sie verdeutlichen auf poetische Weise das eigentlich nicht Anschaubare, aber dennoch Existente - so wie ja auch eine Physiognomie den seelischen und gleichzeitig auch moralischen Status des Menschen auf unwiderlegbare Weise verrät: Anschauung ist alles, und es ist das Sichtbare, das etwa die Differenz zwischen Karl Moor und seinem Bruder Franz beweiskräftig zur Anschauung bringt. Schiller hat an anderer Stelle gesagt, wie wir uns das Schöne zu denken haben. In seinen Bemerkungen zur Tragödie und Komödie, die aus seinem Nachlaß stammen, bestimmt er den Zustand des Menschen in der Komödie so, wie er auch den Zustand des Menschen angesichts des Schönen sieht: »Unser Zustand in der Comödie ist ruhig, klar, frei, heiter, wir fühlen uns weder thätig noch leidend, wir schauen an, und alles bleibt außer uns« (XXI,92). Es ist eine Welt über der irdischen Welt, ausgestattet mit Attributen, wie sie sonst nur im Olymp begegnen, tatsächlich eben »der Zustand der Götter«, das Äußerste, was zu erringen ist: die Komödie erreicht es versuchsweise und gewissermaßen als Schein und nur für eine kurze Weile; sie vermag aber wenigstens momentan zu verdeutlichen, was zur eigentlichen Existenz oder vielmehr zu dem, wozu der Mensch fähig ist, führen kann.

Nun ist im Gedicht *Das Ideal und das Leben* das Schöne mehr als nur ein harmonischer sinnlicher Reiz. War in den Strophen 5, 7 und 9 die Schönheit genannt, so ist, in Analogie und gleichzeitig in Erklärung des Phänomens des Schönen in Strophe 11 dort, wo eigentlich der Begriff der Schönheit noch einmal auftauchen müßte, von der »Freiheit der Gedanken« (102) die Rede, und damit nennt Schiller noch einmal das, was er in den Vorarbeiten zu seiner Schrift

Über Anmut und Würde, nämlich in den *Kallias*-Briefen an Körner formuliert hatte: »Schönheit ist [. . .] Freiheit in der Erscheinung« (Brief vom 8. Februar 1793, *Briefe*, S. 246). Nun ging es damals vor allen Dingen um die Analyse des Schönen überhaupt, während sich hier, in *Das Ideal und das Leben*, der Akzent merklich verschoben hat: Nicht das Phänomen der Schönheit steht im Mittelpunkt, sondern die »Freiheit der Gedanken«, die sich durch nichts anderes verdeutlichen läßt als eben durch das Phänomen des Schönen. Damals, in den Briefen an Körner, hatte Schiller das Phänomen der Freiheit, der Selbstbestimmung, der Autonomie des Menschen genutzt, um das Wesen des Schönen zu verdeutlichen; hier nutzt er umgekehrt das Phänomen des Schönen, um daran Möglichkeit, Notwendigkeit und Großartigkeit der Freiheit, der Freiheit des Gedankens, der Selbstbestimmung also, der geistigen Natur des Menschen zu demonstrieren. Und mehr bedurfte es in Schillers Augen nicht, denn da für ihn die Freiheit des Menschen, seine intelligible Natur, als unabdingbar zum Menschlichen gehörig erschien, ist er des Beweises eo ipso enthoben; nötig aber ist die Demonstration, die Explikation, der Hinweis auf die Anschaubarkeit jenes Reiches des Gedankens, jenes Reiches der Freiheit im Phänomen des Schönen.

Nun mag es so aussehen, als geschähe das alles jenseits des Menschen – aber auch hier täuscht der Eindruck. Mag das Reich des Schönen als Analogon auch außerhalb liegen, als solches beschreibbar sein und zugleich erkennbar, wie es etwa ja in der Komödie geschieht, so ist das eigentlich Entscheidende, die Freiheit des Gedankens, etwas Internales; und da es hier nicht mehr um die Schönheit geht, sondern um jene Freiheit, liegt der Schluß nahe, daß das außerhalb des einzelnen existierende Schöne nicht nur eine gewisse Garantie der Freiheit ist, sondern auch eine Aufforderung, mit der Freiheit der Gedanken in sich selbst ernst zu machen. So ist denn auch der Höhepunkt des Gedichtes in den zwei Zeilen zu finden: »Nehmt die Gottheit auf in euren Willen, / Und sie steigt von ihrem Weltenthron« (105 f.).

Das ist die Idee der Selbstbestimmung, der Abweis jeder Heteronomie: und es ist die Schönheit, die uns nicht nur glauben, sondern wissen läßt, daß Selbstbestimmung möglich ist. Sie bedeutet eine Überwindung nicht nur der sinnlichen Welt, sondern vor allem der »Angst des Irdischen« (28), und hier wird noch einmal der appellative Charakter des ganzen Gedichtes, seine Botschaft vernehmbar. Das Gedicht handelt von der Möglichkeit und Notwendigkeit zugleich, sich selbst zu bestimmen, und das gesamte mythologische und poetische Bildmaterial hat nur die eine Funktion: im poetischen Gleichnis zu verdeutlichen, was geschehen wird, wenn die Gottheit in den eigenen Willen aufgenommen ist, wenn der Mensch sich also entschließt, wirklich Mensch zu sein. Das aber heißt: der unzerstörbaren Macht der Gedanken (wir würden heute sagen: des Geistes) in sich zu vertrauen, und das zu tun, ist die Aufforderung des Gedichtes. Die Termini ›Gedankenlyrik‹, ›Reflexionspoesie‹, ›philosophische Lyrik‹ sind unzureichend. Das Gedicht ist Lehrdichtung, und die Lehre zielt auf das ab, was ähnlich immer wieder von der Aufklärung formuliert worden ist: nämlich auf das ›Sapere aude‹, auf das ›Erkühne Dich, weise zu sein‹: Nirgendwo spricht sich die Großartigkeit des Aufklärungsdenkens eindringlicher aus als gerade hier. Und nicht nur das: Schillers Gedicht ist auch ein Versuch herauszustellen, was der Entschluß, die Gottheit in den eigenen Willen aufzunehmen, bedeutet und zur Folge hat: nämlich jenes Dasein, das er hier als olympisches Dasein in der letzten Strophe beschreibt, das er in jener Notiz aus dem Nachlaß aber als den Zustand der Götter darstellt, »ruhig, klar, frei, heiter«. Die Welt der Götter: das ist nicht eine dem Menschen grundsätzlich ferne und unerreichbare Welt, sondern der Mensch kann an jenem Zustand der Götter teilhaben, »die sich um nichts menschliches bekümmern, die über allem frei schweben, die kein Schicksal berührt, die kein Gesetz zwingt« (XXI, 92 f.).

Das Gedicht hatte vordem eine andere Überschrift: Es hieß *Das Reich der Formen*, und der Begriff der Form hat sich noch in der dritten Strophe dort erhalten, wo, vom bloßen Lesen des Gedichtes her vielleicht etwas unverständlich, von der »Gestalt« (26) die Rede ist. Diese Überschrift findet sich in der ersten Sammlung der Schillerschen Gedichte aus dem Jahre 1800. Davor, im Septemberheft der *Horen* 1795, war es als *Das Reich der Schatten* veröffentlicht worden. Aber das hatte zu Fehlinterpretationen Anlaß gegeben: es schien, als handle das Gedicht vom Totenreich. Die Überschrift, unter der das Gedicht dann bekannt geworden ist, findet sich von der zweiten Auflage der Gedichtsammlung an. Im Brief an Humboldt vom 30. November 1795 hat Schiller übrigens das Gedicht aus eben dem Grunde verurteilt, der es heute aus der Masse der rein philosophischen Dichtung heraushebt: Schiller schrieb damals, daß es »bloß ein Lehrgedicht« (XXVIII,118) sei, und dieses negative Urteil über sein eigenes Gedicht entsprach der eigenen Hochschätzung des *Spaziergangs*, einer »Elegie«, die aus seiner Sicht substantiell höher zu bewerten war als das vermittelnde »Lehrgedicht«. Man muß hier Schillers Gedicht gegen Schillers Urteil in Schutz nehmen. Auch mit der Formel »Uebergang von der Speculation zur Poesie« (XXVIII,88), die Schiller im Brief vom 29. Oktober 1795 an August Wilhelm Schlegel gebrauchte, ist das Wesen des Gedichtes nicht erfaßt. Ein Übergang findet durchaus statt, aber wenn er, in der Lebensgeschichte Schillers, vielleicht in der Tat ein solcher von der Spekulation zur Poesie war, ein Übergang von den philosophisch-ästhetischen Schriften zur Dichtung danach, so enthält das Gedicht selbst einen anderen Übergang: nämlich von einer geängstigten, sich verirrenden Natur des Menschen zur Einsicht in das Unzerstörbare in ihm. Schiller sprach im Brief an Humboldt vom 30. November 1795 noch davon, daß das Gedicht fortgesetzt werden sollte, aber: »darstellend und nicht lehrend« (XXVIII,119). Das hat er nicht mehr getan, aber auch hier gilt das, was für die anderen Urteile Schillers über sein Werk gilt: es ist zu negativ. Gewiß ist das Gedicht Lehrdichtung – aber nicht in einem abstrakten Sinne, sondern so, wie es die Fortsetzung sein sollte: darstellend ein Zwischenreich zwischen Realität und Idealität mit Hilfe abstrakter Realisationen, sichtbarer Gedanken gewissermaßen: So ist es im Grunde beschreibend und lehrend zugleich, und von der geplanten Fortsetzung her läßt sich allenfalls noch einmal bestätigend ablesen, was Schiller gewollt hat: nämlich den »Übertritt des Menschen in den Gott«. Davon sollte die Fortsetzung handeln, und Schiller hatte auch schon einen Stoff dafür: Er wollte, nach der Aufnahme des Herkules in den Olymp, »die Vermählung des Herkules mit der Hebe« darstellen, damit eben jenen Weg vom Menschlichen zum Göttlichen, den *Das Ideal und das Leben* beschreibt. Schiller hat das Thema noch wiederholt lyrisch durchmoduliert. Wir finden ähnliches in *Die Führer des Lebens*, Variationen dazu in dem Gedicht *Die idealische Freiheit*, das zunächst *Ausgang aus dem Leben* überschrieben worden war. Dort erscheint der Tod als äußerste Bedrängnis und die beängstigende Verfolgung des Menschen durch das Irdische, freilich nicht in der Aura des »seligen Vergessens« oder des freudigen Opfers, und der Gedanke der unbesiegbaren Autonomie tritt hier zurück. In *Das Ideal und das Leben* aber ist er zu seinem deutlichsten und stärksten Höhepunkt gebracht worden, und das macht dieses schwierig zu lesende, lange, eigentümlich zwischen Abstraktion und Bildlichkeit hin und her wechselnde Gedicht, das sonderbar Symbolisierende der Darstellung, das Zwitterhafte zwischen Begriff und Anschauung, dieses Gedicht voller mythologischer Anspielungen, das so sprunghaft in seinen Bildern zu sein scheint, so wenig sicher in der Anschauung und so unbestimmt auch im gedanklichen Hintergrund: es macht dieses schwierige Gedicht zu einem Gefäß für eine Botschaft, die es wert ist, auch noch jenseits des 18. Jahrhunderts vernommen zu werden.

Zitierte Literatur: Albrecht von HALLER: Gedichte. In: Bibliothek Älterer Schriftwerke der Deutschen Schweiz. Bd. 3. Hrsg. von Ludwig Hirzel. Frauenfeld 1882. – Schillers Werke. Nationalausgabe. Weimar 1943 ff. [Zit. mit

. Band- und Seitenzahl.] – Schillers Briefe. Krit. Gesamtausg. Hrsg. und mit Anm. vers. von Fritz Jonas. Bd. 3. Stuttgart/Leipzig/Berlin/Wien [1894].

Weitere Literatur: Wilhelm von HUMBOLDT: Über Schiller und den Gang seiner Geistesentwicklung. Der Charakter von Schillers Dichtertum. Über das Gedicht »Das Reich der Schatten (Das Ideal und das Leben)« u. a. In: W. v. H. Studienausgabe. Hrsg. von Kurt Müller-Vollmer. Bd. 1. Frankfurt a. M. 1970. – Herbert KRAFT: Über sentimentalische und idyllische Dichtung. T. 2: »Das Ideal und das Leben«. Jahrbuch der Deutschen Schillergesellschaft 20 (1976) S. 247–254. – Hans MAYER: Das Ideal und das Leben. Eine Schiller-Rede. Leipzig 1955. – Norbert OELLERS: »Das Reich der Schatten« und »Das Ideal und das Leben«. In: Edition und Interpretation. Jahrbuch für Internationale Germanistik. Reihe A. Bd. 11. Bern / Frankfurt a. M. / Las Vegas 1981. S. 44–57. – Karl PESTALOZZI: Die Entstehung des lyrischen Ich. Studien zum Motiv der Erhebung in der Lyrik. Berlin [West] 1970. [Bes. S. 78–101.] – Robert PETSCH: Schiller »Das Ideal und das Leben«. In: Gedicht und Gedanke. Auslegungen deutscher Gedichte. Hrsg. von Heinz Otto Burger. Halle a. d. S. [1942]. S. 119–139. – S. S. PRAWER: German lyric poetry: a critical analysis of selected poems from Klopstock to Rilke. London 1952. [S. 83–92: Das Ideal und das Leben.]

Ludwig Tieck

Melankolie

Schwarz war die Nacht und dunkle Sterne brannten   I
  Durch Wolkenschleier matt und bleich,
  Die Flur durchstrich das Geisterreich,
Als feindlich sich die Parzen abwärts wandten,
Und zorn'ge Götter mich in's Leben sandten.

Die Eule sang mir grause Wiegenlieder   II
  Und schrie mir durch die stille Ruh
  Ein gräßliches: Willkommen! zu.
Der bleiche Gram und Jammer sanken nieder
Und grüßten mich als längst gekannte Brüder.

Da sprach der Gram in banger Geisterstunde: III
  Du bist zu Quaalen eingeweiht,
  Ein Ziel des Schicksals Grausamkeit,
Die Bogen sind gespannt und jede Stunde
Schlägt grausam dir stets neue blutge Wunde.

Dich werden alle Menschenfreuden fliehen,   IV
  Dich spricht kein Wesen freundlich an,
  Du gehst die wüste Felsenbahn,
Wo Klippen drohn, wo keine Blumen blühen,
Der Sonne Strahlen heiß und heißer glühen.

Die Liebe, die der Schöpfung All durchklingt,   V
  Der Schirm in Jammer und in Leiden,
  Die Blüthe aller Menschenfreuden,
Die unser Herz zum höchsten Himmel schwingt,
Wo Durst aus seelgem Born Erquicken trinkt,

Die Liebe sei auf ewig dir versagt.   VI
  Das Thor ist hinter dir geschlossen,
  Auf der Verzweiflung wilden Rossen

Wirst du durch's öde Leben hingejagt,
30 Wo keine Freude dir zu folgen wagt.

Dann sinkst du in die ewge Nacht zurück,   VII
    Sieh tausend Elend auf dich zielen,
    Im Schmerz dein Dasein nur zu fühlen!
Ja erst im ausgelöschten Todesblick
35 Begrüßt voll Mitleid dich das erste Glück. –

Abdruck nach: Ludwig Tieck: Gedichte. 3 Tle. Faksimiledr. nach der Ausg.
[Dresden: P. G. Hilscher,] 1821–23. Mit einem Nachw. von Gerhard Kluge.
Heidelberg: Lambert Schneider, 1967. (Deutsche Neudrucke. Reihe Goethe-
zeit.) T. 2. S. 227–229.
Erstdruck: Die Geschichte des Herrn William Lovell. 3 Bde. Berlin/Leipzig: C.
A. Nicolai, 1795/96. Bd. 1. 1795. [Erste Fassung, ohne Titel.]
Weiterer wichtiger Druck: Ludwig Tiecks Schriften. 28 Bde. Berlin: G. Rei-
mer, 1828–54. Bd. 6: William Lovell. 1828.

Franz Loquai

**Lovells Leiden und die Poesie der Melancholie.
Zu Ludwig Tiecks Gedicht *Melankolie***

> »singe den blues, die rebellische Trauer«
> Wolf Biermann

> »Auch wir materialistischen Melancholi-
> ker haben schließlich noch ne Rolle im
> Betrieb« Peter Rühmkorf

Dieses Gedicht steht wie ein Großteil der Lyrik Tiecks in
mehreren Text- und Kommunikationszusammenhängen. Es
ist innerhalb des Romans *William Lovell* Teil der Selbstreflexion Lovells, deren im Gedicht festgehaltenes Ergebnis dieser seinem Freund mitteilt. In der Realität des Romans steht
es in einem Brief Lovells an Eduard Burton, wendet sich also

an einen bestimmten Adressaten. Es ist lyrischer Einschub in einen Roman und damit auch an einen fiktiven Leser gerichtet. Später isolierte Tieck das Gedicht aus Brief und Roman und nahm es in die Ausgabe seiner Gedichte auf. Diese Zusammenhänge und den jeweiligen Kontext hat eine Interpretation des Gedichts zu berücksichtigen. Zunächst soll, wie es entstehungsgeschichtlich naheliegt, das Gedicht im Kontext des *Lovell*, dann im Rahmen der späteren Gedichte-Ausgabe betrachtet werden.

Lovell interpretiert in diesem Gedicht seine Geburt im Gestus der Rückschau so, daß sie als sein ganzes Leben prägend erscheint, um seine Empfindungslage in der Gegenwart (also zu Beginn des Romans, seiner Geschichte) als schicksalhaft determiniert erklären zu können. Wie sieht Lovells Schilderung seiner Geburt aus, in welchen Farben malt er sie? Schon das erste Wort des Gedichts gibt die Antwort: »Schwarz«. Alle folgenden Beschreibungen sind dieser einleitenden Schattierung zugeordnet. Die Sterne sind dunkel, dringen nur »matt und bleich« (2) durch die Wolkenschleier. Das Oxymoron bezeichnet die unheilverkündende Zwielichtigkeit der Szenerie: Was naturgemäß hell und klar erstrahlt, wird in der schwarzen Nacht seines Glanzes beraubt. Das überträgt sich auf den darunter liegenden Bereich. Die »Flur« steht unter dem Einfluß einer unheimlichen Macht, das »Geisterreich« (3) regiert in dieser Geburts*nacht* über Himmel und Erde. Der Zorn der Götter wirkt in der Natur. Deshalb ist die Nacht so schwarz und dunkel. Der optische Kontrast von Hell und Dunkel wird in der zweiten Strophe durch einen akustischen Gegensatz abgelöst. Dort wird der in dieser feindlichen Atmosphäre Geborene als neuer ›Erdenbürger‹ begrüßt. Nicht dem Bürger gelten jedoch die Willkommensgrüße (etwa der Eltern), sondern dem Sproß des Götterzorns. Die Eule – ein Emblem der Melancholie – singt ihm »grause Wiegenlieder« (6), ihr gräßlicher Gruß durchbricht die Stille. Analog zu den Sternen sind auch die Wiegenlieder ins Gegenteil ihrer üblichen Funktion verkehrt. Sie wollen das Neugeborene nicht liebevoll einlullen, sondern reißen es grausam aus der Ruhe. Da stellen sich, gleichsam von göttlichen Schwingen getragen, die Geschwister Lovells ein: Gram und Jammer werden sein Leben begleiten. Aus der Prophezeiung des Grams geht hervor, daß das grausame Schicksal Lovell zu »Quaalen« (12) bestimmt hat; er ist ein bereits fixiertes »Ziel« (13), die Bogen sind längst »gespannt« (14), seine Verwundungen sind sicher, sogar stündlich eingeplant. Menschlicher Trost, jede Freude bleibt ihm versagt (16), er ist zur Isolation verurteilt (17). Nicht durch Dörfer, Städte oder vertraute Gegenden führt sein Lebensweg, sondern durch eine abstrakte, schemenhafte, detailfeindliche Landschaft, eine vage, ausgedörrte Natur und unwirtliche Gegend. Er gerät in schwindlige Höhen, auf feindlichen, wüsten Pfaden (18). Sie sind gefährlich, weil bei dieser Gratwanderung stets der jähe Absturz droht. Das Bild der Gratwanderung und die Hitzemetaphorik (20) verweisen auf die Melancholie. Die Strahlen der Sonne sind auf ihn als Fokus konzentriert wie die Pfeile des Schicksals. Mit Beginn der fünften Strophe scheint die Prophezeiung Lovell Schonung zu gönnen. Der Gram beginnt, die Liebe anzupreisen. Sie »durchklingt« der »Schöpfung All« (21), sei der »Schirm« gegen Elend, »Jammer und [. . .] Leiden« (22); sie könnte Lovell gegen die Pfeile abschirmen, ihn vor Qual und Leid beschützen. Sie, die »Blüthe aller Menschenfreuden« (23), könnte ihn darüber hinwegtrösten, daß ihm »keine Blumen blühen« (19). Im Schutz der Liebe müßte Lovell nicht wie unter dem Bann des Götterfluchs auf felsigen Klippen verdursten; sein Weg zum »höchsten Himmel« (24) wäre von der Liebe gelenkt, aus »seelgem Born« würde sein Durst gestillt (25). Das ›hohe Lied‹ der Liebe (zu Tiecks Liebesbegriff vgl. Frank) erweist sich als heimtückisch. »Die Liebe«, so wird die fünfte Strophe rekapituliert und in der Negation auf Lovell gemünzt, »sei auf ewig dir versagt« (26). Das Tor zur Liebe bleibt Lovell verschlossen (27), er ist der Verzweiflung preisgegeben. Auf deren »wilden Rossen« (28) wird er durchs »öde Leben hingejagt« (29), keine Freude folgt ihm (30). Die Strophen 5 und 6 sind kontrapunktisch auf die Strophen 3 und 4 bezogen. Viele Formulierungen und Wendungen werden in den späteren Strophen variiert, verknüpft durch den diametralen Gegensatz von Liebe und Leid. In der letzten Strophe kehrt die Prophezeiung wieder zum Ausgangspunkt des Themas zurück. Das Leben Lovells endet mit dessen Rückkehr in die »ewge Nacht« (31). Ankunft und Rückkehr entsprechen Geburt und Tod. Die Prophezeiung formuliert in nuce noch einmal Lovells Schicksal: seine Existenz ist identisch mit »Schmerz« (33). Um sich als Mensch seiner selbst bewußt sein zu können, ist er notwendig auf den Schmerz angewiesen. Die niederschmetternde Vorschau läßt nur den Schluß zu, daß es für Lovell besser wäre, erst gar nicht geboren worden zu sein. Ohnmächtig muß er, stets schon wissend, was ihm bevorsteht, das Unglück seines Lebens bzw. sein Leben als Unglück ertragen, auf den Tod warten, ja ihn herbeisehnen, da er »Mitleid« und erstes »Glück« (35) verspricht.

Man muß berücksichtigen, daß die zornigen Götter und deren prophetisches Sprachrohr Imagination und Interpretation Lovells darstellen. Für die Feindlichkeit der Götter gibt er keinen rationalen Grund. Der unglückliche Geburtsstern, der sein Leben zu einer Strafexpedition bestimmt, hat noch einen anderen Aspekt. Lovell ist nämlich zu seinem qualvollen Schicksal »eingeweiht« (12); der melancholische Nachtvogel, die allegorisierte Weisheit, singt ihm die Wiegenlieder. Lovell sieht sein Schicksal nicht nur als Fluch, sondern auch als Weihe an: er ist dazu auserwählt. Darin liegt der ambivalente Charakter von Lovells Leiden. Sie führen ihn (in der Metaphorik des Genies) in höchste Höhen, den Göttern entgegen und weg von allen irdischen Verbindungen. Die negativen Aspekte dominieren jedoch. Leid und Schmerz, Trauer und Verzweiflung hinzunehmen, das ist der Schlüssel zu seiner Existenz. Diese Erkenntnis mündet schließlich in eine transzendente Hoffnung und verleiht dem Gedicht einen kompensatorischen Effekt. Es stellt aber keineswegs das Resultat eines spontanen Kompensationsvorgangs dar. Es ist reflektiert aufgebaut und streng gegliedert, Lovell hat sorgfältig an ihm gefeilt. Das Reimschema (abbaa) ist konsequent durchgehalten, ab der fünften Strophe werden lediglich weiblicher und männlicher Reim vertauscht. Die durchgängig verwendeten Trochäen, in denen die Ausweglosigkeit des düsteren Schicksals verkündet wird, neigen zu Monotonie und Tristesse. Der Rhythmus des Gedichts verstärkt diese Tendenz. Dem Gedicht liegt eine zyklische, kontrapunktisch verfahrende Strukturierung zugrunde (Eröffnung, Variation und Abschluß des Themas). Die Grobstruktur wird im kleinen wiederholt, in Varianten, Spiegelungen und Rückbezügen. Viele Begriffe und Bilder kommen unverändert oder variiert zweimal vor (z. B. »grausam«, »bleich« usw.; »wüst«/»öde«, »schwarz«/»dunkel« usw.). Die syntaktischen Wendungen (Reihen, Anaphern u. ä.) tragen dieser Kompositionstechnik Rechnung. Mit Vorliebe werden Alliteration, Binnenreim und Assonanz verwendet, welche die innere Verklammerung der verschiedenen Elemente kunstvoll unterstützen. Auch die lautliche Gestaltung untermalt, im situationsbezogenen Wechsel von dunklen und hellen Tönen, den Inhalt des reflektierten, artistisch arrangierten Gedichts.

Es steht im zweiten Brief des Romans und führt Lovell aus dessen Perspektive ins Geschehen ein, nachdem zuvor Karl Wilmont über Lovells Verliebtheit in Amalie berichtet hatte. Karl sieht in Lovell einen heillosen »Schwärmer« und »schwermütigen Träumer« mit »kränklichen Einbildungen« und übertriebenen »poetischen Leiden« (I, 238 f.). Der Leser assoziiert dabei die empfindsamen Affektationen des späten 18. Jahrhunderts, als melancholische Attitüden zum modischen Repertoire des Gefühlshaushalts, zumal von Verliebten, gehörten. In diesem Sinne versteht Karl seine Diagnose, wenn er nüchtern das Erzwungene, Künstliche an Lovells Gefühlen konstatiert. Lovell müsse nur »gerade und ehrlich« (I, 240) zu Werke gehen und sich von seinen Träumereien lossagen. Bis dahin erscheint Lovell als verliebter

Schwärmer, dessen Leiden auf die harmlos-lächerlichen Sublimierungstechniken empfindsamer Sentimentalität zurückgehen. Mit Lovells Brief wird dieser Eindruck korrigiert. Seine Leiden gewinnen eine weitere Dimension als Ausdruck einer fundamentalen Krise. Unmittelbar vor dem Gedicht berichtet Lovell über sein »Elend« (I,242); diese Passagen rechtfertigen die Identifizierung des lyrischen Ich im Gedicht mit der Person Lovells. Viele Formulierungen des Gedichts tauchen im Brief wörtlich oder paraphrasiert auf. Zwar kommen auch Lovell die Klagen »übertrieben« vor (I,244), er will aber Karls spöttische Reaktion kritisieren und den Verdacht empfindsamer Schwärmerei zurückweisen. Lovell reklamiert für sich einen besonderen Status: Er stehe in einer »freudenleeren Welt, einer Uhr gleich, auf welcher der Schmerz unaufhörlich denselben langsamen, einförmigen Kreis beschreibt« (I,246). Das Leiden an Welt und Wirklichkeit wird nicht begründet oder an einzelnen Erscheinungen festgemacht, das Ungenügen der Realität steht für Lovell gleichsam axiomatisch fest. Erklärungen gibt er nur im Verweis auf ein als aussichtslos deklariertes Schicksal. Von Melancholie ist dabei direkt nicht die Rede. Vokabular und Metaphorik stammen aber aus ihrem Bannkreis. Im Fortgang des Romans erweist sich die Melancholie als Lovells charakteristischer Wesenszug. Lovells Existenz und sein Bewußtsein davon erschöpfen sich jedoch in seinem Leidenspessimismus. Er schwankt zwischen einem vorweggenommenen Amor fati im Sinne Nietzsches (vgl. Völker, S. 65 ff.) und einem verspäteten Joy of grief der Empfindsamkeit. Was im Gedicht unmöglich ist, gelingt Lovell später immer wieder einmal: Er kann seine Leiden in einer »trüben, fröhlichen Melancholie« (I,302) sublimieren, beherrscht in Liebesaffären souverän den erfolgversprechenden Einsatz der modisch affektierten Schwermut (I,549 ff.). Sie hat mit den im Gedicht artikulierten Leiden nur wenig zu tun. Dort gibt es vor der schwarzen »Furie« (Völker, S. 14) kein Entrinnen. Das Leid bleibt letztlich perspektivelos, weil der Hinweis auf ein transzendentes Glück keine prakti-

kable Alternative bietet. Sie läßt sich nicht mit Novalis'
romantischer Philosophie des Todes vergleichen, die inte-
graler Bestandteil einer kunstphilosophischen und gesellschaftlichen Utopie ist. Lediglich dadurch, daß Lovell seine
Leiden in Poesie kleidet, ergibt sich ein therapeutischer
Effekt. Aus dem Sprechen über das Leid resultiert (freilich
resignativer) Trost. Das dokumentiert das Gedicht als Resultat dieses kompensatorischen Prozesses.

Poesie wäre demnach für Lovell eine Möglichkeit zur
momentanen Glücksgewinnung. Erklärungen und endgültige Überwindung der Trauer kann sie nicht liefern. Lovells
Leid hat, wie er im Brief zugibt, keinen erkennbaren Grund:
er »jammert, ohne selbst zu wissen, worüber« (I,244).
Damit definiert er nichts anderes als die Melancholie. Im
18. Jahrhundert bedeutet sie Traurigkeit ohne rationalen
Grund, die sich meist – von der zeitgenössischen Medizin als
pathologisch diagnostiziert – in fixen Ideen (Einbildungen,
Verfolgungswahn u. ä.) äußert und in wirklichen Wahnsinn
übergehen kann (vgl. z. B. Chiarugi, Hoffbauer, Pinel, Reil,
Zimmermann). Als Schwarzgalligkeit, unter Rekurs auf die
antike Säftelehre, wurde die Melancholie am Ende des
18. Jahrhunderts nur noch selten diagnostiziert. Diagnose
und Therapie konzentrieren sich im Zuge der ›Entdeckung
der Seele‹ (vgl. Obermeit) auf die psychischen Aspekte von
Krankheiten. Die schöngeistige Literatur setzt sich in ›Fall-
studien‹ über Seelenkrankheiten (Tasso, Werther, Reiser;
Balder, z. T. auch Lovell) häufig kritisch (besonders in der
Romantik) mit den zeitgenössischen, wohlgemerkt aufklärerischen Heilmethoden auseinander. Karl Wilmont repräsentiert den spätaufklärerischen Standpunkt. Er diagnostiziert
ein krankhaftes Gemüt, aber ohne das Leid selbst zu kennen. Für Lovell jedoch kann Therapie nicht bloß in einem
korrigierenden Zugriff der Vernunft (vgl. Tiecks Gedicht
Die Phantasie) bestehen. Als Poet wird er im Gedicht sein
eigener Therapeut. Von Novalis' transzendentalem Arzt ist
er aber ebensoweit entfernt wie vom echten romantischen
Künstler. Er ist nur Vorstufe zu Figuren wie Sternbald und

Berglinger. Sein Bewußtsein ist tendenziell künstlerisch, weil es konsequent auf die eigene Subjektivität pocht und Leidenserfahrungen in Kauf nimmt, die auf der krisenhaft erlebten Diskrepanz von subjektiver Erwartung und gesellschaftlichem Anspruch beruhen. Lovell ist zwischen diesen Gegensätzen hin und her gerissen, er lebt im Dilemma von Isolation und Integration. Das ist bereits das große romantische Thema; bei Lovell resultiert der Konflikt aber nicht aus genuinem Künstlertum. Er ist in erster Linie Individualist, nur im Zuge dieser subjektiven Tendenz manchmal auch als Künstler kreativ wie im vorliegenden Gedicht. Seine Melancholie wechselt zwischen der empfindsam affektierten (damit kontrollierten) Variante, einer wohligen Schwermut und der krankhaften, pathologischen Form. Die positiven Qualitäten der Melancholie kommen kaum zur Geltung. Dabei hat sie seit Aristoteles stets einen edlen Zug als Stimulans des Genies. Im Übergang zur Romantik bereichern diese divinierenden Qualitäten die Dignität des Künstlers, legitimieren seinen Sonderstatus jenseits von Nützlichkeit und Verwertung unter Berufung auf die Wertfreiheit der Kunst. Diese Möglichkeit wird von Lovell nur angedeutet. Die Dualität der Melancholie verleiht zwar auch seinem Martyrium doppelten Charakter (Strafe und Gnade), aber die positiven Aspekte des Leids, die in der Romantik später zur Nobilitierung auch von Krankheit, Schmerz und Passivität führen (Tieck mit Wackenroder, Novalis, Friedrich Schlegel, Hoffmann), werden weitgehend von der Negativität des melancholischen Syndroms (›melancholia adusta‹) überschattet. So bleibt Lovell bei der bloßen Artikulation des Leidens als Grunderfahrung seiner Individualität stehen. Abschaffung und aktive Überwindung von Leid, die Suche nach Glück liegen allein in der Macht des Schicksals. Eine Alternative zu Trauer und Leid ist für Lovell nicht handelnd realisierbar. Die utopische Hoffnung des Gedichts baut auf transzendenten Trost, verzichtet ohnmächtig auf Veränderung angesichts der Fügungen des Fatums. Lovell kennt kein Ideal einer utopisch-integrativen Kunst und entwirft kein

Programm dazu. Er artikuliert Trauer um (nicht schon als verloren erkanntes) fehlendes Glück und meint, seine Leiden hilflos ertragen zu müssen. Diese Ohnmacht ist Lovell »Qual und Seligkeit« (I,244) zugleich, so gibt er sein Gedicht kommentierend zu. Der Gedanke mache ihn »traurig« (I,244), die düsteren Empfindungen, den wohligen Schauer beim »Grabgeläute« (I,241) der Realität zugunsten einer rationalen, aktiven Bewältigung der Wirklichkeit aufzugeben. Es ist die geheime ›Lust am Untergang‹, die wild entschlossene Versenkung in die schwarze Nacht der Gedanken (nicht mehr bloß im Stile Youngs), die ihn antreibt, nicht das Ungenügen der Wirklichkeit wie bei Sternbald oder Berglinger. Lovells Leiden sind nicht wirklich ›poetisch‹, sie treten nur im Gewande der Poesie auf – einer Poesie, die den Konflikt betrauert, ohne ihn überwinden zu wollen.

Tieck selbst betonte später, daß er die frühen Gedichte, besonders einige in den *Lovell* eingestreute, nur zögernd in die Gedichtausgabe aufgenommen habe, da sie »zu sehr nur Verzweiflung oder Melankolie aussprechen, und ohne Schluß den Leser unbefriedigt lassen« (*Gedichte*, T. 3, Vorwort). Das vorliegende Gedicht scheint ihm recht zu geben. Bedenkt man, daß es neben den erst von Köpke publizierten lyrischen Anfängen das dritte Gedicht Tiecks überhaupt ist, dann kann man trotz der Vorbehalte konstatieren, wie sicher er über das formale Rüstzeug kunstvoller Gestaltung verfügt, wie subtil er das Gedicht in den *Lovell* integriert und so auf das Problem romantischen Künstlertums zusteuert. Tieck bedient sich souverän literarischer Topoi und traditioneller Themen der Lyrik. Das Gedicht entstand während Tiecks Beschäftigung mit Schiller und Moritz, des Austausches mit Wackenroder und seiner eigenen melancholischen Krise um 1793 (vgl. Köpke, T. 1, S. 100 ff.), die nicht zu biographistischen Schlüssen verleiten sollte – es liegt noch vor der endgültigen Klärung von Tiecks Lyrikauffassung (*Sternbald*-Gedichte, *Almanach*-Rezensionen) bis etwa 1803. Es deutet schon auf seine Idee von der Musikalisierung

der Sprache (vgl. Kluge, S. 348 ff.) und sein Idealisierungs-
prinzip hin. Es ist Lovells eigene poetische Fiktion (mit
ansatzweise eigener poetischer Sprache) zur Deutung seiner
Gemütsverfassung. Tiecks Ablehnung der Mischung von
Philosophie und Poesie gemäß wird Lovell nicht zum tran-
szendentalen Arzt. Die Identität von Natur und Stimmung
wird noch ersetzt durch eine chiffrenhafte Beschreibung der
Natur und Reihung von Bildern, die nur auf die ›Inszenierung‹ von Lovells Gefühlslage abgestimmt sind. Bildliche,
metaphorische und allegorische Gestaltungen zielen auf die
Interpretation, nicht auf bildhafte Darstellung eines Begriffes. Das Gedicht ist somit eine markante Station in der
Entwicklung von Tiecks Lyrikverständnis. Wohl deshalb
nahm er es in die Ausgabe seiner Gedichte auf. Mit der
Titelgebung trägt er nun auch seinem spezifischen Allegorie-
begriff Rechnung (vgl. Kluge, S. 352 ff.); außerdem stellt er
das Gedicht ganz bewußt in eine lyrische Tradition. Das
zieht Konsequenzen für Aussage und Verständnis des Gedichts nach sich, zumal der Kontext des *Lovell* wegfällt.
Jetzt spricht ein anderes lyrisches Ich. Die allegorisierte
Melancholie, Schwester des Grams und Jammers, kommt
selbst zu Wort. Gemessen an der zeitgenössischen Behandlung des Melancholie-Sujets (vgl. Kahn, Völker) fällt das
Gedicht insofern aus dem Rahmen, als dort meist eine
gemilderte, empfindsam eingefärbte Form der süßen Melancholie, der wohligen Wehmut vorherrscht, während die
unheilvolle Variante seltener bedichtet wird. Tiecks *Melankolie* unterscheidet sich auch von jener Form, die dem
»Dichtergenie« besonders behagt (Goethe, S. 429), sie entspricht vielmehr der schwarzen Variante, mit der Goethes
Tasso kämpft und vor der Schiller (*Melancholie an Laura*)
warnt. Ohne den *Lovell*-Kontext sind die genußvollen
Aspekte der Melancholie, der ›Joy of grief-Effekt‹ verschwunden. Die Melancholie (nicht mehr Lovells Leben)
entspringt einer schicksalhaften Fügung. Ihre saturnische
Konstellation scheint durch, aber ohne die sonst übliche
Betonung der genialischen Potenz des unter diesem Zeichen

Geborenen. Das Gedicht ist ganz auf eine allegorische Ausdeutung der negativen Melancholie konzentriert. Sie ist überwiegend Fluch (weniger Garant begnadeter Fähigkeiten) und ›Krankheit zum Tode‹, sie allein füllt den Horror vacui aus. Das alles wird auch im kontextgebundenen Gedicht ausgesagt, gerade aber durch den Kontext und die Funktion des Gedichts innerhalb des Romans wieder relativiert. Dort dient es dazu, Lovell als Person zu charakterisieren und das Thema des Romans, die individuelle Suche nach Glück und ihr Scheitern, einzuführen. Dieses Scheitern Lovells nimmt das Gedicht in nuce vorweg. Im Gedicht mit Titel ist aus der Selbstreflexion Lovells eine Allegorie der Melancholie geworden. Lovells Schicksal war unter anderem die Melancholie, jetzt ist die Melancholie *das* Schicksal.

Zumindest kurz sollte noch auf das Gedicht *Die Melancholie* im *Anton Reiser* (S. 278 ff., 307 f.) von Karl Philipp Moritz verwiesen werden. Dieses von Anton für Philipp Reiser als Adressat seiner Klage verfaßte Gedicht kann man als Vorstufe zu Tiecks Gedicht begreifen. Reisers Fragen nach dem Woher und Wohin seines Daseins finden in Tiecks Gedicht eine Antwort. Der Herausgeber des Romans führt Reisers Leiden auf das ›Elend der bürgerlichen Verhältnisse‹ zurück (Moritz, S. 366). Reisers Melancholie hat einen realen, soziologisch (nicht primär medizinisch) zu diagnostizierenden Grund, den Reiser selbst freilich nicht erkennen kann. Infolge dieser Unfähigkeit bleibt sein Künstlertum dilettantisch; seine Melancholie erfüllt ein rein kompensatorisches Bedürfnis und kann ihn über die Ursachen seines Leids nicht aufklären. Lovell will eine solche Aufklärung gar nicht erst, weil er nicht primär am Elend der Verhältnisse leidet, sondern letzten Endes an sich selber. Die Leidenserfahrung wird von ihm ganz ins eigene Subjekt verlegt. Reiser erlangt nie eigene Individualität und verspürt deshalb Leid, Lovell ist ausgeprägter Individualist und steht gerade deshalb unter Leidensdruck. Im Gegensatz zu Reiser leidet er nicht an der sozialen Realität, sondern an der Unwirklichkeit seiner Träume.

In Tiecks späterer Fassung *Melankolie* sind die Antworten
auf die Fragen Reisers und die Probleme Lovells in der
Allegorie enthalten. Der Schlüssel zum Verständnis des
melancholischen Menschen liegt in der Ambivalenz der Melancholie verborgen. Die Genialität ist gleichsam heiliger
Schmerz, göttliche Fügung und Gnade, die ihren Preis mit
Leid zu zahlen hat. Die utopischen, ›progressiven‹ Möglichkeiten der Melancholie, ihr Charakter als Stimulans einer
zukunftweisenden Sehnsucht und eines aktiven Verände-
rungswillens bleiben auch in Tiecks allegorischer Melancholie ausgespart. Diese Variante der Melancholie verträgt sich
kaum mit einer Trauer, die in Aktion umschlägt; ihr ›Prinzip
Hoffnung‹ ist außerhalb der Geschichte angesiedelt. Daraus
macht das Gedicht kein Hehl, es führt die Grenzen dieser
Melancholie vor.
Es eignet sich deshalb vorzüglich als Anschauungsmaterial
zur Beurteilung jener neuerlichen Trauertendenzen in der
Lyrik, die man mit dem schon angestaubten Etikett der
›Neuen Subjektivität‹ versehen hat. Bezeichnenderweise hat
in dieser Richtung der Lyrik auch die Melancholie wieder
Konjunktur. Bei näherem Hinsehen entpuppt sich das traurige Relikt der blauen Blume nicht selten als ziemlich küm-
merlich gehegtes Pflänzchen. Die Melancholie unserer leidenden und trauernden Poeten verwelkt oft genug als
»kleinbürgerliche Schrumpfmelancholie« (Strauß, S. 120).
War die Melancholie einst Kampfbegriff der Aufklärung
gegen antirationalistische Tendenzen (vgl. Schings), stand
sie in der Romantik – noch nicht in diesem Gedicht Tiecks –
als edle Melancholie einer idealistischen Utopie der Kunst
gegen die »instrumentelle Vernunft« (Horkheimer) zur Seite,
zielte sie in beiden Fällen eigentlich auf ihre Abschaffung im
Namen des Glücks bzw. des Ideals, so scheint sie nunmehr
zu einer inhaltsleeren, perspektivelosen Resignations-Atti-
tüde reduziert worden zu sein. Trauer und Melancholie
dürfen nicht Selbstzweck werden, der seinen Sinn nur darin
sieht, sich in Poesie zu hüllen. Nichts anderes meinte Schiller,
als er Bürger vorhielt, die »Schwermut des Dichters« sei

»nicht bloß der Gegenstand, den er besingt«, sondern »leider oft auch der Apoll, der ihn begeistert« (Schiller, S. 255). Schiller hielt damit ein programmatisches Plädoyer (vgl. Müller-Seidel) für die »Sonnenklarheit« (Schiller, S. 258) der klassischen Kunst (1791), nur zwei Jahre darauf proklamierte Tieck das nächtliche Dunkel der romantischen. Bei beiden stand die Diskussion der Melancholie an zentraler Stelle. Zweihundert Jahre später ist die Melancholie oft nur noch sentimentaler Topos und modische Leerformel einer geschichtslosen Resignation.

Zitierte Literatur: Vincenzo CHIARUGI: Abhandlung über den Wahnsinn überhaupt und insbesondere nebst einer Centurie von Beobachtungen. Leipzig 1795. – Manfred FRANK: Das Problem »Zeit« in der deutschen Romantik. Zeitbewußtsein und Bewußtsein von Zeitlichkeit in der frühromantischen Philosophie und in Tiecks Dichtung. München 1972. – Johann Wolfgang von GOETHE: Gedenkausgabe der Werke, Briefe und Gespräche. Hrsg. von Ernst Beutler. Bd. 1. Zürich 1948. – Johann Christoph HOFFBAUER: Untersuchungen über die Krankheiten der Seele. Bd. 3: Psychologische Untersuchungen über den Wahnsinn. Halle 1807. – Max HORKHEIMER: Zur Kritik der instrumentellen Vernunft. Aus den Vorträgen und Aufzeichnungen seit Kriegsende. Hrsg. von Alfred Schmidt. Frankfurt a. M. 1974. – Charlotte KAHN: Die Melancholie in der deutschen Lyrik des 18. Jahrhunderts. Heidelberg 1932. – Gerhard KLUGE: Idealisieren – Poetisieren. Anmerkungen zu poetologischen Begriffen und zur Lyriktheorie des jungen Tieck. In: Jahrbuch der Deutschen Schillergesellschaft 13 (1969) S. 308–360. – Rudolf KÖPKE: Ludwig Tieck. Erinnerungen aus dem Leben des Dichters nach dessen mündlichen und schriftlichen Mitteilungen. 2 Tle. Leipzig 1855. Neudr. Darmstadt 1970. – Walter MÜLLER-SEIDEL: Schillers Kontroverse mit Bürger und ihr geschichtlicher Sinn. In: Formenwandel. Festschrift zum 65. Geburtstag von Paul Böckmann. Hamburg 1964. S. 294–318. – Karl Philipp MORITZ: Anton Reiser. Ein psychologischer Roman. Mit Textvarianten, Erl. und einem Nachw. hrsg. von Wolfgang Martens. Stuttgart 1972 [u. ö.]. – Werner OBERMEIT: »Das unsichtbare Ding, das Seele heißt.« Die Entdeckung der Psyche im bürgerlichen Zeitalter. Frankfurt a. M. 1980. – Philippe PINEL: Philosophisch-medizinische Abhandlungen über Geistesverwirrungen oder Manie. Übers. von M. Wagner. Wien 1801. – Johann Christian REIL: Rhapsodieen über die Anwendung der psychischen Curmethode auf Geisteszerrüttungen. Halle 1803. – Friedrich SCHILLER: Über Bürgers Gedichte. In: Schillers Werke. Nationalausgabe. Bd. 22. Hrsg. von Herbert Meyer. Weimar 1958. S. 245–264. – Hans-Jürgen SCHINGS: Melancholie und Aufklärung. Melancholiker und ihre Kritiker in Erfahrungsseelenkunde und Literatur des 18. Jahrhunderts. Stuttgart 1977. – Botho STRAUSS: Die Widmung. Erzählung. München 1977. – Ludwig TIECK: Werke. 4 Bde. Hrsg. sowie mit Nachw. und Anm. vers. von Marianne

Thalmann. München 1963. [Zit. mit Band- und Seitenzahl.] – Ludwig TIECK: Gedichte. [Siehe Textquelle.] – Ludwig VÖLKER: Muse Melancholie – Therapeutikum Poesie. Studien zum Melancholie-Problem in der deutschen Lyrik von Hölty bis Benn. München 1978. – Johann Georg ZIMMERMANN: Ueber die Einsamkeit. 4 Bde. Frankfurt/Leipzig 1785. – Johann Georg ZIMMERMANN: Von der Erfahrung in der Arzneykunst. Zürich 1763/64.

Weitere Literatur: Klaus DÖRNER: Bürger und Irre. Zur Sozialgeschichte und Wissenschaftssoziologie der Psychiatrie. Frankfurt a. M. 1969. – »Komm, heilige Melancholie«. Eine Anthologie deutscher Melancholie-Gedichte. Mit Ausblicken auf die europäische Melancholie-Tradition in Literatur- und Kunstgeschichte. Hrsg. von Ludwig Völker. Stuttgart 1983. – Franz LOQUAI: Künstler und Melancholie in der deutschen Romantik. Diss. Bamberg 1982. – Lothar PIKULIK: Romantik als Ungenügen an der Normalität. Am Beispiel Tiecks, Hoffmanns, Eichendorffs. Frankfurt a. M. 1979. – Michael SCHNEIDER: Den Kopf verkehrt aufgesetzt oder die melancholische Linke. Aspekte des Kulturzerfalls in den siebziger Jahren. Darmstadt/Neuwied 1981.

Johann Wolfgang Goethe

Der Gott und die Bajadere

Indische Legende

Mahadöh, der Herr der Erde,   I
Kommt herab zum sechstenmal,
Daß er Unsersgleichen werde,
Mit zu fühlen Freud' und Qual.
5 Er bequemt sich hier zu wohnen,
Läßt sich alles selbst geschehn.
Soll er strafen oder schonen,
Muß er Menschen menschlich sehn.
Und hat er die Stadt sich als Wandrer betrachtet,
10 Die Großen belauert, auf Kleine geachtet,
Verläßt er sie Abends, um weiter zu gehn.

Als er nun hinausgegangen,   II
Wo die letzten Häuser sind,
Sieht er, mit gemahlten Wangen
15 Ein verlornes schönes Kind.
Grüß' dich, Jungfrau! – Dank der Ehre!
Wart', ich komme gleich hinaus –
Und wer bist du? – Bajadere,
Und dieß ist der Liebe Haus.
20 Sie rührt sich die Cymbeln zum Tanze zu schlagen;
Sie weiß sich so lieblich im Kreise zu tragen,
Sie neigt sich und biegt sich, und reicht ihm den Strauß.

Schmeichelnd zieht sie ihn zur Schwelle,   III
Lebhaft ihn in's Haus hinein.
25 Schöner Fremdling, lampenhelle
Soll sogleich die Hütte sein.
Bist du müd', ich will dich laben,
Lindern deiner Füße Schmerz.

114

Was du willst, das sollst du haben,
30   Ruhe, Freuden oder Scherz.
Sie lindert geschäftig geheuchelte Leiden.
Der Göttliche lächelt; er siehet mit Freuden
Durch tiefes Verderben ein menschliches Herz.

    Und er fordert Sklavendienste;   IV
35   Immer heitrer wird sie nur,
    Und des Mädchens frühe Künste
    Werden nach und nach Natur.
    Und so stellet auf die Blüthe
40   Bald und bald die Frucht sich ein;
    Ist Gehorsam im Gemüthe,
    Wird nicht fern die Liebe sein.
Aber, sie schärfer und schärfer zu prüfen,
Wählet der Kenner der Höhen und Tiefen
Lust und Entsetzen und grimmige Pein.

45   Und er küßt die bunten Wangen,   V
    Und sie fühlt der Liebe Qual,
    Und das Mädchen steht gefangen,
    Und sie weint zum erstenmal;
    Sinkt zu seinen Füßen nieder,
50   Nicht um Wollust noch Gewinnst,
    Ach! und die gelenken Glieder
    Sie versagen allen Dienst.
Und so zu des Lagers vergnüglicher Feier
Bereiten den dunklen behaglichen Schleier
55 Die nächtlichen Stunden das schöne Gespinnst.

    Spät entschlummert unter Scherzen,   VI
    Früh erwacht nach kurzer Rast,
    Findet sie an ihrem Herzen
    Todt den vielgeliebten Gast.
60   Schreiend stürzt sie auf ihn nieder;
    Aber nicht erweckt sie ihn,

Und man trägt die starren Glieder
Bald zur Flammengrube hin.
Sie höret die Priester, die Todtengesänge,
65 Sie raset und rennet und theilet die Menge.
Wer bist du? was drängt zu der Grube dich hin?

Bei der Bahre stürzt sie nieder,   VII
Ihr Geschrei durchdringt die Luft:
Meinen Gatten will ich wieder!
70 Und ich such' ihn in der Gruft.
Soll zu Asche mir zerfallen
Dieser Glieder Götterpracht?
Mein! er war es, mein vor allen!
Ach, nur Eine süße Nacht!
75 Es singen die Priester: wir tragen die Alten,
Nach langem Ermatten und spätem Erkalten,
Wir tragen die Jugend, noch eh' sie's gedacht.

Höre deiner Priester Lehre: VIII
Dieser war dein Gatte nicht.
80 Lebst du doch als Bajadere,
Und so hast du keine Pflicht.
Nur dem Körper folgt der Schatten
In das stille Todtenreich;
Nur die Gattin folgt dem Gatten:
85 Das ist Pflicht und Ruhm zugleich.
Ertöne, Drommete, zu heiliger Klage!
O nehmet, ihr Götter! die Zierde der Tage,
O nehmet den Jüngling in Flammen zu euch!

So das Chor, das ohn' Erbarmen   IX
90 Mehret ihres Herzens Noth;
Und mit ausgestreckten Armen
Springt sie in den heißen Tod.
Doch der Götter-Jüngling hebet
Aus der Flamme sich empor,

Und in seinen Armen schwebet
       Die Geliebte mit hervor.
Es freut sich die Gottheit der reuigen Sünder;
Unsterbliche heben verlorene Kinder
Mit feurigen Armen zum Himmel empor.

Abdruck nach: Goethes Werke. Weimarer Ausgabe. Hrsg. im Auftrage der
Großherzogin Sophie von Sachsen. 143 Bde. Weimar: Böhlau, 1887–1919.
Bd. 1. 1887. S. 227–230.
Entstanden: 6. bis 9. Juni 1797.
Erstdruck: Musenalmanach für das Jahr 1798. Hrsg. von Schiller. Tübingen:
Cotta, 1797. [Sogenannter Balladen-Almanach. – In späteren Drucken nur
unwesentliche Textvarianten.]

Hartmut Laufhütte

Formulierungshilfe für Haustyrannen?
Goethe: *Der Gott und die Bajadere*

I

Zwar fehlt die *Indische Legende* – so der Untertitel, den
Goethe diesem Gedicht gab – in kaum einer Balladenanthologie (Laufhütte, S. 82), doch erscheint uns auch, zumindest
auf den ersten Blick, kaum eine der Goetheschen Balladen so
fremd, keine hat so viel Abwehr provoziert wie sie.
Die Ursachen wechselten, das Befremden blieb. Anfang der
achtziger Jahre muß zwischen Goethe und Herder weitgehende Übereinstimmung über die Anfänge einer historisch-
philosophisch-poetischen Konzeption bestanden haben, aus
welcher Herders *Ideen zur Philosophie der Geschichte der
Menschheit* (1784–91) und Goethes Gedicht-Fragment *Die
Geheimnisse* (1784/85) erwuchsen und in welche offenbar
auch die Keimzellen der beiden späteren Indien-Gedichte

gehörten, des unseren und der 1823 vollendeten *Paria*-Trilogie (Baumgart, *Goethes »Geheimnisse«*). Gegenüber der fertigen Bajaderen-Ballade und dem zeitlich benachbarten Gedicht *Die Braut von Korinth* jedoch zeigte Herder nur noch Unverständnis und Ablehnung. Schon 1797 schrieb er dem gemeinsamen Freund Knebel, der's denn auch nicht für sich behielt: »Schiller hat mir vier Balladen des nächsten Almanachs mitgetheilt, zwei von ihm, zwei von Goethe. In den letzten spielt Priapus eine große Rolle, einmal als Gott mit einer Bajadere, so daß sie ihn des Morgens an ihrer Seite todt findet; das zweite Mal als ein Heidenjüngling mit seiner christlichen Braut [. . .] – das sind Heldenballaden!« (Gräf, Bd. 1, S. 283). Und 1803 vertraut Frau Herder Knebel an: »Mein Mann ist voriger Woche bei Goethe in seinem Concert gewesen, ist aber krank davon geworden – mehr aber von der *Bajadere*, die gesungen worden war. Er kann nun einmal diese Sachen nicht vertragen« (Gräf, Bd. 1, S. 387 f.). Herder störte offenbar die in beiden Gedichten für damalige Verhältnisse stark hervortretende Motivik des Sexuellen, in *Der Gott und die Bajadere* überdies vielleicht die Verwendung einer Dirne als positiv bewerteter Zentralgestalt, sicherlich aber vor allem die als blasphemisch empfundene Vermengung solcher Elemente mit christlichen.

Heute wirkt anderes anstößig. Das Verspaar 40 f. (»Ist Gehorsam im Gemüthe, / Wird nicht fern die Liebe sein«) kann, als Formel für einer Frau zukommendes Verhalten gelesen – unterstellt einmal, so sei zu lesen –, schwerlich akzeptiert, es konnte vielmehr als »Formulierungshilfe« für die »Selbstvergottung des Haustyranns« [sic!] ›entlarvt‹ werden (Mecklenburg, S. 200). Die Erwähnung der »Sklavendienste«, die von der Heldin gefordert werden (34), hat gar »das ganze Elend der Frau in bürgerlicher Ehe« assoziierbar gemacht (Mecklenburg, S. 200). Das Ritual der Witwenverbrennung vollends als motivisches Substrat für eine Apotheose der sich vollendenden Liebe – abermals unterstellt, so sei es gemeint – kann nicht nur engagierte Verfechter der Frauenemanzipation als Zynismus anmuten.

Wie es die Orthodoxie zur Zeit der Entstehung des Gedichtes und später mit Herder hätte halten können, so mag sich heute mancher auf Brecht verlassen wollen, wenn er sein Unbehagen rationalisieren und formulieren möchte. Brecht hilft dabei doppelt, nicht nur, weil er sich zweimal geäußert hat, sondern weil sich in der Folge seiner Äußerungen Kritik und Anerkennung in einer für den Umgang mit ›Klassikern‹ praktischen Art die Waage halten.

Ausschließlich ironische Kritik übt Brechts Sonett *Über Goethes Gedicht »Der Gott und die Bajadere«* aus den dreißiger Jahren:

O bitterer Argwohn unsrer Mahadöhs
Die Huren möchten in den Freudenhäusern
Wenn sie die vorgeschriebne Wonne äußern
Nicht ehrlich sein. Das wäre aber bös.

Wie schön singt jener, der das alles weiß
Von jener einzigen, um die's ihm leid war
Die für ihn auch zu sterben noch bereit war
Um den von Anfang ausgemachten Preis.

Wie streng er prüfte, ob sie ihn auch liebte!
Ausdrücklich heißt's, er hab' ihr Pein bereitet ...
Sechs waren schon geprüft, doch erst die siebte

Vergoß die Tränen, als sie ihn verlor!
Doch wie belohnte er sie auch: beneidet
Von allen hob er sie am Schluß zu sich empor!
(Brecht, Bd. 9, S. 611 f.)

Die praktische Ambivalenz stellt erst diese Auslegung von 1940 her:

Das Sonett [...] mag als ein Beispiel gelten, wie die Dichter verschiedener Epochen einander beerben. Mit Zorn sieht der Dichter einer späteren Epoche den Käufer der Liebe als Gott hingestellt. Sein Wunsch, geliebt zu werden, scheint ihm verurteilungswert und zum Lachen. Aber dem guten Leser wird das frühere Gedicht durch das spätere nicht verleidet. Es ist nicht weniger kämpferisch. Es bezeichnet die freie Vereinigung von Liebenden als etwas Göttliches, das

119

heißt Schönes und Natürliches, und wendet sich gegen die formelle, von Standes- und Besitzinteressen bestimmte Vereinigung der Ehe. Es kämpft gegen das Vorurteil der Kasten. Daher ist es so lebendig und lieblich und kann mit Freude gelesen werden. Jedoch meldet das spätere Gedicht einen Einspruch an gegen das Opfer, das hier verlangt wird, bevor der Preis zuerteilt werden soll. So tobt die Schlacht hin und her. (Brecht, Bd. 19, S. 425.)

Selbst wer sich vom »Zorn« des Späteren mitreißen läßt, kann eigentlich kaum die Ungenauigkeit der Beziehung übersehen, in welcher die beiden Gedichte zueinander stehen. Die Polemik verändert ihren Gegenstand, man sieht's an der Vielzahl der Mahadöhs, der Identifizierung des Autors mit einem von ihnen und der darin implizierten Behauptung der Menschlichkeit aller, an der Mehrzahl auch der ›Geprüften‹ und der Einführung des »von Anfang ausgemachten Preises«, an der kaum noch indirekten Unterstellung, geprüft und belohnt worden seien systemerhaltende Dummheit oder besonders geschickte Heuchelei, am Ignorieren des Entwicklungsprozesses und der Symbolik in Goethes Gedicht. Brechts Sonett verspottet Dinge, die es selbst in den kritisierten Text hineinträgt.

Dem um einen Zugang zu Goethes Werk Verlegenen hilft auch der Kommentar nicht weiter, trotz seines Bestrebens, die beiden Gedichte in ein Verhältnis zu bringen, das beide rechtfertigt. Zwar sucht er gerade das zu erweisen, was dem vorbehaltvollen Leser unserer Zeit nicht selbstverständlich ist, nämlich daß Goethes Gedicht »lebendig und lieblich« sei und »mit Freude« gelesen werden könne. Doch er tut das auf eine Weise, die jener als eben der ›gute Leser‹, den Brecht meint, nicht akzeptieren kann. »Nicht weniger kämpferisch« als die Replik kann Goethes Gedicht schon deswegen kaum sein, weil es sich nicht kritisch auf eine vorliegende Äußerung bezieht und niemanden – wie jene ›unsre Mahadöhs‹ – direkt angreift. Gewiß stellt es das Herkommen in Frage und läßt »die freie Vereinigung von Liebenden« als etwas Natürliches erscheinen, aber als Teilstadium eines Entwicklungsganges, weder als sein Ziel noch

als seine Grundlage; und es grenzt sie weder vom Kastenwesen noch von der Institution der Ehe ab, schon gar nicht
»kämpferisch«.

Das gute Gewissen, das man sich bei Brecht für den Umgang
mit einem als reaktionär verdächtigen Klassikertext holen
kann, hat einen Preis, der dem durch Genauigkeit »guten
Leser« zu hoch sein muß: Brecht legitimiert ein Gedicht, das
nicht von Goethe stammt.

II

Dieser Leser wird sich bei der Literaturwissenschaft Rat
holen wollen. Da stehen ihm Enttäuschungen bevor. Denn
nicht nur ist diese Ballade ziemlich selten einläßlich behandelt worden; die vorhandenen Interpretationen bleiben zu
den Ungeheuerlichkeiten des Inhalts auch merkwürdig lako-
nisch, oft werden sie ganz ignoriert. Fast immer geht es
darum, das Werk in übergreifende Zusammenhänge einzu-
ordnen. Im Folgenden eine knappe Skizze einiger Hauptsta-
dien des Diskussionsverlaufs.

Ungenaue Vorschläge zum Verständnis begegnen schon
früh. Einer stammt offenbar aus Hegels *Ästhetik*. Er beruht
auf einem Vergleich, dessen Zulässigkeit erst von Kommerell (S. 370), neuerdings auch von Mecklenburg (S. 199)
bestritten wurde: »Wir finden hier die christliche Geschichte
der büßenden Magdalena in indische Vorstellungsweisen
eingekleidet: die Bajadere zeigt dieselbe Demut, die gleiche
Stärke der Liebe und des Glaubens [. . .], so daß es zur
Erhebung und Versöhnung kommt« (Hegel, Bd. 13, S. 504).
So durchgeführt, behindert der Vergleich die Wahrnehmung
wichtiger Sachverhalte: Weder von Reue und Bußbereit-
schaft einer Sünderin noch von einem dazu motivierenden
Glaubensakt noch von Erlösung ist in Goethes Gedicht die
Rede. Gemeinsam ist lediglich das Motiv der Fußwaschung
(28), die analogisierende Ausdeutung ist spekulativ. – Ein
zweites Verständnisschema mit langer Nachwirkung begegnet bereits bei Echtermeyer (S. 783). Er sieht in den Versen

40 f. und dem in ihnen ausgesprochenen »tiefen Princip [...] die Angel, um welche sich die sittliche Idee des Gedichts zu seinem schönen Schlusse hinbewegt«. – Immer wieder, früh schon bei Grube (S. 95 ff.), verbinden sich die beiden Modelle; über viele Jahrzehnte hin sind Varianten dieser Verbindung anzutreffen, welche die ›Botschaft‹ des Gedichtes in den beiden Schlußversen gestaltet sehen. Sie verkünden das wunderbare Eingreifen der übernatürlichen in die irdische Welt (Goldschmidt, S. 22) oder »das dem Menschen eingeborene Verlangen zum Guten und Echten« (Viëtor, S. 158).

Hauptsächliche Nutzung des Gedichts als Dokument für geistes- und gattungsgeschichtliche Zusammenhänge kennzeichnet die wirkungsmächtige Serie von Stellungnahmen, die letztlich das Balladen-Kapitel in Gundolfs Goethe-Buch (S. 504–513) angeregt hat. Alle mühen sich an der Paradoxie, die ›klassischen‹ Balladen Goethes von einem Balladen-Begriff aus legitimieren zu müssen, der ›Klassizität‹, sofern diese Vorstellung bewußte, distanzierte Kunstübung meint, eigentlich nicht zuläßt. Dieser nicht zuletzt durch Gundolfs Autorität zu allzu langer Wirksamkeit gebrachte Balladen-Begriff beruht auf der Annahme einer besonderen Beziehung dieser Gattung zur »Dämonie des Kosmos«, welche dem Dichter ihre Gesetze aufzwinge. Die Gattung ist Offenbarung von »Weltgeschehen«, menschliche Vorgänge sind »Hierogramm« für »kosmische«, für »Natur- und Schicksalsmächte« (Gundolf, S. 505). Sie gestaltet »die dunklen Urschauer«, zu deren Verlautbarung »das menschliche Wesen« dränge, weil es »jede seiner inneren Erfahrungen [...] zu versprachlichen« genötigt sei (Gundolf, S. 506). Demgemäß äußere sich der Goethe der frühen Balladen als ein Ergriffener, Überwältigter, Besessener; dem der nachitalienischen Zeit sei der »Urschauer« im mythischen Vorgang erfahrbar. Die »Dämonie des Kosmos«, früher erlitten, werde nun in mythisch-sinnbildlicher Gestaltung bewältigt. Im Falle von *Der Gott und die Bajadere* ist es »die innere Erfahrung des Liebesschicksals als einer kosmischen Macht«

(ebd.). Vor solch erhabener Abstraktion verflüchtigen sich Probleme des Wortlauts. – Kämpchen grenzt seine »numinose Ballade« zwar von Gundolfs Konzeption ab (S. 10–12), doch wirkliche Unterschiede fehlen: »Der Dichter empfand die Liebe als eine universelle kosmische Macht und überhöhte sie ins Numinose. Das entspricht [ihrer] übermenschlichen Gewalt« (Kämpchen, S. 23). Das Gedicht ist »in einem wahren und reinen Sinne numinos, da [es] einen numinosen Vorgang enthält und zudem einem numinosen Affekt [seinen] Ursprung verdankt« (Kämpchen, S. 23; ebenso Schneider, S. 115, 140 f.). – Auch Kayser (S. 121 ff.) erklärt das Gedicht von seinem Verhältnis zu den früheren Balladen her. Dort zeige das Auftreten einer zu einem Wesen verdichteten »unberechenbaren Naturmacht« die »Ergreifbarkeit alles Menschlichen durch die Naturmächte« an, hier werde der Mensch vom Herrn der Erde »um [seines] Soseins willen« ergriffen (Kayser, S. 123 f.). Das ist ein Fortschritt: nicht mehr die Liebe als ›kosmische Macht‹ bewirkt die zur ›Erlösung« qualifizierende Erschütterung der Heldin, sondern deren in der Liebe sich offenbarende »Menschlichkeit« (Kayser, S. 124). Die eingestaltete Überzeugung von der Aussagbarkeit einer ideellen Ordnung der Welt unterscheide diese Ballade von früheren (ebd.). Alter Ballast hingegen ist die Behauptung gemeinsamer Teilhabe früher wie späterer Balladen Goethes am Element des »Magischen« (ebd.). So konserviert Kayser zwar seine antiquierte Balladen-Konzeption, versperrt sich aber die Wahrnehmung der Sinnbildlichkeit dieses Textes. Wieder bleibt das konkrete Geschehen unbehandelt. – Kommerell (S. 365 ff.) sieht den Unterschied zwischen früher und späterer Balladendichtung Goethes nicht mehr im Wechsel von unmittelbarem zu distanziertem Ausdruck von ›Urschauern‹, sondern in gewandelter Sicht der Grundlagen gesellschaftlicher Strukturen: das zuerst »aus der Natur begriffene Leben der Menschen« sei nach und nach als »Bereich eigener Ordnung« interessant geworden, damit auch das indische Kastenwesen als Gesetzgebung, die trotz ihrer Inhumanität

»auch Versöhnliches hervorbrachte und die der Dichter durch sein Verknüpfen versöhnlicher gestalten konnte« (Kommerell, S. 366 f.). Versöhnung von Extremen wird auf solcher Grundlage als Anliegen des Textes bezeichnet: »Der geistigste, göttlichste Mensch [versöhnt sich] mit der Liebenden, in die Käuflichkeit Herabgesunkenen, die in seiner Nähe zu sich selbst zurückfindet, sich am höchsten Gegenstand steigert« (Kommerell, S. 367). Das geschieht, indem »sich am Gewerbe der Hetäre der höhere Sinn der Hingabe entwickelt« (Kommerell, S. 369), der in der Bereitschaft zum »Opfer« gipfle sowie darin, daß »die am Anfang gesetzlose Liebe« sich schließlich im Gesetz erfülle, in welchem die »Witwentreue« des Mädchens »einen für uns schauerlichen Ausdruck« finde »und das doch ihrer Liebe allein genügen kann« (Kommerell, S. 370). Zwar wird auch hier die Beziehung zu Maria Magdalena hergestellt (Kommerell, S. 367), doch zugleich der Unterschied betont: »Es ist ein anderes, wenn der Herr einer Sünderin um ihrer verschwenderischen Liebesdemut willen Erlaß gibt als wenn der indische Gott bei der Bajadere ruht« (Kommerell, S. 370). Insgesamt wird das Gedicht als Selbstdarstellung des späteren Goethe aufgefaßt, dessen Zentralbegriff der »Wandlung« weder mit Hilfe antiker noch christlicher Vorstellungen, wohl aber durch das Inkarnations-Motiv der indischen Mythologie formulierbar geworden sei (Kommerell, S. 368). – Auch Staiger kämpft mit dem ›Anachronismus‹ der Balladendichtung in Goethes ›klassischer‹ Phase. Eigentlich seit Italien unzulässig, habe sie gleichsam gegen das Verantwortungsbewußtsein des Künstlers »durchgeschmuggelt« werden müssen (Staiger, Bd. 2, S. 301, 307 f.). Entsprechend fallen Staigers Wertungen aus. Das in einer »sonst so klaren und reinlichen Welt« entsetzliche und erschreckende Sujet (Staiger, Bd. 3, S. 216) des Bajaderen-Gedichtes ist allenfalls als Dokument »der tiefsten Rührung über die Liebe Christianens« gerechtfertigt (Staiger, Bd. 2, S. 308; vgl. schon Lang, S. 21). – Müller-Seidel hat die von Gundolf eröffnete Diskussion um das Klassische in der angeblich von ihren

Ursprüngen her aller Klassizität widerstreitenden Ballade abgeschlossen. Die Eigenart der neuen Gedichte ist als Reaktion auf epochale Veränderungen erkannt: »Das individuelle Gefühl [...] hat die bewegende Wirkung nicht mehr wie vordem. [...] angesichts einer zu Ende gehenden Epoche drängen sich andere Probleme vor. [...] Eine höchst kunstbewußte Dichtung ist die Antwort auf die politische Verworrenheit der Zeit, die Goethe um sich gewahrt« (Müller-Seidel, S. 40). Für das Gedicht selbst fällt im knappen Rahmen der allgemeinen historischen Situierung nicht mehr viel ab: die Lehrhaftigkeit der klassischen Balladen bezeuge sich »im hohen Ernst des Sittlichen« (Müller-Seidel, S. 41).

Verstellt den meisten früheren Interpreten das Interesse an dem scheinbaren Paradoxon einer ›klassischen‹ Ballade den Blick auf die Ungeheuerlichkeiten dieses Gedichtes, so bringt in Hincks Beitrag (S. 19 ff.) der Vorsatz, eine ›legendenhafte‹, d. h. in der Regel eine sozial engagierte Ballade als Bestandteil der Gattung von Anfang an aufzuweisen, die Gefahr von Ungenauigkeiten mit sich. Der Vergleich mit der Ballade *Die Braut von Korinth* macht beide Gedichte in ihrer Behandlung christlicher Elemente zu Zeugnissen »für die Polarität Goethescher Denk-, Empfindungs- und Gestaltungsweisen« (Hinck, S. 24). Das Bajaderen-Gedicht präge »als Grundgebärde [...] das humane Umgreifen der ›tief Herabgesunkenen‹« (Hinck, S. 26). »Fürsprechende Sympathie für die verachtete menschliche Kreatur« trete als »Grundhaltung legendenhafter Balladen« exemplarisch in Erscheinung (ebd.). Stark wird auf die »Christus-Maria-Magdalena-Konstellation« hingewiesen (Hinck, S. 23) und – wohl erstmals – eine heuristische Beziehung zu Brecht hergestellt (Hinck, S. 22).

Ganz auf einer solchen Beziehung beruht die Interpretation Mecklenburgs, der eingangs moniert, bisher sei »die konkrete Materialität [!] des Dargestellten [...] vorschnell unter ›Ideen‹ subsumiert« worden, und die bisherigen Resultate mit der »fortbestehenden Provokation des Textes« konfron-

tiert (Mecklenburg, S. 199). Er selbst sieht das Gedicht »aus
verschiedenartigen und widerspruchsvollen Form- und Tra-
ditionselementen geradezu montageartig gearbeitet«; es
dürfe nicht von nur einem derselben aus erklärt werden.
Vielmehr sei »nach dem Gehalt der ›Montage‹ selbst zu
fragen« (ebd.). Jene Elemente, »indische Legende« und
»biblisch-christliche Heilsgeschichte« (ebd.), seien konkur-
rierend, nicht zur Synthese zusammengebunden (Mecklenburg, S. 200); die scheinbar christlich-verallgemeinernde, in
Wahrheit verfremdend zitierende Schlußformel sei eine Aufforderung, »dieses Angebot einer Alternative zum christlichen Erlösungsmythos zu prüfen« (ebd.). Wer das Gedicht
als »Proklamation ›klassischer‹, undogmatischer und univer-
seller Humanitätsreligion« auffasse oder als »Apotheose der
Ehe«, verwische den »kritischen Gehalt« der Montage.
Mecklenburg bestimmt ihn mit dem legitimierenden Votum
Brechts über die ›kämpferischen‹ Qualitäten des Goethe-
schen Gedichtes (ebd.). Man wüßte gern, wodurch eigentlich diese »spirituelle Bedeutung« (ebd.) der »materiellen
Seite des Textes« näherstehen soll als eine der älteren,
die immerhin mit Teilen des Wortlauts korrespondierten.
Mecklenburg hält seine Gehaltsbestimmung für solide genug, um sie zuletzt zur Grundlage einer ideologiekritischen
Prüfung des Gedichtes selbst zu machen. Seine ungleiche
Rollenverteilung offenbare »ein bei aller freundlichen
Wärme gegen den Niedrigen und Unterdrückten konserva-
tiv-patriarchalisches Sozialmodell«. In einer Zeit erster literarischer Beiträge zur Frauenemanzipation habe Goethe
»eine imaginäre Versöhnung der Geschlechter« betrieben
und »eine bis heute bestehende Ungleichheit« mit befestigt
(ebd.). Doch wird ähnlich wie bei Brecht »das Moment der
Aufklärung« anerkannt, »das auch in der bürgerlichen Ideologie, der [die Ballade] unleugbar ihren Tribut zollt, nicht
untergeht« (Mecklenburg, S. 200 f.). Auch diesen Beitrag
charakterisiert eine starke Prädominanz der – diesmal ideologiekritischen – ›Idee‹-Vorgabe und entsprechende Groß-
zügigkeit im Umgang mit dem Wortlaut. Wer »soziologi-

sche Interpretation ›hinterrücks‹« (Maren-Grisebach, S. 85) nicht als Willkür will, wer den Text nicht als Behandlung des Verhältnisses der Geschlechter zueinander und als Gestaltung einer »Versöhnung« zu lesen vermag, wer einige der ›provozierenden‹ Anspielungen auf Christliches nicht erkennen kann, findet auch hier keine Hilfe angesichts der »fortbestehenden Provokation des Textes«.

III

Oft, auch hier, erleichtert der Vergleich mit den Quellen die Erfassung des ›kritischen Gehalts‹. Goethe hat, wenn auch ohne direkte Zuordnung (Gräf, Bd. 1, S. 511, Nr. 1012; Baumgart, *Goethes »Geheimnisse«*, S. 78 f.; Baumgart, *Goethes lyrische Dichtung*, Bd. 2, S. 79), das Werk genannt, das ihm den Stoff zum Bajaderen-Gedicht geliefert hatte: Pierre Sonnerats *Voyage aux Indes*, deutsch 1783 in Zürich erschienen. Es ist müßig, etwa über frühere Berührungen mit dem Stoff zu spekulieren, weil der Aufsatz *Bedeutende Fördernis durch ein einziges geistreiches Wort* von 1823 (*Hamburger Ausgabe*, Bd. 13, S. 38 f.) das Bajaderen-Gedicht unter denen nennt, die nach vierzig- bis fünfzigjähriger Inkubationszeit entstanden seien. Denn was für den – auch durch Sonnerat angeregten (Baumgart, *Goethes lyrische Dichtung*, Bd. 2, S. 79) – »baldigst mitzuteilenden Paria« exakt zutrifft, kann hier nur sehr ungefähr gelten: *Der Gott und die Bajadere* war am 9. Juni 1797 fertig (Gräf, Bd. 1, S. 276, Nr. 542). Wahrscheinlich datiert der Brief an Frau von Stein vom 5. September 1785 den Fund: »Sehr schöne Indianische Geschichten haben sich aufgethan« (*Gedenkausgabe*, Bd. 18, S. 866; Baumgart, *Goethes »Geheimnisse«*, S. 78; Baumgart, *Goethes lyrische Dichtung*, Bd. 2, S. 69, 73). Sonnerats Erzählung teilt Leitzmann mit (S. 37 f.), andere Versionen, die Goethe hätte kennen können, Richter (S. 167 f.).
Nie sind Art und Konsequenzen der epischen Präsentation in diesem Gedicht bedacht worden. Es wird nicht ›erzählt‹

wie im entsprechenden Teil bei Sonnerat: Das Präsens herrscht. Aber es teilt auch kein beim Vorgang fiktional gegenwärtiger Beobachter ›reportageartig‹ aktuelles Geschehen mit: die mythische Dimension des Sujets, die Spannungslosigkeit der Darbietung sprechen dagegen. Schon die Eingangsstrophe legt anderes nahe. Der Protagonist des Quellentextes ist ein Halbgott (Baumgart, *Goethes lyrische Dichtung*, Bd. 2, S. 69). Goethe hat ihm einen Beinamen des Siva gegeben, den er ebenfalls bei Sonnerat finden konnte, und ihn ferner mit einem Merkmal eines anderen indischen Hauptgottes, des Wischnu, ausgestattet, den zehn Inkarnationen (*Hamburger Ausgabe*, Bd. 1, S. 538), von denen nach der Lehre nur die letzte noch aussteht. Dadurch hat er den Vorgang sehr gewichtig gemacht. Durch die Lokalisierung in die Zeit der sechsten Inkarnation, der des Râma – sogar dieser Name war bis zuletzt vorgesehen (Gräf, Bd. 1, S. 275, Nr. 538–540) – wird zugleich seine mythische Ferne betont. Zu beidem fügt sich die Selbstbekundung des Sprechers gerade an dieser Stelle. Er weiß den Gott trotz der mythischen Ferne zu sich, seinen Adressaten und ihresgleichen »herab« gekommen (2), denn er bezieht sich selbst und alle in seine Mitteilung der Absichten Mahadöhs ein: »Daß er Unsersgleichen werde« (3). Historische Ferne und aktuelle, da zeitlose Verbindlichkeit sind im Präsens des Gedichtes betont. Dem modernen, auch dem Goethe zeitgenössischen Leser kann bzw. konnte und sollte sich ein solcher Anspruch freilich nur indirekt mitteilen: Ein innerfiktional gleichsam priesterlich redender Eingeweihter trägt einer im ›wir‹ beschworenen ebenso fiktionalen Gemeinde eine alte Geschichte mit aktueller Verbindlichkeit vor. Der reale Leser soll sich nur spielerisch identifizieren und erst am Ende die Möglichkeit von Übertragungen erwägen.

Daß rasche Wiedererkennungen, Identifikationen und Abgrenzungen gefährlich sind, erweist ein neueres Mißverständnis. Schon Münchhausen (S. 79) hat Wilhelm Fehses Hinweis auf weitgehende Entsprechung der Strophenform des Bajaderen-Gedichtes zu der eines Kirchenliedes aus dem

17. Jahrhundert aufgenommen und die Vermutung unbewußter Formübernahme durch Goethe plausibel gefunden. Mecklenburg ist sicherer – Goethe hat sich »des metrischen Schemas eines damals sehr beliebten [?] Kirchenliedes [...] bedient« – und sieht noch weiterreichende Beziehungen: »Der trochäische Block der ersten Strophe könnte mit minimalen Veränderungen – sagen wir ›Jesus Christ‹ statt ›Mahadöh‹ und ›vom Himmelssaal‹ statt ›zum sechsten Mal‹ – als Eingangsvers eines Kirchenliedes gelten. Ähnlich der Technik der Schlußzeilen verweisen einige Formulierungen dieser Versgruppe eher anspielend-verfremdend auf die Inkarnation Christi als auf das, was in der Ballade selbst folgt« (Mecklenburg, S. 200). Sie tun dies keineswegs; die Gemeinsamkeit der Inkarnation schafft noch keine ›verfremdende Anspielung‹. Christi Erlösungsanliegen aber hat mit Mahadöhs Prüfungs- und Straf- oder Schonungsabsichten und seinem Wunsch, die Menschen zunächst in ihrem Sosein kennenzulernen (7 f.), nichts zu tun. Nicht auf die Ermittlung vermeintlich aktueller Details kommt es zunächst an, auf Identifikationsvollzug oder -abweisung, sondern auf die Wahrnehmung der innerfiktionalen Attitüde der Identifikationsforderung.

Der Übergang von der ersten zur zweiten Strophe, von der Exposition zur Vorgangsgestaltung, enthält ein weiteres Signal von erheblicher rezeptionssteuernder Wirksamkeit. Die Eingangsstrophe nennt zunächst Tatsache und Zweck der Inkarnation Mahadöhs, dann im iterativ einsetzenden Schlußteil (9: »Und hat er«) eine typische Situation sowie das auf Große wie Kleine je besonders aufmerksame Verhalten des Gottes in solchen Fällen (10). Mit solcher Charakterisierung typischen Verhaltens ist aber der Beginn der Rede von dem einen besonderen Vorgang unlösbar verbunden: Nicht eine, *die* Stadt hat der Wanderer auf die übliche Art »betrachtet« (9), und der Neueinsatz schließt unmittelbar an die typisierende iterative Rede an und setzt zugleich die in ihr vorbereitete konkretisierende fort. Durch dieses die übliche Sprachlogik verletzende Verfahren wird das einmalige

Ereignis auffällig in die typisierende Tendenz des Eingangs eingebunden, eines verwirklicht sich buchstäblich im andern. Die Allgemeinverbindlichkeit, die so von Anfang an für den Vorgang reklamiert wird, ist überdies direkt bezeichnet im Interesse Mahadöhs an der Menschlichkeit der Menschen (8). Das ist wie die im Hinblick auf den realen Leser distanzschaffende Inszenierung der Sprecherrolle im Blick zu behalten.

Die Gestaltung der Bajaderen-Erzählung folgt der Vorgangschronologie und zugleich der Logik des von Mahadöh intendierten Prüfungsvorhabens. Dieses gilt zwar der Bajadere als Angehöriger einer sozialen Randgruppe (10, 13), meint sie aber (vgl. 7 f.) als repräsentativen Menschen. Die Stadien des Vorgangs und der Darbietung treten deutlich in Erscheinung.

Der Exposition (Str. 1) folgen als zweiter Block die Strophen 2–4. Deren erste läßt Mahadöh der Bajadere begegnen und sie mit professioneller Kontaktaufnahme, Vorstellung und Werbungsvorführung reagieren. Die dritte Strophe zeigt, wie dem Beobachter im professionellen Verhalten der Bajadere ein Vorklang desjenigen kenntlich wird, das sie im Sinne seiner Absichten zur Prüfung qualifizieren wird: ihr »menschliches Herz« (33). Darauf wird angedeutet, daß Mahadöh das Mädchen einer Art Vorprüfung unterzogen habe, deren ausführlich konstatiertes positives Resultat (36–41) die eigentliche Menschlichkeitsprobe auslöst. Dies und das Verhältnis der Prüfung zum Voraufgegangenen wird in einer neuen Exposition am Ende der vierten Strophe (42–44) auffällig gemacht.

Dem in dreifacher Steigerung aufgebauten zweiten Teil folgt, genau in der Gedichtmitte (Str. 5), der zentrale Darstellungs- und Vorgangsteil. Unauffällig, in der idyllischen Schilderung der Liebeshingabe des Mädchens (45–52) und der zarten Andeutung des nächtlichen Beisammenseins (53–55) läßt er mit der Erfahrung des höchsten Glücks, die dem baldigen Verlust erst ihre Schärfe geben wird, die eigentliche Probe beginnen. Die Zentralmotive der Hingabe und des Einklangs präludieren bedeutsam den Hauptmomenten der Schlußstrophe. Deren Beziehung zur ersten wird zur Erfassung des Verhältnisses von Liebes- und Menschlichkeitsthematik in diesem Gedicht helfen.

Den vierten Darstellungs- und Vorgangsschritt bildet, mit Ausnahme der Verse 97–99, der gesamte Rest. Die Binnengliederung entspricht der des zweiten Teils und bestätigt so ebenfalls die Zentralstellung der fünften Strophe. Gestaltet ist das Bestehen der Probe durch das so grausam zur Menschlichkeit versuchte Mädchen und die Bestätigung des Ausgangs in ihrer Erhöhung. Der erste Teilschritt gilt der stummen Treuebekundung der Bajadere am Morgen nach der Liebesnacht, die in ihrem – von der Menge behinderten – Lauf zur Verbrennungsstätte zu sehen ist (56–67). Der zweite teilt ihr dort gegen den heftigen, breit artikulierten (75–90) Widerstand der Priester abgegebenes verbales Zugehörigkeitsbekenntnis mit. Der dritte, der Situation der fünften Strophe im Kontrast nachgestaltet, läßt sie den durch die Priesterrede wirkungsvoll retardierten Sprung in die Flammen tun (91 f.); der zweiten Hingabe folgt die Epiphanie (93–96). Zusammenhang und Höhepunktstellung dieses Teils sind im Überspielen der Strophengrenzen durch die Inhaltsgliederung betont.

Die Verse 97–99 bilden eine fünfte Einheit und korrespondieren mit der Exposition (Str. 1). Bei etwas ungleichgewichtigen Proportionen ist das Gedicht exakt symmetrisch um die Achse der fünften Strophe, die Einleitung der Probe, herumgebaut. Trostloser Beginn und triumphales Ende sind von zuordnender Kommentarrede umrahmt.

Wer das Gedicht als Stellungnahme zum Verhältnis der Geschlechter oder als verkleidete Selbstdarstellung Goethes erklären will, müßte Schwierigkeiten mit der beide Male störenden Göttlichkeit des einen Protagonisten zugeben. Diese wachsen noch, wenn man bedenkt, daß Goethe diese Vorgabe der Quelle nicht etwa reduziert, sondern noch verstärkt hat und daß der Text die Göttlichkeit Mahadöhs stark betont (1, 32, 43, 93, 97 f.). Nach ihrer Funktion im

Zusammenhang der aufgewiesenen Darstellung ist zu fragen.

Der Erzähler bei Sonnerat hat Mühe, die heimische Wertschätzung der indischen Hierodulen mit eigenen Wertvorstellungen zu vereinbaren. Goethes Sprecher zeigt keine Wertungsunsicherheiten. Seine ›Eingeweihten‹-Pose legt auch nicht nahe, heuristisch ergiebige Differenzen zwischen seinen und Mahadöhs Urteilen zu vermuten. So ist es als Wertung beider ernst zu nehmen, wenn die Bajadere eingangs (15) ein »verlornes schönes Kind« genannt wird, um so mehr, als der Schluß (98) an diese Bezeichnung erinnert. Doch deuten ebenfalls zu Beginn die Anrede des Gottes (16: »Grüß' dich, Jungfrau!«) und die Erzählermitteilung der Verse 32 f. (»Der Göttliche lächelt; er siehet mit Freuden / Durch tiefes Verderben ein menschliches Herz«) auch die Vorläufigkeit der in der Negativwertung fixierten Ausgangslage an. Verändert aber wird sie durch die prüfende Einwirkung des Gottes. Das erlaubt eine Folgerung: Strafe und Schonung findet offenbar nicht dasjenige, was sich dem Blick des Beobachters darstellt, sondern was sich aus der Berührung mit ihm ergibt. Er tritt auf als Versucher zur Menschlichkeit, und diese, so scheint das Gedicht zu erweisen, kann auch aus extremen Voraussetzungen erwachsen, selbst dort, wo sie dem ersten Anschein nach gänzlich fehlt. Dies gibt einer Abweichung Goethes von der Quelle Bedeutung: Nicht fügt sich wie dort die Bajadere den Wünschen und Versprechungen des vermeintlichen Kunden, sondern Mahadöh geht in Erwartung dessen, was sich bei der »Verlorenen«, aus »tiefem Verderben« zu entwickeln vermag, auf ihre Verheißungen ein; »geheuchelte Leiden« (31) lösen Erhofftes aus, nicht metierspezifisches, nicht einmal geschlechtsspezifisches, sondern individuell, von der Instanz des Herzens motiviertes Verhalten.

Doch Menschlichkeit prüfen wollen und »Sklavendienste« fordern (34) – schließt sich das nicht aus? Widerstreitet nicht auch die ›ärgerliche‹ Sentenz der Verse 40 f. einer solchen Deutung? Beachten wir den Zusammenhang. Als Ergebnis dieser Forderung konstatiert der ›eingeweihte‹ Sprecher den Übergang früh erlernter »Künste« in »Natur« (36 f.), die »heitere« Bereitschaft des Mädchens, auf die üblichen und üblicherweise unmenschlichen Zumutungen diesmal anders einzugehen. »Natur« als Gegenbegriff kann hier nur ein nicht geschäftliches, sondern personorientiertes Verhalten meinen, »Gehorsam« (40) die Fähigkeit, die üblichen Praktiken – sie sind ja mit den Sklavendiensten gemeint – in eine von Grund auf andersartige Beziehung einzubringen. Übrigens setzt das ärgernisträchtige Verspaar 40 f. »Gehorsam« und »Liebe« ja nicht etwa gleich oder bringt sie in eine Abhängigkeitsbeziehung, auch vollzieht es keine Rollenfestschreibung von der Art, daß sich etwa die Liebe der Frau vor allem im Gehorsam bekunde. Das sind verkürzende, ideologische Lesungen; ein auf ihnen begründeter Ideologievorwurf desavouiert sich selbst. In der Sicht des Gottes und des Sprechers erscheinen »Natur« und »Gehorsam« als Formeln für nur aus der Partnerbeziehung motiviertes menschliches Verhalten und zugleich als Hinweise auf die Möglichkeit der Liebe als Gipfel und Inbegriff desselben. Aufgabe der ›Sentenz‹ 40 f. ist es, vor dem am Strophenende (42–44) angekündigten Beginn der eigentlichen Prüfung eine Prognose auf das vom Gott gewünschte Ergebnis zu stellen, nicht, zwischendurch die Rolle der Frau zu definieren. Die vor der wieder konkretisierenden neuen Exposition besonders auffällige Allgemeinheit der Formulierung erinnert überdies an die eingangs fixierte Typik von Vorgang und Darstellung: Mahadöh bringt das Geschehen in Gang als eines, das am scheinbar chancenlosen Extremfall die Fähigkeit der Menschen zur Menschlichkeit prüfen soll, der ›eingeweihte‹ Sprecher gestaltet es nach als Erweis derselben.

Auch die Schlußstrophe fügt sich nun ein. In der Apotheose der Bajadere bestätigt der Gott das positive Resultat der Probe, durch ihre Mitteilung befestigt der Sprecher Rang und Repräsentanz des Dargestellten. In bestätigendem Kontrast zur Ausgangslage und zur Verteilung der Initiativen zu Beginn wird die Bajadere hier (96) erstmals »die Geliebte«

genannt. So wie sich die in der Menschlichkeitsprobe erwiesene Liebe der Bajadere von ihrem ebenso benannten professionellen Verhalten unterschieden hatte, so unterscheidet sich die Liebe der Gottheit von jener der Liebesnacht: Sie gilt dem in positivem Sinne exemplarischen Menschen, als welcher sich die zur Menschlichkeit versuchte Bajadere erwies.

Die entscheidenden Auskünfte stecken in den verallgemeinernden, damit dem Eingang entsprechenden Schlußversen (97–99). Ihr erster bringt die Thematik der Reue ganz neu ein. Es gibt nur eine Erklärung: Die Schlußverse hierarchisieren zwei verschiedene Menschlichkeitserweise, zunächst den, der sich über Schulderkenntnis, Reue und Umkehr vollzieht, den Weg der Maria Magdalena, auf welchen schon früh Vers 28 zum Vergleich auffordernd hinwies, dann den parallel-kontrastiv von der Bajadere erbrachten, der rechtes Verhalten sich auf entsprechende Stimulierung hin von selbst aus der ›Verderbnis‹ ergeben läßt, ohne jede Reflexion der Heldin auf sich selbst. Ihn für möglich zu halten setzt ein anderes als das christliche, es setzt ein optimistisch-aufklärerisches Menschenbild voraus. Die beiden Entwürfe stehen nicht alternativ nebeneinander. Während das erste Verhalten ›Freude‹ der »Gottheit« auslöst (97), führt das zweite zur Erhebung scheinbar »verlorener Kinder« (98) in den »Himmel« (99). Der Schluß setzt eine Rangordnung zwischen bewußt und naiv sittlichem Verhalten, zwischen christlicher und ›natürlicher‹ Religiosität. Da diese Rangordnung nicht oppositionell formuliert ist, darf man annehmen, daß der Leser die ›natürliche Religiosität‹, die verwandelnd auch aus der Verlorenheit erblühen kann, als den eigentlichen Kern auch der historischen und bestehenden Religionen ansehen soll. So hätte noch in die späte Ausgestaltung eines ehedem zugehörigen Teils das alte Projekt der *Geheimnisse* seine Spur geprägt. Auch dem modernen Leser sollte sich erschließen können, daß die beibehaltene, ja hervorgehobene Göttlichkeit des einen Protagonisten der indischen Mythe dazu dient, einer aufklärerischen Menschlichkeitskonzeption im poetischen Bild die Würde der Allgemeinverbindlichkeit zu sichern.

Bestätigendes ergibt ein Blick auf den Part der Bajadere. Sie legt, ohne sich selbst in Frage zu stellen, den ungeheuren Weg aus sozialem und moralischem Tiefstand zur repräsentativen Erhebung ob ihrer geprüften Menschlichkeit zurück. Von Anfang an ist dieser Weg von prognostischen Signalen begleitet. Der ehrenden Begrüßung hatte sie die metiergemäße Selbstpräsentation entgegengestellt. Diese gipfelt in der Tanzszene des zweiten Strophenschlusses (20–22). Dieser Szene fehlt aber jeder Anklang an die Komponente des Lasziven, welche die entsprechende Partie des Quellentextes beherrscht. »Lieblich« ist das Schlüsselwort der in Lauten und Rhythmen malenden Passage. Dieselbe Tendenz beherrscht die anschließende Schilderung der fürsorglichen Geschäftigkeit der Bajadere um den vermeintlich leidenden Gast (Str. 3). Nicht Geschäftsroutine, nur Hinwendung zum Partner um seiner selbst willen ist gestaltet, auch nicht Reue und Selbstinfragestellung. Gerade die ›Magdalenen‹-Strophe läßt kontrastierend das Vorhandensein der Grundlagen jener Menschlichkeit erkennen, die wenig später in der Prüfung besteht. Es kann nicht überraschen, daß die gezielte Überforderung der Vorprüfung (Str. 4) den für das Folgende entscheidenden Befund erbringt: Verwandlung »früher Künste« in »Natur« (36 f.), die Freilegung der Instanz des Herzens. Und es ist der naturphilosophischen Anthropologie der Darstellung gemäß, daß Goethe den Sprecher diesen Vorgang nicht nur reflexiv verallgemeinern (40 f.), sondern auch mit dem Verwandlung als organische Entwicklung beschreibenden Naturbild der Verse 38 f. kommentieren läßt.

Was sich verändert hat, offenbart vor allem die fünfte Strophe. Nicht zufällig korrespondiert sie mit dem Ende. Erproben läßt sich nur die Beständigkeit von Vorhandenem. So muß die Bajadere zuvor im Vollbesitz dessen gezeigt werden, was in der Probe Bestand haben wird. Dessen Hervorhebung dient es, daß in dieser Zentralstrophe mehrfach an den einen bereits gewonnenen Sieg erinnert wird, den naiv und kampflos errungenen Triumph der Bajadere über ihre Vergangenheit. Nur so ist die von der Sachlogik her sonst überflüssige Wiedererwähnung ihrer professionellen kosmetischen Ausstattung (45; vgl. 14) zu erklären, nur so die Feststellung, daß sie »zum erstenmal« weine (48), daß sie sich diesmal weder »um Wollust noch Gewinnst« hingebe (50). Selbst die Erwähnung der Dienstunfähigkeit der »gelenken Glieder« (51) spielt auf die »frühen Künste« an und meint den Unterschied. Alle diese Anknüpfungen an Früheres erfolgen in Wendungen, die zugleich, ja vor allem die neue Dimension ihres Verhaltens bezeichnen. Es wird gleich zu Beginn (46) ausdrücklich unter das Zeichen erstmals empfundener Liebe gestellt und in der Schlußgruppe (53–55) in den Rang der Schönheit, der Heiterkeit, der Grazie erhoben, dem aufklärerischen Menschlichkeitskonzept gemäß, das überall durchscheint. Die Probe aber muß erweisen, ob das Erreichte, die in der Liebe sich bekundende Überwindung der Verderbnis, die Fähigkeit zu schönem menschlichem Verhalten, einzelner Höhepunkt oder für die Zukunft wirksam bleibt.

Menschlichkeit bewährt sich vor allem in Situationen des Verlusts. Einer solchen ist die Bajadere gleich nach der Liebesnacht ausgesetzt. Daß das, was ihr begegnet, als Menschlichkeitsprobe gemeint ist, erhellt aus der Art der Mitteilung des Geschehenen: Sie nimmt sorgsam die für die bisherige Entwicklung zentralen Begriffe auf: »Findet sie an ihrem Herzen / Todt den vielgeliebten Gast« (58 f.). Auch dies weist auf den engen Zusammenhang: Außer in der Priesterrede und zuletzt im Schlußkommentar wird nicht mehr an die Vergangenheit des Mädchens erinnert. War die Häufung solcher Anklänge in der Mittelstrophe notwendig, um Art und Bedeutung des naiv errungenen, nun zu bewährenden Sieges zu verdeutlichen, so unterstreicht ihr Fehlen im vierten Gedichtteil, daß der Sieg auch in der schwersten Belastung jedenfalls nicht durch Anfechtungen aus jenem Bereich gefährdet sei. So selbstverständlich, wie aus »tiefem

Verderben« (33) die Liebe erwachsen und in höchster »Lust« (44) erfahren werden konnte (53–55), so bewährt sie sich nun in »Entsetzen und grimmiger Pein« (44) als Treue des Mädchens zu sich selbst. Goethe hat mit Bedacht an den Anfang der Bewährung, als erste, spontane Reaktion der Bajadere, die stumme Zugehörigkeitsbekundung gestellt (60, 65 f., 67). Ihre folgende Rede enthält Forderung (69: »Meinen Gatten will ich wieder!«), Klage (71 f.: »Soll zu Asche mir zerfallen / Dieser Glieder Götterpracht?«) und Begründung beider (73 f.: »Mein! er war es, mein vor allen! / Ach, nur Eine süße Nacht!«), aber nicht die Spur einer Unsicherheit. Das unerschütterte neue Selbstverständnis der Bajadere spiegelt sich auch in der scheinbar hybriden Reklamation des Status einer Gattin. Alles zusammen dokumentiert die Beharrlichkeit in der neugewonnenen Dimension des Menschlichen, die zuerst in der Liebe in Erscheinung trat, dann auch in der Treue und sogleich in der Ankündigung der alles besiegelnden Tat: »Und ich such' ihn in der Gruft« (70). Von den Voraussetzungen der Geschichte her kann es keine überzeugendere Demonstration des von der Bajadere erreichten Menschlichkeitsranges geben als die ihre: die Beanspruchung der Gattinnenwürde. Und der Kulturkreis, welcher der Geschichte den Spielraum vorgibt, läßt keine andere Behauptung des Anspruchs auf Menschenwürde zu als den auf die Ankündigung folgenden Sprung der Bajadere in die Flammengrube, so abwegig das auf den ersten Blick scheinen mag. Dem zweiten sollten sich die Auskünfte der Darstellungsart erschließen.

Ankündigung und Tat sind durch die retardierende Einlagerung der Priesterrede getrennt. Sie ist vorweg (64, 75) und nachträglich (89) als Gesang und damit als offizielle Äußerung einer Institution charakterisiert. Auch ihr Umfang, ihr auffälliges Überspielen der Strophengrenzen, mehr noch die Tatsache, daß ihr Inhalt die einzige wirkliche Antithese im Gedichtganzen bildet, geben ihr erhebliches Gewicht. Wie die beiden großen Darstellungseinheiten, in deren eine sie eingelagert ist, besteht sie aus drei Elementen: Selbstdarstellung vor der Öffentlichkeit anläßlich der Leichenfeier (75–77), Anrede an das Mädchen (78–85), rituelle Gebetsrede (86–88). Der erste dieser Teile steht nicht von ungefähr am Ende der Strophe, in welcher die Bajadere ihren Anspruch erhebt und ihre Tat ankündigt. Die Selbst- und Zuständigkeitsdarstellung der Priester ist zugleich eine Beschwörung des Herkommens und eine allgemeine Zurückweisung eines jeden individuellen Anspruchs. Der dem Mädchen gewidmete Mittelteil der Rede, durch den neuen Stropheneinsatz besonders hervorgehoben, besteht hauptsächlich in dem alles Voraufgegangene negierenden Hinweis auf ihren Stand, der sie aller Pflicht entbinde (78–81). Dieser Hinweis wird nun in der Tat durch eine Bestimmung des Verhältnisses der Geschlechter ergänzt. Sie entspricht exakt der Ausdeutung, die man voreilig den Versen 40 f. unterlegt hat: »Nur dem Körper folgt der Schatten / In das stille Todtenreich; / Nur die Gattin folgt dem Gatten: / Das ist Pflicht und Ruhm zugleich« (82–85). Auch die Schlußgruppe (86–88) unterstreicht mit ihrer brüsken Abwendung vom offiziell erledigten Fall der Bajadere, wie weit Menschlichkeit und Herkommen auseinanderklaffen. Es ist derselbe Unterschied, der zwischen Verlorenheit und Menschlichkeit der Bajadere und der Bedeutung der Worte »Gatte« und »Gattin« in ihrem und im Munde der Priester besteht. So bringt die Einschaltung der Priesterrede unmittelbar vor dem Höhepunkt der Darstellung noch einmal sowohl die Spanne der Entwicklung zur Erscheinung, die sich an der Bajadere vollzogen hat, als auch die gefährliche Exponiertheit des Resultats. Nicht von innen, von außen her ist es gefährdet. Es sollte zu denken geben, daß Goethe eben die ideologische Fixierung der Geschlechterrollen, auf welche man Gedicht und Autor festzulegen sucht, offenbar bedacht und als unmenschliches Herkommen von dem als wahrhaft menschlich hingestellten und in der Erhöhung bestätigten Verhalten der Bajadere abgegrenzt hat. Daß dies geschehen ist, bestätigt der Eingang der Schlußstrophe, der die offizielle Behauptung des Herkommens ausdrücklich auf

die für das Verhalten der Bajadere entscheidend gewordene
Instanz des Herzens bezieht: »So das Chor, das ohn' Erbarmen / Mehret ihres Herzens Noth« (89 f.). Die Priesterrede
bringt letztlich Vergangenheit und momentane Qual der
Bajadere mit dem Herkommen in Verbindung, das, statt
menschliche, natürliche Rechte zu eröffnen, unmenschliche
»Pflicht« kodifiziert und sich so als der eigentliche Wider-
part von Liebe und Treue und beide fundierender Menschlichkeit erweist, aber auch als der einzige Besiegte. Sie kennt
nur das »stille Todtenreich« (83). In der Schlußapotheose
aber führen »Unsterbliche [...] verlorene Kinder / Mit
feurigen Armen zum Himmel empor« (98 f.), der von der
Freude der »Gottheit« (97) erfüllt ist. Wie sehr es auf diese
Opposition ankommt, ermißt erst, wer bedenkt, daß die
Instanz des Sprechers, die sie herstellt, ebenfalls ins Priesterliche stilisiert ist. So erhält die grausige Wundererzählung
innerfiktional die Plausibilität einer Widerlegung unmenschlichen Herkommens und für den realen Leser darüber hinaus die des vielfach aktualisierbaren Sinnbildes.

Auch dies bestätigt solche Befunde: Mehrfach war auf die
Konzentration des kompositorischen Gefüges hinzuweisen.
An ihr hat die Nutzung der Strophenform erheblichen Anteil. So auffällig diese Form ist, ihre Leistung ist noch wenig
erfaßt. Münchhausen kann den Daktylus, der die Strophen-
schlüsse beherrscht, nur als tänzerischen Rhythmus empfinden, was ihm in der Priester-Strophe (Str. 8) als ebenso
unangemessen erscheint, wie es dem Inhalt der zweiten
entspreche. (Münchhausen, S. 74–79). Kommerell (S. 365)
sieht durch den Rhythmenwechsel innerhalb der Strophen
verhindert, »daß der erzählende [!] Ton ermüdend vorherr-
sche«; nach Trunz (*Hamburger Ausgabe*, Bd. 1, S. 538)
bringt er »eine ganz allgemeine Spannung und Bewegung in
das Gedicht«. Mecklenburg (S. 201) schließt von seiner
Ansicht, »die in Tanzrhythmen zurückverwandelten Kir-
chenlieddaktylen [...] umspiel[t]en die legendäre Gestalt
[...] einer Tänzerin«, auf die allgemeine Klassifikation der
Ballade als »›freigewordenes Tanzlied‹« zurück.

Goethe hat die Strophenform nur für dieses Gedicht verwendet. Sie besteht aus drei metrisch und syntaktisch klar voneinander abgegrenzten Teilen. Die beiden ersten werden von je vier auftaktlosen und vierhebigen, streng alternierenden Versen mit wechselnd weiblicher und männlicher Kadenz gebildet, sind also kreuzgereimt. Der Andersartigkeit der Schlußgruppe entspricht ihre Benennung als metrischer Refrain. Ihre drei Verszeilen sind ebenfalls vierhebig, jedoch mit zweisilbiger Füllung der Binnensenkungen und – außer in der vierten Strophe – regelmäßigem Auftakt. Die beiden ersten Verse enden weiblich und mit eigenem Paarreim, der letzte, männliche, steht in Reimkorrespondenz zum männlichen Verspaar der zweiten Gruppe. Das schließt trotz der unterschiedlichen Rhythmisierung die zweite und die dritte Gruppe enger aneinander und bewirkt eine starke Spannungs- und Temposteigerung auf das Strophenende hin, mit entsprechender Akzentuierung des je folgenden Neueinsatzes. Alle neun Strophen sind so gebaut, daß den formal exponierten Schlüssen eine deutliche Höhepunktbildung zufällt. In der ersten teilt der Schluß Mahadöhs alles Weitere auslösendes Verhalten mit, in der zweiten und dritten konzentriert sich dort die – jeweils prognostisch funktionalisierte – noch metierspezifische und schon menschliche Tätigkeit der Bajadere. Der vierte Schluß mit seiner noch zusätzlichen formalen Hervorhebung enthält die neue Exposition. Die Schlußgruppe der Mittelstrophe verbirgt in der idyllisierenden Liebesszene den Angelpunkt des Ganzen, und die der sechsten teilt im Lauf des Mädchens zur Verbrennungsstätte die selbstverständliche Konsequenz mit, das Bestehen der Prüfung. Die beiden folgenden Strophen (Str. 7 und 8) enden mit den jeweils kontrastiv eingefügten Rahmensequenzen der ihrerseits kontrastierenden Priesterrede und stehen so in direkter Korrespondenz zum Schluß, in welchem der priesterliche Sprecher das Dargestellte verallgemeinernd zu seiner eigentlichen Bewandtnis erhebt.

Von solchen Wahrnehmungen aus mag sich die folgende Spekulation rechtfertigen: In ritueller Sangesrede verkündet der Priesterchor die Normen des Herkommens. Als Eingeweihter stellt der Sprecher einer innerfiktionalen Gemeinde von Überzeugbaren eine Begebenheit vor, die einen anderen Anspruch auf Recht und zeitlose Geltung legitimiert. Sonnerat läßt einen Musikantenchor »den Schlußreim jeder Stanze« der Bajaderenlieder mitsingen. Dies mag zusammen mit der vom Erzähler mitgeteilten Legitimierungsfunktion des Bajaderen-Mythos so in die Gestaltung des Gedichtes hineingewirkt haben, daß man sich den Sprecher ebenfalls in der Pose des rituell Redenden denken soll, dem am Ende der Darstellungseinheiten die Gemeinde mit rhythmischer Sangesrede sekundiert. Gedichte wie *Der Schatzgräber*, *Der Zauberlehrling* und *Hochzeitlied* zeigen, daß Goethe solche Stilisierungen nicht ungeläufig waren (Laufhütte, S. 57–67). Doch hängen die Erfassung der Sinnbildlichkeit des Vorgangs und seiner Übertragbarkeit auf weniger Entlegenes nicht vom Vollzug einer so weitgehenden Ausdeutung der Darbietungsform ab.

Das Gedicht verherrlicht nicht Indisches und kritisiert nicht Christliches (oder umgekehrt); es fügt auch beides weder zu Konfrontation noch Synthese. Es handelt nicht von der Ehe und fixiert keine Frauenrolle. Mahadöh ist weder eine Hypostasierung des Mannes noch hybride Selbstbespiegelung des ›Klassikers‹ Goethe. Hat der Text Ehetyrannen Formulierungshilfe geboten, so lag das an textfremden Rezeptionsvorgaben, wie denn überhaupt die Probleme, die das Gedicht bisher geboten hat, vor allem aus unzulänglichem Leseverhalten resultierten. Goethe hat in den Erwartungen Mahadöhs und im Verhalten des Mädchens parabolisch und sinnbildlich den Maßstab des Menschlichen fixiert, den zu behaupten er sich 1797 imstande sah. Der grausigentlegene Mythos erfüllte dabei mehrere Zwecke. Er war – und ist trotz vieler Verkennungen wohl noch – geeignet, voreilige Identifikationen zu verhindern. Er demonstriert besser als ein Sujet aus dem Erfahrungsbereich der Rezipienten, daß die Forderungen der Humanität unabhängig von kulturellen und historischen Voraussetzungen bestehen und daß sie immer und überall den Hemmkräften des Herkommens widerstreiten. Selbst wer als Christ oder ernüchterter Skeptiker den anthropologischen Optimismus nicht teilen kann, der Goethes Balladen-Parabel trägt, wird die Dringlichkeit und Zeitenthobenheit des Problems anerkennen und die grandiose Kombination einander widerstreitender Elemente bewundern, die in diesem Gedicht gelang.

Zitierte Literatur: Hermann BAUMGART: Goethes »Geheimnisse« und seine »Indischen Legenden«. Stuttgart 1895. – Hermann BAUMGART: Goethes lyrische Dichtung in ihrer Entwicklung und Bedeutung. 2 Bde. Heidelberg 1931–39. – Bertolt BRECHT: Gesammelte Werke. 20 Bde. Frankfurt a. M. 1967. – Theodor ECHTERMEYER: Unsre Balladen- und Romanzen-Poesie. [. . .] In: Hallische Jahrbücher für deutsche Wissenschaft und Kunst 1. Nr. 96–99 (22.–25. 4. 1838) S. 761–800. – Johann Wolfgang von GOETHE: Gedenkausgabe der Werke, Briefe und Gespräche. Zürich 1948 ff. [Zit. als: Gedenkausgabe.] – Goethes Werke. Hamburger Ausgabe. Hamburg ⁴1958 ff. [Zit. als: Hamburger Ausgabe.] – Joseph GOLDSCHMIDT: Die deutsche Ballade. In: Talmud Tora. Höhere Bürgerschule. Bericht über das Schuljahr 1890/91. (Progr. 728.) Hamburg 1891. S. 3–44. – Hans Gerhard GRÄF (Hrsg.): Goethe über seine Dichtungen. Versuch einer Sammlung aller Äußerungen des Dichters über seine poetischen Werke. T. 3: Die lyrischen Dichtungen. Bd. 1. 2,1.2. Frankfurt a. M. 1912–14. – August Wilhelm GRUBE: Göthe's Elfenballade und Schiller's Ritterromanzen nach ihrem Ideengehalt, ihrer Formschönheit und ihrem Stylgegensatz erläutert [. . .]. Iserlohn 1864. – Friedrich GUNDOLF: Goethe. Berlin 1922. – Georg Wilhelm Friedrich HEGEL: Werke. 20 Bde. Red.: Eva Moldenhauer und Karl Markus Michel. Frankfurt a. M. 1970. – Walter HINCK: Die deutsche Ballade von Bürger bis Brecht. Kritik und Versuch einer Neuorientierung. Göttingen 1968. – Paul Ludwig KÄMPCHEN: Die numinose Ballade. Versuch einer Typologie der Ballade. Bonn 1930. – Wolfgang KAYSER: Die deutsche Ballade. Berlin 1936. – Max KOMMERELL: Gedanken über Gedichte. Frankfurt a. M. ²1956. – Paul LANG: Die Balladik. Geschichte der Ballade. Ästhetik der Ballade. Die Ballade im Deutschunterricht. Basel 1942. – Hartmut LAUFHÜTTE: Die deutsche Kunstballade. Grundlegung einer Gattungsgeschichte. Heidelberg 1979. – Albert LEITZMANN: Die Quellen von Schillers und Goethes Balladen. Bonn ²1923. – Manon MAREN-GRISEBACH: Methoden der Literaturwissenschaft. München ⁷1979. – Norbert MECKLENBURG: Balladen der Klassik. In: Balladenforschung. Hrsg. von Walter Müller-Seidel. Königstein (Ts.) 1980. S. 187–203. – Walter MÜLLER-SEIDEL: Die deutsche Ballade. Umrisse ihrer Geschichte. In: Wege zum Gedicht. Bd. 2: Interpretation von Balladen. Hrsg. von Rupert Hirschenauer und

Albrecht Weber. München/Zürich ²1968. S. 17–83. – Börries von *Münchhausen:* Meisterballaden. Ein Führer zur Freude. Stuttgart 1958. – Elise RICHTER: Eine neue Quelle zu Goethes »Der Gott und die Bajadere«. In: Archiv für das Studium der Neueren Sprachen und Literaturen 87. Bd. 161 (1932) S. 167–172. – Rolf SCHNEIDER: Theorie der Ballade. Diss. Bonn 1963. [Masch.] – Pierre SONNERAT: Reise nach Ostindien und China, auf Befehl des Königs unternommen im Jahre 1774 bis 1781. Zürich 1783. S. 34 f., 210 f. – Emil STAIGER: Goethe. 3 Bde. Zürich ⁴1970. – Karl VIËTOR: Goethe. Bern 1949.

Friedrich Hölderlin

Die Eichbäume

Aus den Gärten komm' ich zu euch, ihr Söhne des Berges!
Aus den Gärten, da lebt die Natur geduldig und häuslich,
Pflegend und wieder gepflegt mit dem fleißigen Menschen
                      zusammen.
Aber ihr, ihr Herrlichen! steht, wie ein Volk von Titanen
5 In der zahmeren Welt und gehört nur euch und dem
                      Himmel,
Der euch nährt' und erzog und der Erde, die euch geboren.
Keiner von euch ist noch in die Schule der Menschen
                      gegangen,
Und ihr drängt euch fröhlich und frei, aus der kräftigen
                      Wurzel,
Unter einander herauf und ergreift, wie der Adler die
                      Beute,
10 Mit gewaltigem Arme den Raum, und gegen die Wolken
Ist euch heiter und groß die sonnige Krone gerichtet.
Eine Welt ist jeder von euch, wie die Sterne des Himmels
Lebt ihr, jeder ein Gott, in freiem Bunde zusammen.
Könnt' ich die Knechtschaft nur erdulden, ich neidete
                      nimmer
15 Diesen Wald und schmiegte mich gern ans gesellige Leben.
Fesselte nur nicht mehr ans gesellige Leben das Herz mich,
Das von Liebe nicht läßt, wie gern würd' ich unter euch
                      wohnen!

Abdruck nach: Hölderlin: Sämtliche Werke. Große Stuttgarter Ausgabe.
8 Bde. Hrsg. von Friedrich Beißner. Stuttgart: Cotta (seit 1968: Kohlhammer),
1943–84. Bd. 1,1. 1943. S. 201.
Entstanden: 1796.
Erstdruck: Die Horen, eine Monatsschrift. Hrsg. von Schiller. Jg. 3. 10. Stück.
Tübingen: Cotta, 1797. [Ohne Verfasserangabe.]

Momme Mommsen

Zu Hölderlins Gedicht *Die Eichbäume*

Das Gedicht *Die Eichbäume*, entstanden Anfang 1796, hat
besondere Bedeutung, weil erst mit ihm Hölderlins Lyrik
ins Stadium wirklicher Reife trat. Die Zeit war vorgerückt.
Nur wenige Jahre blieben dem Dichter noch, um Verse zu
schaffen, die ganz sein Gepräge trugen. Für den so späten
Eintritt der Reife gab es einen besonderen, schicksalhaften
Grund. Hölderlin hatte geglaubt, bei Schiller in die Schule
gehen zu sollen. Sechs Jahre lang mühte er sich ab, nach
Schillerschem Muster große gereimte Hymnen zu dichten.
Endlich kam ihm die Erkenntnis: im Reimgedicht konnte
er seine dichterische Eigenart nicht entfalten. Hölderlins
Spracherlebnis forderte den reimlosen, nur auf Wirkung des
Metrums beruhenden Vers nach den Vorbildern der Antike.
Diese Wende zeichnet sich ab in den *Eichbäumen*. Erstmals
seit langem verwendet Hölderlin wieder ein antikes Versmaß, den Hexameter. Es gelingt ihm damit das erste bedeutende Gedicht, das seinen eigenen Ton trägt. Antiker Versmaße bedient er sich von jetzt ab kontinuierlich weiter, in
ihnen fand er die Ausdrucksform seines gültigen lyrischen
Schaffens, der großen Folge von Gesängen bis hin zur
Friedensfeier.
Das Zu-sich-selber-Finden des Lyrikers Hölderlin hatte zur
Voraussetzung die Loslösung von der Schule Schillers. In
den *Eichbäumen* drückt sich das nicht nur durch die Form
aus. Das Gedicht handelt auch von dieser Loslösung, sie war
eins der Hauptereignisse in Hölderlins Leben. Eine Distanzierung von Schiller hatte sich auch in Wirklichkeit vollzogen. Dem Genuß längeren freundschaftlichen Umgangs mit
Schiller in Jena entsagte Hölderlin, indem er Ende Mai 1795
den Ort fluchtartig verließ. Die Nähe Schillers war ihm
unerträglich geworden, nachdem er gewahrte, daß die Rat-
schläge und Lehren des verehrten Meisters das Wichtigste

145

gefährdeten: sein zur Reife drängendes Werk, vor allem den damals fortschreitenden *Hyperion*-Roman.

Die Flucht aus Jena gab der Loslösung von Schillers Schule eine dramatische Zuspitzung. Sie wurde verschärft dadurch, daß Schiller dem entschwundenen Hölderlin die Frage nachrief, ob er recht daran tue, eine bereichernde Gemeinschaft aufzugeben auf die Gefahr hin, in Isolierung zu verarmen. Hölderlin fand diese Frage in Schillerschen Versen, die er wohl nicht zu Unrecht auf sich selbst bezog (*Der philosophische Egoist*, erschienen Oktober 1795 in Schillers *Horen*):

Selbstgenügsam willst du dem schönen Ring dich entziehen,
  Der Geschöpf an Geschöpf reiht in vertraulichem Bund,
Willst, du Armer, stehen *allein* und allein durch dich selber,
  Wenn durch der Kräfte Tausch selbst das Unendliche steht?

In den *Eichbäumen* rechtfertigt Hölderlin sein Verhalten, indem er durch Kontrastbilder zwei verschiedene Formen der Existenz charakterisiert, die eine, aus der er heraustrat, die andere, in die er hinüberwechselt. In den Gärten (1–3) leben *kleinere* Pflanzen, Sträucher, Bäume, eng zusammen mit dem Menschen, dem Gärtner, nach Art einer Schule. Die Gärten sind, wohl zu beachten, lediglich als *Pflanzschule* betrachtet, wo der pflegende Mensch (»Gärtner« heißt es noch im Entwurf) die Gemeinschaft bestimmt. Es ist ein »geselliges« (15, 16) Leben, wird aber durch die Abhängigkeit vom Gärtner als »Knechtschaft« (14) empfunden. Die Eichbäume (4–13) droben im »Wald« (15) gingen nie »in die Schule der Menschen« (7). Ein »Volk von Titanen« (4), stehen sie ihrer Herrlichkeit und Größe wegen isoliert, weiträumig getrennt wie Sterne. Ranggleich in ihrer Größe, gehören sie nur sich selber, bilden aber untereinander wie Sterne einen »freien Bund« (13).

In der Schilderung der Eichen, die den Hauptteil des Gedichts einnimmt, deutet Hölderlin auf die Autarkie des genialen Schaffenden, dem seine schöpferische Kraft als Naturgabe unmittelbar zuströmt (das Bild hierfür: vom Himmel genährt und erzogen [5 f.]). Er ist auf keine Schule angewiesen, erträgt sie nicht mehr. Als Dichter zur Reife und Meisterschaft gelangt, weiß Hölderlin sich dieser Kategorie der Autarken zugehörig. Dadurch gelten auch für ihn jetzt neue Formen der Gemeinschaft mit anderen Großen, derart, wie sie das Gedicht in den Kernpartien darstellt: der »freie Bund« zwischen kraftvollen Individuen, deren Eigenart so groß ist – jeder ein Gott, eine Welt –, daß Freundschaft nur aus der Ferne möglich ist, wie bei Sternen. Das Verhältnis zu Schiller ist damit neu bestimmt: Hölderlin wünscht sein Fortbestehen als »freier Bund« von gleichberechtigt Großen, nachdem das Band zwischen Meister und Schüler sich gelöst hat. Der Vergleich mit Sternen führt ihn auf dasselbe Bild, mit dem Nietzsche sein Verhältnis zu Wagner kennzeichnete, als er aufhörte, dessen Gefolgsmann zu sein: Sternenfreundschaft.

Bis in Einzelheiten findet man die Mahnungen der Schillerschen Verse beantwortet. Wenn Hölderlin jetzt »selbstgenügsam allein steht durch sich selber«, so wurde er damit durchaus kein »Armer«. Das Allein-Stehen war vielmehr Zeichen von Reichtum und Glück, die Haltung des Autarken, der »nur sich selber gehört« im Vollgefühl seiner schöpferischen Kraft. Wenn er sich dem »schönen Ring«, dem »vertraulichen Bund« mit Schiller »entzog«, so bedeutete das in Wahrheit die Lösung von einem Schülerverhältnis, das schließlich zu »Knechtschaft« führte. Hölderlins Formulierung »freier Bund« beantwortet die Schillersche Wendung: »vertraulicher Bund«. Dem von Schiller gepriesenen fruchtbaren »Tausch der Kräfte« stellt Hölderlin das leise ironisierende Bild entgegen: »Pflegend und wieder gepflegt« (3) lebt die Natur unter Leitung des Gärtners – in der Pflanzschule. Der Gärtner empfängt von den Pflanzen mancherlei Früchte als Dank. So erhielt auch Schiller von Hölderlin manches Nützliche für seine Zeitschriften. Eine ihm aufgetragene Ovid-Übersetzung führte Hölderlin aus, empfand aber gerade hierbei ungebührlichen Zwang – wegen der von Schiller gewünschten Reimform! Realitäten dieser Art bilden den Hintergrund zu dem Wort »Knecht-schaft«.

Den inneren Bezug der *Eichbäume* auf Schiller erhellt ein weiteres Zeichen, eigentlich das wichtigste von allen. Selbst die Hauptmetapher wählte Hölderlin in Anlehnung an ein Schillersches Gedicht, das, soeben erschienen, größtes Auf-sehen erregt hatte. Schillers *Elegie* (späterer Titel: *Der Spa-ziergang*) endet mit der überraschenden Pointe: Der Dichter flieht aus der »Gefangenschaft« der Hauptstadt mit ihren deprimierenden Zuständen in die erlösende Einsamkeit der Natur. Zu metaphorischer Einkleidung dient Schiller das Bild: der »Gefangene« verläßt die *»Gärten«* im Tal und steigt hinauf in die Einsamkeit der erhabenen Berge. Das-selbe Gleichnis legt Hölderlin seinen *Eichbäumen* zugrunde. Selbst der Ton innerer Bewegtheit, mit dem Hölderlin am Gedichtanfang das Hinüberwechseln zu den Eichen als Erlebniskern charakterisiert, hat in Schillers *Elegie* eine Parallele. Bei Hölderlin heißt es: »Aus den Gärten komm ich zu euch, ihr Söhne des Berges, / Aus den Gärten«. Die emphatische Wiederholung als Ausdruck seelischer Span-nung findet sich ähnlich in der *Elegie*, wo Schiller beim Übergang in die Bergwelt auf die »Gärten« zurückblickt: *»Hinter mir* blieb der *Gärten*, der Hecken vertraute Beglei-tung [...] *Hinter mir* jegliche Spur menschlicher Hände zurück [...] / Bin ich wirklich allein?«

In solchen Anklängen lag eine Huldigung an Schiller so-wie das Werben um sein Verständnis. Der Übergang zum Allein-Stehn – Hölderlins Flucht aus Jena – war ein Akt innerer Notwendigkeit. Betrachtete Schiller ihn in Analogie zum Schluß seiner *Elegie*, so hatte er damit einen Schlüssel für Hölderlins Verhalten.

War die Lösung von Schiller für Hölderlin als *Schaffenden* notwendig, so bedeutete sie für den *Menschen* einen echten Glücksverlust: den Verzicht auf freundschaftlichen Umgang und einen idealen Gesprächspartner. Mit einem Blick auf diese Problematik enden die *Eichbäume* (14–17). Das Ge-dicht hat dadurch einen dreiteiligen Aufbau nach dem

1. Die Entschiedenheit, mit der der Dichter sich von der Bindung an »Schulen« lossagt, nicht nur an die Schule Schillers. In dem Wort: »Keiner von euch ist noch in die Schule der Menschen gegangen« (7), liegt ein entscheidendes Bekenntnis. Für das Beste, was Hölderlin zu geben hatte, konnte er bei keinem lebenden Dichter etwas lernen.

2. In dem Weg aus den Gärten hinan zu den allein stehenden Eichbäumen bringt das Gedicht das Thema des Auswanderns, das später im *Hyperion* und im *Empedokles* eine zentrale Rolle spielt. Die Auswanderungssituation, die für die Helden beider Werke charakteristisch ist, deutet gleichnishaft auf die Entfremdung Hölderlins von seiner Zeit. Zu dieser Entfremdung trug wesentlich bei, daß Hölderlin auch von den Hauptdichtern seiner Epoche nicht verstanden wurde. Er fand keinen Platz in der Schule, zu der er eigentlich hätte gehören müssen, der Schule der Klassik. Kein neuerer Dichter kam je dem Sprachklang griechischer Verse so nahe wie Hölderlin. Dennoch wurde er von den deutschen Klassikern nicht anerkannt, sie nahmen ihn nicht einmal wahr.

3. In der Schilderung der Eichen schuf Hölderlin ein Symbol für das Allein-Stehen Großer, die sich nicht kennen, obwohl sie in »freiem Bund« denselben Wald bilden. Es war die Form, die sein Verhältnis zu den Dichtern der Klassik annahm. Das ursprüngliche Schlußwort der *Eichbäume* deutete darauf hin, wie Hölderlin solch Allein-Stehen akzeptiert mit Stolz, Festigkeit, Freiheit: als vom Geist befohlenes Schicksal. Im *Empedokles* bestätigt ein Anklang an *Die Eichbäume*, daß dieser Aspekt des Gedichts für Hölderlin der entscheidende war. Vom »gottbeschiedenen« Alleinsein des Auswanderers sagt Empedokles hier: »Es trägt auch leichter seine Bürde / Und sicherer der Mann, wenn er allein ist. So wachsen ja des Waldes Eichen auch / Und keines kennt, so alt sie sind, das andere.«

Das Stuttgarter Foliobuch *beginnt* mit einer Überarbeitung des Gedichts *Der Wanderer*. Diese große Elegie von 1797 war ebenfalls ein Gleichnis für die Auswanderungssituation.

In der Bearbeitung hob Hölderlin die Gesichtspunkte der Isoliertheit und der Entfremdung von Freunden hervor (V. 91 ff.: »Freunde [...] / sind nimmer die Meinigen mehr [...] / Und so bin ich allein«). Man darf annehmen: Ursprünglich wollte Hölderlin eine Sammlung seiner Gedichte mit dem beziehungsvollen *Wanderer* beginnen. Dann wurde ihm bewußt, daß in den *Eichbäumen* alles, worauf es ankam, plastischer gesagt war. Er bestimmte nun das kleinere Gedicht zum »Proömium«.

Literatur: Friedrich BEISSNER: Hölderlin. Reden und Aufsätze. Weimar 1961. – Wolfgang BINDER: Hölderlin-Aufsätze. Frankfurt a. M. 1970. – Paul BÖCKMANN: Hölderlin und seine Götter. München 1935. – Ulrich HÄUSSERMANN: Friedrich Hölderlin in Selbstzeugnissen und Bilddokumenten. Reinbek bei Hamburg 1961. – Alfred KELLETAT (Hrsg.): Hölderlin. Beiträge zu seinem Verständnis in unserem Jahrhundert. Tübingen 1961. – Lawrence RYAN: Friedrich Hölderlin. Stuttgart 1962. – Lawrence J. RYAN: Hölderlins Lehre vom Wechsel der Töne. Stuttgart 1960. – Jochen SCHMIDT: Hölderlins Elegie »Brod und Wein«. Die Entwicklung des hymnischen Stils in den elegischen Dichtungen. Berlin [West] 1968. – Jochen SCHMIDT (Hrsg.): Über Hölderlin. Frankfurt a. M. 1970. – Peter SZONDI: Hölderlin-Studien. Frankfurt a. M. 1967. – Karl VIËTOR: Die Lyrik Hölderlins. Eine analytische Untersuchung. Frankfurt a. M. 1921. – Stephan WACKWITZ: Trauer und Utopie um 1800. Studien zu Hölderlins Elegienwerk. Stuttgart 1982.

Johann Wolfgang Goethe

Die Metamorphose der Pflanzen

Dich verwirret, Geliebte, die tausendfältige Mischung
  Dieses Blumengewühls über den Garten umher;
Viele Namen hörest du an, und immer verdränget
  Mit barbarischem Klang einer den andern im Ohr.
5 Alle Gestalten sind ähnlich, und keine gleichet der andern;
  Und so deutet das Chor auf ein geheimes Gesetz,
Auf ein heiliges Rätsel. O könnt' ich dir, liebliche Freundin,
  Überliefern sogleich glücklich das lösende Wort!
Werdend betrachte sie nun, wie nach und nach sich die
                                                    Pflanze,
10   Stufenweise geführt, bildet zu Blüten und Frucht.
Aus dem Samen entwickelt sie sich, sobald ihn der Erde
  Stille befruchtender Schoß hold in das Leben entläßt,
Und dem Reize des Lichts, des heiligen, ewig bewegten,
  Gleich den zärtesten Bau keimender Blätter empfiehlt.
15 Einfach schlief in dem Samen die Kraft; ein beginnendes
                                                    Vorbild
  Lag, verschlossen in sich, unter die Hülle gebeugt,
Blatt und Wurzel und Keim, nur halb geformet und farblos;
  Trocken erhält so der Kern ruhiges Leben bewahrt,
Quillet strebend empor, sich milder Feuchte vertrauend,
20   Und erhebt sich sogleich aus der umgebenden Nacht.
Aber einfach bleibt die Gestalt der ersten Erscheinung;
  Und so bezeichnet sich auch unter den Pflanzen das Kind.
Gleich darauf ein folgender Trieb, sich erhebend, erneuet,
  Knoten auf Knoten getürmt, immer das erste Gebild.
25 Zwar nicht immer das gleiche; denn mannigfaltig erzeugt
                                                    sich,
  Ausgebildet, du siehst's, immer das folgende Blatt,
Ausgedehnter, gekerbter, getrennter in Spitzen und Teile,
  Die verwachsen vorher ruhten im untern Organ.

Und so erreicht es zuerst die höchst bestimmte Vollendung,
30   Die bei manchem Geschlecht dich zum Erstaunen bewegt.
Viel gerippt und gezackt, auf mastig strotzender Fläche,
    Scheinet die Fülle des Triebs frei und unendlich zu sein.
Doch hier hält die Natur, mit mächtigen Händen, die
                                                    Bildung
    An und lenket sie sanft in das Vollkommnere hin.
35 Mäßiger leitet sie nun den Saft, verengt die Gefäße,
    Und gleich zeigt die Gestalt zärtere Wirkungen an.
Stille zieht sich der Trieb der strebenden Ränder zurücke,
    Und die Rippe des Stiels bildet sich völliger aus.
Blattlos aber und schnell erhebt sich der zärtere Stengel,
40   Und ein Wundergebild zieht den Betrachtenden an.
Rings im Kreise stellet sich nun, gezählet und ohne
    Zahl, das kleinere Blatt neben dem ähnlichen hin.
Um die Achse gedrängt, entscheidet der bergende Kelch
                                                    sich,
    Der zur höchsten Gestalt farbige Kronen entläßt.
45 Also prangt die Natur in hoher, voller Erscheinung,
    Und sie zeiget, gereiht, Glieder an Glieder gestuft.
Immer staunst du aufs neue, sobald sich am Stengel die
                                                    Blume
    Über dem schlanken Gerüst wechselnder Blätter bewegt.
Aber die Herrlichkeit wird des neuen Schaffens
                                                    Verkündung;
50 Ja, das farbige Blatt fühlet die göttliche Hand,
Und zusammen zieht es sich schnell; die zärtesten Formen,
    Zwiefach streben sie vor, sich zu vereinen bestimmt.
Traulich stehen sie nun, die holden Paare, beisammen,
    Zahlreich ordnen sie sich um den geweihten Altar.
55 Hymen schwebet herbei, und herrliche Düfte, gewaltig,
    Strömen süßen Geruch, alles belebend, umher.
Nun vereinzelt schwellen sogleich unzählige Keime,
    Hold in den Mutterschoß schwellender Früchte gehüllt.
Und hier schließt die Natur den Ring der ewigen Kräfte;
60   Doch ein neuer sogleich fasset den vorigen an,

Daß die Kette sich fort durch alle Zeiten verlänge
   Und das Ganze belebt, so wie das Einzelne, sei.
Wende nun, o Geliebte, den Blick zum bunten Gewimmel,
   Das verwirrend nicht mehr sich vor dem Geiste bewegt.
5 Jede Pflanze verkündet dir nun die ew'gen Gesetze,
   Jede Blume, sie spricht lauter und lauter mit dir.
Aber entzifferst du hier der Göttin heilige Lettern,
   Überall siehst du sie dann, auch in verändertem Zug:
Kriechend zaudre die Raupe, der Schmetterling eile
                                                geschäftig,
0   Bildsam ändre der Mensch selbst die bestimmte Gestalt.
O, gedenke denn auch, wie aus dem Keim der Bekanntschaft
   Nach und nach in uns holde Gewohnheit entsproß,
Freundschaft sich mit Macht aus unserm Innern enthüllte,
   Und wie Amor zuletzt Blüten und Früchte gezeugt.
5 Denke, wie mannigfach bald die, bald jene Gestalten,
   Still entfaltend, Natur unsern Gefühlen geliehn!
Freue dich auch des heutigen Tags! Die heilige Liebe
   Strebt zu der höchsten Frucht gleicher Gesinnungen auf,
Gleicher Ansicht der Dinge, damit in harmonischem
                                                Anschaun
0   Sich verbinde das Paar, finde die höhere Welt.

Abdruck nach: Goethes Werke. Hamburger Ausgabe. 14 Bde. Hrsg. von Erich Trunz. Hamburg: Christian Wegner, 1948–64. Bd. 1. ^{5}1960. S. 199–201. [Text nach der Ausgabe letzter Hand.]
Entstanden: Juni 1798.
Erstdruck: Musen-Almanach für das Jahr 1799. Hrsg. von Schiller. Tübingen: Cotta, [1798].
Weitere wichtige Drucke: Johann Wolfgang von Goethe: Neue Schriften. 7 Bde. Berlin: Unger, 1792–1800. Bd. 7. 1800. [Mit geringen – in späteren Ausgaben beibehaltenen – Änderungen. Goethe reiht das Gedicht hier einer zweiten Gruppe der Elegien ein.] – Johann Wolfgang von Goethe: Zur Naturwissenschaft überhaupt, besonders zur Morphologie. [...] 2 Bde. Tübingen: Cotta, 1817–24. Bd. 1. 1817. [Goethe stellt das Gedicht in den Zusammenhang wissenschaftlicher Texte und autobiographischer Rückblicke.] – Goethe's Werke. Vollständige Ausgabe letzter Hand. 60 Bde., 1 Suppl.-Bd. Stuttgart/Tübingen: Cotta, 1827–42. Bd. 3. 1827. [In der Abteilung: Gott und Welt.]

Karl Richter

Wissenschaft und Poesie »auf höherer Stelle« vereint.
Goethes Elegie *Die Metamorphose der Pflanzen*

Acht Jahre vor der Niederschrift der Elegie *Die Metamor-*
phose der Pflanzen war 1790 Goethes *Versuch die Metamor-*
phose der Pflanzen zu erklären erschienen, eines der Kern-
stücke seiner morphologischen Forschungen. Das Gedicht
bezieht sich nicht nur mit seinem Titel auf die genannte
Abhandlung zurück. Die Darstellung der Pflanzenmetamorphose, die es im breit angelegten Mittelteil bietet (11–62),
stimmt sachlich genau mit den Einsichten der wissenschaftlichen Schrift überein. Metamorphose, so hatte diese definiert, ist der »stufenweise« Prozeß der Ausbildung, der
»durch Umwandlung einer Gestalt in die andere, gleichsam
auf einer geistigen Leiter, zu jenem Gipfel der Natur, der
Fortpflanzung durch zwei Geschlechter, hinaufsteigt«
(XIII,65). Im Gedicht fordert der Liebende die Geliebte auf:
»Werdend betrachte sie nun, wie nach und nach sich die
Pflanze, / Stufenweise geführt, bildet zu Blüten und Frucht«
(9 f.). In der wissenschaftlichen Schrift wie dem Gedicht
wird das Geschehen der Metamorphose für die gleichen
Gesetze transparent. 1. Alle Gestalten, die die Pflanze, von
den Keimblättern über die Laub-, Kelch-, Blüten- und
Staubblätter, hervorbringt, sind Varianten ein und desselben
Grundorgans, des Blatts. Was sich der Farbe, Form und
Funktion nach in die mannigfaltigsten Erscheinungen diffe-
renziert, zeigt in morphologischer Hinsicht eine geheime
Identität. 2. Alle diese Organe werden in gesetzmäßiger
Folge und Anordnung am Stengel hervorgebracht. 3. Das
Geschehen unterliegt dabei einem mehrfachen Wechsel von
Entfaltung und Konzentration, von Ausdehnung und Zu-
sammenziehung. 4. Es wird als Vorgang einer stufenweisen
Steigerung verstanden: wenn z. B. die wissenschaftliche
Schrift vom Aufstieg zum »Gipfel der Natur, der Fortpflan-

zung durch zwei Geschlechter« spricht oder das Gedicht von einer Lenkung »in das Vollkommnere« (34) und von der »höchsten Gestalt« farbiger Kronen (44), in der sich wiederum als neue Stufe des Werdens die Vereinigung der Geschlechter vorbereitet und ankündigt (eingehender bes. Overbeck, S. 40–48).

Dennoch versteht sich das Gedicht nicht einfach als versifizierte Wissenschaft. Dagegen sprechen die beiden Teile, die das Mittelstück rahmen, auf seine Weise aber auch der Mittelteil selbst. Der *Versuch die Metamorphose der Pflanzen zu erklären* führe »die mannigfaltigen, besondern Erscheinungen des herrlichen Weltgartens auf ein allgemeines, einfaches Prinzip« zurück, erläutert Goethe später die Intention seiner wissenschaftlichen Schrift (XIII,103). Dem entspricht die Absicht, zu der sich der Gedichteingang – mit deutlicher Übereinstimmung des Garten-Bildes wie des ausgegebenen Zieles – bekennt: die verwirrende Blumenfülle eines Gartens durchscheinend zu machen für ein ordnendes und verbindendes »geheimes Gesetz« (1–7), obschon bereits zwischen der Metapher des »Weltgartens« und dem konkreteren Blumengarten des Gedichts ein bezeichnender Unterschied besteht. Einen Unterschied aber macht es vor allem aus, daß das Gedicht diese Intention an die Begegnung der Liebenden bindet. Nicht in jeder Weise bedeutet das Einschränkungen des Wissenschaftlichen. Ja man könnte sagen, daß Goethe das Gedicht geradezu nutzt, um wesentliche methodische Bedingungen seiner Wissenschaft nur um so schärfer zu profilieren. Die Abhandlung betont das notwendige Zusammenwirken von genauer Beobachtung, Einbildungskraft und Verstand (XIII,94 f.). Das Insistieren auf dem anschauenden Erkennen, das von den sinnlichen Erscheinungen ausgehend zur Sichtbarmachung des Typus, des Allgemeineren und Gesetzmäßigen vordringt, ist auch in der wissenschaftlichen Literatur oft hervorgehoben worden. Gerade diese Bindung des Erkennens an die sinnliche Anschauung wird in dem Gedicht aber um vieles deutlicher bewußt gemacht: Die »betrachtende« Haltung, die die

157

Geliebte einnehmen soll, verklammert in symptomatischer Weise Anschauung und Erkenntnis; die zeigende und prozessuale Vergegenwärtigung des pflanzlichen Werdens in der Sprache der Verse gibt dem Typus der Pflanze noch immer eine Sinnlichkeit, eine Anschaulichkeit und Gegenwärtigkeit, die er in der wissenschaftlichen Abhandlung so nicht erlangt. Andererseits versteht sich gerade sie aber auch als Ausdruck einer spezifisch poetischen Äußerungsweise: als Ausdruck einer Sinnlichkeit und Anschaulichkeit, die z. B. Schiller wenige Jahre zuvor in seiner Abhandlung *Über naive und sentimentalische Dichtung* nachdrücklich als Bedingung poetischer Eigengesetzlichkeit herausgestellt hatte.

Die poetischen ›Überschüsse‹, die die Aussage- und Darstellungsweise des Wissenschaftlers überschreiten, bleiben auf den ersten Teil des Gedichts nicht beschränkt. Auch im Mittelteil fällt u. a. ein ausgeprägtes Moment der Feierlichkeit auf, das sich in die rhythmische Bewegtheit der Verse übersetzt und das wir der Sachlichkeit der Wissenschaft entgegengesetzt empfinden. Mensch und Natur stehen sich hier in einer Weise gegenüber, die uns eher aus hymnischer Lyrik vertraut ist. Die Natur »verkündet« dem Menschen ihre »ew'gen Gesetze« (65; vgl. auch 49), der seinerseits voll Staunen solcher Verkündigung gegenübersteht (vgl. 30 und 47). Feierlichkeit signalisiert auch die Metaphorik, deren sich das Gedicht bedient. Da wird die feuchte Erde, die den Samen zur Keimung bringt, ein »Stille befruchtender Schoß«, der den Samen »hold in das Leben entläßt« (12), das Licht zum »heiligen, ewig bewegten« Licht (13) etc. Eine Tendenz ins Anthropomorphe fällt dabei auf, die weit über das hinausgeht, was wir in der wissenschaftlichen Schrift antreffen. Die Erde »entläßt« (12) den Samen ins Leben und »empfiehlt« (14) ihn dem Reiz des Lichts. Das neue Leben »vertraut« sich milder Feuchte und »erhebt« sich aus der Nacht (19 f.); die erste pflanzliche Erscheinung wird zum »Kind« (22), und später stehen die »holden Paare« traulich beisammen, »um den geweihten Altar« (53 f.). Den Vorgängen der außer-menschlichen Natur werden quasi-menschliche Regungen und Verhältnisse unterlegt.

Gerade das aber bereitet den Brückenschlag zum dritten Teil des Gedichts vor, der nun umgekehrt den Menschen mit dem Bild der Pflanze vergleicht. Er beschwört nicht nur die neue Gemeinsamkeit des Erkennens, sondern erweitert die Metamorphose zu einem Schlüssel der gesamten Natur. Ihre Geltung erstreckt sich auf das Tierreich ebenso wie den Bereich des Menschen. Abermals geschieht etwas, das sich dem Erfahrungsbereich des Wissenschaftlers entzieht. Die Ausdehnung des Metamorphose-Gedankens auf den Menschen, für die der Forscher kein vergleichbares Beobachtungsmaterial zur Hand hatte wie im Falle der Pflanze: den Versen gelingt sie mühelos. Vom Menschen allgemein gehen die Übertragungen sodann weiter zur Selbsterfahrung der Liebenden. Auch im Rückblick auf ihr Verhältnis erweisen die Gesetze der Metamorphose ihre Geltung, vom »Keim der Bekanntschaft« (71) bis zur »höchsten Frucht gleicher Gesinnungen« (78). Die gleiche »Ansicht der Dinge«, die im Anschauen der Natur gefunden wurde: angelehnt an die Metamorphosenlehre kann sie als eine Art geistige Zeugung erscheinen, in der sich das Paar verbindet und zur Erfahrung einer »höheren Welt« aufsteigt (77–80). Was in den wissenschaftlichen Schriften Goethes gewiß angelegt ist, tritt im Gedichtvorgang voll an die Oberfläche. Naturerkenntnis und Selbsterkenntnis erscheinen aufs engste verklammert (dazu auch Prange). Die Pflanzenmetamorphose wird zum Gleichnis der Liebe, wie Goethe selbst später notiert: »Höchst willkommen war dieses Gedicht der eigentlich Geliebten, welche das Recht hatte, die lieblichen Bilder auf sich zu beziehen; und auch ich fühlte mich sehr glücklich, als das lebendige Gleichnis unsere schöne vollkommene Neigung steigerte und vollendete« (XIII,108). Übertragungen und Gleichniszusammenhänge dieser Art schränken die unmittelbare wissenschaftliche Verbindlichkeit ein. Das literarisch Vermittelte des erweiterten Geltungsanspruchs der Metamorphose lassen sie um so deutlicher hervortreten.

Die Überschreitungen und Einschränkungen des Wissenschaftlichen sind die Kehrseite der Äußerungsweise in der Form des lyrischen Gedichts. Es ist hier nicht der Ort, auf die schwankenden Theorien der Lyrik im späten 18. Jahrhundert einzugehen. Die – gewiß spätere – Definition Goethes in den *Noten und Abhandlungen zu besserem Verständnis des West-östlichen Divans*, die wir hilfsweise heranziehen, sieht Lyrik als »enthusiastisch aufgeregte« unter den drei Naturformen der Poesie (II,187). Das enthusiastische Moment, das danach in besonderem Maße das Lyrische bedingt, läßt sich in unserem Gedicht denn auch unschwer nachweisen. Es wird geradezu thematisch, wenn sich das Gedicht mehrfach zu einer Haltung des staunenden Ergriffenseins bekennt. Es bleibt auf die Natur ebenso gerichtet wie auf das Selbstbewußtsein der Liebenden. Es entfernt von der Sachlichkeit der wissenschaftlichen Schrift, korrespondiert aber doch der aufgerufenen Naturerkenntnis. Das alles bestätigt nur erneut die weit auseinanderliegenden Bezüge, die das Gedicht vermittelt: Metamorphosenlehre und doch Liebesgedicht; Lyrik, aber doch so, daß lyrischer Affekt und wissenschaftlich reflektierte Naturerkenntnis Hand in Hand gehen. Verlegen fragt sich der Leser, was den scheinbar ungereimten Zwitter motiviert.

Das Gedicht über die Pflanzenmetamorphose ist gleichsam als Vorlauf zu einem umfassenderen Gedicht über die Natur entstanden, das Goethe in den Jahren 1798/99 plant, das dann aber nicht ausgeführt wurde (dazu auch die Dokumentation in I,505–507). Am 22. Januar 1799 schreibt Goethe an Knebel, der ihm das erste Buch seiner Lukrez-Übersetzung zugeschickt hatte: »seit dem vorigen Sommer habe ich oft über die Möglichkeit eines Naturgedichts in unsern Tagen gedacht, und seit der kleinen Probe über die Metamorphose der Pflanzen bin ich verschiedentlich aufgemundert worden«. Der Kontakt zu Knebels Lukrez-Übersetzung und Schillers Abhandlung *Über naive und sentimentalische Dichtung*, die die Forderungen an das Lehrgedicht in neuer Weise geschärft hatte, trugen dazu bei, Goethes Aufmerksamkeit für die Tradition des Lehrgedichts zu beleben. Sie entsprach überdies auch der zunehmenden Gewichtung des didaktischen Interesses, die man im Verfolg der späteren Jahrzehnte bei ihm beobachtet, obschon er bis zuletzt von einer eigenen didaktischen Gattung nichts wissen wollte, weil sie sich mit der Annahme ästhetischer Eigengesetzlichkeit und Autonomie nicht vertrug (dazu Goethe, *Über das Lehrgedicht*, 1827). Vor diesem Hintergrund wird immerhin die doppelte Intention verständlich, das didaktische Moment in die Lyrik aufzunehmen, aber auch wirklich in Lyrik zu überführen. – Doch von dem geschichtlichen Sinn des Gedichts ist auch damit noch wenig ausgemacht.

Vergegenwärtigen wir uns in einigen wesentlichen Punkten geschichtliche Konstellationen, denen das Gedicht antwortet. Goethes wissenschaftliche Abhandlung über die Metamorphose der Pflanzen ist im Umkreis seines ersten italienischen Aufenthalts entstanden. Sie gehört zu jenen Zeugnissen, die Goethes Naturforschung als wesentliche Bedingung seiner klassischen Wende ausweisen. Das Gedicht *Die Metamorphose der Pflanzen* entsteht nahezu ein Jahrzehnt später. Die Wende zur Klassik kann von dieser Zeitstelle aus bereits im Licht des geschichtlichen Rückblicks gesehen werden, der auch die Probleme der Rezeption umschließt, auf die sie führt. Zur Differenz des literarischen Mediums kommt der Zeitenabstand hinzu, und es fragt sich, wie er sich auswirkt. Die unterschiedlichen Zeitstufen legen jedenfalls die Annahme unterschiedlicher Reflexionsstufen nahe. Diese bestätigen sich, wenn wir spätere Selbstdeutungen Goethes in die Betrachtung einbeziehen. Goethe hat sowohl die wissenschaftliche Abhandlung über die Metamorphose der Pflanzen als auch die themengleiche Elegie im Zusammenhang seiner *Morphologischen Hefte* 1817 noch einmal publiziert. Er gibt ihnen hier einen Kommentar bei, der den geschichtlichen Kontext beleuchtet, in dem wir die wissenschaftliche Schrift und später die Elegie zu sehen haben. In *Schicksal der Handschrift* stellt Goethe – wie in den *Römischen Elegien* – dem »formenreichen« Italien das »gestaltlose« Deutschland gegenüber. Aber er macht auch deutlich, daß es zwei Wege waren, die auf eine neue Gestalthaftigkeit zuführten: das Studium der antiken Kunst, aber auch der Natur, der er »glaubte [...] abgemerkt zu haben, wie sie gesetzlich zu Werke gehe, um lebendiges Gebild, als Muster alles künstlichen, hervorzubringen« (XIII,102). Die Beschäftigung mit den »Sitten der Völker«, das Studium der »menschlichen Gesellschaft«, benennt er als dritte Hauptrichtung seiner damaligen Interessen. Das Ausschreiten in »jene drei großen Weltgegenden« findet seinen Ausdruck im symptomatischen Nebeneinander dreier Schriften: »Ich schrieb zu gleicher Zeit einen Aufsatz über Kunst, Manier und Stil, einen andern die Metamorphose der Pflanzen zu erklären, und das römische Karneval« (XIII,102). Hält Goethe damit nachdrücklich ein substantielles Bedingungsgefüge der klassischen Wende fest, so geht er des weiteren – dann noch mehr im benachbarten Aufsatz *Schicksal der Druckschrift* – auf die Probleme der Rezeption ein. An dem registrierten Verhalten der Wissenschaft wie der außerwissenschaftlichen Öffentlichkeit wird deutlich, daß sich die Vorbehalte in besonderem Maße gegen das ungewohnte wissenschaftliche Engagement des Dichters richteten, damit aber doch auch jene komplexe neue Einheit und Identität trafen, die Goethe während seines italienischen Aufenthalts gefunden hatte: »[...] nirgends wollte man zugeben, daß Wissenschaft und Poesie vereinbar seien. Man vergaß, daß Wissenschaft sich aus Poesie entwickelt habe, man bedachte nicht, daß, nach einem Umschwung von Zeiten, beide sich wieder freundlich, zu beiderseitigem Vorteil, auf höherer Stelle, gar wohl wieder begegnen könnten« (XIII,107). Als Dokument einer solchen Einung »auf höherer Stelle« wird der Text der Elegie nun eingeschaltet, als Versuch zugleich, »wohlwollende Gemüter«, die der vermeintlich abstrakten Gärtnerei des Dichters mißtrauten und die lebendige Fülle und Schönheit der Erscheinungen in der Metamorphosenlehre zu einem »gespensterhaften Schemen« verschwunden glaubten, »zur Teilnahme durch eine Elegie zu locken«

(XIII,107). Das alles läßt vor allem auf zwei wesentliche Impulse schließen, denen die Elegie ihre Entstehung verdankt, sich mit ihnen auf die wissenschaftliche Schrift und das Umfeld ihrer Entstehung zurückbezieht, aber auch auf die Entwicklung der Folgezeit reagiert. Offensichtlich versteht sie sich vor allem als Behauptung und Verteidigung einer Synthese, die Goethe mit der klassischen Wende gefunden hatte und die nicht zuletzt auch eine Synthese von Literatur und Naturwissenschaft war. Doch spürbar wird auch das Motiv eines Werbens um Verständnis und Gefolgschaft.

Vom Gedicht aus läßt sich das beides bestätigen. »Vor einiger Zeit kam ich auf den Gedanken, die Idee von der Metamorphose der Pflanzen durch dichterischen Vortrag noch weiter zu verbreiten«, äußert Goethe am 14. September 1798 in einem Brief an Neuenhahn. Mit der Weitergabe des Wissens, von der das Gedicht handelt, und den grundsätzlichen Einstellungen zur Natur, die es verdeutlicht, zielt es über die Geliebte hinaus auf ein zeitgenössisches Publikum. Teil einer Wirkungsstrategie ist ebenso, was das Gedicht verspricht: einen Zuwachs an Erkenntnis, ohne ihr die lebendige Fülle der Erscheinungen zu opfern; Vermittlungen von Poesie und Wissenschaft; schließlich demjenigen, der bereit war, sich den Einsichten des Autors zu öffnen, auch jene höhere Gemeinschaft der Gesinnungen, die das Gedicht am Bild der Liebenden proklamiert. Um Probleme der Einheit geht es sodann in mehrfacher Hinsicht. Als Elegie spricht Goethe das Gedicht an. In Jahren, die der gattungstheoretischen Reflexion besonders im Gespräch mit Schiller einen breiten Spielraum gewähren, ist das alles andere als eine nebensächliche Etikettierung. Die Ausgabe von 1800 stellt den Text mit einigen anderen Gedichten als zweite Gruppe der Elegien den *Römischen Elegien* an die Seite. Gerade die Elegie aber war jene literarische Form, mit der sich Goethe erstmals bewußt in eine Tradition stellt, hier die Tradition einer antiken Gattung, wobei er der Elegie die antike Ausprägung als Gedicht in

Distichenform beläßt. Daß *Die Metamorphose der Pflanzen* das Thema der Metamorphose in die Form der Elegie bringt, wird so gesehen Ausdruck jener Vermittlung von Antike und Naturwissenschaft, die zu den tragenden Elementen der klassischen Wende gehört. Gerade die Leitbegriffe von »Bildung« und »Gestalt«, die wörtlich und in Abwandlungen das Gedicht wie ein roter Faden durchziehen, verstehen sich hier zwar primär aus dem Einzugsbereich der naturwissenschaftlichen Morphologie, aber mit ihrer für Goethe typischen doppelten Verwurzelung im Studium der Naturwissenschaft und dem der Kunst sind auch damit verdeckte Fluchtpunkte der Konvergenz markiert – einer Konvergenz von Antike und Naturwissenschaft ebenso wie derjenigen von Naturwissenschaft und Kunst.

Die Zeit, in der Goethe seine Abhandlung über die Metamorphose der Pflanzen schrieb, stand auch im Zeichen beharrlicher Reflexion auf das Verhältnis von Natur und Kunst. Naturforschung wird als legitime Voraussetzung ästhetischer Produktion gesehen, wenn etwa in dem zeitlich benachbarten Aufsatz *Einfache Nachahmung der Natur, Manier, Stil* der Stil als höchste Stufe künstlerischer Produktion ausdrücklich an ein »genaues und tiefes Studium der Gegenstände« gebunden wird (XII,32). Auch die Elegie über die Metamorphose der Pflanzen ist umgeben von Zeugnissen des Nachdenkens über das Verhältnis von Natur und Kunst, z. B. in der *Einleitung in die Propyläen* (1798). Vor allem aber dringt in das Gedicht selbst eine Schicht immanenter ästhetischer Reflexion ein. Die Verse wollen im Bild der Erscheinung ein »geheimes Gesetz« (6) aufdecken, das »Besondere« so gesehen für ein »Allgemeineres« öffnen. Sie stellen Verweisungszusammenhänge zwischen der außermenschlichen Natur und dem Bereich der Menschen her. Daß das Gewicht der Erscheinungen dabei nicht aufgehoben wird, das Gesetz auch in diesem Sinne ein »geheimes« Gesetz bleibt, bedingt jenes »geheime Offenbaren«, zu dem sich Goethe später immer wieder bekannt hat. Das alles bezieht sich primär naturgemäß auf die Pflanzenmetamorphose. Aber mittelbar handelt es sich durchwegs zugleich um Auffassungsweisen, die man als konstitutive Merkmale und Leistungen Goethescher Symbolik kennt. Anders gesagt: Die Art, wie die Pflanzenmetamorphose thematisch wird, wird in einer versteckten Weise auch zu einer Thematisierung der Symbolsprache. Gerade vor dem Hintergrund des Bezugsverhältnisses von Literatur und Naturwissenschaft ist das kein Zufall. Denn das Symbol wird von Goethe mit zunehmender Bewußtheit als Ort jener Synthese begriffen, an dem sich poetische Auffassungsweise und das Studium der Natur die Hand reichen, jene höhere Einheit von Wissenschaft und Poesie sich einstellen kann.

Dabei ist der beobachtete Zusammenhang nur eine spezifischere und besonders charakteristische Erscheinungsform des allgemeineren Reflexionszusammenhangs von Natur und Kunst. Er glaubte, »der Natur abgemerkt zu haben, wie sie gesetzlich zu Werke gehe, um lebendiges Gebild, als Muster alles künstlichen, hervorzubringen«, hatte Goethe in *Schicksal der Druckschrift* bezüglich seiner wissenschaftlichen Studien zur Pflanzenmetamorphose notiert. Die Wachstums- und Bildungsgesetze der Pflanze werden zum Analogon für die Entstehung und Organisation von Kunst. Das hat Konsequenzen auch für das Verständnis der Elegie. Auch wenn es nicht eigens gesagt wird, so gilt das hymnische Pathos, das sich an der Darstellung der Pflanzenmetamorphose entzündet, einem Prinzip des Lebendigen, dessen Universalität sich letztlich auch auf die Kunst selbst erstreckt. Erhebt das Gedicht nun aber einen ästhetischen Anspruch, so müßte sich die Affinität des poetischen Gebildes zu dem verhandelten Gegenstand an ihm selbst manifestieren. Daß dem so ist, haben bereits vor Jahrzehnten die Vertreter der ›morphologischen Literaturwissenschaft‹, die Goethes Morphologie zur Grundlage einer auf ihn nicht begrenzten Literaturtheorie machten, gezeigt. Nach Günther Müllers Interpretation »verkörpert« die Elegie das, wovon sie spricht, auf eigene Weise auch in sich selber, besteht eine auffällige »Entsprechung« zwischen dem geschilderten »Wachstum der Blume vom Samen bis zur Bildung der Krone« und der »Gesamtbewegung des Gedichts« (Müller, S. 370–372). Bei Gertrud Overbeck, die Müllers Thesen bestätigt, liest man dann in knapper Bündelung ihrer Ergebnisse: »Das formale Grundelement der Elegie ist das Distichon, der Doppelvers, der in seiner Reihung den ausschwingenden Hexameter in rhythmischen Pulsen mit dem knapp kadenzierten Pentameter wechseln läßt. Die stete Wiederkehr des metrischen Silbenfalles ist gleichsam das beharrende, immer gleiche Grundorgan des Gedichtes, so wie an der Pflanze das Blatt als einheitliche Grundform durch den ganzen Wachstumsvorgang mit seinen wechselnden Phasen hindurchgeht. Durch das stete Gleichmaß der Distichen strömt die innere Bewegung des Gedichts im lebendigen Wechsel von Kontraktion und Expansion hindurch und kommt – im Sinne der Steigerung – erst auf einem letzten Gipfel zur Ruhe« (Overbeck, S. 56 f.). Die Gesetze der Metamorphose sind danach auch die Strukturgesetze des Gedichts geworden: vom Vergleich der metrischen Konstanten mit dem Grundorgan des Blatts zum Rhythmus von Kontraktion und Expansion und weiter zur Bewegung in Richtung einer Steigerung.

Hier wird im Kern sicher Richtiges gesehen, selbst wenn die metaphorischen Bezüge gelegentlich bis an eine Grenze getrieben werden, an der sich bereits die Frage interpretatorischer Unverbindlichkeit und Willkür stellt. Doch die wesentlichsten Vorbehalte gegenüber den Vertretern einer morphologischen Literaturwissenschaft – Günther Müller und Horst Oppel vor allem – liegen ohnehin in anderer Richtung. Sie gelten zum einen der systematisierenden Ausweitung über Goethe hinaus, also dem übergeschichtlichen Geltungsanspruch. Zum anderen richten sie sich gegen eine gewisse Geschichtsfeindlichkeit auch darin, daß es den Vertretern dieser wissenschaftlichen Richtung primär um Organisationsgesetzlichkeiten und nicht so sehr um Fragen des geschichtlichen Werdens ging. Morphologie im Sinne Goethes aber meint beides: die Gesetzmäßigkeiten der Organisation ebenso wie die des Wandels. Es läßt sich zeigen, daß die Übertragung morphologischer Orientierungen auf die Auffassung von Kunst und die Deutung des eigenen Schaffens auch der Ausbreitung geschichtlicher Reflexion entgegenkam (vgl. allgemeiner dazu Richter). Auch das Gedicht *Die Metamorphose der Pflanzen* beinhaltet jedenfalls mehr an geschichtlicher Reflexion, als es oberflächlich scheint. Der Liebende und die Geliebte verkörpern unterschiedliche Stufen der Einsicht, was den Vorgang einer Belehrung wie die schließliche Annäherung der Gesinnungen möglich macht. Das ist in biographischer Hinsicht gewiß eine Huldigung an Christiane Vulpius. Doch mittelbar sind es auch unterschiedliche geschichtliche Stufen im Denken Goethes selbst, die damit thematisch werden, unterschiedliche Stufen der Einsicht, die er bis zum Finden des Gesetzes durchlaufen hatte. Das Gedicht thematisiert so gesehen den Weg, den wir als Weg zum gegenständlichen Stil und zur Symbolsprache der Klassik zu begreifen haben. Von einer anderen Seite aus gehen wir noch einmal auf ein wesentliches Ergebnis der Interpretation zu. Aller Sinnlichkeit und Gegenwärtigkeit zum Trotz fixiert unsere Elegie auch den geschichtlichen Rückblick auf eine Zeit, in der Goethe zu einem neuen Verhältnis von Natur und Kunst fand. Aber sie tut dies, um die ungebrochene Aktualität der gefundenen Einheit gegen Mißdeutungen und Kritik der Folgezeit in Schutz zu nehmen und zu behaupten.

Zitierte Literatur: Goethes Werke. Hamburger Ausgabe. [Siehe Textquelle. Zit. mit Band- und Seitenzahl.] – Günther MÜLLER: Goethes Elegie »Die Metamorphose der Pflanzen«. Versuch einer morphologischen Interpretation. In: Deutsche Vierteljahrsschrift für Literaturwissenschaft und Geistesgeschichte 21 (1943) S. 67–98. – Gertrud OVERBECK: Goethes Lehre von der Metamorphose der Pflanzen und ihre Widerspiegelung in seiner Dichtung. In: Publications of the English Goethe-Society. N. S. 31 (1961) S. 38–59. – Klaus PRANGE: Das anthropologisch-pädagogische Motiv der Naturauffassung Goethes in dem Lehrgedicht »Metamorphose der Pflanzen«. In: Literatur in Wissenschaft und Unterricht 8 (1975) S. 123–133. – Karl RICHTER: Morphologie und Stilwandel. Ein Beitrag zu Goethes Lyrik. In: Jahrbuch der Deutschen Schillergesellschaft 21 (1977) S. 192–215.

Weitere Literatur: Dorothea KUHN: Grundzüge der Goetheschen Morphologie. In: Goethe-Jahrbuch 95 (1978) S. 199–211. – Günther MÜLLER: Morphologische Poetik. Gesammelte Aufsätze. Hrsg. von Elena Müller. Darmstadt 1968. – Horst OPPEL: Morphologische Literaturwissenschaft. Goethes Ansicht und Methode. Mainz 1947.

Friedrich Schiller

Die Bürgschaft

Zu Dionys dem Tirannen schlich
Möros, den Dolch im Gewande,
Ihn schlugen die Häscher in Bande.
Was wolltest du mit dem Dolche, sprich!
5 Entgegnet ihm finster der Wütherich.
»Die Stadt vom Tyrannen befreien!«
Das sollst du am Kreutze bereuen.

Ich bin, spricht jener, zu sterben bereit,
Und bitte nicht um mein Leben,
10 Doch willst du Gnade mir geben,
Ich flehe dich um drey Tage Zeit,
Bis ich die Schwester dem Gatten gefreit,
Ich lasse den Freund dir als Bürgen,
Ihn magst du, entrinn ich, erwürgen.

15 Da lächelt der König mit arger List,
Und spricht nach kurzem Bedenken:
Drey Tage will ich dir schenken.
Doch wisse! Wenn sie verstrichen die Frist,
Eh du zurück mir gegeben bist,
20 So muß er statt deiner erblassen,
Doch dir ist die Strafe erlassen.

Und er kommt zum Freunde: »der König gebeut,
Daß ich am Kreutz mit dem Leben
Bezahle das frevelnde Streben,
25 Doch will er mir gönnen drey Tage Zeit,
Bis ich die Schwester dem Gatten gefreit,
So bleib du dem König zum Pfande,
Bis ich komme, zu lösen die Bande.«

Und schweigend umarmt ihn der treue Freund,
30 Und liefert sich aus dem Tyrannen,
Der andere ziehet von dannen.
Und ehe das dritte Morgenroth scheint,
Hat er schnell mit dem Gatten die Schwester vereint,
Eilt heim mit sorgender Seele,
35 Damit er die Frist nicht verfehle.

Da gießt unendlicher Regen herab,
Von den Bergen stürzen die Quellen,
Und die Bäche, die Ströme schwellen.
Und er kommt an's Ufer mit wanderndem Stab,
40 Da reisset die Brücke der Strudel hinab,
Und donnernd sprengen die Wogen
Des Gewölbes krachenden Bogen.

Und trostlos irrt er an Ufers Rand,
Wie weit er auch spähet und blicket
45 Und die Stimme, die rufende, schicket;
Da stößet kein Nachen vom sichern Strand,
Der ihn setze an das gewünschte Land,
Kein Schiffer lenket die Fähre,
Und der wilde Strom wird zum Meere.

50 Da sinkt er ans Ufer und weint und fleht,
Die Hände zum Zeus erhoben:
O hemme des Stromes Toben!
Es eilen die Stunden, im Mittag steht
Die Sonne und wenn sie niedergeht,
55 Und ich kann die Stadt nicht erreichen,
So muß der Freund mir erbleichen.

Doch wachsend erneut sich des Stromes Wuth,
Und Welle auf Welle zerrinnet,
Und Stunde an Stunde entrinnet,
60 Da treibet die Angst ihn, da faßt er sich Muth

Und wirft sich hinein in die brausende Flut,
Und theilt mit gewaltigen Armen
Den Strom, und ein Gott hat Erbarmen.

Und gewinnt das Ufer und eilet fort,
65 Und danket dem rettenden Gotte,
Da stürzet die raubende Rotte
Hervor aus des Waldes nächtlichem Ort,
Den Pfad ihm sperrend, und schnaubet Mord
Und hemmet des Wanderers Eile
70 Mit drohend geschwungener Keule.

Was wollt ihr? ruft er für Schrecken bleich,
Ich habe nichts als mein Leben,
Das muß ich dem Könige geben!
Und entreißt die Keule dem nächsten gleich:
75 Um des Freundes Willen erbarmet euch!
Und drey, mit gewaltigen Streichen,
Erlegt er, die andern entweichen.

Und die Sonne versendet glühenden Brand
Und von der unendlichen Mühe
80 Ermattet sinken die Knie:
O hast du mich gnädig aus Räubershand,
Aus dem Strom mich gerettet ans heilige Land,
Und soll hier verschmachtend verderben,
Und der Freund mir, der liebende, sterben!

85 Und horch! da sprudelt es silberhell
Ganz nahe, wie rieselndes Rauschen,
Und stille hält er zu lauschen,
Und sieh, aus dem Felsen, geschwätzig, schnell,
Springt murmelnd hervor ein lebendiger Quell,
90 Und freudig bückt er sich nieder,
Und erfrischet die brennenden Glieder.

Und die Sonne blickt durch der Zweige Grün,
Und mahlt auf den glänzenden Matten
Der Bäume gigantische Schatten,
95 Und zwey Wanderer sieht er die Straße ziehn,
Will eilenden Laufes vorüber fliehn,
Da hört er die Worte sie sagen:
Jetzt wird er ans Kreutz geschlagen.

Und die Angst beflügelt den eilenden Fuß,
100 Ihn jagen der Sorge Qualen,
Da schimmern in Abendroths Strahlen
Von ferne die Zinnen von Syrakus,
Und entgegen kommt ihm Philostratus,
Des Hauses redlicher Hüter,
105 Der erkennet entsetzt den Gebieter:

Zurück! du rettest den Freund nicht mehr,
So rette das eigene Leben!
Den Tod erleidet er eben.
Von Stunde zu Stunde gewartet' er
110 Mit hoffender Seele der Wiederkehr,
Ihm konnte den muthigen Glauben
Der Hohn des Tirannen nicht rauben.

Und ist es zu spät, und kann ich ihm nicht
Ein Retter willkommen erscheinen,
115 So soll mich der Tod ihm vereinen.
Deß rühme der blutge Tirann sich nicht,
Daß der Freund dem Freunde gebrochen die Pflicht,
Er schlachte der Opfer zweye,
Und glaube an Liebe und Treue.

120 Und die Sonne geht unter, da steht er am Thor
Und sieht das Kreutz schon erhöhet,
Das die Menge gaffend umstehet,
An dem Seile schon zieht man den Freund empor,
Da zertrennt er gewaltig den dichten Chor:

»Mich Henker! ruft er, erwürget,
Da bin ich, für den er gebürget!«

Und Erstaunen ergreifet das Volk umher,
In den Armen liegen sich beide,
Und weinen für Schmerzen und Freude.
130 Da sieht man kein Auge thränenleer,
Und zum Könige bringt man die Wundermähr,
Der fühlt ein menschliches Rühren,
Läßt schnell vor den Thron sie führen.

Und blicket sie lange verwundert an,
135 Drauf spricht er: Es ist euch gelungen,
Ihr habt das Herz mir bezwungen,
Und die Treue, sie ist doch kein leerer Wahn,
So nehmet auch mich zum Genossen an,
Ich sey, gewährt mir die Bitte,
140 In eurem Bunde der dritte.

Abdruck nach: Schillers Werke. Nationalausgabe. 44 Bde. Hrsg. von Julius Petersen und Gerhard Fricke. Weimar: Böhlau, 1943 ff. Bd. 1. 1943. S. 421 bis 425.
Erstdruck: Musen-Almanach für das Jahr 1799. Hrsg. von Schiller. Tübingen: Cotta, [1798].

Jürgen Stenzel

Über die ästhetische Erziehung eines Tyrannen. Zu Schillers Ballade *Die Bürgschaft*

Geflohen vor dem deutschen Nationalsozialismus, hat Bertolt Brecht in seinem dänischen Exil einige ›literarische Sonette‹ geschrieben, darunter auch:

O edle Zeit, o menschliches Gebaren!
Der eine ist dem andern etwas schuld.
Der ist tyrannisch, doch er zeigt Geduld
Und läßt den Schuldner auf die Hochzeit fahren.

Der Bürge bleibt. Der Schuldner ist heraus.
Es weist sich, daß natürlich die Natur
Ihm manche Ausflucht bietet, jedoch stur
Kehrt er zurück und löst den Bürgen aus.

Solch ein Gebaren macht Verträge heilig.
In solchen Zeiten kann man auch noch bürgen.
Und, hat's der Schuldner mit dem Zahlen eilig

Braucht man ihn ja nicht allzustark zu würgen.
Und schließlich zeigte es sich ja auch dann:
Am End war der Tyrann gar kein Tyrann!
                                    (Brecht, S. 611.)

Was Brecht unter Gips und Staub der Überlieferung da freilegte, war zunächst der ›sentimentalische‹ Grundzug des Gedichts. Sentimentalisch nannte Schiller den modernen Dichter – nicht zuletzt sich selbst –, der die verlorene Natur des Menschen als Ideal seiner Zeit vor die Augen bringt. Das »Gebaren« der Freunde wird in der Ballade selbst eine »Wundermähr« (131) genannt, und eine Wundermär ist es auch, daß ihr Beispiel einen entmenschten Tyrannen zur Menschlichkeit zurückführt. Daran aber konnte Brecht nicht so recht glauben: Ein Hitler und seine Mittyrannen waren nicht zur Menschlichkeit zu verändern, allenfalls die Gesellschaftsordnung, die sie hervorgebracht hatte. Sein ehrfürchtiger Spott gilt den optimistischen Annahmen, die der Ballade das glückliche Ende sichern.

Schiller, stets auf der Suche nach neuen Stoffen, auch für die Brotarbeit am Musenalmanach, hatte Goethe gegenüber eine römische Sammlung von Geschichten (aus dem 2. nachchristlichen Jahrhundert) erwähnt, die unter dem Namen des Hyginus (eines Bibliothekars des Kaisers Augustus) lief:

»Einen solchen Freund könnte ich gut brauchen.« Goethe
schickte das Buch am Tage darauf, dem 16. Dezember 1797,
nach Jena hinüber. Am 27. August 1798 begann Schiller eine
der Erzählungen des »Hyginus«, deren Stoff in Orient und
Okzident vielfach herumgewandert ist, zur Ballade umzu-
formen. Sie lautet auf Deutsch:

Als in Sizilien der äußerst grausame Tyrann Dionysius lebte, der
seine Untertanen qualvoll umbringen ließ, wollte Moerus ihn töten.
Die Leibwächter faßten den Bewaffneten und führten ihn zum
König. Im Verhör antwortete Moerus, er habe den König töten
wollen; worauf dieser ihn ans Kreuz zu schlagen befahl. Moerus
erbat von ihm drei Tage Aufschub, um seine Schwester zu verheira-
ten, und daß er dem Tyrannen seinen Freund und Kameraden
Selinuntius als Bürgen dafür lassen dürfe, daß er am dritten Tage
zurückkehren werde. Der König gewährte ihm Aufschub für die
Verheiratung der Schwester und sagte zu Selinuntius, wenn Moerus
nicht auf den Tag zurückkäme, werde er dessen Strafe erleiden,
Moerus aber freigelassen.
Als Moerus nach der Hochzeit seiner Schwester zurückkehren
wollte, erhob sich ein Unwetter und Regen; der Fluß schwoll
derartig, daß er ihn weder durchschreiten noch durchschwimmen
konnte. Moerus setzte sich ans Ufer und begann unter Tränen zu
beten, daß der Freund nicht für ihn sterben müsse. Inzwischen
befahl der Tyrann, Selinuntius ans Kreuz zu schlagen, da schon die
sechste Stunde des Tages, Moerus aber noch nicht gekommen sei.
Selinuntius wandte ein, der Tag sei noch nicht vorbei. Als bereits die
neunte Stunde heranrückte, ließ der König Selinuntius zum Kreuze
führen. Als man das tat, lief Moerus, der mit Mühe endlich den Fluß
überquert hatte, hinter dem Henker her und rief von weitem: Halt
ein, Henker. Hier bin ich, für den er gebürgt hat. Das Vorkommnis
wurde dem König gemeldet. Der ließ die beiden vor sich bringen
und bat sie, ihn in ihren Freundschaftsbund aufzunehmen, und
schenkte Moerus das Leben. (Fabulae CCLVII)

Schillers Geburtstagsglückwunsch an den Freund in Weimar
am 28. August sprach mit Begeisterung von den antiken
Erzählungen, »man fühlt sich auf dem heimischten Boden«.
Am 30. August war *Die Bürgschaft* abgeschlossen, die der
Vorlage bis in wörtliche Entsprechungen folgte. »Ich bin

neugierig«, schrieb er am 4. September an Goethe, »ob ich alle Hauptmotive, die in dem Stoffe lagen, glücklich herausgefunden habe. Denken Sie nach, ob Ihnen noch eins beyfällt, es ist dieß einer von den Fällen, wo man mit einer großen Deutlichkeit verfahren und beinahe nach Principien erfinden kann.« Daß die Ballade »mit ganzer Besonnenheit gedacht und organisiert« sei, betonte auch der Brief an Körner vom 29. Oktober.

Beides aber, das Übernommene sowohl wie das Erfundene und Gedachte, ist nun in den Zusammenhang der Entstehungszeit zu rücken, in die Zeitgeschichte und in die des Schillerschen Denkens. Als Schiller die *Bürgschaft* schrieb, lag der Sturm auf die Bastille gerade neun Jahre zurück, gut fünf Jahre zuvor war Ludwig XVI. enthauptet worden, seit der Hinrichtung Dantons und Robespierres waren vier Jahre vergangen. In Schillers Augen war die Französische Revolution gescheitert:

Eine große Epoche hat das Jahrhundert gebohren,
  Aber der große Moment findet ein kleines Geschlecht.
                              (*Der Zeitpunkt*)

Genau das war der Ausgangspunkt der *Ästhetischen Briefe* gewesen, die Schiller 1795 abgeschlossen hatte; nur die »ästhetische Erziehung des Menschen« könne die Voraussetzungen für die Einrichtung einer vernünftigen Ordnung des Staates schaffen.

Die Ballade beginnt mit einem gescheiterten Revolutionsversuch, dem mißlungenen Attentat auf einen Alleinherrscher, dessen Bösartigkeit das Gedicht mehrfach hervorhebt. (Schiller und sein Publikum kannten übrigens diesen sizilianischen Dionysius auch aus Wielands 1767 zuerst veröffentlichter *Geschichte des Agathon*, 9. Buch, 1. Kapitel.) Der verhaftete Attentäter nimmt sein Urteil merkwürdig bereitwillig an – was nicht bei Hyginus stand – und nennt seinen Versuch einer gewaltsamen Änderung der Staatsverfassung gar ein »frevelndes Streben« (24). Das mag aus der Perspektive des Königs gesprochen sein, es könnte aber auch der

Reflex von Überlegungen sein, die Schiller im dritten der *Ästhetischen Briefe* angestellt hatte. In der Kurzfassung der Xenien:

So schlimm steht es wahrlich noch nicht um des Staates Gesundheit,
Daß er die Kur bei euch wage auf Leben und Tod.

(Die Staatsverbesserer)

Der nur auf Gewalt gegründete Staat (wie die Tyrannis) verhindere doch – wenngleich moralisch indiskutabel – wenigstens die Anarchie und sichere die Existenz des physischen Menschen, wo der sittliche Vernunftstaat vorerst nur ein Ideal sei. Moerus (Schiller hat ihn später, anderen Quellend folgend, Damon genannt) hat den bloßen »Naturstaat« nicht mit einem gewaltsamen Schlage durch den der Vernunft ersetzen können. Deshalb akzeptiert er das Recht des Tyrannen, auch wo es ihn vernichtet, weil es »die Mittel zur Tierheit« immerhin garantiert, »die doch die Bedingung der Menschheit ist«.

Der Tyrann verbindet die Annahme eines Bürgen sogleich mit der sadistischen Empfehlung zum Verrat am Freunde. Diesem abgründigen Unglauben an die Idee menschlicher Treue kontrastiert das Verhalten der Freunde: Der Attentäter darf über seinen Freund völlig verfügen, und dieser reagiert mit gleicher Selbstverständlichkeit, schweigend. Beiden ist das Sittengesetz zur fraglosen Natur geworden, beide bewähren sich – mit dem Begriff aus Schillers Aufsatz *Über Anmut und Würde* ausgedrückt – als »schöne Seelen«. Daher auch der unempirische Lakonismus der Szene; es geht nicht um Psychologie, sondern um ideales Verhalten.

Ging es Schiller nur um Erhöhung der Spannung, als er dem einen Hindernis seiner Vorlage zwei weitere hinzufügte? Und warum ließ er Goethes Einwand vom 5. September 1798, das Motiv des Verdurstens sei physiologisch unwahrscheinlich und poetisch unangebracht, auf sich beruhen? Goethe selbst war »ein ander schickliches Motiv, das aus dem Wanderer selbst hervorginge«, nicht eingefallen. Aber genau an einem solchen Motiv dürfte Schiller gar nicht interiert gewesen sein. Der reißende Strom (36–63), die »raubende Rotte« (66), die glühende Sonne (78–84): all das sind Manifestationen feindlicher und roher Natur. Die überwindet der Held mit der letzten Kraft, die ihm der Gedanke an den Freund (ein jedes Mal ausgesprochen) verleiht. Es scheint sinnvoll anzunehmen, daß Schiller hier auch symbolisch verfährt und »nach Principien« erfindet. Das hieße: der dreifache Sieg über die rohe Natur stellt, völlig ins Objektive einer äußeren Handlung gewendet, auch den Kampf des Ideals mit dem natürlichen Selbsterhaltungstrieb dar (von Brecht wohl bemerkt). Daß ein solcher Kampf im Bewußtsein des Helden stattgefunden hätte, wird mit keiner Silbe auch nur angedeutet – sein Bewußtsein und seine Emotionen folgen in idealer Natürlichkeit der Idee der Freundespflicht. Aber dieser schönen Natürlichkeit liegt die Überwindung der unidealen objektiv zugrunde. Deshalb erscheint die Überwindung in bedeutender Dreifachheit; deshalb wird die unterliegende rohe Natur in unterschiedliche Aspekte ausgefaltet: als ganz äußerliches Hindernis zunächst, dann als eines der rohen Menschennatur, schließlich als ein Äußeres, das durch die Natur des Helden selbst zur Wirkung kommt. Und hier, bei der dritten Gefährdung, ist Natur selbst es, die gegen Natur hilft, unerwartet und in wunderbarer Gebetserhörung; als idyllische, genauer als »angenehme« und »schöne« Natur (zu diesen Begriffen vgl. XXI,222 f.), den Leib erfrischend und erfreulich anzusehen.

Die drängende Zeit freilich löst das Schöne bereits in ihm selbst auf: die »gigantischen Schatten« erinnern an die Notwendigkeit der Bewährung, die nun einer zweifach gesteigerten Versuchung ausgesetzt wird. Das Motiv der vorüberziehenden Wanderer (95–99) und das des warnenden Majordomus (103–112) – beide wiederum »beinahe nach Principien« erfunden; jene, anonym und zueinander sprechend, lassen das Handeln des Helden als nahezu zwecklos erscheinen – dieser, der namentlich genannte Vertraute in direkter Warnung, macht die Zwecklosigkeit zur Gewißheit. Was am Verhalten des Eilenden noch von Neigung zum Freunde bestimmt gewesen sein mochte, ist nun sinnlos, und jeder praktische Zweck fällt dahin. Von jetzt an handelt Moerus nicht mehr teleologisch, sondern interesselos. Erinnernd an Kants Bestimmung schöner Objekte in § 5 der *Kritik der Urteilskraft*, nach welcher diese ein »Wohlgefallen ohne alles Interesse« erzeugen, könnte man sein Handeln fortan als schön bezeichnen. Es ist nur noch demonstrativ im Martyrium für die Idee der Freundespflicht. Der Held handelt ohne Bedingtheit durch die empirische Realität und damit »rein«.

Eben dieses reine und ideale Handeln, die »Wundermähr«, das Sichtbarwerden der Idee innerhalb der wirklichen Welt bewirken nun das, was Schiller von wahrer Poesie sich versprach: die Wiedergeburt der »Menschheit«. Das vorher seine rohe Sensationsgier »gaffend« (122) befriedigende Volk äußert jene »wunderbare Rührung, für welche der Verstand keinen Begriff und die Sprache keinen Nahmen hat« (*15. Ästhetischer Brief*) – aber das Auge Tränen, jenen untrüglichen Ausweis der Menschlichkeit, an den die empfindsame Aufklärung glaubte. Dasselbe widerfährt dem Tyrannen, der an das Ideal zuvor nicht glauben wollte. Jetzt ist es zur Erscheinung gekommen, »kein leerer Wahn« (137). Die kathartische Rührung des Königs heißt deswegen »menschlich« (132), weil er in seinem innersten Wesen (136: »Herz«) zum Menschen verwandelt ward. (Vielleicht darf man sogar seine »lange« [134] verwunderte Betrachtung des Freundespaars zu jener Fußnote des *21. Ästhetischen Briefs* in Beziehung setzen, in der den großen Charakteren die Fähigkeit zugesprochen wird, den »ästhetischen Zustand« nicht nur momentweise auszuhalten).

Deshalb bittet er nun um Freundschaft; Freundschaft läßt sich nicht befehlen, sie kann nur frei gewährt werden. Der König handelt nicht mehr als Tyrann, sondern als Mensch. Im Zeichen der Freundschaft verlieren auch die Standesgrenzen ihre Bedeutung. Wo vorher Herrschaft und Knechtschaft war, tritt nun der Bürger dem Bürger als Gleicher gegenüber. Und wo schließlich der Alleinherrscher als Zentralinstanz der Gesellschaft und des Staates zum Menschen verwandelt ist, da ist auch der Staat menschlich geworden. Was Gewalt zu erreichen nicht vermocht hat: Freiheit, Gleichheit, Brüderlichkeit, das bewirkt ein individuelles, ja privates Handeln, das unbedingt der Idee verpflichtet ist. Die Vorstellung einer Revolution von oben mag beiher spielen; im Zentrum steht die Überzeugung, daß Menschen zu Menschen werden, wo die Idee der Menschheit sich der Erfahrung offenbart. Das allerdings ist selbst in der antiken Vorbildswelt ein Wunder.

In der Tat ist für Schiller jedes wahrhaft poetische Kunstwerk eine Wundermär, denn es ist der einzige Ort, an welchem die Idee in die Welt der Erfahrung zu treten vermag. Der einzige. Wenn es je einen realistischen Idealisten gegeben hat, dann war es Schiller: nicht weniger realistisch womöglich als Brecht, dessen Sonett über die *Bürgschaft* eine Hoffnung erst jenseits der vermeintlichen Wirklichkeitsferne Schillers glaubte ausmachen zu können.

Zitierte Literatur: Bertolt BRECHT: Gesammelte Werke. 20 Bde. Frankfurt a. M. 1967. Bd. 9.– Der Briefwechsel zwischen Schiller und Goethe. Nach den Handschriften des Goethe- und Schiller-Archivs hrsg. von Hans Gerhard Gräf und Albert Leitzmann. Leipzig 1955. – Schillers Werke. Nationalausgabe. [Siehe Textquelle. Zit. mit Band- und Seitenzahl.] – Schillers sämmtliche Schriften. Hist.-krit. Ausg. Hrsg. von Karl Goedeke. Bd. 11. Stuttgart 1871.
Weitere Literatur: Irma EMMRICH: Die Balladen Schillers in ihrer Beziehung zur philosophischen und künstlerischen Entwicklung des Dichters. Ein Beitrag zum Schillerjahr 1955. In: Wissenschaftliche Zeitschrift der Friedrich-Schiller-Universität Jena 5 (1955/56). Gesellschafts- und sprachwissenschaftliche Reihe. H. 1. S. 111–139. – Gerhard KAISER: »Als ob die Gottheit nahe wär ...«. Mensch und Weltlauf in Schillers Balladen. In: G. K.: Von Arkadien nach Elysium. Schiller-Studien. Göttingen 1978. S. 59–78. – Karl MICKEL: Stufen des Verstehens. Zu Schiller: Die Bürgschaft. In: K. M.: Gelehrtenrepublik. Aufsätze und Studien. Essay. Halle a. d. S. 1976. S. 42–46. – Hinrich C. SEEBA: Das wirkende Wort in Schillers Balladen. In: Jahrbuch der Deutschen Schillergesellschaft 14 (1970) S. 275–322.

Friedrich Schiller

Nänie

Auch das Schöne muß sterben! Das Menschen und Götter
bezwinget,
  Nicht die eherne Brust rührt es des stygischen Zeus.
Einmal nur erweichte die Liebe den Schattenbeherrscher,
  Und an der Schwelle noch, streng, rief er zurück sein
Geschenk.
5 Nicht stillt Aphrodite dem schönen Knaben die Wunde,
  Die in den zierlichen Leib grausam der Eber geritzt.
Nicht errettet den göttlichen Held die unsterbliche
Mutter,
  Wann er, am skäischen Tor fallend, sein Schicksal erfüllt.
Aber sie steigt aus dem Meer mit allen Töchtern des
Nereus,
10   Und die Klage hebt an um den verherrlichten Sohn.
Siehe! Da weinen die Götter, es weinen die Göttinnen
alle,
  Daß das Schöne vergeht, daß das Vollkommene stirbt.
Auch ein Klaglied zu sein im Mund der Geliebten, ist
herrlich,
  Denn das Gemeine geht klanglos zum Orkus hinab.

Abdruck nach: Friedrich Schiller: Sämtliche Werke. 5 Bde. Hrsg. von Gerhard
Fricke und Herbert G. Göpfert. München: Hanser, 1958/59. Bd. 1: Gedichte.
Dramen I. 1958. S. 242.
Entstanden: 1799, vermutlich im Frühjahr.
Erstdruck: Gedichte von Friederich Schiller. 2 Tle. Leipzig: Siegfried Lebrecht
Crusius, 1800–03. T. 1. 1800.

Norbert Oellers

Das verlorene Schöne in bewahrender Klage.
Zu Schillers *Nänie*.

Für Lieselotte Blumenthal zum
30. September 1981 in herzlicher
Verbundenheit

»Naenia« (oder »Nenia«) hieß im republikanischen Rom das
zur Flöte gesungene Klagelied bei einem Leichenzug. (Bei
den Griechen war νηνία die öffentliche Lobpreisung eines
bedeutenden Menschen.) Was die Meergöttin Thetis und die
übrigen 49 Nereiden, des Nereus Töchter – und mit ihnen
alle neun Musen – veranstalteten, als Achilles, der Thetis
Sohn, der von einem Pfeil in die Ferse tödlich Getroffene,
vor Troja beigesetzt wurde, war also eine Nänie im römischen Sinne, bekannt aus dem letzten Buch der griechischen
Odyssee. (Agamemnon berichtet es – als Schatten – in der
Unterwelt Achilles, dem Schatten.) In den Versen 9 und 10
seines Gedichts faßt Schiller diesen Nänie-Bericht zusammen.
Klagt Schiller über der Thetis Klage? Ist seine *Nänie* ein
Klagelied in zweiter Potenz? Oder klagt er so wie Thetis und
deren Gefährtinnen? Oder ist die *Nänie* eine Klage über sich
selbst?

Einige mythologische Verhältnisse sind in Erinnerung zu
rufen: Der »stygische Zeus« (2) ist Pluto, der Gott der vom
Styx neunfach umflossenen Unterwelt (des Orkus), der
Beherrscher der als Schatten fortexistierenden Abgeschiede-
nen. Einmal war er geneigt, dem in schönem Gesang vorge-
brachten Wunsch des Orpheus, die Gattin Eurydike möge
ins Leben zurückgegeben werden, zu willfahren. Doch die
unmenschliche Bedingung, die er an die Erfüllung des Wun-
sches knüpfte, ließ das Unternehmen scheitern: Orpheus,
der sehnsüchtig Liebende, vermochte nicht, die ihm fol-

gende Eurydike so lange nicht anzublicken, bis sie beide die Oberwelt erreicht hatten.

Der Orpheus-Eurydike-Mythos hat in Ovids *Metamorphosen* (10,1–85) seine vollendetste, wenigstens nachhaltigste Darstellung gefunden, und ähnlich verhält es sich mit dem Aphrodite-Adonis-Mythos, der dort (10,708–739) ebenfalls poetisiert ist: wie Aphrodite den schönen Jüngling verlor, nachdem ein Eber ihn tödlich verwundet hatte; daß sie den Blutenden umarmt hielt, brachte ihn nicht ins Leben zurück.

Da Thetis und alle Nymphen (Nereiden) und alle Musen wehklagten, weil Achill vor dem skäischen Tor (wie Trojas Westtor genannt wurde) gefallen war, begannen die Unsterblichen wie die Sterblichen zu weinen; sie weinten siebzehn Tage; dann erst wurde der Held verbrannt.

Ein Gedicht ist, was es geworden ist. – Der antike Mythos war für Schiller seit früher Zeit ein stets bereites Magazin, aus dem er sich nach Bedarf (lange Zeit nach Belieben) bediente. Schon in den Jugendgedichten wimmelt es von mythischen Gestalten, die fast immer die Funktion haben, das verlorene Arkadien erinnernd zu beschwören, das in seiner Einheit von Kunst und Natur und Leben, von Religion und Philosophie und Naturkunde, von Götter- und Menschenwelt immer wieder einer durch die Geschichte gefallenen Gegenwart als Muster – nicht als Ziel – vor Augen zu stellen sei. Die Erinnerung an vergangene Größe tritt ein für den Mangel der Gegenwart und liefert außerdem noch Hoffnung, wie in dem Gedicht *Der Triumph der Liebe*, das Schiller mit 22 Jahren schrieb und in dem er seine freudige Gewißheit gleich fünfmal (V.1–6, 63–68, 103–108, 129–134, 181–186) ausdrückte:

Selig durch die Liebe
Götter – durch die Liebe
  Menschen Göttern gleich!
Liebe macht den Himmel
Himmlischer – die Erde
  Zu dem Himmelreich.

Die aufgesetzte Fröhlichkeit vergeht bald: *Die Götter Griechenlandes* (1788) sind die schneidende Abrechnung Schillers mit der nachgriechischen, der christlichen, der gegenwärtigen Welt: Freude, Glück, Schönheit, Wahrheit, blühende Jugend sind mit den Göttern verschwunden, weil sie jenem Einen Platz machen mußten, der die Welt auseinanderriß in einen menschlichen und einen göttlichen – seinen – Teil. Vergeblich das Rufen:

Schöne Welt, wo bist du? – Kehre wieder,
Holdes Blütenalter der Natur! (V. 145 f.)

Denn:

Freundlos, ohne Bruder, ohne Gleichen,
Keiner Göttin, keiner Irdschen Sohn,
Herrscht ein andrer in des Äthers Reichen
Auf Saturnus' umgestürztem Thron. (V. 177–180.)

Das Fazit:

Da die Götter menschlicher noch waren,
Waren Menschen göttlicher. (V. 191 f.)

Die Götter Griechenlandes präludieren Schillers Schönheitslehre, die um die Frage kreist, wie in die Welt, aus der mit den Göttern die Schönheit entschwunden ist, das Schöne ohne Götter wieder hineingebracht werden kann. In dem großen kulturphilosophischen Gedicht des folgenden Jahres *Die Künstler* wird der Versuch unternommen, die Geschichte als Geschichte der Kultur, ihrer Fort- und Rückschritte zu beschreiben, und es gelingt dies nur mit Hilfe des mythologischen Apparats: Der Kunst wird die Aufgabe zugewiesen, im Gewande der Schönheit die Erkenntnis der Welt, die Wahrheit der Dinge zu vermitteln. Kann nicht in Aussicht gestellt werden, daß werde, was einmal war? Es soll die Vereinigung der Venus Urania, der Göttin der Wahrheit, mit der Venus Cypria, der Göttin der Schönheit, herbeigeführt werden; diese leitet zu jener:

Die furchtbar herrliche Urania,
Mit abgelegter Feuerkrone
Steht sie – als *Schönheit* vor uns da.
Der Anmut Gürtel umgewunden,
Wird sie zum Kind, daß Kinder sie verstehn (V. 59–63).

Die Erinnerungs-Fiktion befruchtet die Vision, die als Utopie konkretisiert wird: Am Ende der Zeiten wird der Mensch von der Kunst-Schönheit zur Wahrheit geleitet ins Elysium, das von Arkadien durch die Geschichte getrennt ist:

Sie selbst, die sanfte Cypria,
Umleuchtet von der Feuerkrone
Steht dann vor ihrem mündgen Sohne
Entschleiert – als Urania (V. 433–436).

In Schillers Kopf bildet sich die Idee vom Übertritt des Menschen in die Sphäre des Göttlichen.
Es mochte Schiller nicht geheuer gewesen sein, was er da vorausgedacht hatte: Er legte eine poetische Pause von sechs Jahren ein, trieb mancherlei Geschichtsstudien und warf sich, unter dem mächtigen Einfluß Kants, auf die Philosophie, um aus des Philosophen erkenntnistheoretischen Aporien mit Hilfe der Ästhetik herauszuführen.
Als Schiller wieder zu dichten begann, setzte er seine *Künstler* fort, indem er in Verse faßte, wie die Verbindung der Venus Cypria mit der Venus Urania zu denken wäre: Das Reich der Schönheit, dem Schiller die mißverständliche Bezeichnung »Das Reich der Schatten« gab, wird im Diesseits, am Ende der Geschichte als Elysium verwirklicht durch entschiedene Anstrengung des Menschen:

Aber dringt bis in der Schönheit Sphäre,
Und im Staube bleibt die Schwere
Mit dem Stoff, den sie beherrscht, zurück. (V. 111–113.)

Oder:

Nehmt die Gottheit auf in euren Willen,
Und sie steigt von ihrem Weltenthron. (V. 135 f.)

Am Ende schließlich, nach vollbrachten Taten, löst sich »des Erdenlebens Traumbild« auf, und die Verklärung erfolgt, wie sie Herkules zuteil wurde:

Des Olympus Harmonien empfangen
Den Verklärten in Kronions Saal,
Und die Göttin mit den Rosenwangen
Reicht ihm lächelnd den Pokal. (V. 177–180.)

Was war noch zu tun? Ein Schritt noch, den Schiller sich zutraute. Als er, wenige Wochen nach der Abfassung des Gedichtes *Das Reich der Schatten* (das später *Das Reich der Formen* und zuletzt *Das Ideal und das Leben* genannt wurde), im Herbst 1795 mit seiner Fundamentalästhetik *Über naive und sentimentalische Dichtung* beschäftigt war, in der er sein Dichtungs- und Dichterverständnis ordentlich typologisieren und klassifizieren wollte und in der er als höchste Form der Poesie die Idylle festlegte (»Der Begriff dieser Idylle ist der Begriff eines völlig aufgelösten Kampfes sowohl in dem einzelnen Menschen als in der Gesellschaft, einer freien Vereinigung der Neigungen mit dem Gesetze, einer zur höchsten sittlichen Würde hinaufgeläuterten Natur, kurz, er ist kein andrer als das Ideal der Schönheit, auf das wirkliche Leben angewendet« [V,751]) – als Schiller solches dachte und schrieb, überkam ihn die frohe Zuversicht, er selbst könne das Ideal der Schönheit in einer Idylle realisieren. *Das Reich der Schatten* war nur fortzusetzen, wie dieses Gedicht *Die Künstler* fortgesetzt hatte, d. h. der dort am Ende angedeutete Inhalt wäre in Form einer Idylle poetisch auszuführen. »Alle meine poetischen Kräfte spannen sich zu dieser Energie noch an – das Ideal der Schönheit objektiv zu individualisieren«, schrieb Schiller am 30. November 1795 an Wilhelm von Humboldt. »Die Vermählung des Herkules mit der Hebe würde der Inhalt meiner Idylle seyn.«

Schiller hat Ende 1795 den äußersten Punkt nicht nur seiner, ondern *der* idealistischen, nicht-realistischen Kunstphilosophie erreicht. Von nun an wurde die durch das mythologisch fundamentierte Antike-Verständnis genährte Utopie, die sich nicht als konkret erweisen konnte, Schritt für Schritt demontiert. Die poetische Praxis diskreditierte die hochfliegende Theorie einer Schönheit/Wahrheit-Amalgamierung in einem diesseitigen Elysium. Die dichterische Form, in der solche Einsichten zu vermitteln sind, ist die Elegie.

Der Weg zur *Nänie* führt nicht nur über Schiller. – Es ist anzunehmen, daß Schiller 1798/99 ein Gedicht der Dichterin Louise Brachmann, einer Freundin von Novalis, kennenlernte, das *Nänie auf Novalis* überschrieben ist und in scherzhafter Weise – im elegischen Versmaß –, den Trauergesang des Moschos bei Bions Tode parodierend, den Wechsel des Freundes vom Jurastudium zum Studium der Bergbauwissenschaften kommentiert. Darin werden die Musen um die Gabe des lieblichen Gesanges angefleht:

Orpheus rührte ja einst, der Thrazier, Felsen und Bäume,
Und mit der Töne Gewalt zog er im Tanze sie fort;
Mehr noch, gab nicht selbst, vom holden Gesange bezwungen,
Ihm die Gattin vom Styx, Persephoneia zurück?
Musen, o gießet dann auch in *meine* Leier den süßen
Zauber! daß lieblich ihr Klang dringe zum nächtlichen Reich!
(Brachmann, S. 304.)

Wenn Schiller das Gedicht von der Verfasserin erhalten hat, dann ist eine anregende Wirkung auf seine *Nänie* nicht auszuschließen. Sicherer steht es mit anderen Anregungen.

Goethe hatte 1798 in der Elegie *Euphrosyne* der jung verstorbenen weimarischen Schauspielerin Christiane Becker-Neumann ein Denkmal gesetzt, das Schiller in seinem Musenalmanach für das kommende Jahr (1799) präsentierte. Es enthält die Anschauung, zu der sich Schiller in wenigen Monaten bekannte: daß üppig genährte Illusionen über das

Wesen und die Möglichkeiten der Kunst aufzuopfern seien. Denn nun ist die Kunst kaum mehr als das Gefäß der Erinnerung, die Erscheinung und Wesen, Begriff und Bedeutung des Großen zusammenhält; wenigstens eine kleine Weile. – »Laß nicht ungerühmt mich zu den Schatten hinabgehn!« heißt es in der *Euphrosyne*.

Nur die Muse gewährt einiges Leben dem Tod.
Denn gestaltlos schweben umher in Persephoneias
Reiche, massenweis, Schatten vom Namen getrennt;
Wen der Dichter aber gerühmt, der wandelt, gestaltet,
Einzeln, gesellet dem Chor aller Heroen sich zu. (V. 121–126.)

Daß Schiller diese Auffassung präzisierte und radikalisierte, verraten die ersten Worte seiner *Nänie*: »Auch das Schöne muß sterben!«
Die *Euphrosyne* war nicht die einzige deutliche Anregung, die Schiller für seine *Nänie* vom Freund erhielt. Im Frühjahr 1798 hatte Goethe den Plan für ein Achilles-Epos (*Achilleis*) entworfen, dessen Entwicklung Schiller im darauffolgenden Jahr – bis zum Abbruch der Dichtung – interessiert und ratgebend begleitete. Sein eigenes Hauptwerk war in jener Zeit die *Wallenstein*-Trilogie, die am 17. März 1799 abgeschlossen wurde. Zwei Tage später schrieb er an Goethe: »Ich habe in diesen Tagen wieder den Homer vorgehabt und den Besuch der Thetis beim Vulcan mit unendlichem Vergnügen gelesen.« Der 18. Gesang der *Ilias*, an dem sich Schiller erfreute, ist erfüllt von des Achilles und aller Achaier Klagen über den Tod des herrlichen Patroklus. Um ihn klagt auch Thetis mit allen Göttinnen des Meeres.
Die Homer-Lektüre war Schillers Vorbereitung für Goethes Besuch in Jena vom 21. März an, während dessen die Arbeit an dem Epos gefördert werden sollte. Am 26. März stellt Goethe vor, was gerade fertig geworden ist: Die Ansprache der Pallas Athene an Hera mit der Klage über den nahen Tod des Achilles:

Ach! daß schon so frühe das schöne Bildnis der Erde
Fehlen soll! die breit und weit am Gemeinen sich freuet.
Daß der schöne Leib, das herrliche Lebensgebäude,
Fressender Flamme soll dahingegeben zerstieben. (V. 365–368.)

Der Rede schließen sich die Verse an:

Also sprach sie und blickte schrecklich hinaus in den weiten
Äther. Schrecklich blicket ein Gott da wo Sterbliche weinen.
(V. 384 f.)

Ein Teil der Schillerschen *Nänie* scheint hier vorgegeben zu
sein. (Auch frühere Verse des Epos sind – in Variation – dem
Gedicht eingegeben worden, etwa V. 245 f.: »Und erweichte
sich nicht Persephone, als sie dort unten / Hörte des Orpheus Gesang und unbezwingliche Sehnsucht?«)
Eine letzte ›Quelle‹ für Schillers Gedicht: Der 12. Auftritt
des 4. Aufzuges von *Wallensteins Tod*, bestehend aus 26
Versen, die Thekla nach dem Tod, den Max, ihr Geliebter,
in der Schlacht gesucht und gefunden hat, spricht. Erinnerung an die kurze Weile ihres Liebesglücks, das jäh beendet
wurde.

– Da kommt das Schicksal – Roh und kalt
Faßt es des Freundes zärtliche Gestalt
Und wirft ihn unter den Hufschlag seiner Pferde –
– Das ist das Los des Schönen auf der Erde! (V. 3177–80.)

Wer möchte zweifeln, daß die *Nänie* eine Variation der
Totenklage Theklas ist?
Das Gedicht gibt sich zu erkennen als Versifizierung mythologischer Trauerfälle; es benutzt die Mythos-Rezeption
Goethes und deren Deutung. Es ist aber vor allem – nicht
nur in der Ausführung, sondern auch in der Idee – eine
selbständige Dichtung Schillers.
Die gewöhnliche Interpretation der *Nänie* ist nicht haltbar:
daß am Ende die Kunst, die Dichtkunst, über die Vergänglichkeit triumphiere. (»Auch ein Klaglied zu sein im Mund
der Geliebten, ist herrlich«; in Goethes Elegie *Hermann und*

Dorothea [1796] lautet ein Vers ähnlich: »Doch Homeride zu sein, auch nur als letzter, ist schön« [V. 30].) Vielmehr: was Schiller in der *Nänie* dichtet, ist nichts weniger als die Zurücknahme seiner Schönheitslehre in deren äußerster Zuspitzung, nämlich der Idyllentheorie vom Herbst 1795. Was da ausgeführt ist, was im *Reich der Schatten* schon angedeutet war und in dem geplanten Gedicht über die Hochzeit des Herkules mit der Hebe zu einem großartigen Ende gebracht werden sollte, wird nun revoziert: daß Schönheit wirklich sein könne, wenn der Mensch den Stoff durch die Form vertilgt, das Körperliche in den freien Willen aufnimmt, das Irdische dem Göttlichen adaptiert; daß nicht länger nur als Ideal erwartet, sondern gegenwärtig werde auf ewig – Elysium: Die Kunst in ihrer Verbindung von Sinnlichkeit und Sittlichkeit annihiliert alle Probleme der Ethik; die Schönheit, endlich von dieser Welt und absolut, vermittelt die Wahrheit, die einmal als jenseitige galt. *Die* Hoffnung ist nun dahin.

Schon 1796, als die Idylle nicht gelang, heftiger dann in den folgenden Jahren, als ihn das *Wallenstein*-Drama mit Schwierigkeiten überhäufte, zog sich Schiller – wenigstens von Zeit zu Zeit und wohl auch grundsätzlich – auf eine Position zurück, die unanfechtbar ist, wenn die Kunst sich nicht aufgeben und als bloßes Handwerk ansehen will: auf die Position des Elegikers, der beklagt, daß die Welt nicht vollkommen eingerichtet ist und nie sein wird, solange die Menschen sterblich sind; und dies werden sie bleiben, solange der Tod nicht gebannt ist, und dazu bestehen keine Aussichten; und also ist der Riß zur Kenntnis zu nehmen, der durch die Welt geht (wie das Christentum und Kant lehren), der auch den Menschen spaltet, der das Absolute uneinsichtig macht und das Ideal der Schönheit zur abstrakten Utopie herabwürdigt. Schiller braucht schon 1798/99 den Himmel, um die Aussichten für Max und Thekla nicht gänzlich zu zerstören; er braucht in den folgenden Jahren den Himmel, um seine Maria Stuart und seine Jungfrau von

Orleans dorthin retten zu können. Von diesem Himmel ist wenig zu sagen; vielleicht ist er leer.

»Der Inhalt der dichterischen Klage kann [...] niemals ein äußerer [...] Gegenstand sein«, hatte Schiller in *Über naive und sentimentalische Dichtung* ausgeführt, »selbst wenn sie [die Klage] einen Verlust in der Wirklichkeit betrauert, muß sie ihn erst zu einem idealischen umschaffen. In dieser Reduktion des Beschränkten auf ein Unendliches besteht eigentlich die poetische Behandlung« (V, 729 f.). Auf die *Nänie* übertragen, bedeutete dies, daß die geschilderten Verluste – Eurydike, Adonis, Achill – ins Idealisch-Unendliche transformiert (»reduziert«, sagt Schiller) werden müssen, damit dieses zum Thema des Gedichtes werde.

Ist das Thema also die Schönheit, die dauernde unendliche? Die Eingangsworte sagen etwas ganz anderes: »Auch das Schöne muß sterben!« Natürlich ist das sterbliche Schöne nicht idealisch, keine absolute Größe; vielleicht nicht einmal eine verläßliche Führerin auf dem Weg zur Wahrheit. Das Schöne ist nicht mehr allgemein, sondern nur noch je einzeln: die schöne Liebe des klagenden Orpheus, der schöne Leib des tödlich verwundeten Adonis, der schöne Heldensinn des herrlichen Achilles und der schöne Gesang der Thetis; weiter noch: die schöne Klage über die Vergänglichkeit auch des schönen Gesangs, die poetische Begleitung der Einsicht in die unrettbare Verlorenheit der schönen Klage über die Zeitlichkeit der schönen Klage, daß sich das wirklich-gegenwärtig Schöne nie ins Idealisch-Schöne verwandeln werde. Da ist keine Hoffnung, wenn nicht die eine: daß sich das Schöne fortzeuge als Klaglied und also das einzelne Schöne heraushebe aus der Gemeinheit – das Klaglied als Preis für gewonnene Schönheit, für das Verdienst, nicht »gemein« gewesen zu sein. Die Elegie ihrer selbst, das also ist Schillers *Nänie*; sie ist identisch mit der Gattung (Dichtart), die sie vertritt, so daß ihr auf keiner Meta-Ebene näher zu kommen ist als auf der Ebene, die sie einnimmt. Ist sie auch von dem Ideal der Dichtung, der Idylle, durch kaum meßbare Distanz geschieden, so ist sie doch dem Unerreichbaren nahe durch die Vollkommenheit – diese freilich ist nicht unzerstörbar.

Es ist kaum verwunderlich, daß die *Nänie* Schillers letzte Elegie ist, geschrieben sechs Jahre vor seinem Tod.

Es ist gar nicht verwunderlich, daß die *Nänie* nicht nur inhaltlich ein Klaglied ist (die Klage der Klage), sondern auch formal die Forderungen, die von den Alten an eine Elegie gestellt wurden, erfüllt: Sie besteht aus sieben ungereimten Doppelversen, sogenannten Distichen, deren jedes aus einem Hexameter und einem Pentameter zusammengesetzt ist. (In dem Distichon *Das Distichon* hat Schiller einmal [1796] das Besondere dieses Zweizeilers als seine Bewegung zu beschreiben versucht: »Im Hexameter steigt des Springquells flüssige Säule, / Im Pentameter drauf fällt sie melodisch herab.«)

Daß Schiller in der *Nänie* die Eigenständigkeit des Metrums, also der Distichen, besonders hervorheben wollte, ergibt sich unschwer aus dem Umstand, daß er sie stets durch Punkte voneinander abgesondert hat; sie bilden also syntaktische Einheiten, wie sie auch semantisch für sich zu verstehen sind. – Aus der leicht – nämlich durch Zählen – zu ermittelnden Tatsache, daß von den sieben Hexametern einer 14, drei 15, zwei 16 und einer 17 Silben aufweist, könnte sich Interpretationskapital, freilich nur in kleiner Münze, gewinnen lassen. Darauf sei hier ebenso verzichtet wie auf die beliebte Übung, die Helligkeit oder Dunkelheit von Vokalen mit Sinn zu beschweren. Es sei allein erwähnt, daß es kein Zufall sein muß, welcher Vers der ›vollständigste‹, der vielleicht getragenste und damit betonteste des ganzen Gedichts ist: »Siehe! Da weinen die Götter, es weinen die Göttinnen alle« (11). So heißt es im vorletzten Distichon, das die vorangegangene Klage der Mutter durch die Klage der Götter steigert und den Höhepunkt bildet vor der mit dem letzten Distichon gezogenen Quintessenz, die zum Anfang zurücklenkt: weil das Schöne stirbt, ist die Klage geboten, um es zu bewahren, solange die Klage lebt. (Der elfte Vers ist auch der einzige des Gedichts, der mit

einem Verb – in imperativischer Form – beginnt, durch das
der Leser in die Beschreibung, in den Klagegesang hineingenommen wird.)

Auf das Prinzip der Steigerung, das Schiller wohl beachtet
zu haben scheint, soll noch aufmerksam gemacht werden:
Das Schicksal von Orpheus und Eurydike ist das der Tragik
des menschlich-naturhaften, sich in Gesang, Liebe und
Treue ausdrückenden Schönen; das Schicksal des Adonis ist
die Tragik der göttlich-schönen Gestalt, der göttlich vollkommenen, aber naturhaften, die irdisch ist und sterblich;
und Achill schließlich wird der »göttliche Held« (7) genannt
und ist doch auch Mensch, göttlich-menschlich vollkommen. Die Bewegung kann dialektisch genannt werden, sie ist
auf jeden Fall eine Steigerung, die vor dem Äußersten abbre-
chen muß, weil dieses nicht irdisch, nicht sterblich, also
unerreichbar ist: vor dem Übertritt ins Göttlich-Ewige, vor
der Hochzeit des Herkules mit der Hebe, etwa. Die *Nänie*
ist auch die Klage über den Verlust der einmal sehnsüchtig
genährten Hoffnung, daß Elysium nahe sei.

Die *Nänie*, die sich des mythischen Stoffes bedient, will
selbst Mythos sein, was heißt: sie will das Wesen von
Seiendem in der Spannung zwischen Idealität und Realität
mit den Mitteln der Kunst, also schön auf den Begriff
bringen; sie will nicht-entfremdete Existenz, wie der Mythos sie kennt, bewahren und gleichzeitig, als Poesie, neu
schaffen. Die Schönheit, die einmal war, erschien als fertig
von Anbeginn, entwickelte sich nicht in einem nachvollziehbaren Prozeß; nur das Sterben wies sie schließlich als endlich
aus. Das neuzuschaffende Schöne bedarf der angestrengten
Denkkraft, um als Konstrukt Leben zu gewinnen; es entsteht und vergeht in der Zeit.

»Aber das Glückliche siehest du nicht, das Schöne nicht
werden, /\ Fertig von Ewigkeit her steht es vollendet vor
dir«, lautet ein Distichon (V. 61 f.) in Schillers 1798 gedich-
teter Elegie *Das Glück*, in der es auch heißt (V. 20), daß nur
der Blinde der »Herrlichkeit Glanz« zu schauen vermöge.

Die *Nänie* läßt eine solche Auffassung nur für die glücklichen Verhältnisse der Alten gelten, nicht für die Gegenwart, in der sich der moderne Dichter, der sehende (weil denkende), der sentimentalische, genötigt sieht, das Schöne von innen heraus zu schaffen, nicht als Aufhebung der Verheerungen, des Sterbens ringsum, sondern als Antwort auf die Frage nach den Möglichkeiten zu leben: Orpheus und Eurydike, Adonis und Achill als Reproduktion des Mythos, verlebendigte *Kultur*, die an die Stelle der schönen *Natur* getreten ist (treten mußte), die sich, nachdem sie einmal vom Geist separiert worden ist, in den Funktionen erschöpft, Refugium zu sein oder einen Vorrat an Symbolen bereitzustellen. (So findet sich Natur in den sogenannten Idyllen des 18. Jahrhunderts, bei Salomon Geßner und Johann Heinrich Voß beispielsweise, oder in Volksliedern.) Solches liegt Schiller – auf der Höhe seiner Kunst- und Lebenseinsichten – fern: Die Schönheit der Natur läßt sich nur noch borgen und künstlich in eine Wirklichkeit einfügen, die sich dem Schein verschrieben hat, ohne mit dem Kunstschönen – als dem ›wahrhaft‹ Scheinenden – in Opposition treten zu wollen, ja sogar, um dieser natürlichen Opposition zu entgehen.

Die Ideologie konserviert, was sie ist: das falsche Bewußtsein der entfremdeten Existenz. Die Kunst hat die vornehme Aufgabe, das Schöne scheinen zu lassen, um die Scheinhaftigkeit der Wirklichkeit ans Licht zu bringen. Wie kann das anders als klagend geschehen?

Schiller hat also, bei aller Kunst- und Welt-Skepsis, ja -Resignation, nicht aufgehört, der Kunst *diese* Aufgabe zuzuweisen: dem Menschen Auskunft zu geben über sich selbst. Auch die Elegie – in der Benennung des Schrecklichen, der Beschwörung des vergeblichen Widerstandes gegen den Tod – versucht, den Menschen menschlicher zu machen, indem sie ihn aufklärt, an die Wahrheit heranführt, auch an jene, in der die gemeine Wirklichkeit der Dinge erscheint.

Es fehlt nicht viel, um an den Abgrund zu kommen (in den unser Jahrhundert zu blicken sich gewöhnt hat): Der Mensch, der weiß, daß er nur ganz Mensch ist, wenn er spielt, behauptet sich nur in der Klage darüber, daß er nicht ganz Mensch sein kann.

Zitierte Literatur: Louise BRACHMANN: Nänie auf Novalis. In: Die Harfe. Hrsg. von Friedrich Kind. Bd. 2. Leipzig 1815. S. 301–305. – Johann Wolfgang GOETHE: Gedenkausgabe der Werke, Briefe und Gespräche. Hrsg. von Ernst Beutler. Bd. 1, 3. Zürich 1948–50. – Friedrich SCHILLER: Sämtliche Werke. 5 Bde. Hrsg. von Gerhard Fricke und Herbert G. Göpfert. Bd. 1, 2, 5. München 1958/59. [Zit. mit Band- und Seitenzahl.] – SCHILLER: Sämtliche Werke. 10 Bde. Hrsg. von Hans-Günther Thalheim [u. a.]. Bd. 1. Berlin/Weimar 1980. [Danach *Das Reich der Schatten* zit.] – Schillers Werke. Nationalausgabe. Hrsg. von Lieselotte Blumenthal und Benno von Wiese. Bd. 28, 29. Weimar 1969–77. [Danach Schillers Briefe zit.]

Weitere Literatur: Walter GAUSEWITZ: Schillers »Nänie«. In: Monatshefte für den deutschen Unterricht, deutsche Sprache und Literatur 51 (1959) S. 293–302. – Walter MUSCHG: Schillers »Nänie«. In: W. M.: Gestalten und Figuren. Bern/München 1968. S. 41–46. – Wilhelm SCHNEIDER: Friedrich von Schiller, Nänie. In: W. Sch.: Liebe zum deutschen Gedicht. Ein Begleiter für alle Freunde der Lyrik. Freiburg i. Br. ²1954. S. 170–180. – Philipp SIMON: Schillers Nänie. In: Neue Jahrbücher für das klassische Altertum, Geschichte und Literatur 11 (1908) S. 351–357. – Eugen THURNHER: Schillers »Nänie«. In: Innsbrucker Beiträge zur Kulturwissenschaft 4 (1956) S. 13–22.

Novalis (Friedrich von Hardenberg)

Hymnen an die Nacht

5

Über der Menschen weitverbreitete Stämme herrschte vor
Zeiten ein eisernes Schicksal mit stummer Gewalt. Eine
dunkle, schwere Binde lag um ihre bange Seele – Unendlich
war die Erde – der Götter Aufenthalt, und ihre Heimat. Seit
5 Ewigkeiten stand ihr geheimnisvoller Bau. Über des Morgens roten Bergen, in des Meeres heiligem Schoß wohnte die
Sonne, das allzündende, lebendige Licht. Ein alter Riese
trug die selige Welt. Fest unter Bergen lagen die Ursöhne der
Mutter Erde. Ohnmächtig in ihrer zerstörenden Wut gegen
10 das neue herrliche Göttergeschlecht und dessen Verwand-
ten, die fröhlichen Menschen. Des Meers dunkle, grüne
Tiefe war einer Göttin Schoß. In den kristallenen Grotten
schwelgte ein üppiges Volk. Flüsse, Bäume, Blumen und
Tiere hatten menschlichen Sinn. Süßer schmeckte der Wein
15 von sichtbarer Jugendfülle geschenkt – ein Gott in den
Trauben – eine liebende, mütterliche Göttin, emporwach-
send in vollen goldenen Garben – der Liebe heilger Rausch
ein süßer Dienst der schönsten Götterfrau – ein ewig buntes
Fest der Himmelskinder und der Erdbewohner rauschte das
20 Leben, wie ein Frühling, durch die Jahrhunderte hin – Alle
Geschlechter verehrten kindlich die zarte, tausendfältige
Flamme, als das höchste der Welt. Ein Gedanke nur war es,
Ein entsetzliches Traumbild,

Das furchtbar zu den frohen Tischen trat
25 Und das Gemüt in wilde Schrecken hüllte.
Hier wußten selbst die Götter keinen Rat
Der die beklommne Brust mit Trost erfüllte.
Geheimnisvoll war dieses Unholds Pfad
Des Wut kein Flehn und keine Gabe stillte;

30   Es war der Tod, der dieses Lustgelag
      Mit Angst und Schmerz und Tränen unterbrach.

      Auf ewig nun von allem abgeschieden,
      Was hier das Herz in süßer Wollust regt,
      Getrennt von den Geliebten, die hienieden
35   Vergebne Sehnsucht, langes Weh bewegt,
      Schien matter Traum dem Toten nur beschieden,
      Ohnmächtiges Ringen nur ihm auferlegt.
      Zerbrochen war die Woge des Genusses
      Am Felsen des unendlichen Verdrusses.

40   Mit kühnem Geist und hoher Sinnenglut
      Verschönte sich der Mensch die grause Larve,
      Ein sanfter Jüngling löscht das Licht und ruht –
      Sanft wird das Ende, wie ein Wehn der Harfe.
      Erinnerung schmilzt in kühler Schattenflut,
45   So sang das Lied dem traurigen Bedarfe.
      Doch unenträtselt blieb die ewge Nacht,
      Das ernste Zeichen einer fernen Macht.

Zu Ende neigte die alte Welt sich. Des jungen Geschlechts
Lustgarten verwelkte – hinauf in den freieren, wüsten Raum
50 strebten die unkindlichen, wachsenden Menschen. Die Götter verschwanden mit ihrem Gefolge – Einsam und leblos
stand die Natur. Mit eiserner Kette band sie die dürre Zahl
und das strenge Maß. Wie in Staub und Lüfte zerfiel in
dunkle Worte die unermeßliche Blüte des Lebens. Entflohn
55 war der beschwörende Glauben, und die allverwandelnde,
allverschwisternde Himmelsgenossin, die Phantasie. Un-
freundlich blies ein kalter Nordwind über die erstarrte Flur,
und die erstarrte Wunderheimat verflog in den Äther. Des
Himmels Fernen füllten mit leuchtenden Welten sich. Ins
60 tiefere Heiligtum, in des Gemüts höhern Raum zog mit ihren
Mächten die Seele der Welt – zu walten dort bis zum
Anbruch der tagenden Weltherrlichkeit. Nicht mehr war das
Licht der Götter Aufenthalt und himmlisches Zeichen – den

Schleier der Nacht warfen sie über sich. Die Nacht ward der
Offenbarungen mächtiger Schoß – in ihn kehrten die Götter
zurück – schlummerten ein, um in neuen herrlichern Gestalten auszugehn über die veränderte Welt. Im Volk, das vor
allen verachtet zu früh reif und der seligen Unschuld der
Jugend trotzig fremd geworden war, erschien mit niegesehe-
nem Angesicht die neue Welt – In der Armut dichterischer
Hütte – Ein Sohn der ersten Jungfrau und Mutter – Geheimnisvoller Umarmung unendliche Frucht. Des Morgenlands
ahndende, blütenreiche Weisheit erkannte zuerst der neuen
Zeit Beginn – Zu des Königs demütiger Wiege wies ihr ein
Stern den Weg. In der weiten Zukunft Namen huldigten sie
ihm mit Glanz und Duft, den höchsten Wundern der Natur.
Einsam entfaltete das himmlische Herz sich zu einem Blütenkelch allmächtger Liebe – des Vaters hohem Antlitz
zugewandt und ruhend an dem ahndungsselgen Busen der
lieblich ernsten Mutter. Mit vergötternder Inbrunst schaute
das weissagende Auge des blühenden Kindes auf die Tage
der Zukunft, nach seinen Geliebten, den Sprossen seines
Götterstamms, unbekümmert über seiner Tage irdisches
Schicksal. Bald sammelten die kindlichsten Gemüter von
inniger Liebe wundersam ergriffen sich um ihn her. Wie
Blumen keimte ein neues fremdes Leben in seiner Nähe.
Unerschöpfliche Worte und der Botschaften fröhlichste fie-
len wie Funken eines göttlichen Geistes von seinen freundlichen Lippen. Von ferner Küste, unter Hellas heiterm Himmel geboren, kam ein Sänger nach Palästina und ergab sein
ganzes Herz dem Wunderkinde:

Der Jüngling bist du, der seit langer Zeit
Auf unsern Gräbern steht in tiefen Sinnen;
Ein tröstlich Zeichen in der Dunkelheit –
Der höhern Menschheit freudiges Beginnen.
Was uns gesenkt in tiefe Traurigkeit
Zieht uns mit süßer Sehnsucht nun von hinnen.
Im Tode ward das ewge Leben kund,
Du bist der Tod und machst uns erst gesund.

198

Der Sänger zog voll Freudigkeit nach Indostan – das Herz
von süßer Liebe trunken; und schüttete in feurigen Gesängen es unter jenem milden Himmel aus, daß tausend Herzen
sich zu ihm neigten, und die fröhliche Botschaft tausend-
zweigig emporwuchs. Bald nach des Sängers Abschied ward
das köstliche Leben ein Opfer des menschlichen tiefen Verfalls – Er starb in jungen Jahren, weggerissen von der geliebten Welt, von der weinenden Mutter und seinen zagen-
den Freunden. Der unsäglichen Leiden dunkeln Kelch
leerte der liebliche Mund – In entsetzlicher Angst nahte die
Stunde der Geburt der neuen Welt. Hart rang er mit des
alten Todes Schrecken – Schwer lag der Druck der alten
Welt auf ihm. Noch einmal sah er freundlich nach der
Mutter – da kam der ewigen Liebe lösende Hand – und er
entschlief. Nur wenig Tage hing ein tiefer Schleier über das
brausende Meer, über das bebende Land – unzählige Tränen
weinten die Geliebten – Entsiegelt ward das Geheimnis –
himmlische Geister hoben den uralten Stein vom dunkeln
Grabe. Engel saßen bei dem Schlummernden – aus seinen
Träumen zartgebildet – Erwacht in neuer Götterherrlichkeit
erstieg er die Höhe der neugebornen Welt – begrub mit
eigner Hand der Alten Leichnam in die verlaßne Höhle, und
legte mit allmächtiger Hand den Stein, den keine Macht
erhebt, darauf.

Noch weinen deine Lieben Tränen der Freude, Tränen der
Rührung und des unendlichen Danks an deinem Grabe –
sehn dich noch immer, freudig erschreckt, auferstehn – und
sich mit dir; sehn dich weinen mit süßer Inbrunst an der
Mutter seligem Busen, ernst mit den Freunden wandeln,
Worte sagen, wie vom Baum des Lebens gebrochen; sehen
dich eilen mit voller Sehnsucht in des Vaters Arm, bringend
die junge Menschheit, und der goldnen Zukunft unversiegli-
chen Becher. Die Mutter eilte bald dir nach – in himmli-
schem Triumph – Sie war die Erste in der neuen Heimat bei
dir. Lange Zeiten entflossen seitdem, und in immer höherm
Glanze regte deine neue Schöpfung sich – und Tausende
zogen aus Schmerzen und Qualen, voll Glauben und Sehn-

sucht und Treue dir nach – wallen mit dir und der himmlischen Jungfrau im Reiche der Liebe – dienen im Tempel des
himmlischen Todes und sind in Ewigkeit dein.

140 Gehoben ist der Stein –
Die Menschheit ist erstanden –
Wir alle bleiben dein
Und fühlen keine Banden.
Der herbste Kummer fleucht
145 Vor deiner goldnen Schale,
Wenn Erd und Leben weicht,
Im letzten Abendmahle.

Zur Hochzeit ruft der Tod –
Die Lampen brennen helle –
150 Die Jungfraun sind zur Stelle
Um Öl ist keine Not –
Erklänge doch die Ferne
Von deinem Zuge schon,
Und ruften uns die Sterne
155 Mit Menschenzung und Ton!

Nach dir, Maria, heben
Schon tausend Herzen sich.
In diesem Schattenleben
Verlangten sie nur dich.
160 Sie hoffen zu genesen
Mit ahndungsvoller Lust –
Drückst du sie, heilges Wesen,
An deine treue Brust.

So manche, die sich glühend
165 In bittrer Qual verzehrt,
Und dieser Welt entfliehend
Nach dir sich hingekehrt;
Die hülfreich uns erschienen
In mancher Not und Pein –

170 Wir kommen nun zu ihnen
Um ewig da zu sein.

Nun weint an keinem Grabe,
Für Schmerz, wer liebend glaubt.
Der Liebe süße Habe
175 Wird keinem nicht geraubt –
Die Sehnsucht ihm zu lindern,
Begeistert ihn die Nacht –
Von treuen Himmelskindern
Wird ihm sein Herz bewacht.

180 Getrost, das Leben schreitet
Zum ewgen Leben hin;
Von innrer Glut geweitet
Verklärt sich unser Sinn.
Die Sternwelt wird zerfließen
185 Zum goldnen Lebenswein,
Wir werden sie genießen
Und lichte Sterne sein.

Die Lieb ist frei gegeben,
Und keine Trennung mehr.
190 Es wogt das volle Leben
Wie ein unendlich Meer.
Nur Eine Nacht der Wonne –
Ein ewiges Gedicht –
Und unser aller Sonne
195 Ist Gottes Angesicht.

Abdruck nach: Novalis: Werke. Hrsg. und komm. von Gerhard Schulz. 2.,
neu bearb. Aufl. München: C. H. Beck, 1981. (Beck's kommentierte Klassiker.) S. 46–51. [Der Text entspricht dem Erstdruck, die Orthographie ist
modernisiert, die Interpunktion des Originals bewahrt.]
Erstdruck: Athenaeum. Eine Zeitschrift von August Wilhelm Schlegel und
Friedrich Schlegel. 3. Bd. 2. Stück. Berlin: Heinrich Frölich, 1800.
Weiterer wichtiger Druck: Novalis: Schriften. Die Werke Friedrich von Hardenbergs. 5 Bde. Hrsg. von Paul Kluckhohn und Richard Samuel. 3., nach den

Handschriften erg., erw. und verb. Aufl. Stuttgart: W. Kohlhammer, 1977. Bd. 1. Unter Mitarb. von Heinz Ritter, Gerhard Schulz. Revid. von Richard Samuel. [Gegenüberstellung der beiden Fassungen: Handschriftliche Fassung, entstanden Ende 1799 / Anfang 1800; bald danach für den Druck revidierte Fassung.]

Gerhard Schulz

»Mit den Menschen ändert die Welt sich«. Zu Friedrich von Hardenbergs *5. Hymne an die Nacht*

Der französische Kritiker Henri Albert hat im *Mercure de France* von 1895 Novalis' *Hymnen an die Nacht* »die vollkommensten Prosagedichte der deutschen Literatur« genannt. In der Tat stehen sie in der Literatur um 1800 als ein einzigartiges Kunstwerk da. Hymnisch-lyrische Prosa war zwar nicht unbekannt und mit Geßners Idyllen sogar schon einmal recht populär gewesen. Auch die Heldenklagen des *Ossian*, die Werther seiner Lotte übersetzte, bestanden aus lyrisch schmelzender Prosa, und Werther hatte manche seiner eigenen Briefe ebenfalls zum Gedicht gesteigert. Aber Novalis' Verbindung von Prosa und Vers war dennoch etwas Einmaliges und ist es selbst in der heutigen Zeit geblieben, die der Prosa einen sehr viel weiteren Raum im Bereiche der Lyrik eingeräumt hat.

Im Vergleich zum Vers, der mehr oder weniger strengen Gesetzen der Rhythmik, des Metrums und des Reimes unterliegt, ist Prosa ein Ausdruck der Freiheit. Das Maß, das dem lyrischen Sprechen auferlegt wird, kommt allein von innen her, vom Auszusprechenden, von den Ideen, Empfindungen, Erfahrungen, die artikuliert werden sollen. Damit ist aber auch schon genau das bezeichnet, was Novalis in seinen vielfachen Überlegungen zur Poetik als Aufgabe der Literatur empfand: sie sollte Inneres aussagen. Das heißt nichts anderes, als das Vorrecht von Bewußtsein und Gefühlskraft über das Äußere zu behaupten. Dabei war sich Novalis anfangs seiner Form nicht sicher. Was im Druck als Prosa erscheint, wurde zunächst bis auf eine Ausnahme in kurzen Zeilen niedergeschrieben. Aber die Kurzatmigkeit dieser Verse widersprach dem suggestiven Strom von Novalis' Bildgedanken, die auf Vereinigung des Getrennten ausgehen. So war seine Entscheidung für die Prosa eine künstlerische Notwendigkeit.

Der einzige Teil, der schon in der ersten Fassung in Prosa steht, ist die *3. Hymne*, die Gestaltung einer Transzendenzerfahrung, die das lyrische Ich am Grabe der Geliebten hat. In diese Hymne sind einige Sätze aus Novalis' Tagebuch eingegangen, das er nach dem Tode seiner Braut Sophie von Kühn im März 1797 führte. Bei einem Besuch ihres Grabes scheint ihm zur Offenbarung geworden zu sein, was ihm aus seiner christlichen Erziehung intellektuell längst bekannt war, daß nämlich die Unumgehbarkeit des Todes und die Beschränktheit der Existenz des Menschen durch seine geistige Kraft, zu der auch Glauben und Gefühl gehören, ihrer Tragik entkleidet werden können. Die Liebe zu einem Verstorbenen und damit die äußerste Steigerung der Trauer bildeten jedoch einen besonders geeigneten Anlaß dafür, sich eine solche Erfahrung, die zum Grundstock aller Religiosität gehört, auch wirklich innerlich anzueignen.

Man ist zu Recht vorsichtig geworden gegenüber Rückschlüssen aus der Literatur auf die Person ihres Schöpfers. Selbstverständlich hat Novalis sich selbst gegeben in den *Hymnen an die Nacht*, aber dieses Selbst konstituiert sich in sehr viel mehr als einer biographischen Erfahrung. Gedanken aus vielfältigen Beschäftigungen mit Philosophie, Geschichte, Ästhetik und den Naturwissenschaften sind in seine Gedichte ebenso eingegangen wie der ganze, nicht nur durch äußere Tatsachen auslösbare Empfindungsreichtum einer sensitiven Persönlichkeit, und dazu noch bewußtes oder manchmal auch nur unterbewußtes Ansprechen auf literarische und sprachliche Traditionen.

Die *Hymnen an die Nacht* sind ein Zyklus von sechs eng untereinander verbundenen Poemen – mit einem anderen Wort läßt sich kaum die eigentümliche Mischung von Prosagedicht und Vers bezeichnen, ohne falsche Vorstellungen zu erwecken. Ihr Thema ist die Überwindung des Todes im Bewußtsein, denn an der physischen Tatsache des Lebensendes führt kein Weg vorbei. Damit lassen sich nun zwar die *Hymnen* eine religiöse Dichtung nennen, aber der Begriff ist zu generell, um viel zu nützen. Gottverlassenheit, Gottsuche oder Gottbekenntnis der religiösen Dichtung des Barock etwa sind ihnen fremd, und mit der Sündenzerknirschung und Weltverneinung, die uns aus den Texten mancher Passionen und Kantaten Bachs entgegenklingt, haben sie ebenfalls wenig gemein. In der äußersten Subjektivität des lyrischen Ausdrucks schafft sich der Dichter hier seine eigene poetische Religion, die am Ende der 5. *Hymne* alle Trennung aufhebt und solchen Zustand unter der Sonne Gottes nichts anderes als ein »ewiges Gedicht« (193) nennt. Die Willkür des Dichters erkenne kein Gesetz über sich, sagt Novalis' Freund Friedrich Schlegel. Die Religion der *Hymnen* ist ein solcher aus der Phantasie des Dichters erzeugter Glauben, der sich von allen Konfessionen weit entfernt, ohne ihnen notwendigerweise zu widersprechen. Unter seine Kirchenväter gehört neben dem Grafen Zinzendorf durchaus auch Johann Gottlieb Fichte mit dem subjektiven Idealismus seiner Ich-Philosophie. Denn in vieler Hinsicht sind die *Hymnen an die Nacht* ein Gedicht ihrer Zeit.

Die ersten vier von Novalis' *Hymnen* sind die Darstellung einer persönlichen, sich entfaltenden und intensivierenden Erfahrung. Ausgangspunkt ist die Entdeckung einer Sphäre des Nächtlichen, die sich dem Ich bisher hinter der Schönheit des Lichtes und den Anstrengungen des Begreifens, Erkennens und Wissens verborgen hat. Im Traume erlebt dieses Ich eine Liebesvereinigung. Aber die Realität des Morgens zerstört unvermeidlich jedes Glück der Nacht, wie der Tod jedem Glück des Lebens ein unabwendbares Ende bereitet. Gestalteten die erste und zweite Hymne den

Gegensatz von Traum und Wirklichkeit, so die dritte und vierte den zwischen Leben und Tod. Aber es werden nicht einfach Analogien hergestellt; das lyrische Denken vollzieht sich vielmehr jetzt auf einer höheren Stufe und kommt sogar zu einer Versöhnung des Gegensatzes. Denn die *3. Hymne* beschreibt erinnernd eben jene Transzendenzerfahrung am Grabe, in der dem Ich das Bewußtsein zweier Welten, einer physischen und einer geistigen, einer zeitlichen und einer ewigen, zuteil wurde. Solches Bewußtsein aber ermöglicht ihm nun, in beiden zu Hause zu sein, Licht und Nacht aufeinander zu beziehen und den Tod zwar nicht als physische Tatsache, aber als metaphysischen Schrecken eines absoluten Endes aufzuheben.

Hier nun setzt die große *5. Hymne* ein, die länger ist als die ersten vier Hymnen zusammen. In der handschriftlichen Fassung hat Novalis eine kleine Inhaltsübersicht vorausgeschickt: »Alte Welt. Der Tod. *Xstus – neue Welt.* Die Welt der Zukunft – Sein Leiden – Jugend – Botschaft. Auferstehung. *Mit den Menschen ändert die Welt sich.* Schluß – Aufruf.« Diese Notiz gibt so etwas wie den Gang der Handlung an und enthält auch einen Schlüssel zum ganzen Gedicht. Der dahinterstehende Gedanke ist, daß der ganzen Menschheit durch Christus zuteil werden könne, was das einzelne Ich am Grabe der Geliebten erfahren habe: das Bewußtsein von der Existenz einer zweiten Welt und damit die Überwindung des Todes. Beider Sterben war ein Mittlerdienst für einen einzelnen oder für alle; daß letztlich »alles [...] Mittler sein könne, indem ich es dazu erhebe«, hat sich Novalis als These in seinen Fragmenten notiert. Es ist eine höchst unorthodoxe, jeder Kirche sehr unangemessene These. Das freie Poetische dieser Religiosität scheint also immer wieder durch.

Novalis entwickelt nun seinen Grundgedanken, wie er in der Vornotiz schon angedeutet hatte, an Bildern aus den Mythen der Antike und des Christentums. Man muß sich allerdings hüten, in der *5. Hymne* eine Art Lehrgedicht über Religionsgeschichte zu sehen. Dazu ist ihre Spannweite zu groß, reicht sie doch von der Kosmogonie der Alten über die christliche Apokalypse bis zur Apotheose eines poetischen Glaubens, der jenseits dessen liegt, was man herkömmlich als Religion bezeichnet. Manche Mißverständnisse über Novalis rühren daher, daß man sein Poem als gereimte oder ungereimte Geschichte betrachtet hat, statt in seinen Bezügen auf die religiösen Mythen poetische Metaphern zu sehen, die im Zusammenhang eine andere Bedeutung annehmen. Es ist zuzugeben, daß ein solcher Übersetzungsakt der Bekanntheit der Mythen wegen schwer zu vollziehen ist und hinsichtlich des Christentums sogar blasphemisch erscheinen mag. Denn während Novalis mit der antiken Mythologie im Grunde nichts anderes tat, als was alle nachantike Dichtung mit ihr getan hat, war seine poetische Behandlung des Christentums, also einer lebendigen Religion, tatsächlich etwas Unerhörtes, auch wenn er sich im Einklang mit ihm geglaubt hat.

Der Bezug auf die Antike war im übrigen sehr zeitgemäß. Mit ihm nahm Novalis an einer Diskussion seiner Tage teil, an dem Streit über die Aktualität eben dieser alten Welt, deren künstlerische Normen noch weithin die Poetik bestimmten und deren Sprachen in den Schulen und Universitäten dominierten. Schon um 1700 hatte es in Frankreich eine »Querelle des Anciens et des Modernes« gegeben, und nach 1790 bemühten sich Schiller wie Friedrich Schlegel in ihren ästhetischen Schriften, eine Identität des Modernen gegenüber dem Klassisch-Alten festzustellen. Schiller freilich hatte 1788 in dem Gedicht *Die Götter Griechenlands* gerade der entgötterten Moderne, die sich Gott nur noch in philosophischer Abstraktion vorstellen konnte, die »schöne Welt« einer antiken Harmonie von Menschen und Göttern als Sinnbild der Humanität entgegengestellt, und der junge Novalis nahm damals angesichts der Kontroverse, die daraus entstand, in einem kleinen Prosaentwurf für Schiller Partei. Auf Schiller kommt er nun ein zweites Mal hier in der *5. Hymne* zurück, denn sein Bild vom »ewig bunten Fest der

Himmelskinder und der Erdbewohner« (18 f.) ist unmittelbar auf dessen Gedicht bezogen.

Diesmal allerdings ist keine »Apologie von Friedrich Schiller« beabsichtigt, sondern die Darstellung eines eigenen, über Schiller hinausgehenden Standpunkts, denn auf den Tod hatte die antike Mythologie keine befriedigende Antwort. Er war dort »ein eisernes Schicksal« (2), »ein entsetzliches Traumbild« (23), das man sich allenfalls im Bilde des Thanatos, des geflügelten und »sanften Jünglings« (42), der eine Lebensfackel ausdrückt, ästhetisch angenehm machte. Um dieses Ungenügen hervorzuheben, geht Novalis mitten im Satz in Verse über. Man könnte an das Verhältnis von Rezitativ und Arie denken, aber das würde dem eigenen Rang der Prosalyrik nicht gerecht. Gewiß hat die Versform hier u. a. auch die Rolle eines lyrischen Kursivs, aber sie bedeutet noch mehr. In achtzeiligen Strophen waren auch Schillers *Die Götter Griechenlands* verfaßt, so daß die metrische Anspielung nicht zu verkennen ist. Aber Schillers Gedicht hatte Kreuzreime, während Novalis Stanzen schreibt. Eine Kleinigkeit, so scheint es, und doch eine bedeutsame, auf die Gedanken bezogene Entscheidung. Stanzen – die Strophenform Tassos und Ariosts – entwickelten sich nämlich gerade in den neunziger Jahren zu einer beliebten lyrischen Form; als Dichter wie als Übersetzer war August Wilhelm Schlegel ihr bedeutendster Herold. Nicht daß hier rigorose Trennungslinien entstanden wären zwischen Älteren und Jüngeren – auch von Wieland und Schiller gibt es Stanzen –, aber die Aufnahme von lyrischen Ausdrucksformen der italienischen Renaissance stand immerhin im Zusammenhang mit der Herausbildung einer eigenen, modernen Identität gegenüber den dominierenden Vorbildern der Antike. Dem Klassischen stellte man das Romantische gegenüber, worunter man damals zunächst die kulturgeschichtliche Einheit des christlichen Europa seit dem Mittelalter verstand. Neben Shakespeare gehörten die großen Italiener zu den ersten Meistern dieser neuen Literatur.

Es ist Zeit, das Romantische ins Spiel zu bringen, mit dem Novalis in den Vorstellungen der Nachwelt so stark verschmolzen ist, daß Dichter wie Begriff sich manchmal in bläuliche Nebel auflösen. Die historische Dimension des Begriffes ist eben angedeutet worden. Sie wird illustriert durch die 5. *Hymne*, wenn da der antiken Todesnot das Opfer Christi gegenübergestellt wird, der »des alten Todes Schrecken« (110 f.) überwindet und zur »Höhe der neugebornen Welt« (120) emporsteigt. Aber ganz so eindeutig ist der Kontrast wiederum nicht, denn am Ende der »alten Welt« (48) kommt es zu einer Zeit, in der »die dürre Zahl und das strenge Maß« (52 f.) regieren. Zu dieser Zeit bildet »die fröhliche Botschaft« (103) des Christentums von der Unsterblichkeit des Menschen einen viel größeren Gegensatz als zur Götterwelt der Antike. Die antiken Götter waren immerhin Götter, also wie auch immer beschränkte Verkörperungen einer gefühlten Transzendenz. Sie verschwinden deshalb auch nicht mit dem Untergang der antiken Welt, sondern ziehen sich in den Schoß der Nacht zurück, »um in neuen herrlichern Gestalten auszugehn über die veränderte Welt« (66 f.). Thanatos ersteht in Christus neu, aber nicht als Symbol, sondern als Überwinder des Todes: Noch einmal fügt Novalis in die Prosa seiner *Hymne* eine Stanze ein, um diese Transsubstantiation deutlich hervorzuheben. Ähnlich hat Friedrich Hölderlin in der Elegie *Brod und Wein* (1800/01) Christus als neuen Dionysos gesehen, der »den Tag mit der Nacht« aussöhnt.

Den wirklichen Gegensatz zu alter und neuer Religion bildet also jener Zustand der Götterferne und Götterleere, den Novalis mit Epitheta wie »einsam«, »leblos« (51), »eisern«, »dürr« (52), »streng« (53), »kalt« (57), »erstarrt« (57 f.), »wüst« (49) bezeichnet und dessen Kern eigentlich Zweckrationalismus und Phantasielosigkeit sind. Man sollte sich das nicht zu rasch in den Begriff Aufklärung übersetzen, der dann sogleich auch urteilende Begriffe wie Gegenaufklärung oder Obskurantismus im Gefolge hat. Im Grunde kommt Novalis hier nur zustimmend auf Schillers Klage über die verlorene, »an der Freude leichtem Gängelband« gehende Kinderwelt der Antike zurück:

Alle jene Blüten sind gefallen
Von des Nordes schauerlichem Wehn,
Einen zu bereichern unter allen,
Mußte diese Götterwelt vergehn.

Mit dem »Einen« hatte Schiller, wie gesagt, den abstrakten Gott einer rationalistischen Philosophie gemeint, die den Menschen zum gehorsamen Diener dessen machte, was für nützlich erklärt wurde, und die die Unruhe seiner Phantasie dämpfte. Gemeint war jedoch nicht Christus an und für sich. Novalis schloß das Mißverständnis, dem Schillers Metapher ausgesetzt war, von vornherein dadurch aus, daß er diesem kalten Zustand des Rechnens und Messens keine Gottgestalt beilegte. Aber sein Ziel war ohnehin nicht die Klage über Verlorenes, sondern der Ausblick in Neues und Höheres.

Das Gesetz der *5. Hymne* ist zeitliche Bewegung. Die Zustände wandeln sich. Aus dem »jungen Geschlecht« (48) werden »die unkindlichen, wachsenden Menschen« (50), und aus ihnen entsteht dann erst als ganzes »die junge Menschheit« (131). Die drei Stufen dieses Entwicklungsprozesses kehren bei Novalis und in der Literatur der Zeit immer wieder – in Fichtes und Hegels Dialektik ebenso wie in den Bildern Hölderlins oder den Fragmenten Friedrich Schlegels. Man dachte sich einen Zustand ewigen Friedens und ein Goldenes Zeitalter als Erfüllung der Geschichte, was in einer Zeit der Kriege wie damals nichts Unerwartetes war und was sich die Menschheit in ihrer ganzen Geschichte immer wieder als Ideal vorgehalten hat, um im Kampf der Interessen eine Orientierung auf Besseres zu behalten. In den *Hymnen an die Nacht* betrachtet Novalis die metaphysischen Aspekte eines solchen Ideals, denn Vollkommenes ist schwer zu erreichen, wenn man nicht zuerst mit einigen existentiellen Grundtatsachen fertigzuwerden versucht. »Mit den Menschen ändert die Welt sich«, hatte Novalis in der Vornotiz zur *5. Hymne* geschrieben. Das ist nicht nur Ausdruck einer passiven Relation, sondern hat aktiven Sinn: Der Mensch verändert seine Welt, indem er sich selbst verändert. Veränderung aber bedeutet zunehmende Erkenntnis über sich selbst, über die Gefühle, Triebe und Ängste, die den Menschen beherrschen einschließlich jener unabänderlichen Tatsache des Todes, auf den jeder zugeht.

In dieser Verbindung erhält das Romantische nun noch eine weitere, zweite Bedeutung, wie sie Novalis zusammen mit seinem Freund Friedrich Schlegel zu erarbeiten versucht hat. Schuf man sich zunächst unter dem Begriff des Romantischen eine Identität der Moderne in Vergangenheit und Gegenwart, so sollte die erweiterte Bedeutung auch auf die Zukunft weisen. Mit Hilfe des »Romantisierens« oder »Potenzierens« wollte man »dem Gemeinen einen hohen Sinn, dem Gewöhnlichen ein geheimnisvolles Ansehn, dem Bekannten die Würde des Unbekannten, dem Endlichen einen unendlichen Schein« geben, nicht als Spiel, sondern als Aufgabe: »Die Welt muß romantisiert werden.« Das jedenfalls notiert sich Novalis 1798. Friedrich Schlegel hat dann im selben Jahr in seinem berühmten *116. Athenaeums-Fragment* so etwas wie die Ausführungsbestimmungen dazu gegeben, wenn er die romantische Poesie »eine progressive Universalpoesie« nennt, die das Getrennte verbinden und »Leben und Gesellschaft poetisch machen« soll. Derartige Poesie allerdings könne »ewig nur werden, nie vollendet seyn«.

Dieser Definitionen muß man sich erinnern, wenn man die *5. Hymne* liest. Denn alles in ihr ist werdende, aufs Unendliche zielende Poesie; Sprache, Bild und Gedanken sind nur Brücke zum Unausdrückbaren, das den Verstand des Menschen übersteigt, ihm aber über die Kunst vielleicht verständlich werden kann. »Romantisieren« ist also Kunstpraxis zu diesem Zwecke. Das Hindeuten auf Höheres entgrenzt dabei die Sprache in ihrer herkömmlichen Bedeutung. Läßt sich aus dem Ganzen der *5. Hymne* kein Geschichtsbild ablesen, da es dem Autor um einen inneren Entwicklungsprozeß zu tun ist, so lassen sich auch die einzelnen Bereiche nicht mit den Begriffen, die man von den mythischen oder geschichtlichen Phänomenen hat, identifizieren. Schon bei der antiken Welt wird das deutlich, denn die mehr oder weniger genau erkennbaren Gestalten und Vorgänge folgen nicht einer mythologischen Logik, sondern sind impressionistisch und namenlos ins Bild gesetzt, um die Buntheit einer glücklichen Kindheit von Menschen und Göttern gegen die »dunkle, schwere Binde« (3) des Todes abzusetzen. Das rationalistische Interregnum ist ebenfalls nicht historisch festlegbar, ja nicht einmal in seinen Wertungen so eindeutig negativ, wie es zuerst den Anschein hat. Denn eben in ihm vollzieht sich, was eine Voraussetzung für alles Weitere ist: die Verinnerlichung des Gottesbegriffes. Der Himmel gehört jetzt den Sternen, Gott hingegen, die »Seele der Welt« (61), ist »ins tiefre Heiligtum, in des Gemüts höhern Raum« (59 f.) eingezogen.

Vollends steht die Lebensgeschichte Christi unter dem Gesetz freier Phantasie. Gewiß gibt es darin zahlreiche Anspielungen auf die Evangelien, aber der »in der Armut dichterischer Hütte« (70 f.) geborene Verkünder einer neuen Welt unterscheidet sich doch beträchtlich von dem Jesus Christus der biblischen Passion. Naturmetaphern wie »blütenreich« (73), »Blütenkelch« (77 f.), »blühend« (81), »Blumen« (86) umgeben seine Jugend; das Ganze der menschlichen Existenz als Natur- und Geistwesen ist von vornherein in ihm beschlossen. Wie die blaue Blume im *Heinrich von Ofterdingen* irdische Wurzeln und eine himmelfarbene Blüte hat, so ist Christus als Kind der Erde prädestiniert, »der Botschaften fröhlichste« (87) vom ewigen Leben zu verkünden. Deshalb rückt auch die Passion, Hauptgegenstand aller christlichen Kunst, in den Hintergrund, und die Begründung für sie aus der Tatsache »des menschlichen tiefen Verfalls« (105 f.) ist kaum mehr als eine Floskel. Denn wichtig allein ist der Moment des Todes, nicht die Ursache dafür. Am Verkünder des ewigen Lebens muß sich exemplarisch die Auferstehung vollziehen können, um der Lehre Wahrheit zu geben. Das aber geschieht: Dem Glauben wird Gewißheit durch das Beispiel eines Mittlers zwischen Gott und Mensch. Der Schrecken »des alten Todes« (111) hat seine Kraft verloren. Natur und Geist, Leben und Tod, Zeit und Ewigkeit sind nicht mehr einander ausschließende Gegensätze, sondern zu vereinigen in der Vorstellung eines Ganzen, einer höheren Welt und neuen »Götterherrlichkeit« (119).

Viel umrätselt worden ist in der Deutung der 5. *Hymne* jener Sänger, den Novalis aus Griechenland nach Palästina kommen läßt, wo er »sein ganzes Herz dem Wunderkinde« (90 f.) ergibt, um dann von dort weiter nach »Indostan« (100) zu ziehen. Setzt man voraus, daß Novalis als Dichter nicht das Endliche abbilden, sondern ihm einen unendlichen Schein geben wollte, um es in seinem Zusammenhang begreifbar zu machen, dann ist die Suche nach realen Identitäten ein müßiges Spiel. Vielmehr potenziert sich in diesem Sänger, was sich schon in den *Hymnen* selbst vollzogen hat. Denn die 5. *Hymne* ist nichts anderes als Gesang und poetische Verkündigung durch jenes Ich, dessen Erweckungserfahrung Gegenstand der ersten vier *Hymnen* gewesen war. Nun aber tritt aus der Dichtung ein weiterer Dichter heraus, dessen Mission über die des Ichs hinausführt und in der Tat eine geschichtliche Mission darstellt. Wie Christus aus einer Metamorphose der antiken Götterwelt hervorging, so läuft hier der antike Poet zum Christentum über und trägt es dann weiter in jenen Orient hinein, für den man sich um 1800 gerade wieder intensiver zu interessieren begann. Der Transzendentalismus des Christentums ebnet ganz offensichtlich den Weg zu einer allgemeinen Weltreligion.

Ist der Sänger also gar Novalis selbst? Man tut gut, solche Gleichsetzungen zu vermeiden, auch wenn etwa das lyrische Ich der ersten vier *Hymnen* dem Autor sehr nahe kommen mag. In der 5. *Hymne* ist jedoch die Relation viel schwieriger, denn dort spricht manchmal ein beschreibender Erzähler, manchmal aber ein aus späterem Wissen Urteilender.

»Das neue herrliche Göttergeschlecht« (10) innerhalb der Kosmogonie der Alten und die »neuen herrlichern Gestalten« (66 f.) der christlichen Mythologie sind Charakterisierungen und Qualifikationen von zwei verschiedenen Standpunkten. Der Autor aber hat zwischen den Standpunkten sehr feine Bezüge geknüpft, zwischen »mütterlicher Göttin« (16) und der Mutter Gottes, zwischen dionysischer Feier und christlichem Abendmahl, zwischen »fröhlichen Menschen« (11) und fröhlicher Botschaft, um nur einige zu nennen. Der künstlerisch gestaltende Novalis steht also über den Ichs und Erzählern seiner *Hymnen.*

Solches Darüberstehen ermöglicht es ihm schließlich, die 5. *Hymne* in einem Gemeindegesang enden zu lassen. Der letzte prosalyrische Abschnitt redet das Du des Erlösers an. Aber wirklich angesprochen wird doch eigentlich die Gemeinde, der man – unterderhand sozusagen – Vollendung des Heilsgeschehens und große Wirkung der neuen Erkenntnis mitteilt, um sie zu inspirieren und zum Bekenntnis vorzubereiten. Hier trägt die Prosa tatsächlich rezitativartigen Charakter, denn sie leitet den Chorgesang ein, in dem nicht mehr ein Ich spricht, sondern »wir alle« (142). Die Form dieses Bekenntnisses ist denn auch nicht italienische Kunstdichtung, sondern deutsches Kirchenlied. In ein Gesangbuch würden diese Strophen allerdings dennoch kaum Eingang finden, obwohl biblische Bilder ihnen Anschauung verleihen. Die Verbindung von Hochzeit und Abendmahl als Symbol für die letzte Vereinigung in Gott ist in der Offenbarung des Johannes vorgeprägt, und die Hochzeitsbilder sind den Gleichnissen von den zehn Jungfrauen im Matthäus-Evangelium entnommen. Ungewöhnlich ist dabei für den Protestanten Novalis die Marienverehrung in der dritten und die Märtyrer-Verherrlichung in der vierten Strophe, wobei sich wohl das eine aus dem anderen ergab. Liebe und Schmerz sind nötig, um die innere Bereitschaft für die Gotteserkenntnis zu haben, und Mittler kann alles sein auf diesem Wege.

Dennoch ist die Rolle der Gottesmutter in der *5. Hymne* nicht nur auf diese Art zu erklären, sondern auch aus dem starken Anteil, den das Erotische an Novalis' Religiosität besitzt. Immerhin war es das Traumerlebnis einer sexuellen Vereinigung, das dem Ich der *1. Hymne* den ganzen Reichtum der Nacht enthüllte, und Mittler der Transzendenzerfahrung war ihm die Geliebte und eben nicht der Gottessohn. In Maria wird nun auch dem biblischen Mittler das Weibliche beigesellt. Muttererotik war dem Pietismus, in dessen Lehren Novalis heranwuchs, nicht fremd. Aber die Verbindung von Liebe und Religion wie diejenige von Liebe und Tod sind mehr als nur die Fortsetzung einer Tradition. Was hier letztlich suchend zur Sprache kommt, ist eigentlich Glaubensbeschwörung aus Glaubensunsicherheit. Der auf sich selbst bauende, sich selbst analysierende Mensch muß auch in sich selbst, in der persönlichen Liebesfähigkeit die Stütze des Glaubens suchen. Novalis hat Selbstanalyse und Glaubenserforschung in rücksichtsloser Ehrlichkeit in seinem Tagebuch nach dem Tode seiner Braut vollzogen, dort auch nicht den Zusammenhang zwischen Liebe und Sexualität übergehend, den man bisher kaum zu artikulieren wußte. In den *Hymnen* sind diese Erfahrungen in einen großen, künstlerisch gestalteten Zusammenhang eingegangen.

Der hohe literarische Rang der *Hymnen an die Nacht* beruht vor allem darauf, daß hier keine Religion verkündet und kein Mythos geboren wird, auch nicht in der summierenden *6. Hymne* mit der Überschrift *Sehnsucht nach dem Tode*. Vielmehr sind die *Hymnen* ein literarisches Experiment mit dem Äußersten, Höchsten, Letzten, das überhaupt für den Menschen denkbar ist, ein Versuch, in der Kunst Glauben zu begründen. Als Kunstwerk sind sie einzigartig, aber mit ihren Gedanken stehen sie, auch in deren letzten Konsequenzen, nicht allein in ihrer Zeit. Seit Werthers Unabhängigkeitserklärung des freien Subjekts, seit seiner Verklärung der Liebe als Passion ist die Verbindung von Liebe und Tod als Akt des Transzendierens ein häufiges Thema in der deutschen Literatur geworden. Bei Brentano, Kleist oder der

Günderrode gibt es bedeutende künstlerische Zeugnisse dafür, und gelegentlich ging dann auch Dichtung in die Wirklichkeit über – eine nicht intendierte Erfüllung des Romantisierens. Daß sich in Richard Wagners *Tristan und Isolde* wörtliche Anklänge an die *Hymnen an die Nacht* finden, ist schlüssig genug. Aber auch Goethes Doktor Faust erfährt schließlich Tod und Ewigkeit als Liebe, wenn er vom »Ewig-Weiblichen« hinangezogen sein Gretchen und mit ihr jene Mater gloriosa findet, die »Jungfrau, Mutter, Königin« zugleich ist. Aus diesem Zusammenhang betrachtet, sind die *Hymnen an die Nacht* insgesamt ein bedeutendes Dokument in der Entwicklungsgeschichte des modernen Bewußtseins.

Literatur: Lawrence FRYE: Spatial Imagery in Novalis' »Hymnen an die Nacht«. In: Deutsche Vierteljahrsschrift für Literaturwissenschaft und Geistesgeschichte 41 (1967) S. 568–591. – Ulrich FÜLLEBORN: Das deutsche Prosagedicht. Zu Theorie und Geschichte einer Gattung. München 1970. – Henry KAMLA: Novalis' »Hymnen an die Nacht«. Zur Deutung und Datierung. Kopenhagen 1945. – Max KOMMERELL: Novalis' »Hymnen an die Nacht«. In: Gedicht und Gedanke. Auslegungen deutscher Gedichte. Hrsg. von Heinz Otto Burger. Halle a. d. S. 1942. S. 202–236. Wiederabgedr. in: Novalis. Beiträge zu Werk und Persönlichkeit Friedrich von Hardenbergs. Hrsg. von Gerhard Schulz. Darmstadt 1970. S. 174–202. – Hannelore LINK: Abstraktion und Poesie im Werk des Novalis. Stuttgart 1971. [Bes. S. 97–114.] – Hans-Joachim MÄHL: Die Idee des goldenen Zeitalters im Werk des Novalis. Heidelberg 1965. [Bes. S. 385–396.] – Heinz RITTER: Novalis' »Hymnen an die Nacht«. Ihre Deutung nach Inhalt und Aufbau auf textkritischer Grundlage. Heidelberg 1930. ²1974.

Clemens Brentano

Auf dem Rhein

Ein Fischer saß im Kahne,   I
Ihm war das Herz so schwer
Sein Lieb war ihm gestorben,
Das glaubt er nimmermehr.

5   Und bis die Sternlein blinken,   II
Und bis zum Mondenschein
Harrt er sein Lieb zu fahren
Wohl auf dem tiefen Rhein.

Da kömmt sie bleich geschlichen,   III
10 Und schwebet in den Kahn
Und schwanket in den Knieen,
Hat nur ein Hemdlein an.

Sie schwimmen auf den Wellen   IV
Hinab in tiefer Ruh',
15 Da zittert sie, und wanket,
Feinsliebchen, frierest du?

Dein Hemdlein spielt im Winde,   V
Das Schifflein treibt so schnell,
Hüll' dich in meinen Mantel,
20 Die Nacht ist kühl und hell.

Stumm streckt sie nach den Bergen   VI
Die weißen Arme aus,
Und lächelt, da der Vollmond
Aus Wolken blickt heraus.

25 Und nickt den alten Türmen,   VII
Und will den Sternenschein

Mit ihren starren Händlein
Erfassen in dem Rhein.

O halte dich doch stille,   VIII
30 Herzallerliebstes Gut!
Dein Hemdlein spielt im Winde,
Und reißt dich in die Flut.

Da fliegen große Städte,   IX
An ihrem Kahn vorbei,
35 Und in den Städten klingen
Wohl Glocken mancherlei.

Da kniet das Mägdlein nieder,   X
Und faltet seine Händ'
Aus seinen hellen Augen
40 Ein tiefes Feuer brennt.

Feinsliebchen bet' hübsch stille,   XI
Schwank' nit so hin und her,
Der Kahn möcht' uns versinken,
Der Wirbel reißt so sehr.

45 In einem Nonnenkloster   XII
Da singen Stimmen fein,
Und aus dem Kirchenfenster
Bricht her der Kerzenschein.

Da singt Feinslieb gar helle,   XIII
50 Die Metten in dem Kahn,
Und sieht dabei mit Tränen
Den Fischerknaben an.

Da singt der Knab' gar traurig   XIV
Die Metten in dem Kahn
55 Und sieht dazu Feinsliebchen
Mit stummen Blicken an.

Und rot und immer röter   XV
Wird nun die tiefe Flut,
Und bleich und immer bleicher
60 Feinsliebchen werden tut.

Der Mond ist schon zerronnen   XVI
Kein Sternlein mehr zu sehn,
Und auch dem lieben Mägdlein
Die Augen schon vergehn.

65 Lieb Mägdlein, guten Morgen,   XVII
Lieb Mägdlein gute Nacht!
Warum willst du nun schlafen,
Da schon der Tag erwacht?

Die Türme blinken sonnig,   XVIII
70 Es rauscht der grüne Wald,
Vor wildentbrannten Weisen,
Der Vogelsang erschallt.

Da will er sie erwecken,   XIX
Daß sie die Freude hör',
75 Er schaut zu ihr hinüber,
Und findet sie nicht mehr.

Ein Schwälblein strich vorüber,   XX
Und netzte seine Brust,
Woher, wohin geflogen,
80 Das hat kein Mensch gewußt.

Der Knabe liegt im Kahne   XXI
Läßt alles Rudern sein,
Und treibet weiter, weiter
Bis in die See hinein.

85 Ich schwamm im Meeresschiffe   XXII
Aus fremder Welt einher,

218

Und dacht' an Lieb und Leben,
Und sehnte mich so sehr.

Ein Schwälblein flog vorüber,   XXIII
90 Der Kahn schwamm still einher,
Der Fischer sang dies Liedchen,
Als ob ich's selber wär'.

Abdruck nach: Clemens Brentano: Werke. 4 Bde. Hrsg. von Friedhelm Kemp.
München: Hanser, 1963–68. Bd. 1: Gedichte. Hrsg. von Wolfgang Frühwald,
Bernhard Gajek und Friedhelm Kemp. 1968. S. 98–101. [Text nach der – nicht
sicher zu datierenden – handschriftlichen Fassung.]
Erstdrucke: Gesammelte Schriften. 9 Bde. Hrsg. von Christian Brentano.
Frankfurt a. M.: Sauerländer, 1852–55. Bd. 2. 1852. [Nach der Handschrift.] –
Godwi oder Das steinerne Bild der Mutter. Ein verwilderter Roman von
Maria. 2 Bde. Bremen: Wilmans, 1801/02. Bd. 2. 1802. [Erste Druckfassung. –
Nach Staiger (S. 26) muß sie, als die unvollkommenere Fassung, als Vorstufe
gelten, die im Roman den Charakter einer Liedeinlage hat.]

Walter Hinck

Aufhebung der erzählerischen in der lyrischen Imagination. Zu Brentanos *Auf dem Rhein*

Brentano, so meint ein Lyriker der Gegenwart in seiner
Dissertation über die Poetik des Vorgängers, stehe an dem
Punkt der deutschen Dichtungsgeschichte, wo die Brechung
des Verhältnisses zur älteren Tradition beginne, jedoch der
unmittelbare, lebendige Zusammenhang noch nicht verlorengegangen sei (Enzensberger, S. 118). Welche Traditions-
stränge lassen sich im Gedicht erkennen, und wo zeichnen
sich Risse, Aufweichungen, Überformungen, Erweiterun-
gen ab?
Die erste Strophe gibt, ein für allemal, den Ton des Gedichtes an. Man glaubt den Anfang von Gretchens Lied aus dem

Faust mitzuhören (»Meine Ruh' ist hin, / Mein Herz ist schwer; / Ich finde sie nimmer / Und nimmermehr«). Unverkennbar ist die Herkunft des Tons aus Volkslied und Volksballade. Zwar macht Brentanos Gedicht von einer besonderen Möglichkeit der Volksliedstrophe, von der metrischen Freiheit zwischen ein- und zweisilbiger Senkung, keinen Gebrauch – das jambische Versmaß wird, sieht man von einigen Tonbeugungen ab, durchgehalten –, doch drängt sich nirgendwo das Taktschema vor. Das sichert dem Vers die Bewegtheit der Volksliedzeile.

Überall erweckt die Form den Eindruck der Schlichtheit. Die Sätze werden parataktisch gereiht; nur ganz selten schalten sich Nebensätze ein. Aus dem Volkslied vertraut ist die Wortwahl: das mundartliche »nit« (42), die unbeholfene Wendung »werden tut« (60), das Füllwort »wohl« (36) und die zahlreichen Diminutive (wie »Sternlein«, »Schifflein« oder »Schwälblein«). Die Parallelismen der mit »Und« und »Da« beginnenden Sätze deuten nicht auf eine rhetorische und damit rationale Durchformtheit des Gedichts, sie sind vielmehr Ausdrucksmittel einer einfach-spontanen Sprechweise, die sich auch im unmittelbaren Einwerfen von Fragen und Imperativen kundgibt.

Freilich verrät sich, vergleicht man die Naivität dieses Gedichts mit der von wirklichen, unbearbeiteten Volksliedern, auch eine Spur von Künstlichkeit. So kann sich Brentano in der Häufung von Diminutiven und sprachlichen Innigkeitsformeln (30: »Herzallerliebstes Gut«; 65 f.: »lieb Mägdlein«) nicht genugtun. Bezeichnend ist, daß nicht nur für das »Mädchen« der *Godwi*-Fassung »Mägdlein«, sondern auch für das »Liebchen« hier »Feinsliebchen« (16, 41, 55, 60) steht. Die Sentimentalität solcher Verniedlichung wird beim Volkslied unterlaufen durch eine sperrige Diktion oder durch Sprünge im lyrischen Vorgang, die den Überschuß an Gemüthaftem neutralisieren. In Brentanos Gedicht läßt es die Sprachkunst des Autors zu keinerlei Aufrauhung kommen.

Damit deutet das Gedicht schon auf die spätere Praxis des Herausgebers von Volksliedern. Achim von Arnim und Brentano haben ihre editorischen Arbeiten zu *Des Knaben Wunderhorn* (1805–08) nicht nur als Sammeltätigkeit verstanden; Arnim nennt das *Wunderhorn* sogar einmal eine »Übersetzung« (Enzensberger, S. 111). Bekanntlich sind viele Lieder des *Wunderhorns* von den Herausgebern geglättete, im Sinne der Kunstdichtung ›vervollkommnete‹ Fassungen der ursprünglichen Texte, eben ›Übersetzungen‹ in die Sprache der Romantik. Im Gedicht *Auf dem Rhein* verwandelt Brentano nicht nur den Volksliedstil seinem eigenen Liedton an, sondern nimmt auch vorweg, was wir als *Wunderhorn*-Ton kennen.

Wenn das Innige der Diminutive nicht in Sentimentalität und Süßlichkeit umschlägt, so deshalb, weil wir die Diminutive weniger in ihrer Verkleinerungsfunktion als in ihrem Klangreiz wahrnehmen. Wieder ist der Vergleich mit der *Godwi*-Fassung aufschlußreich. Die Differenz zwischen »Mädchen« und »Mägdlein« oder »Liebchen« und »Feinsliebchen« ist vor allem eine des Klangs: Der Schritt von der *Godwi*-Fassung zu unserem Gedicht läßt sich als eine weitere Musikalisierung der Sprache fassen. Staiger verweist in diesem Zusammenhang auf die »Mächtigkeit des Vokals«, auf die »tönende Mächtigkeit« der Brentanoschen Verse überhaupt (Staiger, S. 30 f.). Es gibt keinen Lyriker deutscher Sprache, der so virtuos mit den Instrumenten der Vokale und Assonanzen, der Reime und Refrains zu musizieren wußte wie Brentano.

Die Vorherrschaft des Klanglichen reicht tief ins Gefüge des Gedichts hinein. Gewiß, der Titel signalisiert jene Landschaft, die auf Dichter der Zeit eine so starke Faszination ausgeübt hat, daß wir geradezu von einer ›Rhein-Romantik‹ sprechen. Doch verfestigen sich im Gedicht die Bilder nirgendwo zu einer konkreten, lokalisierbaren Rheinlandschaft. Berge, Türme und große Städte sind Elemente so allgemeiner Art, daß sie vielen Flußlandschaften zugehören könnten. Und von der neunten Strophe an lösen sich die visuellen Eindrücke weitgehend in akustische auf, beginnt die Landschaft zu tönen (Glocken, Stimmen, Singen, Rauschen, Vogelsang).

Bestimmend ist allerdings nicht die von »wildentbrannten Weisen« (71) tönende »Freude« (74) des Morgens. Sie macht nur, vom Gegensatz her, die melancholische Grundstimmung des Gedichtes bewußter. Die traurige nächtliche Fahrt erweist sich endgültig als die Fahrt mit dem Geist einer Toten. – Die Herkunft dieses Motivs ist zu bedenken.

Das Gedicht hat ja seinen Platz nicht nur in der Geschichte des lyrischen Liedes, sondern auch der Ballade oder Romanze; unübersehbar ist der epische Zug, die Anwesenheit eines Erzählers (von der Problematik des Schlusses wird noch zu reden sein). Als eines der Vorzugsmotive in der Ballade der Goethezeit kennen wir das Wiedergängermotiv (vor allem aus Gottfried August Bürgers *Lenore* und Goethes *Braut von Korinth*). Übermäßige Trauer der Lebenden, so will es der Volksglauben wissen, treibt die Geister der Verstorbenen zur Wiederkehr. Bürger fand diese Motivation in der Sage, die der *Lenore* zugrunde liegt. Auch in Brentanos Ballade will der Überlebende den Tod der geliebten Person nicht wahrhaben. Der Fischer harrt der Nacht entgegen, und als die Geliebte endlich kommt, machen sogleich Farbe (9: »bleich«), Annäherungsart (9 f.: »schleichen«, »schweben«) und Bekleidung (12: »nur ein Hemdlein«) das Geisterhafte der Erscheinung deutlich. Aber dem Fischer wird die Erscheinung zur Realität, wenngleich der Trennungsschmerz als Trauer auch während der gemeinsamen Fahrt gegenwärtig bleibt.

Dieses Zusammensein ist von dem der Liebenden in Bürgers *Lenore* so sehr unterschieden, daß ein Vergleich die besondere Art, in der sich Brentano das Wiedergängermotiv aneignet, verdeutlichen kann. Wie der ganz nach innen gewendete Schmerz des Fischers hier, so stimmt uns die wilde Verzweiflung der mit Gott hadernden Lenore dort auf die folgende Begegnung ein. Bei Bürger jagt der Tote mit der Lebenden in einem tollen Ritt durch die Nacht; Assoziatio-

nen zum Mythos vom »wilden Heer« und zum apokalypti-
schen Reiter stellen sich beim Leser ein. Bei Brentano gleitet
das Paar im Kahn stromabwärts; und nur der Wunsch der
Toten, sich ihres Wieder-in-der-Welt-Seins zu vergewissern, bringt vorübergehend Unruhe und Gefahr. Die Rei-
tenden in *Lenore* rasen an Landschaften, Ortschaften und
Geisterstätten vorbei zu einem Hochzeitsbett, das sich als
Grab enthüllt und in das der Geliebte als Gerippe zurück-
sinkt. In Brentanos *Auf dem Rhein* gleiten die Liebenden
an mondbeschienenen Ufern vorbei und löscht das Tages-
licht die Gestalt des Mädchens aus, aber kein Grabesschauer
und kein moralischer Richtspruch (wie in *Lenore*) erwartet den Überlebenden. Der Fischer überläßt sich nun ganz
der Trauer (82: »Läßt alles Rudern sein«), einer Trauer
ohne Hoffnung, und treibt »in die See hinein« (84), aus
der Menschengemeinschaft und der Zeit hinaus ins Unbestimmte.
Wo bei Bürger alles ins Überdeutliche gerissen wird: die
Gegenständlichkeit der nächtlichen Welt und die Leiden-
schaften und Gefühle, da verschwimmen bei Brentano die
Konturen in sanften Übergängen. Und sicherlich ist kein
Bildelement so geeignet, die durchgehende Gemütsstim-
mung anschaulich zu machen, wie das Element des Wassers
und das Motiv der Kahnfahrt.
Bernhard Blume ist der Entwicklung von Motiven wie
Kahnfahrt, Schiffer (Fischer) und Schiffbruch in der Dichtung des 18. Jahrhunderts und der Romantik nachgegangen
und hat gezeigt, wie der Kahn in idyllischer Lyrik zum »Ort
erotischen Miteinanders« wird oder in der Freundschaftsode
(Klopstocks *Der Zürcher See*) die Freundesgruppe vereint,
wie sich in Goethes See- bzw. Seefahrt-Gedichten individuelles Wollen Ausdruck verschafft. Für Brentanos Stellung in
diesem Traditionszusammenhang ist *Auf dem Rhein* nur
teilweise exemplarisch. Gibt es doch auch jene andere, die
tödliche Gefährlichkeit des Wassers veranschaulichende
Version, für die Brentano einerseits das antike Sirenenmotiv
übernimmt und zum anderen seinen eigenen ›Mythos‹

schafft: den der Lore Lay (im Unterschied zu späteren Abwandlungen, auch zur Heineschen, erliegt aber nicht der Schiffer dem verführerischen Gesang der Lore Lay und kommt in den Wellen um; vielmehr stürzt sich die Zauberin selbst in den Rhein – verderben müssen außerdem die Ritter, die ihr auf den Felsen folgten). Brentanos *Auf dem Rhein* kennt nicht die dämonischen Kräfte des Wassers; Fluß und See sind hier das Element jener gleitenden Bewegung, mit der sich Melancholie ins Grenzenlose treiben lassen kann.

Fand Brentano die Gestalt des Wiedergängers (der Wiedergängerin) in der Volksüberlieferung vor, so interessierte sie ihn kaum nur als Sagen- oder Balladenrequisit. Offensichtlich bot sich ihm der Gestalttyp als Ausdrucksform für Persönliches an. Eine ins Allgemeine erhobene Erfahrung und Warnung (übermäßige Trauer nimmt den Toten ihre Ruhe) ist wieder ins Private zurückgenommen und subjektiviert. Hier wird der Schluß des Gedichts bedeutsam. Die Zeilen »Der Fischer sang dies Liedchen, / Als ob ich's selber wär'« vollziehen zwar keine Gleichsetzung von Erzähler und lyrischem Ich, aber stellen doch eine sympathetische Einheit fest. Das Balladengeschehen enthüllt sich als die Versinnlichung einer seelischen Situation.

Dafür hält die biographische Interpretation Erklärungen bereit. Hans Jäger (S. 38 f.) rückt das Gedicht in die Nähe von Brentanos Hymne auf seine im September 1800 gestorbene Lieblingsschwester Sophie, und Blumes Interpretation zieht außerdem den Bruch zwischen Sophie Mereau und Brentano im Sommer desselben Jahres – erst im Jahre 1803 kommt es zur Wiederversöhnung und zur Heirat – als Erlebnishintergrund heran.

Nun empfiehlt sich Vorsicht gegenüber Versuchen, das Gedicht ausschließlich von der biographischen Situation her auszulegen. Die Datierung sowohl der *Godwi*- wie der handschriftlichen Fassung ist ungesichert; im übrigen lassen sich das biographische Ich des Dichters und das lyrische Ich seines Textes nicht einfach identisch setzen. Dennoch besteht selbstverständlich eine Korrespondenz zwischen beiden. Für Brentanos Lyrik jedenfalls gilt der Satz aus Hegels *Ästhetik*, daß das »poetische konkrete Subjekt, der Dichter« den Mittelpunkt und eigentlichen Inhalt des lyrischen Werkes bildet. Und sicherlich ist das Gedicht *Auf dem Rhein* Ausdruck einer aus Schwermut und Sehnsucht gemischten Gestimmtheit Brentanos, wie sie durch den Verlust der Schwester und zugleich der Geliebten hervorgerufen oder verstärkt worden sein kann.

Aber Gewißheit über den unmittelbaren Zusammenhang zwischen bestimmten Lebensereignissen und der dichterischen Motivwahl besteht nicht. Und zweifellos schafft sich in diesem balladischen Lied auch ein allgemeineres Lebensgefühl Brentanos (ja der Romantiker) seinen Ausdruck. Blume münzt die Erscheinung des Geistes ganz auf Brentanos Trauer um die verlorene Geliebte Sophie Mereau und fährt fort: »Denn in einem tieferen Sinn sind Gespenster nicht etwas, das es nicht gibt, sondern etwas fürchterlich Wirkliches, mythische Bilder für die Übermächtigung durch eine unbewältigte Vergangenheit, die wiederkommt und unsere Seele [. . .] besetzt« (Blume, S. 249). Diese Deutung behält ihre Richtigkeit auch dann, wenn man sie aus ihrer allzu starken Determination durch das besondere biographische Ereignis löst.

Dann nämlich wird das Gedicht zu einer der gültigsten Kundgebungen dessen, was uns in so vielen Zeugnissen der Romantik als der Bann der Vergangenheit begegnet. In der Rückwendung zum Mittelalter gewinnt dieses Gebanntsein seine historische Dimension. Unter den Perspektiven der Liebe, des Lebens und der Sehnsucht erscheint es im Gedicht *Auf dem Rhein* (87 f.: »Und dacht' an Lieb und Leben, / Und sehnte mich so sehr«). Nun offenbart sich auch die Folgerichtigkeit des Übergangs von der erzählerischen zur lyrischen Haltung des Sprechers am Ende des Gedichts. Der Epiker beläßt seinen Gegenstand in der Distanz, er läßt die Vergangenheit – wie sehr sie ihn auch fesselt – vergangen sein. Wo sich aber Gelassenheit nicht behaupten kann und die Vergangenheit das Subjekt überwältigt, da versagt auch das epische Instrumentarium. Es ist lyrisches Sprechen, das Vergangenes als unmittelbar gegenwärtig zu beschwören vermag. So kommt nicht Willkür, sondern ein künstlerisches Gesetz zur Erscheinung, wenn sich am Schluß die Ballade aufhebt im Lied, die erzählerische in der lyrischen Imagination.

Zitierte Literatur: Bernhard BLUME: Existenz und Dichtung. Essays und Aufsätze. Ausgew. von Egon Schwarz. Frankfurt a. M. 1980. [S. 195–236: Die Kahnfahrt. Ein Beitrag zur Motivgeschichte des 18. Jahrhunderts. – S. 237–257: Das Bild des Schiffbruchs in der Romantik.] – Hans Magnus ENZENSBERGER: Brentanos Poetik. München 1961. ²1964. – Hans JAEGER: Clemens Brentanos Frühlyrik. Chronologie und Entwicklung. Frankfurt a. M. 1926. – Emil STAIGER: Die Zeit als Einbildungskraft des Dichters. Untersuchungen zu Gedichten von Brentano, Goethe und Keller. Zürich 1939. ³1963. [S. 21–106: Die reißende Zeit.]

Weitere Literatur: Paul BÖCKMANN: Die romantische Poesie Brentanos und ihre Grundlagen bei Friedrich Schlegel und Tieck. In: Jahrbuch des Freien Deutschen Hochstifts 1934/35. S. 56–176. – Wolfgang FRÜHWALD: Stationen der Brentano-Forschung 1924–1972. In: Deutsche Vierteljahrsschrift für Literaturwissenschaft und Geistesgeschichte 47 (1973) S. 182–263. – Bernhard GAJEK: Die Brentano-Literatur 1973–1978. Ein Bericht. In: Euphorion 72 (1978) S. 439–502. – Walther KILLY: Wandlungen des lyrischen Bildes. Göttingen 1956. ⁷1978. [S. 53–72: Gemütserregungskunst. Clemens Brentano.] – Walter MÜLLER-SEIDEL: Brentanos naive und sentimentalische Poesie. In: Jahrbuch der Deutschen Schillergesellschaft 18 (1974) S. 441–465. – Karl TOBER: Das ›romantische‹ Gedicht. Gedanken zu Clemens Brentanos Lyrik. In: Colloquia Germanica 2 (1968) S. 137–151.

Friedrich Hölderlin

Dichterberuf

Des Ganges Ufer hörten des Freudengotts I
   Triumph, als alleroberud vom Indus her
     Der junge Bacchus kam, mit heilgem
       Weine vom Schlafe die Völker wekend.

5 Und du, des Tages Engel! erwekst sie nicht, II
   Die jezt noch schlafen? gieb die Geseze, gieb
     Uns Leben, siege, Meister, du nur
       Hast der Eroberung Recht, wie Bacchus.

Nicht, was wohl sonst des Menschen Geschik und Sorg' III
10   Im Haus und unter offenem Himmel ist,
     Wenn edler, denn das Wild, der Mann sich
       Wehret und nährt! denn es gilt ein anders,

Zu Sorg' und Dienst den Dichtenden anvertraut! IV
   Der Höchste, der ists, dem wir geeignet sind,
15   Daß näher, immerneu besungen
      Ihn die befreundete Brust vernehme.

Und dennoch, o ihr Himmlischen all, und all V
   Ihr Quellen und ihr Ufer und Hain' und Höhn,
     Wo wunderbar zuerst, als du die
20   Loken ergriffen, und unvergeßlich

Der unverhoffte Genius über uns VI
   Der schöpferische, göttliche kam, daß stumm
     Der Sinn uns ward und, wie vom
       Strale gerührt das Gebein erbebte,

25 Ihr ruhelosen Thaten in weiter Welt! VII
   Ihr Schiksaalstag', ihr reißenden, wenn der Gott

227

Stillsinnend lenkt, wohin zorntrunken
Ihn die gigantischen Rosse bringen,

Euch sollten wir verschweigen, und wenn in uns   VIII
30   Vom stetigstillen Jahre der Wohllaut tönt,
So sollt' es klingen, gleich als hätte
Muthig und müßig ein Kind des Meisters

Geweihte, reine Saiten im Scherz gerührt?   IX
Und darum hast du, Dichter! des Orients
35   Propheten und den Griechensang und
Neulich die Donner gehört, damit du

Den Geist zu Diensten brauchst und die Gegenwart   X
Des Guten übereilest, in Spott, und den Albernen
Verläugnest, herzlos, und zum Spiele
40   Feil, wie gefangenes Wild, ihn treibest?

Bis aufgereizt vom Stachel im Grimme der   XI
Des Ursprungs sich erinnert und ruft, daß selbst
Der Meister kommt, dann unter heißen
Todesgeschossen entseelt dich lässet.

45 Zu lang ist alles Göttliche dienstbar schon   XII
Und alle Himmelskräfte verscherzt, verbraucht
Die Gütigen, zur Lust, danklos, ein
Schlaues Geschlecht und zu kennen wähnt es,

Wenn ihnen der Erhabne den Aker baut,   XIII
50   Das Tagslicht und den Donnerer, und es späht
Das Sehrohr wohl sie all und zählt und
Nennet mit Nahmen des Himmels Sterne.

Der Vater aber deket mit heilger Nacht,   XIV
Damit wir bleiben mögen, die Augen zu.
55   Nicht liebt er Wildes! Doch es zwinget
Nimmer die weite Gewalt den Himmel.

Noch ists auch gut, zu weise zu seyn. Ihn kennt   XV
   Der Dank. Doch nicht behält er es leicht allein,
     Und gern gesellt, damit verstehn sie
       Helfen, zu anderen sich ein Dichter.

Furchtlos bleibt aber, so er es muß, der Mann   XVI
   Einsam vor Gott, es schüzet die Einfalt ihn,
     Und keiner Waffen brauchts und keiner
       Listen, so lange, bis Gottes Fehl hilft.

An unsre großen Dichter

Des Ganges Ufer hörten des Freudengotts
   Triumph, als alleroberud vom Indus her
     Der junge Bacchus kam, mit heilgem
       Weine vom Schlafe die Völker wekend.

5 O wekt, ihr Dichter! wekt sie vom Schlummer auch,
   Die jezt noch schlafen, gebt die Geseze, gebt
     Uns Leben, siegt, Heroën! ihr nur
       Habt der Eroberung Recht, wie Bacchus.

Abdruck nach: Hölderlin: Sämtliche Werke. Große Stuttgarter Ausgabe. Hrsg.
von Friedrich Beißner. Stuttgart: Cotta (seit 1968: Kohlhammer), 1943 ff.
Bd. 2,1. 1951. S. 46–48. [Dichterberuf.] Bd. 1,1. 1943. S. 261. [An unsre
großen Dichter.]
Erstdrucke: Flora / Teutschlands Töchtern geweiht. Jg. 10. Tübingen: Cotta,
1802. [Dichterberuf. – Ohne Verfasserangabe.] – Musen-Almanach für das
Jahr 1799. Hrsg. von Schiller. Tübingen: Cotta, [1798]. [An unsre großen
Dichter.]

Walter Müller-Seidel

Hölderlins Ode *Dichterberuf.*
Zum schriftstellerischen Selbstverständnis um 1800

Über Aufgabe und Stellung des Dichters im Verständnis
Hölderlins, über die Gedichte *Wie wenn am Feiertage …*
oder *Dichterberuf*, ist in der Vergangenheit vielfach gesprochen worden, als hätte man es ausschließlich mit Religion,
Priestertum und Mythos zu tun. Von seiner Sendung ist die
Rede, die zur Göttersendung erhöht wird, und von seinem
göttlichen Auftrag, den man sich stets nur als Sehertum und
Prophetie vorzustellen vermag. Der Beruf des Dichters wird
eins mit der Berufung zum Dichter. Es heißt die Verdienste
Norbert von Hellingraths nicht schmälern, wenn man fest-
stellt, daß er – wie Gundolf und George – in dieser Tonart
zu reden begonnen hat, und wenn Martin Heidegger über
Hölderlin handelt, so steht er noch immer in dieser Tradi-
tion. Einseitige Sehweisen zu vermeiden, wenn man vom
Beruf des Dichters im Verständnis Hölderlins spricht, hat
man aber allen Grund. Schon der Sprachgebrauch in der
Wortverbindung »Dichterberuf« kann zu denken geben.
Mit ›Beruf‹ bezeichnet man in der deutschen Sprache eine
Tätigkeit, die dem Lebensunterhalt dient, aber sich darin
nicht erschöpft. Eine zweite Bedeutung hat einen feierlichen
Sinn, wie schon in Adelungs Wörterbuch vermerkt wird.
Wir sprechen davon, daß ein Gelehrter einen Ruf erhalten
oder eine Berufung angenommen hat; daß jemand zum
Künstler berufen ist oder daß sich ein anderer berufen fühlt,
den Arztberuf zu ergreifen. In Deutschland ist die Vorstellung von der Würde des Dichters und von der Berufung in
sein ›Amt‹ mit dem Namen Klopstocks untrennbar verbunden. Aber wenn im 18. Jahrhundert das Wort »Dichterberuf« in Gebrauch kommt, so handelt es sich nicht einseitig
nur um diese Bedeutung. Das Wort hat Schiller in seiner
Abhandlung *Über naive und sentimentalische Dichtung*

gebraucht. Er spricht hier sehr kritisch über einige Romane Voltaires. Dieser Schriftsteller, heißt es, könne uns »zwar als witziger Kopf belustigen, aber gewiß nicht als Dichter bewegen«; und Schiller fügt hinzu: »seinem Spott liegt überall zu wenig Ernst zum Grunde, und dieses macht seinen Dichterberuf mit Recht verdächtig«. In demselben Abschnitt, in dem das Wort Dichterberuf gebraucht wird, ist auch vom *Schriftsteller* Voltaire die Rede. Das deutet darauf hin, daß man beginnt oder begonnen hat, dichterische Tätigkeit als Beruf auszuüben, und daß auch dieses Wort eine zweifache Bedeutung enthält. Hölderlin selbst ist diese doppelte Blickrichtung keineswegs fremd.

Von der ökonomischen Seite als der Wurzel allen Übels handelt ein Brief an den Bruder aus dem Jahre 1798: »Ich möchte der Kunst leben, an der mein Herz hängt, und muß mich herumarbeiten unter den Menschen, daß ich oft so herzlich lebensmüde bin. Und warum? Weil die Kunst wohl ihre Meister, aber den Schüler nicht nährt« (VI,264). Durch Schriftstellerarbeit und sparsame Wirtschaft habe er etwas zusammengebracht, teilt er der Mutter mit. Und ob nun von Schriftstellerarbeit oder Dichterberuf gesprochen wird – um Verlangen nach Unabhängigkeit geht es ihm in jedem Fall, vor allem gegenüber der eigenen Mutter ist sie geltend zu machen. In diese Auseinandersetzung mischt sich auch Theologisches ein. Die Mutter hatte dem Sohn Gellert als ein Beispiel vorgehalten, an dem sich zeige, daß sich dichterische Tätigkeit mit einem bürgerlichen Beruf vereinigen lasse. Aber der Sohn bezeichnet beide Ämter als schlechterdings unvereinbar. Der wohldurchdachten Argumentation wird der lapidare Satz hinzugefügt: »Der gute Gellert, von dem Sie in Ihrem lieben Briefe sprechen, hätte sehr wohl gethan, nicht Professor in Leipzig zu werden« (VI,312). Von einer Theologisierung des Dichterberufs kann man sprechen, wenn Hölderlin in diesem Zusammenhang seine dichterische Tätigkeit als eine Gabe Gottes versteht und es als Sünde ansieht, sie nicht auszuüben. Aber solche Auffassungen sind nicht abgelöst von der konkreten Lebenssituation zu denken. Trotz zahlreicher Anfechtungen hat sich gegen Ende des ersten Homburger Aufenthalts das dichterische Selbstbewußtsein gefestigt; und mit schöner ausgleichender Geste kann er der Mutter nunmehr versichern: »Ich bin mir tief bewußt, daß die Sache, der ich lebe, edel und daß sie heilsam für die Menschen ist« (VI,372). Diese theologischen Aspekte im literatursoziologischen Kontext sind um Hinweise anderer Art zu ergänzen: um diejenigen seiner politischen Gedankenwelt. Zweimal in dieser Zeit sieht sich Hölderlin nach dieser Seite hin als Dichter in besonderer Weise bestätigt: durch die Teilnahme am Rastatter Kongreß im Herbst 1798 und durch die Einladung nach Regensburg im Herbst 1802, durch die sich sein dichterischer Auftrag mit der politischen Tätigkeit des Landgrafen von Homburg verbindet. Seinen Beruf als Dichter sieht Hölderlin nunmehr religiös und politisch gerechtfertigt, aber politisch doch eben auch! Das ist an der Kurzode *An unsre großen Dichter* gut zu zeigen, die der späteren Ode *Dichterberuf* vorausgeht.

Die Erinnerung an den Weingott Bacchus und an seinen Indienzug hat einen unverkennbar politischen Sinn. Er besagt, daß die Völker aus dem Schlaf geweckt wurden, wie sie auch jetzt aus ihm zu wecken sind. Daß man an politische Geschehnisse in der Zeit, auch an kriegerische Auseinandersetzungen zu denken hat, bestätigen andere Gedichte wie der Entwurf *Die Völker schwiegen, schlummerten* ... Aber wo Kriege geführt werden, ist man auf Eroberungen aus. Damit ist ein zweites Wort der politischen Semantik genannt: dasjenige der Eroberung. In beiden Oden kommt es vor, und in beiden sind damit Einschränkungen verbunden, die Beachtung verdienen; denn nicht jeder hat hierzu ein Recht, sondern nur die Dichter, Gesetzgeber und Heroen, wie in der Kurzode gesagt wird: »ihr nur / Habt der Eroberung Recht, wie Bacchus« (7 f.). Das kann im Blick auf die Zeitereignisse nur heißen, daß Revolutionskriege nicht ohne weiteres als beliebige Eroberungszüge zu rechtfertigen sind und dem Recht entsprechen; aber das heißt auch, daß sie zu bejahen sind, wenn sie ›Rechtens‹ sind. Man tut gut, den Begriff ›Recht‹ in einem ganz konkreten, nämlich völkerrechtlichen Sinne aufzufassen. Hölderlins Interesse an den Rechten ist bestimmt vom Interesse an den Menschenrechten, und zumal diese sind so gut eine Sache der Dichter wie der Gesetzgeber. Einer derjenigen, der Gesetzgeber und Dichter in einer Person gewesen war, ist Rousseau. In der Rhein-Hymne wird er den Halbgöttern zugeordnet und mit dem Weingott verglichen. In der Ode *Dichterberuf* ist die Beziehung auf ihn, als eine mögliche unter anderen, durch die Verwendung des Singulars und durch die Zeitaussage »des Tages Engel« (5) verändert. Sie erinnert an den ersten Vers der Ode *Rousseau*: »Wie eng begrenzt ist unsere Tageszeit«. Die Einschränkung, die gegenüber Eroberungen schon in der Kurzode geltend gemacht wird, entscheidet über das Verständnis des Gedichts. Wie aber und in welchem Sinne können Dichter Eroberer sein, dem Weingott vergleichbar? Man hat sich zum Verständnis dieser Verse mit Metaphorik ausgeholfen und von der befreienden Gewalt der Eroberung gesprochen, die dem Gesang eigen sei (Rehm) oder von geistigen Revolutionen, die Dichter bewirken (Mommsen). Aber damit hat man das Gedicht entpolitisiert, ehe man seinen politischen Gehalt ernst genommen hat. Hölderlin war um die Zeit, als die Kurzode entstand, vom rechtmäßigen und gerechtfertigten Vorgehen der französischen Revolutionsheere durchaus überzeugt, wie es die Briefe bestätigen. Erst vom November 1799 ist das Postscriptum im Brief an die Mutter datiert, in dem gesagt wird, daß Buonaparte eine Art Diktator geworden sei. Das kann als eine erste Distanzierung aufgefaßt werden. Aber von einer solchen kann in der Zeit, in der die Kurzode entstand, noch nicht die Rede sein.

Es ist aber ein Mißverständnis zu meinen, nur den Dichtern und Bacchus würde das Recht auf Eroberungen zugestanden. Überhaupt kommt es nicht so sehr auf Personen oder Personengruppen an, sondern auf die Bedingungen, die mit ihnen gegeben sind; und vor allem kommt es auf ihre

Gemeinschaft an: auf Einheit und Vereinigung. In der Kurzode haben wir im Zeichen des Weingottes an Dichter, Gesetzgeber und Heroen gleichermaßen zu denken, nicht nur an Dichter! Die Eroberungen, die in der Person des Weingottes gerechtfertigt werden, sind solche, die Freude bringen. Er selbst wird »allerobernd« (2) genannt, ist daher auf alle gerichtet, denen er als Eroberer nicht Unterdrückkung, Gewalt und Willkürherrschaft bringt, sondern deren Beseitigung. Sie alle – Dichter, Gesetzgeber und Heroen – haben schon deshalb ein Recht, weil hier nichts Ungesetzliches vorliegt, sondern weil ihrem Tun eine Art von Gesetzgebung zugrunde liegt. Das Recht auf Eroberung, das die Kurzode in epigrammatischer Prägnanz begründet, steht daher zum Freudengott nicht in Widerspruch. Denn alle Eroberungen und Revolutionskriege sind nur die Vorstufe dessen, worauf alles gerichtet ist: sie sind eine Vorstufe zum Frieden, den Hölderlin noch 1801 auf eine so denkwürdige Art feiert. Dagegen steht die weitausgreifende Ode *Dichterberuf* in jeder Hinsicht auf einem anderen Blatt. Nunmehr hat man mit veränderten politischen Auffassungen zu rechnen, bei Hölderlin selbst wie im Kreis seiner Freunde. Diese Veränderungen müssen nicht als abgeschlossen gedacht werden, wenn die Ode *Dichterberuf* begonnen wird. Das vollendete Gedicht selbst verdeutlicht diesen Prozeß.

Schon in der Kurzode kam es auf eine Vereinigung des Griechischen mit dem Heutigen an. Im ausgeführten Gedicht wird sie verstärkt. Mit der Anrede an den Engel des Tages werden Bilder der christlichen Vorstellungswelt einbezogen. Mit offenbar absichtlicher Unbestimmtheit wird vom Höchsten gesprochen, von dem gesagt wird, daß die Dichter ihm »geeignet« (14) sind, ihm also in besonderer Weise zugehören. Diese Bestimmung des Dichterberufs als eines göttlichen Auftrags wird aber nicht mit schöner Selbstgewißheit vorgebracht, sondern in einer dramatischen Darbietung, die Spannung verrät, wie es die wiederholten adversativen Wendungen des Sprechers bezeugen. Eine solche Spannung ist bereits in der Sprache enthalten, im Doppelsinn der Begriffe. Die »Sorge« (9, 13) ist ein solches Wort. Sie ist Daseinsfürsorge und Versorgung – »Im Haus und unter offenem Himmel« (10) –, die sein muß, aber nicht das Ganze sein darf: »denn es gilt ein anders« (12). Es ist die Sorge der Dichter, die anders beschaffen ist und anderes bedeutet. Aber der politische Auftrag bringt sich gegenüber dem göttlichen, von dem die vierte Strophe in schöner Ausgeglichenheit gehandelt hatte, im unruhigen und beunruhigten Aufbau der folgenden Strophen erneut in Erinnerung: in Fragen, Ausrufen und Anreden, die etwas Zurechtweisendes haben. Gleichwohl wird die Beunruhigung, die sich mit dem »dennoch« (17) der fünften Strophe angekündigt hatte, noch einmal zurückgedrängt zugunsten einer begeisternden Rede über zwei Strophen hin. Altgriechische Dichterwürde wird in diesen beiden Strophen in der Tat beschworen, und daß dieser Vorgang auf die Geburt des Dionysos verweist, ist keine Frage. Aber alle verklärende Rede ist nur Erinnerung an etwas, das einmal war, und der Sprechende darf sich an solche Erinnerungen nicht verlieren; denn die Rede von Gott und Genius ist nur die eine Seite seines Auftrags. Oder anders: auch politisches Geschehen ist göttliches Geschehen. Darauf deutet hin die Wendung von der reißenden Zeit in Verbindung mit dem Gott, der »stillsinnend lenkt« (27). Die früheren Fassungen hatten hier ganz anders gesprochen: froher und freudiger. Das Lenken im Tun des Gottes war mit Frohlocken verbunden gewesen – wir dürfen ergänzen: zum Ziel des Friedens hin. Nichts ist davon im vollendeten Gedicht noch vernehmbar. Die Wendung von den trunkenen Rossen ist in das »Zorntrunkene« (27) übergegangen, und welche Bedeutung dem Zorn im Spätwerk zukommt, hat Jochen Schmidt erläutert. In den Anmerkungen zum *Ödipus*, führt er aus, sei Zorn vollends zum Leitmotiv geworden; die Tragödie stelle ein vielfältiges Zorngeschehen dar. Das politische Zeitgeschehen wird jetzt anders gedeutet als zuvor. Aus der zweiten Strophe wurden die Heroen entfernt. Nur noch von Dichtern und Gesetzgebern wird jetzt gesprochen, und die Anrede an den Meister deutet verstärkt auf den künstlerischen und nicht so sehr auf den politischen Bereich hin. Im Erfahrungshorizont der späteren Zeit gibt es nicht nur den Gesetzgeber, der mit Bacchus verglichen werden kann, sondern auch denjenigen, der wie Kreon nichts als Gesetze kennt. In solchen Zeiten sind auch die Dichter zur Verantwortung zu ziehen, wenn sie an der Einheit des Göttlichen und des politischen Zeitgeschehens nicht mehr festhalten. So geht denn die Anrede »an unsre großen Dichter«, die Verbundenheit bezeugte, in eine Scheltrede über, die den scheinheiligen Dichtern gilt. Zeitkritik wird erkennbar als Dichterkritik.

Die scheinheiligen Dichter sind diejenigen, die das Zeitgeschehen nicht begreifen und sich in »Scherz« (33), »Spott« (38) und »Spiel« (39) ergehen. Ein zweiter Vorwurf, der ihnen gemacht wird, betrifft ihre Dienstbarkeit. Sie werden getadelt, weil sie den Geist »zu Diensten« (37) brauchen, und deutlicher noch als aus dem ausgeführten Gedicht geht aus den Fassungen hervor, daß mit der Dienstbarkeit auch Gewinnsucht gerügt werden soll: »damit die Knaben auf uns wiesen und die Unverständigen die Hände füllten mit schnödem Gold?« (II,480). Hier geht es unverkennbar um die ökonomische Basis der schriftstellerischen Existenz. Auch Hölderlin muß als Dichter solcher Verse sehen, wie er wirtschaftlich zurechtkommt. Aber Verdienst im materiellen Sinn kann zu Dienstbarkeit verführen oder in bloße Daseinssicherung einmünden, die nichts anderes mehr kennt. Abermals geht es um Unabhängigkeit – nicht nur in ökonomischer Hinsicht. Denn auch im Politischen können Dichter dienstbar werden, und zumal gegenüber dem Freund, gegenüber Isaak von Sinclair, hatte Hölderlin auf Unabhängigkeit zu sehen, damit das Gedicht nicht direkt zu politischen Zwecken gebraucht werde. In jedem Fall geht es um das, was man Autonomie nennt, die heute bekanntlich vor Mißverständnissen zu schützen ist. Im Übergang von der Aufklärung zur klassisch-romantischen Literatur ist sie eine Errungenschaft im Prozeß der Emanzipation. Sie ist gewiß ein historisches Phänomen, aber doch im Sinne jener

Errungenschaften, die nicht einfach umkehrbar sind. Denn Autonomie, Unabhängigkeit, Absehen von Dienstbarkeit zu anderen Zwecken bedeutet ja nicht, daß man Poesie gegen Politik ausspielt. An ihrer inneren Einheit hält Hölderlin fest und hält auch das Gedicht *Dichterberuf* fest – nur eben mit der Forderung, daß sich politisches Geschehen nicht von dem lösen dürfe, was hier als »der Geist« (37) oder als »alles Göttliche« (45) verstanden wird. Im Fortgang des Gedichts wird das Dienstbare in der Vielfalt seiner Bezüge erkennbar. Es handelt sich um einen Gegensatz zwischen dem Zweckfreien und dem Zweckhaften einer Welt, in der nur gilt, was man berechnen, zählen und beweisen kann. Das betrifft die Wissenschaft, wenn sie sich damit begnügt, dienstbar zu sein. Die nun beginnende Strophentrias, die mit der Wendung von der Dienstbarkeit alles Göttlichen einsetzt, erhält mit der Einbeziehung der Wissenschaft eine neue Dimension. Von den Himmelskräften (46) spricht die erste dieser Strophen, von den Sternen des Himmels (52) die zweite; die dritte dringt auf Ehrfurcht, weil sich der Himmel durch keine Gewalt zwingen läßt (55 f.). Die Wissenschaftskritik, die geübt wird, gilt jenen, die über dem Zählen und Benennen der Sterne wie über dem Gebrauch ihrer Instrumente die Himmelskräfte vergessen. Nicht genug damit, wird die Wissenschaftskritik unseres Gedichts in der folgenden Strophe fortgeführt mit dem Vers: »Noch ists auch gut, zu weise zu seyn« (57). Der Akzent liegt auf dem Zuviel an Weisheit, Wissen und Wissenschaft, auf einer Verabsolutierung, die spätere Wissenschaftsgläubigkeit vorwegzunehmen scheint. Solche Sorge, die Hölderlin zu einem Thema seines Gedichts macht, hat er mit Goethe gemeinsam – wie zu zeigen wäre. Der »Beruf der Wissenschaft«, der nur die Sterne des Himmels zählt und benennt, ohne die Himmelskräfte zu bedenken, kann dem Beruf des Dichters nicht genug sein. Was als Geist in der zehnten Strophe aufgerufen wurde, ist das »obere Leitende« und in jedem Fall mehr und anderes als Wissenschaft, welche es auch sei.

Der Kontrast zur begeisterten Rede über Mathematik und Rechtswissenschaft in einem Brief an den Bruder vom Januar 1797 kann kaum deutlicher ausfallen, als es hier geschieht. Das ist gleicherweise an der Astronomie zu zeigen, die Hölderlin in der Ode *Dichterberuf* zum Gegenstand seines kritischen Fragens macht. Gut zehn Jahre zuvor hatte er über sie ganz anders geurteilt. »Ich ärgre mich, daß ich nicht bälder auf die Astronomie gerathen bin« (VI,71), teilt er im November 1791 seinem Freund Neuffer mit. Aber das ist nur der eine Vorbehalt, der hier gemacht wird; denn die Zeitkritik erweitert sich gegen Ende des Gedichts beträchtlich. Sie schließt nun auch Politik und militärische Macht ein. Zweifellos liegt ein solcher Gegensatz der Kurzode nicht zugrunde. Dagegen heißt es jetzt, daß es keiner Waffen und keiner Listen bedürfe, daß der Dichter ihrer nicht bedürfe. Das läßt vermuten, daß er sich mit politischem und militärischem Geschehen nicht mehr völlig in Übereinstimmung weiß: »und keiner Waffen brauchts und keiner / Listen« (63 f.). Der Weg von der Eingangsstrophe zur Schlußstrophe ist der Weg von der Vereinigung in die Vereinzelung. Man muß bedauern, daß die Schlußstrophen der ersten Fassung ihren Ort nur in den Lesarten erhalten haben; denn man könnte geneigt sein, ihnen das Recht eines eigenen Gedichts zuzugestehen. Ihre letzten Verse lauten:

Und keiner Würden brauchts, und keiner
  Waffen, so lange der Gott uns nah bleibt.

Verändert hat sich im ausgeführten Gedicht unter anderem das Verhältnis zwischen Göttern und Menschen. In der frühen Fassung wird von der Nähe des Gottes gesprochen, und solange es sie gibt, bedarf es keiner Würden und keiner Waffen. Im ausgeführten Gedicht ist Götterferne vorauszusetzen. Sie wird hier als »Gottes Fehl« (64) bezeichnet. Auf den Wandel von möglicher Götternähe und faktischer Götterferne kommt es also an. Er betrifft den Dichter in besonderer Weise. Ihm kommt es zu, mit entblößtem Haupte auszuharren, wie es in der benachbarten Feiertags-Hymne heißt. Er soll einsam vor Gott so lange stehen, bis Gottes Fehl hilft, bis die Ferne der Götter ihre Wirkung tut und die Menschen sich ihnen wieder zuwenden.

Daß hier von Götterferne gehandelt wird, ist kaum noch zu betonen. Aber zu wenig wurde gesehen, daß *Dichterberuf* diesen Weg in die Götterferne zu seinem *Thema* macht. Martin Walser hat in seiner Hölderlin-Rede von 1970 auf die Art, wie man dieses Bild zu gebrauchen pflegt, etwas unwirsch reagiert: »Was hat man davon, wenn man weiß, Hölderlin habe in einer Zeit der Götterferne den Boden bereitet für die Rückkehr der Götter!« Man sollte ihm für solche Äußerungen des Unmuts dankbar sein, denn sie nötigen uns, daß wir uns deutlicher erklären. Aus dem, was schon ›erklärt‹ wurde, sollte deutlich geworden sein, daß das Bild der Götterferne von Zeitgeschichte angereichert ist und daß man den religiösen Gehalt verfehlt, wenn man die Zeitgeschichte ausspart. Das Bild der Götterferne ist von höchst aktuellen Sorgen bestimmt. Sie gelten der Art und dem Verlauf der politischen Geschichte ebenso wie der Entwicklung der Wissenschaft. Der Standort des Dichters gegenüber der Kurzode und ihrer politischen Gedankenwelt war neu zu bestimmen. Das ist hier geschehen. Aber damit hat sich auch das Bild des Dichters geändert. Man ist versucht zu sagen: es hat sich von Grund auf geändert. Eine Deutung, die nur nach oben blickt und in erster Linie die Erhöhung des Dichterberufs wahrnimmt, wird der neuen Standortbestimmung nicht gerecht. Das Dichterverständnis der letzten Teile des Gedichts als Ergebnis eines Erkenntnisweges ist anderer Art. Hier schon gar nicht geht es um denjenigen, der auf der Höhe der Menschheit einhergeht und mit Göttern wie mit seinesgleichen spricht. Der Dichter dieses Gedichts, sein Sprecher, bleibt bescheiden gegenüber denjenigen, die zu weise sind, und er scheut sich nicht, die »Einfalt« (62) als *sein* Teil zu bezeichnen. Der Zorn über die Dienstbaren schließt eigene Demut nicht aus. Das wird bewegend in der Feiertags-Hymne zum Ausdruck gebracht: im Bild des Dichters, der entblößten Hauptes unter Gottes Gewittern steht. Und stets bezeugt sich Demut in Hölderlins Verständnis des Dichters als Dank, den es gebührend zu sagen gilt. »Ihn kennt / Der Dank« (57 f.), heißt es in der Strophe, die ganz dem Himmel zugewandt bleibt. Solche Demut läßt an verwandte Auffassungen in der Literatur um 1900 denken: an Hofmannsthals Bild des Dichters, dem auferlegt ist, unter der Stiege seines eigenen Hauses zu wohnen – unter der Treppe, »wo nachts der Platz der Hunde ist«. Im Gedicht *An eine Verlobte* nennt sich der Sprecher – als Dichter – »träumend und selig und arm«. Der Schluß von *Dichterberuf* spricht eine andere Sprache. Als Dichter ist er auf die anderen angewiesen: auf Geselligkeit und Gespräch, damit die eigene Dichtung vernommen wird. Um so schmerzlicher hat man die Einsamkeit der letzten Strophe aufzufassen. »Wie kurz und vorsichtig der letzte Vers auch gefaßt ist, es umweht ihn die Eiseskälte der Einsamkeit« (Gisela Schneider-Herrmann). Dem ist kaum zu widersprechen. Das führt noch einmal zum Begriff des Tragischen zurück, von dem schon die Rede war.

Gewiß handelt es sich um einen vieldeutigen Begriff, besonders dann, wenn er aus den Kunstform der Tragödie entfernt wird. Doch hat ihn Hölderlin selbst auf die Odenform angewandt. Er spricht im *Grund zum Empedokles* von der tragischen Ode, die im höchsten Feuer anfängt, um in eine bescheidenere Innigkeit einzumünden: »denn die ursprünglich höhere göttliche kühnere Innigkeit ist ihr als Extrem erschienen, auch kann sie nicht mehr in jenen Grad von übermäßiger Innigkeit fallen, mit dem sie auf ihren Anfangston ausging, denn sie hat gleichsam erfahren, wohin diß führte« (IV,149). Das Gedicht *Dichterberuf* ist eine Ode dieser Art. Sie steht dem Tragödienwerk schon sehr nahe, und das Nacheinander des Weges von der Ode über die Elegie bis zu den Gipfeln der hymnischen Lyrik stelle man sich nicht zu geradlinig vor. Um ein Nebeneinander der literarischen Ausdrucksformen handelt es sich weit mehr.

Aber daß man auf den aus der griechischen Kultur kommenden Begriff des Tragischen nicht gänzlich verzichten kann, um bestimmte Konstellationen dichterischer und allgemein-menschlicher Existenz zu umschreiben, bleibt doch zu sagen. Von Hölderlins tieftragisch gewordener Situation, schon in Frankfurt, hat Adolf Beck gesprochen, und die Wendung von seinem späten Widerruf, die Jochen Schmidt als Titel seiner Schrift gebraucht, hat denselben Sinn. In Hölderlins Ode *Dichterberuf* ist nicht wenig von dem eingegangen, was sich schon im Brief an den Bruder vom Spätherbst 1798 andeutet: »Ich brauche Dir nicht zu sagen, wie mannigfaltig seit wir gegen einander schwiegen, mein Gemüth von den Veränderungen meines Lebens ist erschüttert worden« (VI,294). Daß Hölderlin sich der tragischen Form zuwendet, weil sie der eigenen ›Lebensform‹ – seiner schwierig gewordenen Lebenssituation – entgegenkam, ist gelegentlich bemerkt worden; und daß er den Sophokles nicht übersetzt habe, um die deutsche Übersetzungsliteratur zu bereichern, »sondern um sein eigenes Woher und Wohin besser zu begreifen«, hat Wolfgang Binder betont. Hölderlin hat einen solchen Zusammenhang zwischen tragischer Form und eigener Dichterexistenz in einem Brief an Schiller (vom September 1797) beglaubigt. Er spricht von den Dichtungsformen, die der eigenen Sinnesart am nächsten liegen, und gesteht: »Ich glaubte jenen Ton, den ich mir vorzüglich zu eigen zu machen wünschte, am vollständigsten und natürlichsten in der tragischen Form exequiren zu können« (VI,364). Nicht wenig von solcher Sinnesart ist in die Ode *Dichterberuf* eingegangen. Sie hat nicht sehr viel zu tun mit jenem ›modernen‹ Klassizismus, der im Bild vom Dichter als Führer, Seher und Verkündiger kulminiert – des Dichterpropheten, der über seine Zeit hinausschaut, die Zukunft verkündet und heraufbeschwört. Hölderlins dichterisches Selbstverständnis, wie an der Ode *Dichterberuf* als einer tragischen Ode zu zeigen war, entspricht nicht diesem Bild; sowenig wie dasjenige, das man in historischer Betrachtung von seinem Lebenswerk und der Zeit gewinnt, der es abgerungen wurde.

Zitierte Literatur: Wolfgang BINDER: Hölderlin und Sophokles. In: Hölderlin-Jahrbuch 16 (1969/70) S. 19–37. – HÖLDERLIN: Sämtliche Werke. [Siehe Text-quelle. Zit. mit Band- und Seitenzahl.] – Momme MOMMSEN: Die Problematik des Priestertums bei Hölderlin. In: Hölderlin-Jahrbuch 15 (1967/68) S. 53–74. – Walter REHM: Orpheus. Der Dichter und die Toten. Selbstdeutung und Totenkult bei Novalis – Hölderlin – Rilke. Düsseldorf 1950. – Jochen SCHMIDT: Der Begriff des Zorns in Hölderlins Spätwerk. In: Hölderlin-Jahrbuch 15 (1967/68) S. 128–157. – Gisela SCHNEIDER-HERRMANN: Hölderlins Ode Dichterberuf. Ihre religiöse Prägung. Zürich 1960. – Martin WALSER: Hölderlin zu entsprechen. In M. W.: Wie und wovon handelt Literatur. Aufsätze und Reden. Frankfurt a. M. 1973. S. 42–66.

Weitere Literatur: Friedrich BEISSNER: Dichterberuf. In: Hölderlin-Jahrbuch 5 (1951) S. 1–18. – Martin HEIDEGGER: Wozu Dichter? In M. H.: Holzwege. Hrsg. von Friedrich Wilhelm von Herrmann. Frankfurt a. M. 1977. S. 269 bis 320. – Joachim H. W. ROSTEUTSCHER: Hölderlins Ode Dichterberuf und die Frage der Auffassung vom Beruf des Dichters überhaupt. In: Jahrbuch der Deutschen Akademie für Sprache und Dichtung 1962. S. 62–75. – Guido SCHMIDLIN: Hölderlins Ode Dichterberuf. Eine Interpretation. Bern 1958.

Novalis (Friedrich von Hardenberg)

An Tieck

Ein Kind voll Wehmut und voll Treue,
Verstoßen in ein fremdes Land,
Ließ gern das Glänzende und Neue,
Und blieb dem Alten zugewandt.

5 Nach langem Suchen, langem Warten,
Nach manchem mühevollen Gang,
Fand es in einem öden Garten
Auf einer längst verfallenen Bank

Ein altes Buch mit Gold verschlossen,
10 Und nie gehörte Worte drin;
Und, wie des Frühlings zarte Sprossen,
So wuchs in ihm ein innrer Sinn.

Und wie es sitzt, und liest, und schauet
In den Kristall der neuen Welt,
15 An Gras und Sternen sich erbauet,
Und dankbar auf die Kniee fällt:

So hebt sich sacht aus Gras und Kräutern
Bedächtiglich ein alter Mann,
Im schlichten Rock, und kommt mit heiterm
20 Gesicht ans fromme Kind heran.

Bekannt doch heimlich sind die Züge,
So kindlich und so wunderbar;
Es spielt die Frühlingsluft der Wiege
Gar seltsam mit dem Silberhaar.

25 Das Kind faßt bebend seine Hände,
Es ist des Buches hoher Geist,

Der ihm der sauern Wallfahrt Ende
Und seines Vaters Wohnung weist.

Du kniest auf meinem öden Grabe,
30   So öffnet sich der heilge Mund,
Du bist der Erbe meiner Habe,
Dir werde Gottes Tiefe kund.

Auf jenem Berg als armer Knabe
Hab ich ein himmlisch Buch gesehn,
35   Und konnte nun durch diese Gabe
In alle Kreaturen sehn.

Es sind an mir durch Gottes Gnade
Der höchsten Wunder viel geschehn;
Des neuen Bunds geheime Lade
40   Sahn meine Augen offen stehn.

Ich habe treulich aufgeschrieben,
Was innre Lust mir offenbart,
Und bin verkannt und arm geblieben,
Bis ich zu Gott gerufen ward.

45   Die Zeit ist da, und nicht verborgen
Soll das Mysterium mehr sein.
In diesem Buche bricht der Morgen
Gewaltig in die Zeit hinein.

Verkündiger der Morgenröte,
50   Des Friedens Bote sollst du sein.
Sanft wie die Luft in Harf und Flöte
Hauch ich dir meinen Atem ein.

Gott sei mit dir, geh hin und wasche
Die Augen dir mit Morgentau.
55   Sei treu dem Buch und meiner Asche,
Und bade dich im ewgen Blau.

Du wirst das letzte Reich verkünden,
Das tausend Jahre soll bestehn;
Wirst überschwenglich Wesen finden,
Und Jakob Böhmen wiedersehn.

Abdruck nach: Novalis: Werke. Hrsg. und komm. von Gerhard Schulz. 2.,
neu bearb. Aufl. München: C. H. Beck, 1981. (Beck's kommentierte Klassiker.) S. 76–78. [Der Text entspricht dem Erstdruck, die Orthographie ist
modernisiert, die Interpunktion des Originals bewahrt.]
Erstdruck: Musen-Almanach für das Jahr 1802. Hrsg. von A. W. Schlegel und
L. Tieck. Tübingen: Cotta, 1802. Neudr. mit einem Nachw. von Gerhard vom
Hofe. Heidelberg: Lambert Schneider, 1967. [Die Druckvorlage war eine
Abschrift, die Friedrich Schlegel von der an Tieck gesandten Reinschrift
angefertigt hatte. Die Reinschrift von Novalis ist verlorengegangen. Eine erste,
handschriftlich überlieferte Fassung des Gedichts stammt aus dem Frühjahr
1800.]

Gerhard Schulz

»Potenzierte Poesie«.
Zu Friedrich von Hardenbergs Gedicht *An Tieck*

In den *Hymnen an die Nacht* hat es Novalis vermieden,
Götter oder Menschen beim Namen zu nennen. Alles Biographische und Historische wird aufgehoben in der Tendenz, transzendente Erfahrung darzustellen. Ganz anders
verfährt er dagegen in dem Gedicht *An Tieck*. Es ist nicht
nur einem namentlich benannten Freunde gewidmet, sondern es entschlüsselt offenbar auch die Bildersprache dadurch, daß es in der letzten Strophe den mystischen Philosophen Jakob Böhme erwähnt. Auf ihn, so scheint es, gehen
die Vorstellungen und Gedanken dieser Verse zurück. Es
handelt sich also hier um ein literarisches Gedicht, um ein
Stück Literatur über Literatur, um »potenzierte Poesie«, wie
sie Novalis und Friedrich Schlegel unter dem Begriff einer

245

romantischen Kunst als möglich und wünschenswert ansahen. Denn neben den Realitäten der Anschauung und des Empfindens wollte man auch die Realitäten des Denkens und des künstlerischen Gestaltens zum Gegenstand einer universalen Dichtung machen, Natur und Geist also auf die umfassendste Weise darin verbinden. Ein Buch ist deshalb bezeichnenderweise das zentrale Motiv in diesem Gedicht.

Novalis' Verse *An Tieck* wuchsen aus den literarischen, philosophischen und theologischen Gesprächen und Auseinandersetzungen hervor, die im sogenannten Jenaer Kreis um die Brüder Schlegel am Ausgang des 18. Jahrhunderts stattfanden. Zu diesem Freundeskreis gehörten Novalis und Tieck, der Philosoph Schelling, der Physiker Ritter sowie die Lebensgefährtinnen der Brüder Schlegel, Caroline Schlegel und Dorothea Veit. Im November 1799 trafen sich die Freunde in Jena für einige Tage zu intensivem, leidenschaftlichem Austausch. Novalis las bei dieser Gelegenheit seinen Essay *Die Christenheit oder Europa* vor. Bald danach ging er an die Niederschrift seines *Heinrich von Ofterdingen*, dessen erster Teil Anfang April 1800 beendet wurde. Zur gleichen Zeit entstanden die *Hymnen an die Nacht*, die sich schon im Februar 1800 in der Hand Friedrich Schlegels als Herausgebers des *Athenaeums* befanden. Im Frühjahr 1800 schließlich ist auch das Gedicht *An Tieck* niedergeschrieben worden, das also umgeben ist von Novalis' bedeutendsten Werken, für deren Gedanken und künstlerische Verfahrensweise es wie eine Art Prisma ist.

Gegenstand des Gedichts ist die Verehrung von Jakob Böhme. Novalis hatte dessen Werk durch Tiecks Vermittlung im Laufe des Jahres 1799 kennengelernt. Am 23. Februar 1800 bekennt er dem Freunde in einem Brief:

Jacob Böhm les ich jezt im Zusammenhange, und fange ihn an zu verstehn, wie er verstanden werden muß. Man sieht durchaus in ihm den gewaltigen Frühling mit seinen quellenden, treibenden, bildenden und mischenden Kräften, die von innen heraus die Welt gebären

– Ein ächtes Chaos voll dunkler Begier und wunderbaren Leben –
einen wahren, auseinandergehenden Microcosmus. Es ist mir sehr
lieb ihn durch Dich kennen gelernt zu haben.

Mit dem Dank an Tieck, der Verehrung für Böhme und dem
Bilde vom Frühling befindet sich das Gedicht in unmittelbarer Nähe dieses Briefes. Es nimmt auf Böhmes *Aurora, oder
die Morgenröthe im Aufgang* (1612) Bezug (47, 49), und
einige Verse enthalten sogar wörtlich Wendungen aus Böhmes Buch. »An allen Creaturen, so wol an Kraut und Gras«
habe der Geist Gott erkannt, berichtet Böhme im 19. Kapitel (vgl. 17), und in der Vorrede heißt es: »Der oberste Titul,
Morgenröthe im Aufgang, ist ein Geheimniß, Mysterium,
den Klugen und Weisen in dieser Welt verborgen, welches
sie selbst werden in kurtzen müssen erfahren« (vgl. 45 f.).
Novalis' Gedicht enthält zweierlei: ein Erweckungserlebnis
und eine Prophetie. Im ersten Teil wird von einem Kinde
berichtet, das ein altes Buch findet und dem dann der Geist
dieses Buches leibhaftig als alter Mann entgegentritt. Im
zweiten Teil spricht der Alte selbst und verkündet dem
Kinde seinen prophetischen Auftrag, aber nicht ohne vorher
von einem eigenen Erweckungserlebnis erzählt zu haben, so
daß sich auf diese Weise das Gedicht nach rückwärts als
Spiegel im Spiegel ins Unendliche öffnet, wie es das mit der
Prophetie auch nach vorwärts tut.
In Erweckung und Prophetie sind verschiedene Anregungen
und Quellen eingegangen. Aus der Biographie von Novalis
weiß man, daß er im religiösen Erweckungsenthusiasmus
des Pietismus aufgewachsen ist. Auch die Erkenntnis von
einer anderen, durch Liebe zugänglichen Welt jenseits des
Zeitlichen, die ihm am Grabe seiner Braut Sophie von Kühn
zuteil wurde und die dann in den *Hymnen an die Nacht* ein
Hauptmotiv ist, muß in diesem Zusammenhange bedacht
werden. Beides machte Novalis besonders für die Lehren
Böhmes empfänglich. Nahegebracht wurden sie ihm aber
eben doch durch Ludwig Tieck, der wiederum ganz andere
Voraussetzungen für seine Böhme-Begeisterung besaß.

Seit der Französischen Revolution breitete sich die Metapher der Morgenröte im deutschen Schrifttum beträchtlich aus. Zahlreiche Autoren wählten sie als Ausdruck für ihre Hoffnung, in der Übergangszeit zu etwas Neuem, Besserem zu leben. In der Vorrede zu seinem *Beitrag zur Berichtigung der Urtheile des Publicums über die französische Revolution* (1793) erklärt Fichte: »Wenn mich nicht alles täuscht, ist jetzt der Zeitpunct der hereinbrechenden Morgenröthe, und der volle Tag wird ihr zu seiner Zeit folgen.« Friedrich Schlegel nennt 1796 »Göthens Poesie« die »Morgenröthe ächter Kunst und reiner Schönheit«, und in seinem *Athenaeums*-Beitrag *Über die Unverständlichkeit* stellt er 1800 sogar mit Hinblick auf die deutsche Literatur fest: »Die Morgenröthe hat Siebenmeilenstiefel angezogen.« Im Bereiche des Politischen gab den vom Gange der Revolution Enttäuschten die Jahrhundertwende – sie vollzog sich im Verständnis der Zeit vom 31. Dezember 1800 zum 1. Januar 1801 – neuen Auftrieb für Prophetien und Heilserwartungen, und Aurora-Metaphorik hat dann, etwa bei Eichendorff, noch lange Lyrik und Prosa durchzogen.

Novalis' Gedicht besitzt also biographische wie zeitgeschichtliche Fundierungen und benutzt außerdem für seine Bildersprache das Bildungs- und Glaubensgut aus einer langen Tradition. Um nur einige Beispiele dafür zu geben: Das Motiv des Bücherfundes hat seine Ursprünge in ägyptischer Literatur, die Verehrung von Kindern ist in Antike und Christentum geläufig, und biblisch sind im Gedicht solche Bilder wie der neue Bund (Offb. 11,19), das tausendjährige Reich (Offb. 20,1 ff.) oder auch das Anhauchen nach einem prophetischen Auftrag (Joh. 20,22). Direkte oder indirekte, bewußte oder unbewußte Einflüsse dieser Art verraten in erster Linie die hohe Intellektualität des Autors. Sie sagen noch nichts über Bedeutung und Gelingen der Dichtung. Von beidem ist erst zu reden, wenn etwas Neues, Ganzes, für sich selbst Sprechendes aus den Bestandteilen geschaffen wird. Das nun allerdings trifft auf Novalis' Gedicht zu. Es baut für seine Wirkung und sein Verständnis nicht auf die

Kenntnis der Ursprünge und Quellen; diese geben lediglich einen Begriff von den Dimensionen seines Weltverständnisses. Sein Ziel war auch nicht, eine Glaubenslehre zu illustrieren oder religiösen Synkretismus in Verse umzusetzen. Der Bezugspunkt all dieser Bilder und Metaphern ist überhaupt nicht Philosophie oder Religion, sondern das Kunstwerk selbst, in dem allein sie existieren. Der König von Böhmes neuem Reich war Jesus Christus, derjenige von Novalis ist Gott, zu dem der bewegliche Geist des »Buches« unmittelbar Zugang haben soll. Jakob Böhme verliert auf diese Weise seine historische Konkretheit und wird zur Kunstfigur. Kind und Greis aber sind nicht Symbole für begrifflich Faßbares, sondern als Produkte dichterischer Einbildungskraft werden sie selbst produktiv, um im Leser etwas zu erzeugen, was es außerhalb des Gedichtes nicht gibt. In dieser seltsamen Relation zwischen Gestaltung und beabsichtigter Wirkung liegt überhaupt das Geheimnis von Novalis' eigentümlicher Schreibkunst.

Die ersten drei Strophen des Gedichtes beschäftigen sich, im Präteritum berichtend, mit einem Kinde, dessen Wesen von dem Gefühl der Einsamkeit und Fremdheit in der Welt geprägt ist. Seine Sehnsucht geht auf das »Alte« (4), von ihm Verlassene, auf »seines Vaters Wohnung«, wie man später hört (28). Man wird erinnert an jenes berühmte »Immer nach Hause«, mit dem die Zyane die Frage Heinrich von Ofterdingens nach Richtung und Ziel ihres Weges beantwortet. Will man sich mit Hilfe von Assoziationen verdeutlichen, was denn mit diesem immerhin nach Regression schmeckenden »Alten« angesprochen sei, so wird man zuerst auf jenes Traditionsbewußtsein kommen, das mit dem Begriff einer romantischen Literatur innerhalb der als historische Kontinuität empfundenen kulturellen Einheit des christlichen Europa seit dem Mittelalter gegeben war. Nationale Eigenart und internationale Gemeinschaft, subjektive Erfüllung im Glauben und chiliastische Hoffnungen verbanden sich in dieser Tradition in den verschiedensten Formen. Daß das Neue aus dem Schoß des Alten entstehe, lag außerdem der dialektischen Methode zugrunde, von der das Denken um 1800 entscheidend bestimmt wurde. Schließlich sind Tiecks Versuche zur Wiederbelebung alter deutscher Literatur in Nachdichtungen und Editionen, die Beschäftigung mit Jakob Böhme sowie Novalis' Adaption des Christentums für seine eigene Philosophie in dieser Verbindung zu nennen.

In der Zeit um 1800 gab es außerdem eine ganze Mythologie des Kindes und des Kindlichen. Dafür hatte man, wie gesagt, Vorbilder in Mythen und Religionen, insbesondere im Christentum, wo das Kind als das Symbol des Neuen, Reinen, Schuldfreien, Harmonischen und Göttlichen erscheint, das in sich die Erinnerung an einen für die Erwachsenen verlorenen Zustand des Glückes mit messianischen Versprechungen einer neuen, besseren Zeit verbindet. Novalis' Darstellung des »Wunderkindes« in der *5. Hymne an die Nacht* und das Kind im 3. Kapitel des *Heinrich von Ofterdingen* haben in einer solchen Deutung der Rolle des Kindes ihren Ursprung. Auch in den Werken Tiecks, Friedrich Schlegels und Clemens Brentanos wie in den Bildern Philipp Otto Runges gibt es Beispiele für eine ähnliche Kindessymbolik. Das Kind hier im Gedicht jedoch fügt sich nicht ganz in diese Vorstellungen. Es ist nicht symbolischer Säugling, sondern tätiger Mensch, denn immerhin findet es ein Buch und kann lesen. In seinem *Allgemeinen Brouillon* von 1798 notiert sich Novalis: »Ein Kind ist weit klüger und weiser, als ein Erwachsener – das Kind muß durchaus *ironisches* Kind sein.« Ein solches »ironisches« Kind führt er uns jedenfalls hier vor, und man erinnert sich, daß das in einer Zeit geschieht, da man aus wachsender psychologischer Erkenntnis dem Kinde Eigenrecht und Eigenart zuzugestehen und eine ihm angemessene Pädagogik zu entwickkeln begann.

Fortan ruft das Gedicht mit seiner Bildersprache viele weitere Assoziationen hervor, und in der Anregung zu assoziativer Produktivität im Leser hat denn Novalis auch die besondere Aufgabe seiner Kunst gesehen. Man kommt deshalb dem Verständnis nicht nahe, wenn man die Bilder und Metaphern zu entschlüsseln, also mit irgendwelchen dahinterstehenden Vorstellungen oder Begriffen zu identifizieren versucht. Es genügt, wenn man sie anklingen läßt, beim »öden Garten« (7) an das verödete Paradies denkt, beim »Kristall« (14) sich der mittelalterlichen Kristallomantie, also des parapsychologischen Phänomens der Kristallvisionen erinnert und bei der Erscheinung auf dem Berg (33) zu der alttestamentarischen Epiphanie auf dem Berge Sinai Parallelen empfindet. Aus der Biographie Jakob Böhmes ist überdies bekannt, daß dieser auf der Landeskrone in der Nähe seiner Heimatstadt Görlitz eine ähnliche Verkündigung erlebt hat und ihm als Kind schon durch einen Fremden eine große Aufgabe und Zukunft vorausgesagt wurde. Novalis bedurfte dieser assoziationsreichen, transparenten Ereignisse und Vorstellungen, um die eigene Logik seines Gedichtes zu entwickeln.

Am Ende des einleitenden Berichtes über das Kind stehen die Worte »innrer Sinn« (12), die die Voraussetzung für alles Folgende sind, denn weder würde ohne ihn das Kind Verständnis für Buch und Botschaft haben noch der Leser für das Gedicht. Novalis hat sich, angeregt durch die Werke des holländischen Philosophen Franz Hemsterhuis, mehrfach mit Gedanken über die Herausbildung eines moralischen und religiösen »Organs« oder Sinnes im Menschen beschäftigt. Kant hatte die Begrenztheit der Sinneserkenntnis gelehrt, und Novalis fragte sich nun, ob das vielleicht lediglich ein vorläufiger Zustand sei, ob es, mit anderen Worten, außer den Sinnen, die uns die physische Realität vermitteln, auch solche gebe, die metaphysische und geistig-sittliche Realitäten wie z. B. die Liebe erfassen ließen. Solche Sinne wären dann bisher nur noch nicht entwickelt. Es ist Novalis zuzugestehen, daß ein auf diese Weise begabter Mensch in der Tat ein sehr viel reicheres Wesen wäre als der allein auf das Äußere reagierende.

Das Gedicht *An Tieck* schildert nun Entstehung und Wirkung dieses »inneren Sinnes« in der Gestalt einer poetischen

Legende. Die einleitenden drei Strophen berichten von Fremdheit in der Gegenwart und dem Unbefriedigtsein von ihr als einem Zustand der Empfängnisbereitschaft; die nächsten vier führen im Präsens die Wirkungen des »inneren Sinnes« selbst vor. Aus dem Buche tritt dessen Geist heraus, visuell erkennbar nur dem Erweckten, und in diesem Geist vereinigen sich Alter und Jugend, Vergangenheit und Zukunft. Merkwürdig, wie Novalis diese Gegensätze sprachlich verbindet. »Bekannt doch heimlich sind die Züge« des Alten (21): bekannt, weil er vertrauenerweckend und selbst »kindlich« ist (22), »heimlich«, also geheimnisvoll, weil er mehr mitbringt als nur sich selbst, weil auch er nur wieder Vermittler für etwas Größeres ist, wie die Erzählung von seiner eigenen Erweckung zeigt. Und wenn »die Frühlingsluft der Wiege« um sein »Silberhaar« spielt (23 f.), so drückt auch diese ungewöhnliche Metaphernkombination Vereinigung und Kontinuität aus – Winter und Frühling, Alter und Jugend, Grab und Wiege gehen ineinander über als Zeichen der Hoffnung auf Heimkehr und Überwindung der Einsamkeit, als Zeichen, die der erwachte innere Sinn nun zu deuten versteht.

Der zweite Teil des Gedichtes ist der Prophetie aus dem Munde des alten Mannes gewidmet; es ist eine Prophetie des Neuen auf einem Grabe. Ein Glied der Kette schließt sich ans andere, die Erweckungen stehen in Analogie zueinander, und Ludwig Tiecks eigenes Verständnis der »alten Bücher« fügt sich wohl als ein weiteres Glied hier an, vom Freunde durch die Widmung dankbar anerkannt. Ob es sich um eine endlose und damit letztlich hoffnungslose Wiederholung des Gleichen oder aber um einen Fortschritt, ein spiralartiges Höhersteigen handelt, scheint schwer zu bestimmen. Aber die Wendung »Die Zeit ist da« (45) hilft, sich für das letztere zu entscheiden. »Die Zeit ist da, das innre Wesen der Gottheit kann offenbart und dargestellt werden, alle Mysterien dürfen sich enthüllen und die Furcht soll aufhören«, hatte Friedrich Schlegel in seiner *Lucinde* (1799) geschrieben. »Es ist an der Zeit«, hieß das Losungs-

und Erlösungswort von Goethes *Märchen* in den *Unterhaltungen deutscher Ausgewanderten* (1795), und in Distichen unter dem Titel *Es ist an der Zeit* hatte Novalis 1798 den politischen Bezug von Goethes Allegorik auf seine Weise gedeutet und die Losung in sein eigenes politisches Konzept von einer Wiederkunft der »alten Dynasten« Glauben und Liebe am Beginn einer neuen, »glücklichen Zeit« einbezogen. Die Prophetie des Gedichtes *An Tieck* gehört also durchaus zu den allgemeinen Erwartungen des Jahrhundertendes und fand damals offenere Ohren und leichteres Verständnis als in einer aller Heilsverkündung sehr viel skeptischer gegenüberstehenden späteren Epoche.

Das verkündete Wiedersehn mit Jakob Böhme ist außerdem ein deutlicher Hinweis auf den endlichen Schluß der Kette. Nur fragt sich noch, ob denn eigentlich über das Wesen jenes verkündeten »letzten Reiches« (57) etwas gesagt wird, das zwar als Herrschaft derjenigen, die »mit Christo tausend Jahre« leben und regieren werden (Offb. 20,4), eine lange Tradition hat, das aber dennoch besonders vom deutschen Leser des 20. Jahrhunderts nicht ohne Beklemmung hingenommen wird. Novalis' Endzeit, wie er sie die Leser seines Gedichtes erschließen läßt, war eine Zeit des Friedens, der Einigkeit mit Gott, des entwickelten inneren Sinnes und damit eine Zeit von »überschwenglich Wesen« (59), also eine Zeit der aufgehobenen Trennung und des Glückes. Überschwengliches Wesen oder überschwengliche Wesen? Wahrscheinlich das letztere, wenn man daran denkt, daß Novalis in der 5. *Hymne an die Nacht* Maria »heiliges Wesen« nennt. Gemeint wäre also die Vorstellung von einer Vereinigung begeisterter Menschen, von Wesen, die sich ihrer Geistesexistenz bewußt sind. In der uns überlieferten handschriftlichen Fassung lautete die letzte Strophe:

Du hilfst das Reich des Lebens gründen
Wenn du voll Demut dich bemühst,
Wo du wirst ewge Liebe finden
Und Jacob Böhmen wiedersiehst.

Die Verse lassen sich als Kommentar zur späteren Fassung lesen. Sie zeigen auch, daß Novalis es schließlich vorzog, seine Hoffnungen an die bekanntere Vision der Bibel zu binden, an einen konkreteren Mythos als das »Reich des Lebens«. Denn darin liegt natürlich die Besonderheit dieses Gedichtes und der Dichtung von Novalis überhaupt, daß seine Reisen ins Transzendente und Zukünftige allein in seiner Überzeugung von der Kraft des Dichters abgesichert waren, nicht in einer geoffenbarten Religion. Er selbst hat darin für sein Christentum keinen Widerspruch gesehen. Etwa zur gleichen Zeit, da dieses Gedicht entstand, notiert er sich in einem Studienheft: »Das Christentum ist durchaus historische Religion, die aber in die natürliche der Moral, und die *künstliche* der Poesie, oder die Mythologie übergeht.« Das ist eine kühne Hypothese, die auch den herausfordert, der sich von ihr letztlich distanzieren möchte. In seiner eigenartigen, einprägsamen Verbindung von einfacher Anschaulichkeit und hoher Intellektualität führt Novalis' Gedicht *An Tieck* zumindest in das Nachdenken darüber hinein.

Zu berichten ist zum Schlusse noch von dem Empfänger, von Ludwig Tieck. Zu der Zeit, da das Gedicht entstand, bereitete er die Herausgabe seiner Zeitschrift *Poetisches Journal* vor, die nur in zwei Heften erschien, das erste im August, das zweite im Oktober 1800. Es ist anzunehmen, daß Tieck zu diesem Zeitpunkt Novalis' Gedicht bereits kannte. Im *Poetischen Journal* jedenfalls findet sich ein Einleitungsgedicht Tiecks, *Die neue Zeit*, das in einzelnen Bildern wie in seinem prophetischen Ausblick ins neue Jahrhundert eng verwandt mit den Gedanken von Novalis ist.

Die Menschen alle fühlen sich Giganten,
Und Mensch und Gott vereint sich für und für,

heißt es darin, ergänzende Vorstellungen zu dem gebend, was Novalis »überschwenglich Wesen« nennt. Im gleichen

ersten Heft aber steht auch Tiecks kleines parodistisches
Spiel *Der neue Hercules am Scheidewege*, in dem ein »Alt-
frank« dem Autor erscheint und ihm sagt:

Und willst mal recht in die Tiefe schauen
In allen Sinnen dich erbauen,
Den Wein des Lebens schlürfen ein,
So recht im Frühling heimisch sein,
Wo aus allen Blüthen Nachtigallen
Und tausendfach Gesänge schallen,
Unendlichfach die Geister quallen,
So hab ich dir ja ein Buch erschlossen,
Wo schon manch Himmelsstunde hast genossen,
So gab ich dir noch außer Göthe,
Auroram, jene Morgenröthe,
Von jenem tief verkannten Helden,
Der in sich trug so viele Welten,
Des heilger unentweihter Mund
Der Gottheit Tiefe hat verkundt,
Den großen deutschen Jakob Böhme,
Daß er von dir die Schwermuth nähme.

Romantisches Gespräch in Knittelvers und liedhafter Legende.

Literatur: Carl PASCHEK: Novalis und Böhme. Zur Bedeutung der systemati-
schen Böhmelektüre für die Dichtung des späten Novalis. In: Jahrbuch des
Freien Deutschen Hochstifts 1976. S. 138–167. – Wolfgang SPEYER: Das
entdeckte heilige Buch in Novalis' Gedicht »An Tieck«. In: arcadia 9 (1974)
S. 39–47. – Werner VORDTRIEDE: Novalis und die französischen Symbolisten.
Stuttgart 1963. S. 123 ff.

Friedrich Hölderlin

Hälfte des Lebens

Mit gelben Birnen hänget
Und voll mit wilden Rosen
Das Land in den See,
Ihr holden Schwäne,
5 Und trunken von Küssen
Tunkt ihr das Haupt
Ins heilignüchterne Wasser.

Weh mir, wo nehm' ich, wenn
Es Winter ist, die Blumen, und wo
10 Den Sonnenschein,
Und Schatten der Erde?
Die Mauern stehn
Sprachlos und kalt, im Winde
Klirren die Fahnen.

Abdruck nach: Hölderlin: Sämtliche Werke. Große Stuttgarter Ausgabe. Hrsg. von Friedrich Beißner. Stuttgart: Cotta (seit 1968: Kohlhammer), 1943 ff. Bd. 2,1. 1951. S. 117.
Zur Entstehung: Ein erster Entwurf des Gedichts schließt sich unmittelbar an die im Jahre 1799 entstandene Hymne *Wie wenn am Feiertage ...* an. Dieser Entwurf wird später weitergeführt.
Erstdruck: Taschenbuch für das Jahr 1805. Der Liebe und Freundschaft gewidmet. Frankfurt a. M.: Friedrich Wilmans, [1804]. [Im Dezember 1803 hat Hölderlin das Gedicht zusammen mit anderen »Nachtgesängen« für den Druck durchgesehen. Unter diesem Sammeltitel *Nachtgesänge* erscheint es dann mit den Gedichten *Chiron, Thränen, An die Hofnung, Vulkan, Blödigkeit, Ganymed, Lebensalter, Der Winkel von Hahrdt.*]

Jochen Schmidt

»Sobria ebrietas«. Hölderlins *Hälfte des Lebens*

Hölderlins *Hälfte des Lebens* gehört zu den berühmtesten Gedichten der deutschen Literatur. Wohl in keiner Lyrikanthologie fehlt es. So vollkommen wie in nur ganz wenigen lyrischen Gebilden hat sich hier ein Daseinsgefühl, die Erfahrung einer Lebenskrise, in die Symbolik von Naturerscheinungen übertragen. Ohne Aufwand und Pathos, ohne erkennbare formale Virtuosität scheint hier eine Vision des Innen im Außen einfach geglückt zu sein – ein großer lyrischer Moment. Auch in Hölderlins Werk steht dieses Gedicht einzig da. Seine Oden und Elegien sind artistisch durchgeformt. Die Hymnen nach 1800 erheben einen äußersten Anspruch. Komplexität, Reflexionsdichte, im Spätwerk dann eine Sättigung mit kaum erschließbaren mythischen Metaphern: das alles macht Hölderlins dichterische Sprache faszinierend, aber auch fremd. Nichts davon findet sich in dem Gedicht *Hälfte des Lebens*. Es ist, scheinbar, so hintergrundlos einfach, daß sich eine Erklärung erübrigt.

Wider den Anschein jedoch erfordern diese beiden Strophen mehr als eine paraphrasierende Verdeutlichung des auch ohne genauere Analyse in seinen Grundzügen Erkennbaren.[1] Denn die Bildwelt des Gedichts birgt noch eine esoterische Schicht, die bislang unerkannt blieb. Zugleich mit der allgemein nachvollziehbaren menschlichen Erfahrung findet eine spezifisch dichterische Tragik Ausdruck in diesen Versen, die alte, längst topologisch fixierte Vorstellungen über Dichter und Dichtertum aufbewahren.

Die Grundstruktur des Gedichts ist einfach. Antithetisch ordnen sich die beiden Strophen, die beiden »Hälften des

---

1 Unter den zahlreichen Interpretationsversuchen ist lediglich Strauss von Bedeutung. Strauss gibt eine feinsinnig detaillierende Studie, die der dichterischen Form bis in die Nuancen gerecht wird, übergeht aber die topologischen Fixierungen und die esoterische Bedeutungsschicht.

Lebens«, einander zu. Dem Bild sommerlicher Erfüllung in der ersten respondiert in der zweiten das Bild winterlicher Erstarrung und Leere. Bis ins einzelne genau ist die Antithese durchgeführt. In der harmonischen Landschaft der Sommerstrophe findet alles Getrennte zueinander: Das Land hängt in den See, das Trunkene verbindet sich dem Heilignüchternen, Frucht und Blüte – gelbe Birnen und wilde Rosen – erscheinen in magischer Gleichzeitigkeit, und daß die Schwäne »trunken von Küssen« (5) heißen, steigert dieses' Harmonische, das Hölderlin theoretisch als das »Einigentgegengesetzte« bezeichnet, zur Liebesinnigkeit. Dagegen bringt die Winter-Strophe das Disharmonische ins Wort. Statt des Verbindenden gibt es nur trennende und abweisende »Mauern« (12). Sie sind jenseits der Sphäre der Kommunikation, »sprachlos« (13). Disharmonisch »klirren« (14) die Wetterfahnen. Statt des Organisch-Lebendigen und Beweglichen: der Blüten und Früchte, der Schwäne und des Wassers, gibt es nur Totes und Starres: kalte Mauern und eiserne Wetterfahnen.

Indem das schmerzlich bewegte Ich am Beginn der zweiten Strophe nicht nur dem »Sonnenschein« (10), sondern auch – scheinbar paradox – dem »Schatten der Erde« (11) nachfragt, sucht es nach der verlorengegangenen Harmonie. Denn auch in dieser Frage kommt es auf die Harmonie des Einigentgegengesetzten, des Sonnenlichts und des Schattens an, nicht auf Sonnenschein und Schatten an sich. Zur Idyllentopologie gehört seit jeher der Ausgleich der Gegensätze und insbesondere der Ausgleich von Sonne und Schatten. Noch in andern späten Gedichten hat Hölderlin dieses Schema aufgenommen. So entsteht in der letzten Hymne *Mnemosyne* aus den gleichen Elementen ein spezifisch idyllisches Bild: »*Sonnenschein* / Am Boden sehen wir und trokenen Staub / Und heimatlich die *Schatten* der Wälder und es blühet / An Dächern der Rauch, bei alter Krone / Der Thürme, friedsam« (II,1,197); und einer der letzten Entwürfe evoziert eine ländliche Idylle mit den Worten: »Süß ists, dann unter hohen *Schatten* von Bäumen / Und Hügeln zu wohnen, *sonnig*« (II,258). Die Coincidentia oppositorum ist in den zuletzt zitierten Versen besonders deutlich. Ähnlich gilt in dem Gedicht *Hälfte des Lebens* die Frage nach »Sonnenschein« und »Schatten der Erde« einem harmonischen Ausgleichsverhältnis: dem Einigentgegengesetzten.

Nicht zuletzt prägt sich die Antithese der beiden Strophen auch stilistisch aus. So erst gewinnt sie ihre Intensität, bis in den Ton und in den Rhythmus hinein (hierzu ausführlich Strauss). Während in der Sommer-Strophe beinahe jedes Hauptwort eine schmückende Beifügung erhält (1: »gelbe Birnen«, 2: »wilde Rosen«, 4: »holde Schwäne«, 7: »heilignüchternes Wasser«), steht in der Winter-Strophe alles gleichsam kahl da. Und während die Sommer-Strophe aus einem einzigen, durchschwingenden Satz besteht, der seine harmonische und zugleich herausgehobene Mitte in dem Anruf »Ihr holden Schwäne« (4) findet, zerbricht die zweite Strophe in zwei schroff voneinander abgesetzte Teile. Rhythmisch vermittelt bereits die einleitende Frage der zweiten Strophe einen ganz anderen Eindruck. Sie zerfällt in kurze Einzelstücke, wie schon die Zeichensetzung erkennen läßt. Auch liegen nun die Verseinheiten im Widerstreit mit den Sinneinheiten: »Weh mir, wo nehm' ich, wenn / Es Winter ist, die Blumen, und wo / [...]« (8 f.). Dabei scheint das »Wenn« und »Wo«, das den Weh-Laut alliterierend weiterträgt, am Versende jeweils ebenso ins Leere zu stoßen, wie die Frage inhaltlich ins Leere stößt.

Ganz neu tritt in der zweiten Strophe das Ich hervor. Die Sommer-Strophe absorbiert es. Alles in ihr verbindet sich so harmonisch, daß es nichts Isoliertes und also auch keine isolierte Subjektivität geben kann. In zahlreichen theoretischen Äußerungen hat Hölderlin das Wesen der Vollendung immer wieder als eine Aufhebung des Gegensatzes von Subjekt und Objekt aufgefaßt, als einen Zustand jenseits aller Trennung, in dem jedes Gegenüber von Ich und Welt aufhört. Mit ihren Evokationen der Allverbundenheit repräsentiert die erste Strophe diesen Zustand der Vollendung. Der Anruf der »holden Schwäne«, der, wie noch zu sehen sein wird, den Dichtern gilt, enthebt deshalb dieses Dichterische allem Subjektiven und läßt es im Naturbild aufgehen. Indem die zweite Strophe mit dem jäh einsetzenden »Weh« die Harmonie der ersten auflöst, exponiert sie mit tieferem Recht auch sofort das Ich. Fragend sucht es nach der verlorenen Harmonie und findet nichts als abweisende Mauern. Das Ich vor den sprachlosen und kalten Mauern: das ist der entschiedene Ausdruck der unharmonischen Entgegensetzung von dichterischer Subjektivität und Welt. Nicht die Welt an sich hat sich ins Negative verwandelt, sowenig wie die erste Strophe einfach eine positive Welt entwirft; vielmehr löst ein Welt-*Verhältnis* das andere ab. Je nachdem, wie dieses Verhältnis ist, erscheint die Welt und befindet sich das Ich im Wohl oder Wehe.

Die auffälligste und zugleich aufschlußreichste Prägung des ganzen Gedichts ist das Wort »heilignüchtern« (7). Dessen harmonische Entgegensetzung zum »Trunkenen« (5) deutet auf ein Stück klassischer Dichtungstheorie: auf den Topos der ›nüchternen Trunkenheit‹, der ›sobria ebrietas‹. Der Dichter, so besagt die in diesem Oxymoron enthaltene Anweisung, dürfe nicht allein aus dem Gefühl der Begeisterung heraus schaffen, obwohl die Inspiration unerläßlich ist für sein Beginnen; vielmehr entstehe wahres Dichtertum erst aus der Verbindung von Begeisterung und Besonnenheit: von Trunkenheit und Nüchternheit.[2] Es handelt sich um eine Analogie des alten Junktims von ›physis‹ und ›techne‹, von ›ingenium‹ und ›ars‹. Auch Hölderlins Verse lassen erkennen, daß die trunkene Begeisterung am Anfang steht und dann der Ausgleich in der Sphäre des Heilignüchternen

---

2 Eine für Hölderlins Zeit wie schon für das ganze 18. Jahrhundert relevante Quelle dieser Lehre ist die Schrift des Pseudo-Longinus *Vom Erhabenen*. Ihr Verfasser sieht im 16. Kapitel die Vereinigung von Enthusiasmus und klarem Bewußtsein als das Wesen poetischer und rhetorischer Vollendung an. Es sei, so schreibt er, »notwendig, auch in der Trunkenheit nüchtern zu bleiben« (ὅτι κἂν βακχεύμασι νήφειν ἀναγκαῖον). Noch der alte Goethe erinnert sich im *Schenkenbuch* des *West-östlichen Divan* des antiken Topos, indem er die »nüchterne Trunkenheit« beschwört (*Goethes Werke*, S. 92, V. 15: »Sie haben wegen der Trunkenheit ...«).

folgt – ein Ausgleich, der erst vollkommene Poesie ermöglicht. Aus diesem ideellen Zusammenhang ergeben sich mehrere Folgerungen. Erstens: Die Sommer-Strophe deutet nicht nur auf ein harmonisches, positiv empfundenes Weltverhältnis, sondern sehr genau auch auf den eigentlich ›poetischen‹ Zustand. Denn ihre durchgehenden harmonischen Entgegensetzungen sind die universale Repräsentanz der spezifisch poetischen Idealverfassung, die sich am Ende im Ausgleich von Trunkenheit und Heilignüchternem zeigt. Zweitens: Das Bild der Schwäne, dem sich dieses Ausgleichsgeschehen assoziiert, ist Metapher der dichterischen Existenz.

Eine Aktualisierung hatte das alte Programm der ›sobria ebrietas‹ in der Klassik gefunden, die nicht zuletzt aus der Balancierung der einseitig irrationalen Dichtungsauffassung des Sturms und Drangs entstanden war. So glaubte charakteristischerweise Schiller in seinem Brief vom 24. November 1796, Hölderlin davor warnen zu müssen, »die Nüchternheit in der Begeisterung zu verlieren« (VII,46). Hölderlin selbst notiert sich einmal: »Das ist das Maas Begeisterung, das jedem Einzelnen gegeben ist, daß der eine bei größerem, der andere nur bei schwächerem Feuer die Besinnung noch im nöthigen Grade behält. Da wo die Nüchternheit dich verläßt, da ist die Gränze deiner Begeisterung. Der große Dichter ist niemals von sich selbst verlassen, er mag sich so weit über sich selbst erheben als er will« (IV,233). Sogar das Wort »heilignüchtern« selbst erscheint bei Hölderlin noch ein weiteres Mal, und zwar unmittelbar bezogen auf das Dichterische, während *Hälfte des Lebens* diesen Bezug im Bild der Schwäne verhüllt. Wohl mit einer Assoziation des kastalischen Quells ist in dem Fragment *Deutscher Gesang* die Rede vom Dichter, der erst »singt, wenn er des *heiligen nüchternen Wassers* genug getrunken« (II,202). Nicht nur aus der poetologischen Tradition der ›sobria ebrietas‹ also, sondern auch im Kontext von Hölderlins eigenen theoretischen Überlegungen und poetischen Gestaltungen, in denen er diese Tradition offenkundig aufnimmt, ist das in dem Gedicht *Hälfte des Lebens* zentrale Bild der Schwäne, die trunken von Küssen ihr Haupt ins heilignüchterne Wasser tunken, als eine Metapher des vollkommenen dichterischen Zustands zu deuten.

Indem Hölderlin nicht vom Nüchternen, sondern vom Heilignüchternen spricht, lehnt er zugleich die falsche Nüchternheit einer einseitig rationalen Geistesverfassung ab. Immer wieder beklagt er in seiner Dichtung das »Allzunüchterne« als eine besondere Form moderner Dürftigkeit. Nicht um einen mechanischen Ausgleich zwischen dem Trunkenen und dieser dürftigen Verfassung geht es. Als regulativer Horizont des *Maßes* gehört das Heilignüchterne vielmehr a priori zur dichterischen Dimension. Es ist im poetischen Sensorium selbst schon angelegt, als »Gränze der Begeisterung«, wie Hölderlin theoretisch formuliert. Im »Heilignüchternen« am Ende der ersten Strophe kündigt sich demnach nicht etwa schon die Negativität der zweiten Strophe an. Es handelt sich nicht um ein fatales Nüchternwerden, sondern um die Vollendung dichterischer Harmonie.

Schon die Deutung des Ausgleichs von »Trunkenem« und »Heilignüchternem« aus dem poetologischen Topos der ›sobria ebrietas‹ führte dazu, das Bild der Schwäne als Metapher dichterischen Daseins zu verstehen. Die Tradition des Schwanensymbols selbst weist in die gleiche Richtung. Denn von der frühen Antike bis in die Dichtung des 19. Jahrhunderts hinein und noch bis zu Baudelaires Gedicht *Le cygne* in den *Fleurs du mal* erscheint der Schwan als Sinnbild des Dichters. Anders als die gewöhnlichen Schwäne vermag die sogenannte Singschwan ausdrucksvoll zu singen. Von diesem Naturphänomen leitet sich die metaphorische Gleichsetzung des Schwanes mit dem Dichter her. Nach Platon hat sich Orpheus in der Unterwelt in einen Schwan verwandelt. Horaz bezeichnet Pindar als »dirkäischen Schwan«, und ausführlich stellt er sich selbst als

Schwan, ja seine Verwandlung in einen Schwan dar.[3] Die Glossen erklären geradezu, die Dichter seien Schwäne (»cycni poetae«, vgl. Pauly, Sp. 789). Für Kallimachos sind die Schwäne »Vögel der Musen«, »die am besten Singenden unter den Gefiederten«, und er läßt sie in der Geburtsstunde Apollons, des Dichtergotts, dessen Heimatinsel Delos umfliegen (Kallimachos, *Delos-Hymnus* 249 ff.). Weil die Schwäne als dichterisch gelten, sind sie ganz allgemein Apollon als dem Gotte der Dichter heilig. Hölderlin, der beste Kenner der antiken Überlieferung unter allen deutschen Dichtern, nimmt also seine Metapher aus einem reichen Fundus. Sie war noch in seiner Zeit allgemein verbreitet und daher ohne weiteres verständlich. Eine eigene Bedeutungs-rubrik des Wort-Artikels »Schwan« in Grimms *Deutschem Wörterbuch* beginnt mit der Bemerkung, daß »besonders Dichter wegen ihres Gesanges« als Schwäne bezeichnet wer-den. Der erste der angeführten Belege stammt von Stieler und sagt definitorisch: »schwanen, *etiam dicuntur poetae, quasi cantantes cygni*«, der letzte aus einem Brief Goethes. Das Wort »Dichterschwan« endlich bezeugt, wie die beiden Vorstellungen sich geradezu verschmolzen (Grimm, Bd. 9, Sp. 2207,4e; Bd. 2, Sp. 1069).

Daß die Schwäne nicht nur trunken, sondern »trunken von Küssen« heißen, darf im poetologischen Kontext wohl so verstanden werden, daß die Begeisterung der Dichter aus einem Gefühl der Liebesinnigkeit, der rauschhaften Verbun-denheit mit allem Dasein kommt – die erste Strophe ist ja ganz auf diese Allverbundenheit und Harmonie angelegt. Von ferne wird hier die spinozistische Grundströmung spürbar, die seit den siebziger Jahren des 18. Jahrhunderts die Auffassung vom Poetisch-Schöpferischen trägt. Dichte-rischer Enthusiasmus ist schon dem jungen Goethe nur als individuelle Repräsentanz der die All-Natur durchwalten-den Harmonien denkbar. Er ist auch für Hölderlin Aus-druck einer dem ἓν καὶ πᾶν offenen Sensibilität.

3 Nachweise bei Pauly, s. v. »Schwan« (Platon, *Staat* 10,620 A; Horaz über Pindar: carm. 4,2,25, über sich selbst: carm. 2,20).

Vom Zentrum poetologischer Metaphorik her erschließt sich nun auch die Bildwelt der Winter-Strophe erst genauer. Das »Sprachlose« (13) der Mauern ist nicht mehr nur Imagination einer allgemein ins Winterlich-Heillose gewandelten Lebenserfahrung, sondern zugleich eine exakte Benennung des Unpoetischen. Das Versagen der Sprache signalisiert das Ende des Dichtertums. Wo die Welt zur steinern-stummen Barriere erstarrt, weil sich das Weltverhältnis des Dichters entscheidend gewandelt hat, da steht auch er selbst am Ende seiner dichterischen Möglichkeit: »sprachlos« und preisgegeben der Empfindung poesiefeindlicher Dissonanz, wie es das Klirren der Fahnen symbolisiert. Sogar die anfängliche Frage nach den »Blumen«, »wenn es Winter ist« (9), deutet nicht lediglich auf ein Vermissen positiver Lebenserfahrung. Seit jeher hat die Blume auch eine metaphorische Bedeutung als »Blume der dichterischen Rede« – ›flos orationis‹ (z. B. Cicero, *De oratore* 3,96). Daß Hölderlin die Metapher kannte, zeigt die explizite Verwendung in der Elegie *Brod und Wein*, wo es von der dichterischen Zeit Griechenlands heißt, in ihr seien »Worte wie Blumen« entstanden (II,93, V. 90), und in der Hymne *Germanien*, wo von der dichterischen »Blume des Mundes« die Rede ist (II,151, V. 72). Endlich gehört die bereits aus der allgemeinen Idyllentopologie erklärte harmonische Entgegensetzung von »Sonnenschein« und »Schatten der Erde« (10 f.) ins Spektrum spezifisch poetologischer Vorstellungen. Denn dem Dichter wird in seinem schöpferischen Moment, in dem das Werk entstehen will, der im höheren Sinn idyllische Seelenzustand zugeschrieben, in dem aus der Vereinigung alles sonst Getrennten der entscheidende poetische Impuls zustande kommt. Primär erscheint der idyllische Ort in der Tradition zwar nur als ein Abseits vom poesiefeindlichen Treiben der Welt, als ein dichterisches Refugium. Hölderlin aber rückt den Topos in die Sphäre idealistischen Ganzheitsdenkens und verleiht ihm damit ein neues Pathos.[4]

4 Eines der besten Beispiele bietet der Anfang der Rhein-Hymne, wo der Dichter sich selbst in der idyllischen Situation darstellt, in der sich Licht und

Als Reflex idealistischer Sehnsucht nach der Repräsentanz des Absoluten verleiht die Ganzheitsidee dem Gedicht seinen historischen Kontur. Auch die zentrale Vorstellung eines harmonischen Ausgleichs von Trunkenheit und Nüchternheit im »Einigentgegengesetzten« reicht über den bloß rhetorisch-poetologischen Horizont in die Sphäre eines solchen idealistisch-universalen Anspruchs. Schon die mystische Tradition, die durch den Pietismus auf den deutschen Idealismus und besonders auf Hölderlin eingewirkt hat, stellt ihr auf ›unio‹ gerichtetes Ganzheitsdenken gern unter das Zeichen des Einigentgegengesetzten. Ein exemplarischer Topos ist das Oxymoron ›dunkles Licht‹ (›lichtes Dunkel‹, γνόφος λαμπρός).[5] Hölderlin hat es in seiner Hymne *Andenken* aufgegriffen. Analog ist das Oxymoron ›sobria ebrietas‹ (μέθη νηφάλιος) als Figuration der sich in Entgegensetzungen realisierenden Einheit und Ganzheit ein wichtiger Topos der religiösen Überlieferung (vgl. hierzu Lewy, für die spätere Tradition Sandaeus, S. 188, ferner Lüers, S. 268). Er dient zur Charakterisierung der mystischen Vollendung im rauschhaften (»trunkenen«) und zugleich erkenntnishaften (»nüchternen«) Innewerden des göttlichen Geistes. Die säkulare Entsprechung hierzu ist die poetische

Dunkel mischen und auch der Quell, jener andere Bestandteil des inspirierenden Locus amoenus, nicht fehlt. Aus diesem Anfang: aus der poetisch-schöpferischen Position entwickelt sich die Vision, welche die Hymne erfüllt (II,1,142, V. 1 ff.):

Im *dunkeln* Efeu saß ich, an der Pforte
Des Waldes, eben, da *der goldene Mittag*,
Den Quell besuchend, herunterkam
Von Treppen des Alpengebirges
[...] von da
Vernahm ich ohne Vermuten
Ein Schiksaal [...].

5 In der *Andenken*-Hymne gilt die Wendung »dunkles Licht« zunächst dem purpurn schimmernden Bordeaux-Wein, den sich der Dichter wünscht, dann aber, in einer tieferen Schicht, der Erfahrung der befriedenden Ganzheit. Der Terminus »dunkles Licht« (γνόφος λαμπρός) findet sich zuerst in der mystischen Spekulation bei Gregor von Nyssa und Pseudo-Dionysius Areopagita (vgl. Diekamp, S. 93 f., und Koch, S. 405 f., 415 f.) und geht dann auch in die deutsche mystische Tradition ein.

Vollendung im Zustand der besonnenen Begeisterung: der nüchternen Trunkenheit. Während Schiller und viele andere Dichtungstheoretiker vor ihm lediglich die rhetorische Tradition aufnehmen und das harmonische Zusammenstimmen von rationalen und irrationalen Momenten im dichterischen Prozeß meinen, spielt in Hölderlins Verse noch jene tiefere mystisch-idealistische Ganzheits-Konzeption herein, die auch sonst seine geistige Welt vielfach prägt. Sie fundiert die dichterische Erfahrung.

Das Gedicht *Hälfte des Lebens*, so läßt sich zusammenfassend sagen, bringt in einer relativ leicht zugänglichen Symbolschicht die im Titel benannte allgemeine Lebenskrise zum Ausdruck, in einer anderen, esoterischen Schicht spricht es aber vom Dichter. *Hälfte des Lebens* ist die Vision einer Lebenskrise und *zugleich* einer dichterischen Krise. Nach Hölderlins Grundanschauung sind Leben und Dichtertum eins, weil er den Dichterberuf vollkommen ernst nimmt. Indem er hier durch die ambivalente, Exoterisches und Esoterisches umgreifende Symbolik des Gedichts Leben und Dichtertum kunstreich in eins setzt, verwandelt er diese Anschauung in poetische Struktur. Erst aus der Einbeziehung der dichterischen Dimension wird auch der oft umrätselte Entstehungsprozeß des Gedichts verständlich, das in der Handschrift scheinbar irrational-sprunghaft aus der unvollendeten Hymne *Wie wenn am Feiertage ...* hervorgeht. Denn diese Hymne gilt ganz dem Dichtertum: seiner »Wonne«, wie es an einer Stelle des Prosaentwurfs heißt, und seinen tragischen Brüchen. Das Gedicht *Hälfte des Lebens* gestaltet den Bruch, der sich in der unvollendeten Hymne gerade noch andeutet – an dem sie selbst zerbrochen ist.

Zitierte Literatur: Franz DIEKAMP: Die Gotteslehre des hl. Gregor von Nyssa. Münster 1896. – Goethes Werke. Hamburger Ausgabe. Bd. 2. Hamburg 1949 [u. ö.]. – Jacob und Wilhelm GRIMM: Deutsches Wörterbuch. Bd. 2. Leipzig 1860. Bd. 9. Leipzig 1899. – HÖLDERLIN: Sämtliche Werke. [Siehe Textquelle. Zit. mit Band- und Seitenzahl.] – H. KOCH: Das mystische Schauen bei Gregor von Nyssa. In: Tübinger Theologische Quartalsschrift. Tübingen 1898. – Hans

Lewy: Sobria ebrietas. Untersuchungen zur Geschichte der antiken Mystik. Gießen 1929. – Grete Lüers: Die Sprache der deutschen Mystik des Mittelalters im Werke der Mechthild von Magdeburg. München 1926. – Paulys Realencyclopädie der Klassischen Altertumswissenschaften. Reihe 2. Hbd. 3. Stuttgart 1921. – [Maximilian Sandaeus:] R. P. Maximiliani Sandaei e Societ. Jesu Doctoris Theologi Pro Theologia Mystica Clavis Elucidarium [...]. Köln 1640. – Ludwig Strauss: Friedrich Hölderlin: »Hälfte des Lebens«. In: Trivium 8 (1950) S. 100–127. Auch in: Interpretationen. Hrsg. von Jost Schillemeit. Bd. 1: Deutsche Lyrik von Weckherlin bis Benn. Frankfurt a. M. / Hamburg 1965 [u. ö.]. S. 113–134.

Clemens Brentano

Es sang vor langen Jahren
Wohl auch die Nachtigall,
Das war wohl süßer Schall,
Da wir zusammen waren.

5 Ich sing und kann nicht weinen
Und spinne so allein
Den Faden klar und rein,
So lang der Mond wird scheinen.

Da wir zusammen waren,
10 Da sang die Nachtigall,
Nun mahnet mich ihr Schall,
Daß du von mir gefahren.

So oft der Mond mag scheinen,
Gedenk ich dein allein,
15 Mein Herz ist klar und rein,
Gott wolle uns vereinen.

Seit du von mir gefahren,
Singt stets die Nachtigall,
Ich denk bei ihrem Schall,
20 Wie wir zusammen waren.

Gott wolle uns vereinen,
Hier spinn ich so allein,
Der Mond scheint klar und rein,
Ich sing und möchte weinen!

Abdruck nach: Clemens Brentano: Aus der Chronika eines fahrenden Schülers. In: Die Sängerfahrt. Eine Neujahrsgabe für Freunde der Dichtkunst und Mahlerei [...]. Ges. von Friedrich Förster. Berlin: Maurer, 1818. S. 244 f. [Erster Druck des Gedichtes im Kontext der *Chronika*. – Die Orthographie wurde modernisiert.]

Erstdruck: Zwölf Gesänge mit Begleitung des Forte-Piano. Komponiert und ihrer geliebten Schwester Friederika zugeeignet von Louise Reichardt. Hamburg: Johann August Böhme, [o. J.]. [Erster kontextfreier und vermutlich erster Druck des Textes überhaupt. Nach Gajek (S. 154 Anm. 23) lag dieser Kompositionsdruck »vor dem 16. Juni 1806« vor.]

Weitere wichtige Drucke: Briefe aus dem Brentanokreis. Mitgeteilt von Ernst Beutler. In: Jahrbuch des Freien Deutschen Hochstifts 1934/35. S. 390 f. [Einziger exakt zu datierender Text im Brief Brentanos an Achim von Arnim vom 6. September 1802.] – Clemens Brentano: Werke. 4 Bde. Hrsg. von Friedhelm Kemp. München: Hanser, 1963–68. Bd. 1. Hrsg. von Wolfgang Frühwald, Bernhard Gajek und Friedhelm Kemp. 1968. ²1978. [Nach einer undatierten Handschrift Brentanos. Sämtliche Drucke weichen geringfügig voneinander ab.]

Wolfgang Frühwald

Die artistische Konstruktion des Volkstones.
Zu Clemens Brentanos *Der Spinnerin Nachtlied*

Am 6. September 1802 schrieb Clemens Brentano an seinen die Schweiz bereisenden Freund Achim von Arnim: »Ich habe Dir nichts zu schicken, denn ich kann jetzt wenig dichten. Weil ich aber weiß, daß in der Ferne auch der kleinste Ton der Liebe wohltut, so schreibe ich Dir hier ein kleines Lied her, es ist das erste in meinem Ritter und die Seinigen« (Beutler, S. 390). Im Zusammenhang mit der *Chronika eines fahrenden Schülers* also ist das Lied – wohl im Sommer 1802 – entstanden, im Kontext des Erstdruckes dieses Erzählfragmentes wurde es 1817 in dem Almanach *Die Sängerfahrt* (im Herbst 1817 mit der Jahreszahl 1818 erschienen) weithin bekannt, doch hat es Brentano in wenigstens einer (undatierten) Abschrift selbst aus dem Prosakontext gelöst und ihm die Überschrift *Der Spinnerin Nachtlied* gegeben. Unter dem (nicht originalen) Titel *Der Spinnerin Lied* nahmen die Herausgeber von Brentanos postum erschienenen *Gesammelten Schriften* (1852) das Gedicht in ihre Ausgabe auf, von dort aus, nicht aus dem völlig unbekannt gebliebenen Kompositionsdruck der Louise Reichardt, fand es den Weg in die Anthologien und Interpretationssammlungen, doch erschien es schon 1832 in einer *Auswahl deutscher Gedichte für höhere Schulen*. Bis zum heutigen Tag gehört so *Der Spinnerin Nachtlied* zu den bekanntesten Gedichten eines wenig bekannten Autors.

Der »raffinierte Aufbau« des Liedes erinnerte Hans Magnus Enzensberger »an die kunstvollen Gebilde der Renaissancepoesie« (Enzensberger, S. 116), Richard Alewyn dagegen schien es »keinerlei Bemühung des Gedankens oder des Gefühls« zu verlangen, da es »mühelos ins Ohr« gleite, »reine lyrische Substanz« sei, »ohne fremde Trübung« (Alewyn, S. 198 f.). Erst Walter Müller-Seidel hat den von den Interpreten unterschiedlich stark akzentuierten Strukturprinzipien von volksliedhafter Schlichtheit und artifizieller Bewußtheit durch den Hinweis auf Schillers Abhandlung *Über naive und sentimentalische Dichtung* und die Zeitgenossenschaft Hölderlins ein tragfähiges historisches Fundament gegeben, indem er den scheinbaren Volkston des Gedichtes nicht als »erreichte Naivität« definierte, sondern verdeutlichte, daß »diese Lyrik [...] in hohem Grade sentimentalisch« ist, »und das Naive an ihr [...] bloß Idee – Hinweis, was sein könnte, wenn alles wieder würde, wie es war« (Müller-Seidel, S. 461). Die artistische Konstruktion eines scheinbar naiven Volkstones war in Lyrik und Prosa eine der großen Leistungen der deutschen Romantik; durch *Des Knaben Wunderhorn* hat sich dieser Ton als der des romantischen Liedes etabliert und sich dann im lyrischen Werk Eichendorffs, Heines und Mörikes hundertfältig gebrochen.

Brentano verwendet in *Der Spinnerin Nachtlied* im Grunde »nur vier Reime: ›-aren‹, ›-all‹, ›-einen‹ und ›-ein‹, die untereinander assonierende Beziehungen aufweisen« (Enzensberger, S. 115), doch sind die Assonanzen nicht auf die Reimworte beschränkt, sondern setzen sich über die reichen Reime in das Innere der Verszeilen fort (etwa in 1,9–12), wobei zu bedenken ist, daß sich Brentanos Gedichte häufig von den Reimworten aus entwickeln. Für vierundzwanzig Reime hat Richard Alewyn (S. 199) nur zehn verschiedene Reimwörter gezählt; innerhalb des durchgehend umarmenden Reimschemas (abba, cddc) werden die Mittelreime der gerade und der ungerade zu zählenden Strophen jeweils identisch gepaart (»Nachtigall«/»Schall«; »allein« / »klar und rein«). Der strenge Wechsel der auf a und der auf ei reimenden Strophen begründet einen Strophenreim, dessen kreuzreimende Bewegung der umarmenden Reimbewegung der Einzelstrophen entgegenläuft und die Klangmonotonie des Gedichtes – verstärkt durch die jeweils weiblichen Kadenzen der Außen- und die stets männlichen Kadenzen der Mittelreime – volksliedartig aufbricht. John Fetzer hat auf die Dominanz der a-Reime und ihre Brechung in den diphthongisch reimenden Strophen verwiesen und den erstaunlichen Zusammenhang dieser Reimgebung mit der romantischen Klangtheorie festgestellt: »›kann-weinen‹, ›allein‹, ›klar und rein‹, ›lang-scheinen‹, and so forth, indicative of the acknowledgment that pure happiness (unmitigated a) can be possible only in a remote past, a paradise that may be recalled but not regained« (Fetzer, S. 238). Wie sich Umarmung und Durchkreuzung im Wechsel von Zeilen- und Strophenreim und innerhalb des Gesamtgedichtes a- und ei-Reime durchdringen, so auch die Prinzipien von Gleichklang und Variation. »Gerade darin beruht« für Friedrich Wilhelm Wollenberg der Reiz des Gedichtes, »daß bei flüchtigem, unscharfem Zuhören der Eindruck entstehen kann, die letzten vier Strophen wiederholten überhaupt nur in mehr oder weniger veränderter Reihenfolge die acht Verse der ersten beiden Strophen, daß aber in Wahrheit – bis auf zwei Ausnahmen – kein einziger Vers in diesem Gedicht unverändert wiederkehrt« (Wollenberg, S. 84). In den kontextfreien Fassungen wird sogar nur ein einziger Vers völlig gleichlautend wiederholt, das gebetähnliche »Gott wolle uns vereinen« (16 und 21), während in der Brieffassung und den anderen kontextgebundenen Fassungen zwei Zeilen unvariiert wiederholt werden, außer der genannten auch die Zeile »Da wir zusammen waren« (4 und 9). Dabei zeigt sich in den kontextgebundenen Fassungen – wie bei Kadenz und Strophenreim – die »vollkommene Symmetrie« (Wollenberg, S. 84) thematisch hervorgehobener, invarianter Textteile im nuancenreichen Fluß der Variationen.

Brentano hat – gerade mit dieser Hervorhebung – eine im späten 18. und frühen 19. Jahrhundert häufige lyrische Szene thematisch und formal weitergebildet: das Lied des auf den Geliebten wartenden Mädchens am Spinnrade; er hat in der Form des Liedes die starke Affektbetonung dieser Lieder mit der Monotonie der Arbeit am Spinnrad konfrontiert, in der sich die Qual des Wartens sinnbildlich erneuert. Gretchens Lied »am Spinnrade allein« aus Goethes *Faust* klingt kontrapunktisch an. In Brentanos Lied wird das Spinnrad unversehens zum Rad der Zeit, die Sehnsucht der Sängerin bleibt ungestillt, denn sie gilt – nach Ausweis des Kontextes – nicht dem fernen oder dem untreuen, sondern dem toten Geliebten. In der formalen Transformation einer Gegenläufigkeit von mechanischen und psychischen Vorgängen, hinter denen mythische Bilder dämmern (die elementaren Trennungsmythen, der Mythos vom Schicksalsfaden, die Paradiesesthematik etc.), ist es, als ob der von der Sängerin gesponnene Faden von der ersten Strophe an, entlang den a-Reimen und ihren Brechungen in den ei-Strophen, durch das ganze Gedicht laufe und in der letzten Strophe wieder in die erste zurücklaufen könnte. »Endlos wie ihr Rad sich dreht, so geht der Spinnerin Lied« (Alewyn, S. 201). So wird etwa Vers 4 in Vers 9 wiederaufgenommen, 8 in 13, 12 in 17 und 16 in 21; die Zeilen-Variation also läuft vor allem über die Außenverse, während die Mittelverse ihre Positionen nicht wechseln. In der Symmetrie der Strophen- und der Zeilenanordnung aber sind die Strophen nicht austauschbar (Alewyn, S. 200), könnten auch die Zeilen ihre Plätze nicht wechseln, da sonst der Fortgang der Zeitbewegung vom Präteritum zum Präsens und die Akzentuierung der invarianten Verse zerstört würde.

Diese Akzentuierung nämlich verweist auf das leitende Thema des Gedichtes, da im unveränderten a-Vers der Kontext-Fassungen (»Da wir zusammen waren«) das Glück der Einheit in der Vergangenheit, im invarianten ei-Vers aller Fassungen (»Gott wolle uns vereinen«) Sehnsucht und Hoffnung auf eine Vereinigung in der Zukunft ausgedrückt ist, die dem Schmerz der Trennung nicht mehr unterliegt. Der Ausdruck der Erinnerung und der der Sehnsucht verdeutlichen zugleich, daß die Gegenwart entheiligt ist durch Trennung. In der Zueinanderordnung von Erinnerungsmotivik (in den a-Strophen) und Sehnsuchtsmotivik (in den ei-Strophen), die sich von der Folie der literarischen Szenerie des verlassenen Mädchens abheben, ist als Leitgedanke des Liedes ein zentrales Motiv Brentanos und der deutschen Romantik überhaupt zu erkennen: die Idee von der ursprünglichen Einheit alles Lebendigen in der Natur, seiner Trennung durch den Einbruch von Erkenntnis und Bewußtsein und seiner Wiedervereinigung auf einer Stufe, die Schmerz und Bewußtsein der Trennung umschließt – und daher niemals enden wird. Daraus also erklärt sich die Mischung von Einfachheit und Raffinement, von Klang und Echo, Bewegung und Statik, Monotonie und Variation in diesem Gedicht, daß im Lied die verlorene Einheit im Vorgriff auf eine gedachte und ersehnte Zukunft beschworen werden kann und sich momenthaft in jedem Leser und Sänger solch lehrhaft-prophetischer Poesie erneuert. Das Gedicht ist also nicht von dem lyrischen Doppelthema der Erinnerung und der Sehnsucht getragen, sein Thema ist vielmehr das Lebensthema Brentanos, die verzweifelte und stets vergebliche Suche nach Einheit und Harmonie, nach dem Einklang von Mensch und Natur, Kunst und Leben, Plan und Realität. Aus der gemeinsamen Vergangenheit, aus der Erinnerung des Glückes soll durch den opfervollen Schmerz der Trennung die Vereinigung erstehen, aus der Erkenntnis des verlorenen Paradieses das neue Paradies

erwachsen. Insofern ist die alleinige Invarianz der Zeile
»Gott wolle uns vereinen« in den kontextunabhängigen
Fassungen des Gedichtes nur konsequent; sie verweist ex
negativo auf die Unsicherheit und die Wandelbarkeit des
menschlichen Glücks, dessen Ausdruck völlig der Wort-
und Zeilenvariation unterworfen wird. So erklärt auch die
Mutter ihrem Johannes schon in der ersten Fassung der
Chronika den Grund ihrer Traurigkeit und den Sinn ihres
Liedes: »[...] ich glaube, es wird gut sein, wenn du früh
weißt, wie auf Erden viel Traurigkeit ist und im Himmel
allein die Freude« (*Chronika*, S. 530).

Brentano hat damit Vorstellungen aus dem 109. *Blüten-
staub*-Fragment des Novalis, wonach »nichts poetischer«
sei »als Erinnerung und Ahndung oder Vorstellung der
Zukunft«, ins Gedicht übertragen und Hardenbergs Idee
einer »geistigen Gegenwart«, welche Vergangenheit und
Zukunft durch Auflösung identifiziere, aufs schönste illustriert. Diese Mischung nämlich ist für Novalis »das Element, die Atmosphäre des Dichters«. So treten in *Der
Spinnerin Nachtlied* nur in den beiden Anfangsstrophen die
Erinnerung des gemeinsamen Glücks in der Vergangenheit
und der einsame Schmerz in der »gewöhnlichen Gegenwart«
deutlich gegeneinander, dann mischen sich die Zeitformen,
und in ihrer spiegelbildlichen Symmetrie entsteht »geistige
Gegenwart«. Zusammensein und Trennung ist das Thema
der dritten Strophe, Getrenntsein und Vereinigung das der
vierten, Trennung und Zusammensein das der fünften und
Vereinigung und Getrenntsein das der sechsten. Damit liegt
dem Gedicht deutlich eine triadische Geschichtsvorstellung
zugrunde, deren romantischer Symbolismus auf archaisches
und antikes Erbe deutet: den Mythos des verschlossenen
Paradieses, der versunkenen Insel Atlantis, des im Eis
erstarrten Thule, der verlorenen Goldenen Zeit.

Der Akkord der Einheit ist in diesem Lied, wie es der
Tradition des Nachtigallenmotives in der Literatur entspricht, aus den Tönen von Klage und Sehnsucht gefügt; das

Nachtlied der Spinnerin ist, wie das Lied der vor ihrem Fenster singenden Nachtigall, ein sehnsüchtiges Klagelied: »[...] da fing ein Vögelein vor unserm Fenster auch an zu singen, und es war doch schon gar spät, denn der Mond schien hell und klar. Meine Mutter aber hörte nicht auf zu singen, und sang das Vögelein und sie zugleich; da habe ich zum erstenmal Traurigkeit empfunden und über das Leben kindische Gedanken gehabt, mich auch im Bette aufgerichtet und meiner Mutter zugehört« (*Chronika*, S. 525). Die einsame Sängerin in der *Chronika des fahrenden Schülers* singt also nicht nur die Klage der verlassenen Frau um die Trennung von dem Geliebten, sie singt – so scheint es dem lauschenden Kind – die schwermütig-traurige Melodie des Lebens selbst, in der sich die Wehmut der Erinnerung, die Freude der Ahnung und der Schmerz der Trennung seltsam mischen. Das Thema vom verlorenen Paradies, die Klage um seinen Verlust, die Sehnsucht nach seiner Regeneration ist für Brentano die Grundmelodie des Lebens. Der Zusammenhang von Mensch und Natur aber stellt sich ihm – wie der Droste – nach Röm. 8,22 dar: »Denn wir wissen, daß alle Kreatur sehnet sich mit uns und ängstet sich noch immerdar.« Dieser Zusammenhang wird im Gleichklang des Liedes der Nachtigall mit dem der Spinnerin deutlich, denn die singende Frau gibt der stummen Melodie der Nachtigall erst Sprache. Die Frage des kleinen Johannes: »Mutter, was singt denn die Nachtigall dazu?« (*Chronika*, S. 526), ist beantwortet, noch ehe sie gestellt ist: Das Lied der Spinnerin ist Übersetzung und Interpretation des Liedes der Nachtigall.

So erklärt sich noch einmal die Reim-Monotonie im Nachtlied der Spinnerin, denn Brentano antwortet damit auf das Nachtigallenlied seines »Herzbruders« Achim von Arnim, das ihm dieser in dem »lieben, großen, herzlichen Brief« (Beutler, S. 388) vom 9. Juli 1802 auszugsweise mitgeteilt und dabei vor allem den lautmalerischen Bau der Kadenzen hervorgehoben hatte:

Es ist das Lied einer Nachtigall, die mit den Kleinen verhungert, weil ihr Männlein gefangen und sie beständig die Kleinen wärmen muß und nicht nach Futter ausfliegen kann. Ein paar Verse zur Probe, es [schließt] fast durchgängig mit vier gleichen Reimen:

Vergessen ist die frohe Weis'
Mein Lieber ist schon lange fern;
Im Hause hör' ich seine Weis'
Er klagt zu uns, er käm' so gern.

So Tage bis zum Abendstern,
Ich klage daß nichts laben kann.
So Nächte bis zum Morgenstern,
Statt Wärme wehn uns Sorgen an.
(Beutler, S. 381.)

Auf Arnims Brief vom 9. Juli hat Brentano mehrfach geantwortet; in einem Brief aus Marburg (vom August 1802) schien ihm »das Nachtigallenlied [...] bis auf die harten Reime ›Weise‹ sehr rührend«; im Brief vom 6. September 1802 – er hatte inzwischen keine weiteren Briefe Arnims mehr erhalten – stellte er den harten Reimen des Freundes dann die weichen in *Der Spinnerin Nachtlied* zur Seite.
Im gleichen Brief, in dem Brentano das Nachtigallenlied des Freundes rühmte und kritisierte, postulierte er auch, daß »jedes Gedicht nur historisches Bruchstück einer höheren Natureinheit, das Genie nichts als die Bürgerkarte aus jener höheren Geschichte, und der Künstler der prophetische Historiker jener Einheit« sei. In diesem Ideengebäude ist es dem Dichter noch gegeben, der Melodie der Nachtigall, der geheimnisvoll in der Natur wirkenden Macht der Poesie, Worte zu geben, sie den Unverständigen verständlich zu machen, im Kunstwerk also jenes Paradies zu rekonstruieren, aus dem der Mensch durch den Sündenfall der Erkenntnis vertrieben worden ist. So hat sich Brentano, der – am 6. September 1802 – meinte, daß »die Goldne Zeit [...] dicht am Herzen der Erde« wohne (Beutler, S. 390), in *Der Spinnerin Nachtlied* in Wortwahl und Syntax formelhaft zu beschränken versucht; kaum ein Satz, der über mehr als

zwei Verszeilen läuft, kein Wort, das nicht dem Wortschatz des Volkes, seiner Arbeitswelt, seinen Erzählungen und Liedern entstammt! Wortschatz und Syntax sind – tatsächlich oder zumindest in der Vorstellung der Romantiker – mündlich tradierter Poesie nahe. Deshalb konnte Brentano auch eine Zeile dieses Liedes, von den Zeitgenossen unbemerkt, in seine Bearbeitung der Ballade *Die Nachtwandler* in *Des Knaben Wunderhorn* einschmuggeln (Vers 70 lautet dort: »Der Mond schien hell und reine«); aus der Schlußzeile des Gedichtes (24), die er in Anlehnung an den Eingangsvers eines Tageliedes des Meisters Walther von Breisach »Ich singe und sollte weinen«) gebildet hatte, konnte er – zusammen mit der Schlußzeile der zweiten Strophe (8) – ein formelartiges Versatzstück formen, das er mehrfach geringfügig variiert (außerhalb des Gedichtzusammenhanges in der ersten Fassung der *Chronika* und in dem Gedicht *Die Abendwinde wehen*) zitierte. Erst die Kombination der Formeln, ihre Position im Sinngefüge des Textes erzeugen dann die Artifizialität des Tones. Unverrückbar behauptet so z. B. »klar und rein« seine Stellung in der Kadenz der dritten Zeile der auf ei reimenden Strophen, doch wird es kombiniert mit »Faden« (7), dann mit »Herz« (15) und mit »Mond« (23). Das Werk der Spinnerin ist so wahr und unverfälscht, wie ihr im Gesang sich ausströmendes Gemüt und die sie umgebende Natur.

In der ersten Fassung der *Chronika* ist das Lied der Mutter durch den Kontext ausgewiesen als »un chant d'amour. Les voix de l'oiseau et de la jeune femme sont en harmonie et expriment les mêmes sentiments« (Tunner, S. 222). In der zweiten Fassung aber – auch darauf hat Erika Tunner hingewiesen (S. 737 f.) – wird es durch den Kontext uminterpretiert, da nun die Mutter auf die Frage des kleinen Johannes, was die Nachtigall denn dazu singe, antwortet: »Die Nachtigall sehnt sich und lobet Gott; also tue ich auch« (*Chronika*, S. 614). An die Stelle des Trostes aus der regenerierenden Kraft der Poesie ist der Trost der Religion getreten, die Medien einer Näherung an das verschlossene Paradies haben sich gewandelt. So wird der Gleichklang des Liedes der Mutter mit dem der Nachtigall nun durch eine Disharmonie gestört, die nur im Kontext (durch die in der Spätfassung erfolgte Einfügung des »und doch nicht recht miteinander«) erkennbar ist: »Besonders traurig aber kam es mir vor, daß der Vogel und meine Mutter zugleich sangen und doch nicht recht miteinander, und hätte ich damals wohl wissen mögen, ob der Vogel auch in seinem Gesange meiner Mutter gedachte, und ob er auch lieber geweint als gesungen hätte« (*Chronika*, S. 614). Das Lied der Nachtigall ist ebenso Bild der poetischen Stimme der Natur wie des dieser Stimme nachgebildeten künstlerischen Werkes. Sie spendet – in einer von Grimmelshausens Nachtigallenlied hergeleiteten Tradition – insofern Trost, als sie das Lob Gottes singt, der demjenigen in die »ewige Herrlichkeit seines Angesichts« zu schauen versprach, der sich dies »durch unwandelbare Treue und Stärke in dem irdischen Leide« verdient hat (*Chronika*, S. 616, 624). Erst in der Spätfassung der *Chronika* also wird die erhellende Interpretation Walter Müller-Seidels voll am Text verifizierbar, wonach die »Schwermut des Gedichts [...] weniger in einer persönlichen Stimmung ihren Grund [hat] als darin, daß die Kunst der Ausdruck eines Getrenntseins ist – eines Weltalters, das Einheit nicht mehr hat, sondern eine solche sucht« (Müller-Seidel, S. 457). Im Bereich der individuellen Problematik Brentanos aber bezieht sich die Traurigkeit des kleinen Johannes jetzt nicht mehr auf den traurig klagenden Gleichklang der Lieder der Nachtigall und der Mutter, sondern auf die Dissonanz, die er aus diesem Gesang hört. Das »zugleich« in der Erstfassung der *Chronika* bedeutete, wie der Einschub in der Spätfassung belegt, »miteinander«; dieses Miteinander, die Hoffnung auf Einklang von Wort und Ding, Ausdruck und Empfindung, Sprache und Sein, wird nun abgelöst durch den Zustand der inneren Doppeltätigkeit, die Inspirationskrise, die Brentano im Weihnachtsbrief an Luise Hensel 1816 beschrieben hat. Sie verdeutlicht das Ende einer – nach Hofmannsthal – »magischen Herrschaft über das Wort, das

278

Bild, das Zeichen«. Mit der für die Zeit der »Lebenswende« (1816/18) charakteristischen Kontextänderung deutet Brentano auch das eigene Gedicht um, ohne entscheidend in seinen Wortlaut einzugreifen. Diesmal scheint seine Deutung von der letzten Strophe auszugehen, in der sich, im Unterschied zu allen vorhergehenden Strophen, syntaktisch ein Bruch und damit auch ein Abschluß des Liedes andeutet. Wenn wir nochmals vom Bild des gesponnenen Fadens ausgehen, so läuft er über die Enjambements, die Vers an Vers bindenden Haupt- und Nebensätze bis zum Ende der fünften Strophe ungehindert weiter. In der sechsten Strophe aber stehen hart und unverbunden vier in sich geschlossene Hauptsätze nebeneinander; der Bruch der Melodie, der durch die Interpunktion der Spätfassung besonders markant wird, zeigt auf das Ende des Liedes; das sich endlos drehende Rad der Spinnerin steht still, der Faden ist gerissen.

Zitierte Literatur: Richard ALEWYN: Clemens Brentano: »Der Spinnerin Lied«. In: R. A.: Probleme und Gestalten. Essays. Frankfurt a. M. 1974. S. 198–202. – [Ernst BEUTLER]: Briefe aus dem Brentanokreis. [Siehe Textquelle.] – Clemens BRENTANO: Die Chronika des fahrenden Schülers [und] Aus der Chronika eines fahrenden Schülers. In: C. B.: Werke. [Siehe Textquelle.] Bd. 2. ³1980. S. 518–635. – Hans Magnus ENZENSBERGER: Brentanos Poetik. München 1961. – John F. FETZER: Romantic Orpheus. Profiles of Clemens Brentano. Berkeley, Cal., [u. a.] 1974. – Bernhard GAJEK: Homo Poeta. Zur Kontinuität der Problematik bei Clemens Brentano. Frankfurt a. M. 1971. – Walter MÜLLER-SEIDEL: Brentanos naive und sentimentalische Poesie. In: Jahrbuch der Deutschen Schillergesellschaft 28 (1974) S. 441–465. – Erika TUNNER: Clemens Brentano (1778–1842). Imagination et sentiment religieux. 2 Bde. Paris 1977. – Friedrich Wilhelm WOLLENBERG: Brentanos Jugendlyrik. Diss. Hamburg, 1964.
Weitere Literatur: John F. FETZER: Clemens Brentano. Boston, Mass., 1981. S. 49–51. – Wolfgang FRÜHWALD: Das Spätwerk Clemens Brentanos (1815–1842). Romantik im Zeitalter der Metternich'schen Restauration. Tübingen 1977. S. 229–240. – Lida KIRCHBERGER: Brentanos »Der Spinnerin Lied«: A Fresh Appraisal. In: Monatshefte 67 (1975) S. 417–424. – Joachim KLEIN: Lyrische Fabel und ästhetisches Paradigma. Zu Inhalt und Organisation von Clemens Brentanos »Der Spinnerin Lied«. In: Sprachkunst 5 (1974) S. 17–26. – Johannes PFEIFFER: Wege zur Dichtung. Eine Einführung in die Kunst des Lesens. Hamburg 1952. S. 48 f. – Hans-Joachim SCHRIMPF: Nachtrag zu Brentanos »Der Spinnerin Lied«. Text und Kontext. In: Wissen aus Erfahrungen. Werkbegriff und Interpretation heute. Festschrift Herman Meyer. Hrsg. von Alexander von Bormann. Tübingen 1976. S. 384–391.

Achim von Arnim

Getrennte Liebe

Zwei schöne liebe Kinder,
Die hatten sich so lieb,
Daß eines dem andern im Winter
Mit Singen die Zeit vertrieb,
5 Diesseit und jenseit am Wasserfall
Höret ihr immer den Doppelschall.

Der Winter bauet Brücken,
Sie beide hat vereint,
Und jedes mit frohem Entzücken
10 Die Brücke nun ewig meint;
Diesseit und jenseit am Wasserfall
Wohnten die Eltern getrennt im Tal.

Der Frühling ist gekommen,
Das Eis will nun aufgehn,
15 Da werden sie beide beklommen,
Die laulichen Winde wehn;
Diesseit und jenseit am Wasserfall
Stürzen die Bäche mit wildem Schall.

Was hilft der helle Bogen,
20 Womit der Fall entzückt,
Von ihnen so liebreich erzogen,
Zum erstenmal bunt geschmückt;
Diesseit und jenseit am Wasserfall
Höret sie klagen getrennt im Tal.

25 Die Vögel über fliegen,
Die Kinder traurig stehn,
Und müssen sich einsam begnügen
Einander von fern zu sehn;

Diesseit und jenseit am Wasserfall
30 Kreuzen die Schwalben mit lautem Schall.

Sie möchten zusammen mit Singen,
So wie der Vögel Brut,
Den himmlischen Frühling verbringen,
Das Scheiden so wehe tut;
35 Diesseit und jenseit am Wasserfall
Sehn sie sich endlich zum letztenmal.

Der Knabe kriegt zur Freude
Ein Röckchen wie ein Mann,
Das Mädchen ein Kleidchen von Seide
40 Nun gehet die Schule an;
Diesseit und jenseit am Wasserfall
Gehn sie zum Kloster bei Glockenschall.

Sie sahn sich lang nicht wieder,
Sie kannten sich nicht mehr,
45 Das Mädchen mit vollem Mieder,
Der Knabe ein Mönch schon wär;
Diesseit und jenseit am Wasserfall
Kamen und riefen sie sich im Tal.

Das Mädchen ruft so helle,
50 Der Knabe singt so tief;
Verstehen sich endlich doch schnelle,
Als alles im Hause schlief;
Diesseit und jenseit am Wasserfall
Springen im Mondschein die Fische all.

55 Froh in der nächt'gen Frische,
Sie kühlen sich im Fluß,
Sie können nicht schwimmen wie Fische,
Und suchen sich doch zum Kuß;
Diesseit und jenseit am Wasserfall
60 Reißen die Strudel sie fort mit Schall.

281

Die Eltern hören singen
Und schaun aus hohem Haus,
Zwei Schwäne im Sternenschein ringen
Zum Dampfe des Falls hinaus;
65 Diesseit und jenseit am Wasserfall
Hören sie Echo mit lautem Schall.

Die Schwäne herrlich sangen
Ihr letztes schönstes Lied,
Und leuchtende Wölkchen hangen,
70 Manch Engelein nieder sieht;
Diesseit und jenseit am Wasserfall
Schwebet wie Blüte ein süßer Schall.

Der Mond sieht aus dem Bette
Des glatten Falls empor,
75 Die Nacht mit der Blumenkette
Erhebet zu sich dies Chor;
Diesseit und jenseit am Wasserfall
Grünt es von Tränen nun überall.

Abdruck nach: Achim von Arnim: Sämtliche Romane und Erzählungen. 3 Bde.
Hrsg. von Walther Migge. München: Hanser, 1962–65. Bd. 1. 1962. S. 434
bis 436.
Erstdruck: Armuth Reichthum Schuld und Buße der Gräfin Dolores. Eine
wahre Geschichte zur lehrreichen Unterhaltung armer Fräulein aufgeschrieben
von Ludwig Achim von Arnim. 2 Bde. Berlin: Reimer, 1810. Bd. 2.

Hartwig Schultz

Getrennt und vereint: Arnims Königskinder

Motive und Ton dieses Liedes, das Arnim vermutlich bei der
Arbeit am *Dolores*-Roman zwischen November 1809 und
Mai 1810 entwarf, sind der von ihm mit herausgegebenen
Sammlung *Des Knaben Wunderhorn* entlehnt. Bereits bei
der Zusammenstellung des ersten Bandes dieser Sammlung
(veröffentlicht im Herbst 1805 mit der Jahreszahl 1806) hatte
Arnim die Bearbeitung eines Liedes übernommen, das die
Geschichte einer vom Wasser getrennten Liebe behandelt.
Es erschien unter dem Titel *Der verlorne Schwimmer*. In
der historisch-kritischen *Wunderhorn*-Edition konnte Heinz
Rölleke nachweisen, daß die unmittelbare Vorlage dieses
Liedes nur zwei sechszeilige Strophen umfaßt (Brentano,
Bd. 9,1, S. 412 ff.; der Liedtext Bd. 6, S. 222 f.). Arnim
kannte jedoch sicherlich bereits damals die Geschichte von
Hero und Leander, vermutlich vermittelt durch Schillers
Gedicht von 1801. Wenn Arnim als Quelle »Mündlich«
über den Text drucken läßt, so heißt das nur: Die Vorlage ist
hier so stark verwandelt und ergänzt, daß man kaum von
›Restauration‹ eines zersungenen Textes sprechen kann.
Gleich welche Fassung der Leser kannte, die vorliegende
konnte er nirgends finden, denn Arnim dichtete viele Strophen hinzu; sein *Wunderhorn*-Gedicht ist eine sehr freie
Bearbeitung eines Motivs, das auf die Antike zurückgeht.
Man nimmt als Entstehungszeit für die Sage das 3. Jahrhundert v. Chr. an und findet das berühmte Liebespaar u. a. in
einem kleinen Epos von Musaios (5./6. Jahrhundert n. Chr.)
und bei Ovid. Im deutschen Sprachraum ist es seit dem
15. Jahrhundert belegt. Arnim konnte und mußte bei dieser
Überlieferungssituation die Fiktion einer Rezeption »aus
dem Munde des Volkes« aufrechterhalten, obwohl die beiden Herausgeber sich intern (unter Nennung dieses Liedes)
darüber mokierten, daß solche »Ipsefakten« (Brentano)

selbst von Volksliedkennern für echt gehalten wurden (vgl. Brentano, Bd. 9,1, S. 412 f.).

Das Verfahren ist typisch für Arnim und seinen Dichterfreund und Mit»herausgeber« Clemens Brentano. Die beiden entwickeln aus den z. T. kargen Vorlagen eigenständige Gedichte im Volksliedton, die zwar bewußt archaische und naive Elemente bewahren und damit die Voraussetzungen für eine spätere Volkstümlichkeit erfüllen, aber doch als romantische Neuschöpfungen anzusehen sind. Die gleichen Lieder und Motive werden von beiden dann in immer neuen Variationen auch in die eigenen Werke einbezogen, wobei die Grenze zwischen Herausgabe, Bearbeitung und Eigendichtung oft nicht zu ziehen ist.

Ein verwandtes Lied, das der *Dolores*-Fassung noch näher steht, erscheint im zweiten Band des *Wunderhorns* unter dem Titel *Edelkönigs-Kinder* (dort wahrheitsgemäß als Einsendung von Schlosser gekennzeichnet; vgl. Brentano, Bd. 7, S. 249 ff., Bd. 9,2, S. 418). Die erste Strophe dieses sehr bekannten Liedes, das Brentano fast wörtlich nach der Vorlage abdruckt, hat Arnim offensichtlich zu seinem Lied angeregt:

Es waren zwei Edelkönigs-Kinder,
Die beiden die hatten sich lieb,
Beisammen konten sie dir nit kommen,
Das Wasser war viel zu tief.

Mit dieser Strophe, die wie eine Zusammenfassung von Arnims späterem Gedicht anmutet, beginnt das *Wunderhorn*-Lied. Arnim nimmt jedoch nur diesen Anfang auf; sein Gedicht weicht in Form und Inhalt in der Folge erheblich ab. Die Volksliedzeilen, bei denen zwei- und dreisilbige Takte sich in unregelmäßiger Folge ablösen, werden übernommen. Angefügt ist jedoch ein metrisch streng geformter (daktylischer) Refrain, dessen erste Zeile unverändert bleibt, während die zweite (die letzte der Strophe) jeweils variiert wird. Verändert ist auch – im Vergleich zu beiden *Wunderhorn*-Liedern – das Geschehen der Ballade. Allen Gedichten gemeinsam ist nur das Motiv der vom Wasser getrennten Liebenden. Der »verlorne Schwimmer« folgt einem schwimmenden Licht, das die Geliebte gesandt hatte:

Das Lichtlein auf den Händen,
Er schwamm zum Liebchen her,
Wo mag er hin sich wenden,
Ich seh sein Licht nicht mehr?

Das Königskind im zweiten *Wunderhorn*-Band wird Opfer einer Intrige:

Da saß ein loses Nönnechen,
Das that, als wenn es schlief,
Es that die Kerzlein ausblasen,
Der Jüngling vertrank so tief.

Während hier das Hero-Leander-Geschick nachwirkt, sind die beiden Liebenden in Arnims *Dolores*-Lied eher Romeo und Julia vergleichbar: Zwei Kinder, die getrennt aufwachsen und offenbar von ihren Eltern zum Klosterleben bestimmt sind, setzten sich über den Willen der Eltern hinweg, und treffen sich – bereits selbst erwachsen – heimlich nachts in dem gefährlichen Wasser. Arnim geht jedoch auf das damit angedeutete soziale Element der Geschichte nicht ein; es bleibt bei dem allgemeinen Gegensatz Gesellschaft–Natur; und von einer auf die Zeitumstände bezogenen gesellschaftskritischen Intention wird man nicht sprechen können.

Das mag überraschen, denn damals beschäftigten die politischen Vorgänge in Deutschland Arnim so stark, daß er im Roman selbst die Leser mahnt: »ob nicht das Lesen dieses Buches selbst, so gut es gemeint ist, für viele, welche ernste Tat ruft, ein müßiges unvergnügliches Spiel sei; darum seid gewarnt, ihr Leser« (I,290). Die Äußerung ist nicht ohne Selbstironie und damit eher als Kunstgriff frühromantischer Poetik zu verstehen denn als Absage an die Literatur oder gar Hingabe an die Politik. Arnim hat stets versucht, beides, Literatur und Politik, zusammenzubringen, und war zugleich so ›realistisch‹ und pragmatisch, daß er um die Schwierigkeiten dieser Vermittlung wußte. Auch seine Hoffnung, die Volksliedersammlung unmittelbar in den Dienst einer nationalen Erneuerung zu stellen, die in dem Aufsatz *Von Volksliedern* aufblitzt (dem ersten *Wunderhorn*-Band ohne Brentanos Wissen beigefügt), ist 1809 bereits einer nüchternen Betrachtung gewichen. Aus dem Plan, den »restaurierten Volksliedern« Melodien beizugeben, damit bei gemeinsamem Gesange »ein Ton in vielen nachhalle und alle verbinde« (vgl. Brentano, Bd. 6, S. 409), wurde nichts. Die geplante Mitarbeit des Kapellmeisters Johann Friedrich Reichardt – dem Arnim seinen Aufsatz gewidmet hatte – kam nicht zustande.

Wenn Arnim dem *Dolores*-Roman eine Komposition dieses befreundeten Kapellmeisters beilegt (in der Notenbeilage des Erstdrucks, S. 5) und dabei gerade das vorliegende Gedicht für die Vertonung wählt, so zeigt dies seine Ernüchterung. Denn dem Lied *Getrennte Liebe* fehlt jenes aufputzende Element, das Arnim als »volle thateigne Gewalt« in dem mannigfach variierten *Auf, auf, ihr Brüder und seyd stark …* entdeckt und gefeiert hatte (Brentano, Bd. 6, S. 409). Es ist ein Lied, das auf den einzelnen Zuhörer zielt, das mit den Ideen einer politisch-nationalen Erneuerung wenig zu tun hat, auch wenn es in Reichardts musikalischer Umsetzung Arnims Idealen volkstümlicher Schlichtheit entspricht.

Eine weitere Vertonung des Liedes, die diesem Ideal dagegen nicht gerecht wird (vgl. Moering, S. 176 f., 199 f.), erschien zu seinen Lebzeiten 1818 und stammt von Ludwig Hellwig. Sie steht unter dem Titel *Vereinte Liebe*. So fragwürdig diese Verkehrung des Titels in das Gegenteil unter modernen textkritischen Gesichtspunkten auch scheinen mag, der neue Titel ist kaum weniger treffend als der alte: Motive der Vereinigung und Verbindung treten in dem Gedicht mindestens ebenso deutlich hervor wie der trennende Wasserfall. Das Eis ermöglicht die frühe Begegnung der Kinder (7 f.), ihr gemeinsamer Gesang läßt die Liebe entstehen (1–4), der Regenbogen bildet ein wunderbares visuelles Band (19–22), die Schwalben fliegen hinüber und herüber (25–30), und immer wieder sind es Schall und Gesang, die eine Brücke schaffen. Der Untergang der beiden — wenn es überhaupt ein solcher ist – vollzieht sich auch nicht in der Trennung wie bei Hero und Leander und dem Königskind, sondern ist zugleich Vereinigung:

Froh in der näht'gen Frische,
Sie kühlen sich im Fluß,
Sie können nicht schwimmen wie Fische,
Und suchen sich doch zum Kuß (55–58).

Ähnlich hatte Arnim schon das tragische Ende des ›verlornen Schwimmers‹ aufgehellt und den Untergang als Liebesvollzug umgedeutet:

Liegt er in ihrem Schooße,
Sein Lichtlein wendet ab?
Liegt er im Wasserschlosse,
In einem nassen Grab?

Ambivalent ist auch der Schluß des *Dolores*-Liedes. Zwar deutet der Schwanengesang auf den Tod der beiden Liebenden hin, aber zugleich wird im Kontext des Gedichtes klar, daß die Liebenden in den Schoß der Natur zurückkehren, daß sie eingehen in jenen Bereich, der nach den Vorstellungen der Romantik einzig Erlösung verspricht und die gesamte Schöpfung umgreift.
Es ist wiederum eine frühromantische Vorstellung, die darin zum Ausdruck kommt. Wenig später sind für Eichendorff Strudel und Wasserfall Kennzeichen einer heidnisch-dämonischen Natur, wie sie einem der berühmten Gesellen (im Gedicht *Die zwei Gesellen* von 1818) zum Verhängnis wird. Eichendorff stellt eine ›zweite Natur‹, die geordnete Welt des göttlich gestalteten Waldes mit seinen hochaufgerichteten Stämmen, der wildwachsenden dämonisierten Natur

gegenüber. Nur das Erfassen der ›positiven‹ Natur verheißt bei ihm die wirkliche Befreiung. In Arnims Gedicht gibt es diese Trennung nicht. Die Begegnung mit der Natur ist hier erlösend, bringt den Liebenden die Erfüllung, die noch nicht als eine unchristliche Verblendung dargestellt ist. Die positive Bedeutung des Gedichts wird aus dem Kontext noch deutlicher. Im Roman *Dolores* erscheint das Gedicht als Pendant zu einer kurz zuvor geschilderten Szene:

Wir müssen uns von einer leidenschaftlichen Bewegung der zärtlichen Hyolda jetzt nicht erschrecken lassen, sie hielt sich nicht am andern Ufer, sie sank in den Strom, um zu Vater und Bruder zu gelangen; sie konnte nicht schwimmen, aber ihre Sehnsucht und der Strom trugen sie dienend an eine tiefere Stelle aufs Land, als der Vater, der es zu spät bemerkte, sich eben ins Wasser stürzen wollte, sie heraus zu heben. Es war in dem ganzen Ereignis zu viel Schönes, zu viel Glück; er konnte ihr keinen Vorwurf machen. (I,433)

Von der Erzählerfigur des Romans, dem Schreiber, wird wenig später – »den Weltleuten zu Gefallen«, wie es heißt – das Gedicht von der getrennten Liebe vorgetragen. Der Erzähler verarbeitet darin die vorher dargestellte Szene, er bringt in einer eigenständigen Dichtung die von den gesehenen Vorgängen ausgelösten Assoziationen und Emotionen zur Darstellung. Es heißt, daß er diesen Vorfall »begierig ergriff, um daraus eine Geschichte zu bilden, wie er sie in seinem weltlichen Sinne lieber erlebt hätte« (I,434). Daraus wird deutlich, daß die Dichtung des Liedes sich zu der vorher geschilderten Szene ungefähr so verhält wie ein Traum zur Realität. Das Gesehene wird in Form einer archetypischen Szene, die so etwas wie ein Wunschtraum ist, modifiziert wiederholt und gleichzeitig ›verarbeitet‹, es erscheint vermischt mit Sehnsüchten, Ängsten, Hoffnungen des Erzählenden, die sich in geheimnisvollen Bildern artikulieren. Es ist sozusagen ein Tagtraum des Schreibers.
Diese Überlegung eröffnet eine neue Dimension der Interpretation, denn Traumbilder erfordern eine Deutung, es sind Symbole, die nicht als reale Vorgänge zu verstehen

sind. In ihrer Ver-Dichtung zu einer archetypischen Situation schildert die Ballade nicht den tragischen Untergang von zwei Liebenden, sondern eher deren endgültige – wenn auch gefährdete – Vereinigung. Im Wasser suchen und finden die beiden einander, was in der Sprache des Traumes etwa heißen könnte: Sie tauchen ein in einen tieferen, gemeinsamen Bereich unbewußter archaischer Seelenschichten und werden dabei zugleich selbst wieder Natur. So verstanden zeigt das Gedicht innerseelische Vorgänge, nicht äußere Konflikte. Dabei ist jenes Versenken und Versinken in die Tiefe nicht ohne Gefahr: Die beiden geben sich dem Unterbewußten preis, sie gewinnen einander und verlieren zugleich ihr distanzierendes Bewußtsein. Das Gedicht schildert in traumartigen Bildern die Entwicklungsstufen der Liebe, von dem ersten Kennenlernen über das Brechen des Eises, das zugleich Trennung, Hoffnung, Sehnsucht aufkommen läßt, bis zu dem Zeitpunkt, wo die beiden Liebenden – für die Gesellschaft verloren – einander gefunden haben.

Man muß nicht die Psychoanalyse bemühen, um diese Deutung zu ermöglichen. Man braucht nicht auf die Sammlung von ähnlichem Motivmaterial aus Mythen und Dichtungen zurückzugreifen, wie sie Carl Gustav Jung zusammengetragen hat, der gerade für das Bild des Wassers und der Fische viele Belege für sinnbildliche Darstellungen innerer Prozesse bietet. Man muß auch nicht auf die Freudsche Parallelsetzung von Tagtraum und Dichtung oder auf die indirekte Anspielung auf das Inzestmotiv in unserem Text hinweisen (in der Prosaszene sind es Geschwister, die einander zuschwimmen). Die Romantik selbst hat diese Zusammenhänge erhellt. Es war insbesondere Gotthilf Heinrich Schubert, der wenig später die von der Romantik entdeckten Zusammenhänge auf den Begriff gebracht hat. In seinem Buch über die »Symbolik des Traumes« von 1814 weist er auf den engen Zusammenhang von Traum, Mythos und Dichtung hin, stellt er die Verbindung der romantischen Naturwissenschaft und -spekulation mit der frühromantischen Poetik her. Der Traum ist für ihn eine Form der romantischen Ironie, ist ebenso hieroglyphisch und poetisch wie die Natur und das prophetische und somnambule Sprechen entrückter Menschen.

Es ist demnach keine Übertragung von zeitfremden Erkenntnissen, wenn man in der Dichtung und insbesondere in der Lyrik der Romantik eine Widerspiegelung des Unbewußten vermutet. Die Romantik hat diesen Bereich der menschlichen Seele entdeckt. Die romantische Medizin hat sich – ganz ähnlich wie viel später die Psychoanalyse – mit den Phänomenen der Hypnose (damals »tierischer Magnetismus« genannt) und der Geisteskrankheiten befaßt, um Zugang zu diesem Bereich zu gewinnen. In der Dichtung, die seit der frühromantischen Rebellion gegen die Aufklärung nicht unbedingt den Gesetzen der Rationalität folgen muß, kann diese Welt zur Darstellung gebracht werden.

In der lyrischen Gedichteinlage, wie sie hier vorliegt, läßt sich diese zweite ›Realität‹ als neue Dimension in den Erzählkontext einbringen und motivieren. Der Erzähler schweift ab, bringt in neuer Form das zum Ausdruck, was sich dem diskursiven Sprechen nicht ohne weiteres fügt: eine innere, von Emotionen und hoffnungsvollen Traumbildern durchsetzte Welt. Die Mittel des lyrischen Sprechens erlauben ihm, diesen Bereich, der nach romantischer Auffassung die Grenzen zwischen Mensch und Natur, Mensch und Mensch aufhebt, auch zu versinnlichen: Alle Kunstmittel zielen darauf, die einzelnen Bestandteile des Gedichts auf das engste miteinander zu verschmelzen. Der modifizierte Refrain z. B. ist eine Form der Assonanz, der echoartigen Wiederholung ähnlichen Klanges; der extrem flüssige Rhythmus verbindet die Worte und läßt auch die Distanz des Hörers schwinden, der selbst in den Bann dieser vereinigenden Kräfte gerät.

Arnim wußte um die Gefahren einer solchen Suggestion, sonst hätte er nicht jene oben zitierte Bemerkung in seinen Roman eingeflochten. Er weiß auch, daß die Liebe der beiden Königskinder ein Traum ist und der Zugang zu der Welt, in der alles miteinander verbunden ist und der Mensch Natur wird, verstellt ist. Doch hält er an dem Glauben fest, daß in der Poesie und mit der Poesie dieser Bereich wiedergewonnen werden kann und die Vereinzelung in der Liebe zu überwinden ist. Diese Zuversicht, die im Lied *Getrennte Liebe* die traurige Grundstimmung aufhellt, gehört zu den Grundzügen von Arnims Denken. »Wahrhaftigkeit« und ethische Kraft bestimmen nach Eichendorff sein Dichten. In der *Geschichte der poetischen Literatur Deutschlands* (1857) nennt er Arnim unter den »eigentlich romantischen« Dichtern zuerst, »weil er die Romantik am reinsten und gesündesten repräsentiert«.

Eichendorffs Bewertung entspricht – trotz unterschiedlicher Begründung und Akzentuierung – der Heinrich Heines in der *Romantischen Schule* (1836): »Ludwig Achim von Arnim ist ein großer Dichter und war einer der originellsten Köpfe der romantischen Schule«, heißt es dort.

›Rein romantisch‹ ist in unserem Gedicht die Idee der – gefährdeten – Überwindung menschlicher Vereinzelung in der Liebe; ›originell‹ ist die Verarbeitung dieses frühromantischen Themas durch die Einbettung und Interpretation im Romankontext.

Fast alle lyrischen Werke Arnims sind derart eingebunden in große Prosawerke. Vielleicht ist dies eine Ursache dafür, daß seine lyrische Produktion lange Zeit ›übersehen‹ wurde (im Forschungsbericht Volker Hoffmanns von 1973 genügte ein Absatz, um die bisherigen Ergebnisse zu skizzieren). Die bei Arnim besonders enge und bisweilen eigenwillige Verknüpfung mit dem Prosatext, die eine isolierte Interpretation erschwert, eröffnet jedoch zugleich neue Dimensionen und läßt die lyrischen Texte als vielschichtige Gebilde erkennen, die eine Auseinandersetzung herausfordern und damit höhere Ansprüche an den Leser stellen als eingängige romantische Stimmungsgedichte.

Zitierte Literatur: Achim von ARNIM: Sämtliche Romane und Erzählungen. [Siehe Textquelle. Zit. mit Band- und Seitenzahl.] – Achim von ARNIM: Armuth Reichthum Schuld und Buße der Gräfin Dolores. [Siehe Textquelle.] – Clemens BRENTANO: Sämtliche Werke und Briefe. Bd. 6–9: Des Knaben Wunderhorn. Stuttgart [u. a.] 1975–78. – Volker HOFFMANN: Die Arnim-Forschung 1945–1972. In: Deutsche Vierteljahrsschrift für Literaturwissenschaft und Geistesgeschichte. Sonderh. (1973) S. 336*. – Renate MOERING: Die offene Romanform von Arnims Gräfin Dolores. Diss. Heidelberg 1978.
Weitere Literatur: Albert BÉGUIN: Traumwelt und Romantik. Bern/München 1972. S. 292–325. – Ulfert RICKLEFS: Arnims lyrisches Werk. Register der Handschriften und Drucke. Tübingen 1980. – Thomas STERNBERG: Die Lyrik Achim von Arnims. Diss. Bonn 1983.

Joseph von Eichendorff

Frische Fahrt

Laue Luft kommt blau geflossen,
Frühling, Frühling soll es sein!
Waldwärts Hörnerklang geschossen,
Mut'ger Augen lichter Schein;
5 Und das Wirren bunt und bunter
Wird ein magisch wilder Fluß,
In die schöne Welt hinunter
Lockt dich dieses Stromes Gruß.

Und ich mag mich nicht bewahren!
10 Weit von euch treibt mich der Wind,
Auf dem Strome will ich fahren,
Von dem Glanze selig blind!
Tausend Stimmen lockend schlagen,
Hoch Aurora flammend weht,
15 Fahre zu! Ich mag nicht fragen,
Wo die Fahrt zu Ende geht!

Abdruck nach: Joseph Freiherr von Eichendorff: Neue Gesamtausgabe der
Werke und Schriften. 4 Bde. Hrsg. von Gerhart Baumann in Verb. mit
Siegfried Grosse. Stuttgart: Cotta, 1957/58. Bd. 1. 1957. (Cotta-Klassiker.)
S. 9.
Entstanden: 1810–12.
Erstdruck: Joseph Freiherr von Eichendorff: Ahnung und Gegenwart. Nürn-
berg: Schrag, 1815.
Weiterer wichtiger Druck: Gedichte von Joseph Freiherrn von Eichendorff.
Berlin: Duncker und Humblot, 1837.

Helmut Koopmann

Romantische Lebensfahrt

Eichendorffs Gedicht, das seine Gedichtsammlung von 1837 eröffnet, ist eigentlich ein Rollengedicht und will denn auch zunächst einmal so gelesen werden. Die Gräfin Romana aus seinem Roman *Ahnung und Gegenwart* singt es, als sie ihrer Freundin Rosa weitläufig aus ihrer Jugend erzählt. Im Grunde genommen ist es ein Protestlied: denn die wilde Gräfin befreit sich damit zumindest intentional von dem, was ihr in ihrer Kindheit von ihrer Mutter als Lebensmaxime auferlegt worden ist. Romana berichtet nämlich, daß sie damals nie allein aus dem schönen Garten des Schlosses, wo sie aufgewachsen sei, herausgedurft habe, und noch im Tode habe die Mutter ihr auferlegt: »Springe nicht aus dem Garten! Er ist fromm und zierlich umsäumt mit Rosen, Lilien und Rosmarin«, und dann noch einmal, dringlich wiederholt: »Und eben, weil du oft fröhlich und kühn sein wirst und Flügel haben, so bitte ich dich: Springe niemals aus dem stillen Garten!« Als Rosa die Gräfin Romana fragt, was die Mutter damit wohl habe sagen wollen, und »Verstehst du's?« – da erwidert die Gräfin: »Manchmal«, und dann singt sie das Lied (II,124 f.), das Eichendorff später gleichsam als Prolog-Gedicht in seine Gedichtsammlung aufgenommen hat. Romana hat vorher berichtet, daß sie ein einziges Mal aus der vertrauten, beschützenden Gartenwelt ausgebrochen sei, und dieser Ausbruch, der damals freilich wieder ins Schloß zurückführte, ist für die Gräfin »eigentlich mein Lebenslauf in der Knospe« (II,123). Damit aber kommt auch diesem Lied mehr zu als nur der Rang eines beliebigen romantischen Liedes. Das Gedicht enthält gleichsam ihre Lebenschiffre, die poetische Formel ihres Daseins, nach der sie lebt und, wie es die letzte Zeile zu verstehen gibt, am Ende auch sterben wird.

So ist das Lied, als Selbsterklärungsgedicht, genau in den

umgebenden Rahmen des Romans eingepaßt. Um diesen Lebensbericht, der im 12. Kapitel, im zweiten Buch des Romans steht, der die Warnung der Mutter enthält und den Entschluß zum Protest der Gräfin Romana, ist freilich noch ein zweiter Rahmen gebaut. Er erstellt sich aus dem vorher und nachher Erzählten. Denn dieses zweite Buch des Romans handelt von der Residenz, einer problematischen Lokalität, in der auch im übertragenen Sinne Maskenball gespielt wird, und der ganze fürstliche Mummenschanz steht in äußerstem Gegensatz nicht nur zu dem, was Friedrich, der Held des Romans, vorher erlebt hat, als er (im ersten Buch) durch die Natur gereist ist, sondern auch zum Erlebnisbereich der Gräfin Romana. Nicht nur, daß die scheinhafte, schattenhafte Welt der Residenz der Welt der freien Landschaft widerspricht und von dieser her als unwirklich widerlegt wird: im Bereich der Residenz wird auf ähnlich zweifelhafte Weise auch gedichtet, und es sind die ästhetischen Sonette, die hier von begeisterten, schmachtenden Poeten vorgetragen werden: das Ganze ein poetisches Panoptikum, eben ästhetische Teegesellschaft, über die Eichendorff hier, indem er sie beschreibt, alles sagt, was darüber zu sagen ist. Auch dort tritt die Gräfin Romana, die »schöne Heidin« (II,135), auf, und sie antwortet auf das ästhetisch poetisierende Versgeschwätz mit einem zweiten, längeren Gedicht, das nun allerdings nicht ihr Leben, sondern nichts anderes als eine Allegorie der Poesie zum Inhalt hat – flüchtige Verse, die den sonderbar heidnischen Charakter der Gräfin, dieser »griechischen Figur in dem Tableau« (II,135), vielleicht noch mehr offenbaren als ihr Selbsterklärungsgedicht. Es gehört zur eigentümlichen Unklarheit des langen Gedichtes, daß die Zuhörer am Ende zweifeln, ob Venus, die Schönheit oder die Poesie des Lebens gemeint sei. Die Zweifel sind berechtigt, zumal das Ganze sich eher wie eine poetische Exemplifikation dessen ausnimmt, was die Gräfin Romana in ihrem Lied, mit dem sie auf die Warnung der Mutter antwortet, zum Ausdruck bringt. Friedrich dürfte mit seiner Antwort auf die Frage nach der Zentralfigur des langen Gedichtes am Ende denn auch recht behalten, wenn er feststellt: »Es mag wohl die Gräfin selber sein« (II,140). Denn eben dort, in dem Gedicht, hat sie sich zumindest poetisch treiben lassen; die Beschreibung des Königsschlosses gleicht jenem »magisch wilden Fluß« (6), von dem in den vorangegangenen Versen die Rede war, zumal sich zahlreiche Motive aus der Lebensgeschichte der Gräfin, die sie ja vorher ihrer Freundin Rosa erzählt hat, auch in dem folgenden großen Gedicht über das Zauberschloß finden: der Ring, der nicht wiedergekehrt ist, die Augen, die über des Gartens Mauer hinausgehen, Aurora schließlich, die verführerisch die Erde berührt. Niemand wird auch in diesem Gedicht nur romantische Stimmungsmalerei sehen wollen, sein allegorischer Charakter ist deutlich – und auch der Bezug zu dem Lied *Frische Fahrt*, zur Proklamation dieses Ausbruchsversuches aus dem stillen Garten in die schöne Welt hinunter. Mit ihrem zweiten Gedicht aber sprengt die Gräfin Romana nicht nur den Garten ihrer Mutter auf, sondern auch die illusionäre, ästhetische Existenz der Residenzwelt: Romana gehört ihr nicht an, zählt sie doch zu den dämonischen Gestalten, die sich entgrenzen möchten, und wäre es auch um den Preis des eigenen Untergangs.

Kaum ein anderes Gedicht könnte die romantische Aufbruchssituation besser vermitteln als dieses. Dabei sind die Aufbruchssignale natürlich nicht realistisch zu verstehen. Der Frühling symbolisiert den Lebensaufbruch; es ist ein Jugendgedicht, alle Zeilen eine einzige Verlockung, sich in die schöne, wilde Welt hineinzuwerfen. Der magisch wilde Fluß ist, jeder merkt es, der Fluß des Lebens, der den aufbrechenden Wanderer zu sich hinunterlockt, und nichts ist in dieser glänzenden, schönen Welt verständlicher als der Wunsch der Sängerin, auf diesem Fluß zu fahren, von allem verlockt, was der Strom des Lebens zu bieten hat. Es gehört zu Eichendorffs Stil, daß er dabei eigentlich nichts Metaphysisches beschreibt. Daß dieser Strom der Lebensstrom sei, wird mit keinem Wort gesagt, Eichendorff beläßt es bei der

Beschreibung des wilden Flusses – voller Sonnenglanz und Verlockung. Das Lebensstrom-Gleichnis gipfelt in dem Bild von der flammend wehenden Sonne: ein kühnes, großartiges, präexpressionistisches Bild, das das Aufbrechen aus der gewohnten Welt mit Hilfe einer unendlich schmiegsamen, anpassungsfähigen Sprache verdeutlicht; die grenzenlose Bewegung hinaus erscheint gleichsam ins Verbale übersetzt. Die Sängerin, die Gräfin Romana, kann der magischen Verlockung, dieser Bewegung ins Ferne hinein zu folgen, nicht widerstehen. Eichendorffs »Taugenichts«, die Idealfigur jener Aufbruchsstimmung, drückt ähnliches in seinem ersten Gedicht nur etwas simpler und erdhafter aus, wenn er singt:

Wem Gott will rechte Gunst erweisen,
Den schickt er in die weite Welt,
Dem will er seine Wunder weisen
In Berg und Wald und Strom und Feld.
[...]
Die Bächlein von den Bergen springen,
Die Lerchen schwirren hoch vor Lust,
Was sollt' ich nicht mit ihnen singen
Aus voller Kehl' und frischer Brust? (II,350)

Diese Strophen fallen freilich nur unter die Kategorie der »recht hübschen Lieder« (II,350), aber das Aufbruchserlebnis ist das gleiche: Der Taugenichts ist schließlich mit einem Sprung hinten auf dem Wagen, »der Kutscher knallte, und wir flogen über die glänzende Straße fort, daß mir der Wind am Hute pfiff. Hinter mir gingen nun Dorf, Gärten und Kirchtürme unter, vor mir neue Dörfer, Schlösser und Berge auf; unter mir Saaten, Büsche und Wiesen bunt vorüberfliegend, über mir unzählige Lerchen in der klaren blauen Luft« (II,350 f.). Was die Gräfin Romana beschreibt, ist jedoch sehr viel kunstvoller, großartiger dort, wo die festen Konturen sich auflösen und die Wirklichkeit bei aller Beschränkung auf sie nicht mehr genau als solche erfahren wird, sondern vermischt mit eigenem Empfinden, so daß aus dem treibenden Wind die fröhlich getriebene Abenteurerin wird, aus den tausend Stimmen, die sie locken, die innere Verlokkung, aus dem flammenden Wehen der Aurora eine Aufbruchsstimmung, die ihresgleichen nicht wieder in Eichendorffs Werk hat. Freilich ist es auch der Prozeß einer Vereinzelung, der hier beschrieben wird: Im gleichen Maße, wie die Gräfin von dem bunten Strom des Flusses ergriffen wird, taucht sie in diesen Lebensstrom hinein, wie es später der Wahnsinnige in Hofmannsthals *Kleinem Welttheater* tun wird, der sich auch nicht bewahren kann und hinunter möchte, um jener Verlockung zu folgen, gegen die die Gräfin Romana nicht gefeit ist – aber dieses Ich treibt damit zugleich auch von den anderen fort. Wo führt die Reise hin? Der Gräfin Romana ist es letzthin gleichgültig, wenngleich aus der letzten Zeile des Gedichtes eben doch die Ahnung spricht, daß diese Fahrt irgendwann zu Ende gehen wird, diese Aufbruchsstimmung ernüchtern wird, daß am Ende dieser seligen Reise auf dem glänzenden Strom eben doch nur der Tod stehen wird. Es ist kein Zufall, daß es schon innerhalb des Gedichtes hinabgeht, »in die schöne Welt hinunter« (7), und hinunter wird es auch mit ihr selbst gehen, da sie sich als die dämonisch-selbstzerstörerische Figur erweisen wird, der ihr Untergang schon vorgezeichnet ist. Romana gehört wie der Bruder des Grafen Friedrich, Rudolf, zu den verwilderten Figuren, vor deren Existenz Eichendorff warnt, obwohl er zugleich magisch von ihnen angezogen ist. Die Antwort auf die hier allerdings von Romana ausdrücklich gar nicht gestellte Frage, »wo die Fahrt zu Ende geht« (16), gibt später das 19. Kapitel im dritten Buch des Romans, wo Romana und Friedrich noch einmal aufeinandertreffen, und es ist nicht nur auf den Augenblick bezogen, sondern auf Romanas Lebensreise schlechthin, wenn sie sagt: »Ich habe mich hier oben verirrt, ich weiß den Weg nicht mehr nach Hause« (II,222). In der Tat ist sie weit von denen fortgetrieben, die zu Hause waren, und ihre selbstzerstörerische Kraft, ja ihre Todeslüsternheit wird in dem Abschiedsfest deutlich, das sie, die letzte ihres alten, berühmten Geschlechts, den feindlichen Truppen gibt. Friedrich ist ihr eigentlicher Gegenspieler, und er formuliert, freilich prosaisch, die Ansicht und Haltung des in sich selbst Ruhenden gegenüber jenem »ich mag mich nicht bewahren« (9) der Gräfin Romana, wenn er sagt:

[...] gehn Sie beten! Beschauen Sie recht den Wunderbau der hundertjährigen Stämme da unten, die alten Felsenriesen und den ewigen Himmel darüber, wie da die Elemente, sonst wechselseitig vernichtende Feinde gegeneinander, selber ihre rauhen, verwitterten Riesennacken und angeborne Wildheit vor ihrem Herrn beugend, Freundschaft schließen und in weiser Ordnung und Frömmigkeit die Welt tragen und erhalten. Und so soll auch der Mensch die wilden Elemente, die in seiner eigenen dunklen Brust nach der alten Willkür lauern und an ihren Ketten reißen und beißen, mit göttlichem Sinne besprechen und zu einem schönen, lichten Leben die Ehre, Tugend und Gottseligkeit in Eintracht verbinden und formieren. Denn es gibt etwas Festeres und Größeres, als der kleine Mensch in seinem Hochmute, das der Scharfsinn nicht begreift und die Begeisterung nicht erfindet und macht, die, einmal abtrünnig, in frecher, mutwilliger, verwilderter Willkür wie das Feuer alles ringsum zerstört und verzehrt, bis sie über dem Schutte in sich selber ausbrennt (II,223).

Friedrich nennt ihr das, was seiner (und Eichendorffs) Meinung nach des Teufels ist: sich der Verwilderung hinzugeben, und es ist der Erzähler, nicht Friedrich, der ebenfalls davon spricht, daß sie sich »nach und nach bis zu diesem schwindligen Abgrund verwildert hatte« (II,223). Ihre eigene ursprüngliche Größe ist dahin, sie ist innerlich zerstört, und so zerstört sie sich auch äußerlich und setzt zuvor ihr Schloß in Brand: ein schauerliches Ende, die Flamme wirft »gräßliche Scheine weit zwischen den Bäumen« (II,224), und in welchem Ausmaß die Zerstörung auch eine solche der Kindheit ist, verdeutlicht Eichendorff mit ebenso einfachen wie anspielungsreichen Worten, wenn er das Kapitel mit dem Satz schließt: »Das Schloß sank wie ein dunkler Riese in dem feurigen Ofen zusammen, über der alten, guten Zeit hielt das Flammenspiel im Winde seinen

wilden Tanz; es war, als ginge der Geist ihrer Herrin noch
einmal durch die Lohen« (II,224). Es ist das Ende der »alten,
guten Zeit« für Romana: jeder Eichendorff-Leser weiß, daß
damit nicht etwa nur der angenehmere Teil des vorangegangenen Lebens gemeint ist, sondern die Kindheit und durch
die Kindheit hindurch die Verbindung zu einer ursprünglichen Welt, die theologisch begründet ist; und wenn hier
der Konnex zur alten guten Zeit verlorengegangen ist, so
heißt das in Eichendorffs existentiellem Koordinatensystem,
daß sich die Gräfin Romana, die sich für das Böse entschieden hatte, angesichts der Aussichtslosigkeit dieses Bösen
selbst richtet. Es ist ihr Abfall von der Religion, und ihre
expressive Natur läßt das auch erkennen, da sie »verwüstet«
erscheint, »heftig«, »unbändig«, »wild«, und nichts könnte
die religiöse Aussagekraft dieses Todes mehr bestätigen als
die Reaktion Friedrichs auf ihren selbstmörderischen Untergang. Es heißt:

Ihn überfiel im ersten Augenblicke ein seltsamer Zorn, er faßte sie in
beide Arme, als müßte er sie mit Gewalt noch dem Teufel entreißen.
Aber das wilde Spiel war für immer verspielt, sie hatte sich gerade
ins Herz geschossen. Der müde Leib ruhte schön und fromm, da ihn
die heidnische Seele nicht mehr regierte. Er kniete neben ihr hin und
betete für sie aus Herzensgrunde. (II,224)

Dort also, beim Teufel, ist die Fahrt zu Ende gegangen, die
die Fahrt einer heidnischen Seele war, und nichts hat sie von
ihrem Sturz in den Untergang hinab abbringen können: Ihr
Leib ist erst wieder »schön und fromm«, als er aus dem
Heidentum erlöst erscheint; mit ihrer wilden Seele ist das
Heidnische gleichsam aus ihr gewichen, und so ist, wenn
auch ihre Seele im wahrsten Sinne des Wortes des Teufels
war, wenigstens ihr toter Leib wieder so, wie ihre Kindheit
gewesen war – nicht ohne Grund ist in den Sätzen der
Mutter gegenüber jener Romana, die den Garten noch nicht
verlassen hat, davon die Rede, daß dieser Garten »fromm«
sei. Auch jener wilde Jäger, den sie bei ihrem ersten heim-
lichen Auszug aus dem Garten (ist es nicht doch der Garten

Eden und nicht nur der Kindheitsgarten, also das Paradies, aus dem sie entwichen ist?) damals traf, ist in den Abgrund gestürzt, theologisch verstanden natürlich und nicht nur physikalisch. Romana verwilderte, weil sie aus ihrem Garten Eden ausbrach, aus einer geordneten, theologisch begründeten und verbürgten Welt also, und da Eichendorff in vielen theoretischen Äußerungen diesen immer möglichen Ausbruch auch historisch, universalgeschichtlich so fixiert hat, daß er, als Ausbruch der Menschheit überhaupt, gewissermaßen nach dem Mittelalter stattfand, würde sich hier, wenn eine so weite Spekulation noch erlaubt ist, zugleich im Lebensweg der Romana ein Urteil Eichendorffs über die Entwicklungsgeschichte der Moderne aussprechen: So wie Romana den stillen, frommen Garten ihrer Kindheit verlassen hat und damit eigentlich zwangsläufig in die Verwilderung, in den Abgrund hineingeraten mußte (Rudolf, der sich so finster von den anderen am Ende des Romans verabschiedet, ist ihr ebenbürtig und von gleicher Gesinnung), so erscheint auch die Entwicklungsgeschichte der Moderne, der historische Gang der Menschheit nach dem Mittelalter Eichendorff als im Grunde unseliger Absturz, als Verwilderung, als ein Verlassen einer ursprünglichen Harmonie, ohne die für ihn eine menschliche Existenz nicht möglich ist. Damit aber wäre der Schicksalsweg Romanas, die so unendlich lange Spanne von der freudigen Aufbruchsstimmung bis hin zur Selbstzerstörung und zum teuflischen Ende, eine Chiffre für die Entwicklungsgeschichte der Menschheit in der Moderne und zugleich auch eine ernste Warnung, wie sie Eichendorff angesichts des begeisterten, enthusiastischen Beginns der Lebensreise und dem gräßlichen Ende der Romana nicht eindringlicher mit Hilfe seiner poetischen Chiffren formulieren konnte.

Eine solche Deutung dieses Gedichtes widerspricht dem Eindruck, den das Lied erwecken muß: denn es scheint wie kaum ein anderes der romantischen Entgrenzungstendenz einen geradezu freudigen Ausdruck zu geben. Aber man darf das Gedicht nicht als Inbegriff einer rückhaltlos bejahten romantischen Aufbruchsstimmung deuten oder als aus sich heraus gerechtfertigten jugendbewegten Ausbruchsversuch. Liest man das Gedicht ohne den Kontext des Romanes, so scheint freilich alles dafür zu sprechen, und dieses Über-Bord-Werfen aller Bedenken, das extrem Unbürgerliche, die Bereitschaft, dem Zufalle und den Verlockungen der Welt zu folgen, scheinen etwas Positives auszudrücken – es ist das Aufbruchsbekenntnis der Jugend (nicht umsonst ist ja vom Frühling die Rede), das sich hier Bahn bricht, von Eichendorff in unnachahmlich eindringlichen Zeilen beschrieben. In der Tat scheint sich nirgendwo die romantische Entgrenzung und dieser gewollte Weg aus den Normen hinaus deutlicher auszusprechen als gerade hier. Die ganze Welt scheint einem solchen Entgrenzungsversuch entgegenzukommen: Es ist die schöne Welt, die hier erscheint, es sind mutige Augen, deren Lichterschein zum Aufbruch verführt, es ist der glänzende Strom, dessen Leuchten so stark ist, daß der, der ihn sieht, »selig blind« (12) wird, Vogelstimmen, die auf ihre Weise hinauslocken, und eben dann die flammend wehende Aurora – die Natur scheint einem solchen Ausbruchsversuch sogar entgegenzukommen, und wer ihrem Locken nicht folgte, müßte sich dem griesgrämigen Steuereinnehmer des *Taugenichts* verwandt fühlen, der mit seinem Schlafrock nichts anderes tut, als vor seinem Einnehmerhäuschen zu sitzen, ein wahres Bild des ungelebten Lebens. Aber dieser schöne Schein täuscht – eben das will das Eichendorffsche Gedicht anschaulich machen. Die Natur legitimiert die Entgrenzung nicht oder doch wenigstens nicht so, daß durch ihren Lockruf dieser Ausbruchsversuch des Menschen gerechtfertigt würde. Natura non loquitur, allenfalls eine Stimme im Inneren des Menschen – wer sie überhört (und es ist die Stimme der Warnung vor der Gefahr des Sichverlierens), gerät in den Abgrund hinein: nichts anderes will das Gedicht sagen. So darf es also gerade nicht als Ausdruck einer romantischen Flucht aus der Welt der Residenzen in eine schönere, geheimnisvollere, verlockendere Natur hinein gelesen werden, sondern umgekehrt: als Warnung vor einem solchen Aufbruch. Eichendorffs Gedichte in seinen Romanen sind direkt in die Romanhandlung integriert, und ebenso direkt sind die Figuren von ihrem Bedeutungs- und Aussagegehalt her zu definieren: Romana ist die Heidin, es ist ein heidnisches Lied, was sie singt, und am Ende des Romans wird demonstriert, wohin dieses Heidentum führt. Die Aufgabe des Menschen ist gerade nicht, zuzufahren, wie es im Gedicht heißt, sondern sich zu bewahren, und es ist die alte Formel vom »Hüte dich, bleib wach und munter«, die als Warnung, als eindringliches Memento mori hinter dem Gedicht steht.

Die Gräfin Romana erliegt einer Fata Morgana, an deren Ende ein bitteres Erwachen steht. Die unendliche Bewegung des Gedichtes entspricht der unendlichen Bewegung ihrer Seele, die aber, da sie aus ihrem ursprünglichen Zusammenhang herausgefallen ist und kein Ziel kennt, eben in den Abgrund und in den Untergang, theologisch gesprochen: in die Hölle führen muß. Es ist das Gegenteil der »glücklichen Fahrt«, die Eichendorff in seinem gleichnamigen Gedicht beschreibt (I,98), und Romana ist auch das Gegenbild des Sängers, der, wie es in dem Gedicht *Sängerglück* (I,80) heißt, dann das Schöne bewahrt, wenn die Fluren herbstlich rings verwildern, und diesem Untergangswunsch, diesem fast schon besinnungslosen Sturz hinein ins Leben und hinab in den Abgrund stehen jene beiden Schlußzeilen des Gedichtes *Sängerglück* entgegen: »Selig Herze, das in kühnen Bildern / *Ewig* sich die Schönheit hält!« Eichendorff hat die Gefahren der Entgrenzung auch in dem Gedicht *Lockung* (I,96) beschrieben, auch dort mit dem Bild des Flusses, der den Schwimmer in sich aufnehmen möchte, dem Rauschen der Bäume, der Kühle, in die die Nixen des Flusses hinablocken. Aber es ist eben eine Lockung zum Untergang hin, und wir können allein aus der Vielzahl der Warnungen vor diesen Lockungen schließen, wie sehr sie Eichendorff selbst betroffen haben müssen. Der Strom, der Lebensstrom kehrt ähnlich oft in den Gedichten wieder, der Frühling nicht weniger häufig, die blaue Luft: aber eben auch immer wieder die Warnung vor dem Verwildern.

Daß Eichendorff schließlich dadurch, daß er das Gedicht aus seinem Roman heraus- und in seine Gedichtsammlung hereinnahm, diesen Zusammenhang der Verse mit dem Roman bewußt zerstörte, steht auf einem anderen Blatt und läßt die Frage aufkommen, ob Eichendorff sich später, als er seine Gedichtsammlung zusammenstellte, sich des poetischen Eigenwertes seiner Gedichte stärker bewußt war, so stark sogar, daß darüber das Bewußtsein der unauflöslichen Integration des Gedichtes in den Romanzusammenhang zurücktrat, vielleicht sogar schwand. Möglich wäre auch, daß er den Schluß des Gedichtes als indirekte Warnung vor den Verlockungen der Entgrenzung als stark genug empfand, dieses »Ich mag nicht fragen, / Wo die Fahrt zu Ende geht«. Denn in dem Nicht-fragen-Mögen spricht sich zugleich die Angst vor der Antwort aus, und diese Antwort ist eindeutig, nämlich der Untergang, der einem derartigen Leben zwangsläufig beschieden ist. Darüber lassen sich nur Spekulationen anstellen, die weder zu beweisen noch zu entkräften sind. Sicher ist nur, daß das Ausbrechen aus der behüteten Welt in jedem Fall gefährlich ist und zum Untergang führt, so verlockend auch das andere, die Welt dort draußen ist. Daß über alle Bedenklichkeit des blinden, seligen Aufbruchs in die Welt hinaus die Schilderung dieses Aufbruchs ebenso großartig ist, voller Verführung bis hin zu dem einzigartigen Bild der flammend wehenden Aurora, das alles zeugt von einer Intensität der Empfindungen, die Eichendorff selbst, auch wenn sie hier Romana zugesprochen wird, nicht fremd war. Es ist eine der ursprünglichen Lebensmöglichkeiten, wie Eichendorff sie, seiner Generation zugehörig, aufs innigste gefühlt haben mochte – und so ist es nicht nur eine Romanfigur, die sich da ausspricht, sondern doch auch Eichendorff selbst, der diesen Aufbruch, dieses Verlassen alles Überkommenen oft genug geschildert hat. Freilich hat er die Gefahren dieses hemmungslosen Hineinstürzens in den Strom des Lebens ebenso klar gesehen, mit zunehmendem Alter sicherlich schärfer als in seiner Jugend, und wenn diese Gefahren hier auch nur in den letzten zwei Zeilen des Gedichtes angedeutet sind und im übrigen erst durch die Geschichte der Romana deutlich werden, so mag das der Größe und Unbekümmertheit des noch jungen Eichendorff zuzuschreiben sein, der ein solches Gedicht möglicherweise im Alter nicht mehr hätte schreiben können.

So bleibt bei aller Warnung vor einem solchen Aufbruch doch die Faszination dieser Tat, dieses Hinaus in eine freie Welt, dieser Suche nach Abenteuern – in vielem ist es eine Vorwegnahme der Abenteurermotivik der Jahrhundertwende, die sich auch als Entgrenzung äußert, nicht zufällig freilich dann auch in Form der Krankheit, der inneren Entgrenzung, und über Eichendorff führt auch dort das Abenteurertum, in welcher Form es auch immer auftritt, am Ende in den Tod, niemals in die erhoffte Befreiung hinein. Aber sie ist wohl niemals so eindringlich geschildert worden wie in diesen wenigen Zeilen des Eichendorffschen Gedichtes, das eine poetische Eigenmächtigkeit entwickelt, wie sie sich selbst in den Jugendgedichten Eichendorffs nur selten findet.

Zitierte Literatur: Joseph Freiherr von EICHENDORFF: Neue Gesamtausgabe der Werke und Schriften. [Siehe Textquelle. Zit. mit Band- und Seitenzahl.]
Weitere Literatur: Hans EICHNER: Zur Integration der Gedichte in Eichendorffs erzählender Prosa. In: Aurora 41 (1981) S. 7–21. – Hartwig SCHULTZ: Form als Inhalt. Vers- und Sinnstrukturen bei Joseph von Eichendorff und Annette von Droste-Hülshoff. Bonn 1981. S. 255–260. – Egon SCHWARZ: Joseph von Eichendorff. Frische Fahrt – Vergangenes Lebensgefühl. In: Frankfurter Anthologie 6. Hrsg. von Marcel Reich-Ranicki. Frankfurt a. M. 1982. S. 65–68.

Joseph von Eichendorff

Waldgespräch

Es ist schon spät, es wird schon kalt,
Was reit'st du einsam durch den Wald?
Der Wald ist lang, du bist allein,
Du schöne Braut! Ich führ' dich heim!

5 »Groß ist der Männer Trug und List,
Vor Schmerz mein Herz gebrochen ist,
Wohl irrt das Waldhorn her und hin,
O flieh! Du weißt nicht, wer ich bin.«

So reich geschmückt ist Roß und Weib,
10 So wunderschön der junge Leib,
Jetzt kenn' ich dich – Gott steh' mir bei!
Du bist die Hexe Lorelei.

»Du kennst mich wohl – von hohem Stein
Schaut still mein Schloß tief in den Rhein.
15 Es ist schon spät, es wird schon kalt,
Kommst nimmermehr aus diesem Wald!«

Abdruck nach: Joseph Freiherr von Eichendorff: Neue Gesamtausgabe der Werke und Schriften. 4 Bde. Hrsg. von Gerhart Baumann in Verb. mit Siegfried Grosse. Stuttgart: Cotta, 1957/58. Bd. 1. 1957. (Cotta-Klassiker.) S. 342.
Erstdruck: Joseph Freiherr von Eichendorff: Ahnung und Gegenwart. Nürnberg: Schrag, 1815.
Weiterer wichtiger Druck: Sämtliche Werke des Freiherrn Joseph von Eichendorff. Hist.-krit. Ausg. 15 Bde. Hrsg. von Wilhelm Kosch. Regensburg: Habbel, [1908 ff.] Bd. 1,1: Gedichte. Hrsg. von Hilda Schulhof und August Sauer. Mit einem Vorw. von Wilhelm Kosch. [1921.] [Mit Erläuterungen, Bd. 1,2, S. 784.]

Alexander von Bormann

»Das zertrümmerte Alte«.
Zu Eichendorffs Lorelei-Romanze *Waldgespräch*

Eichendorffs Romanze *Waldgespräch* ist sein (sehr eigenständiger) Beitrag zum romantischen Lorelei-Mythos. Der
geht bekanntlich auf Brentano zurück: In seinem »verwilderten« Roman *Godwi* (1801) singt die junge Mignon-
Gestalt Violette das Lied *Zu Bacherach am Rheine...*, das
von der schönen Lore Lay erzählt; deren zauberische Schönheit begehrt den Tod, sie hat den Liebsten nicht halten
können; schließlich stürzt sie sich vom Felsen in den Rhein.
Eine zweite Fassung des Liedes (*Lureley*) spitzt das Motiv
der enttäuschten Liebe noch zu. In Brentanos Rheinmär-
chen figuriert die schöne Lureley hingegen als freundliche
blonde Nymphe, der »schönen Lau« von Mörike (1853)
vergleichbar.
Die Züge der Lorelei-Gestalt verdanken sich vielfältigen
mythischen Traditionen: Hingewiesen sei auf den griechischen Sirenenmythos (vgl. *Odyssee*, 12. Gesang); danach
sind sie ursprünglich Todesdämonen, gierig nach Blut und
Liebesgenuß. Den Nixen, den weiblichen Wassergeistern
der germanischen Mythologie, wurden in früheren Zeiten
regelmäßig Opfer gebracht, was in der Überlieferung zur
Wahl eines schönen Geliebten wird; vgl. auch Goethes
Ballade *Der Fischer* (1778). Als Undinen werden sie bei
Paracelsus beschrieben, dessen Werk über die Elementargeister die Quelle für Fouqués Märchennovelle *Undine* (1811)
wurde. Die Traditionen verschmelzen weitgehend, ohne daß
die Gestalt der Meerfrau, der »Wasserfei«, ihren Aspekt-
reichtum einbüßt.
Die Fraglichkeit, ob Elementargeister eine Seele hätten oder
nicht, machte sie poetisch/poetologisch anziehend: sie konnten so metonymisch für den ›Grund‹ einstehen, für ver-
drängte Sinnlichkeit und ungestillte Sehnsucht, und ein me-

lancholischer Ton liegt über allen diesen Dichtungen. Brentanos Romanze *Auf dem Rhein* (»Ein Fischer saß im Kahne«) gehört thematisch zu diesem Umkreis; darin geht die Fischergestalt ins lyrische Ich über:

Ich schwamm im Meeresschiffe
Aus fremder Welt einher,
Und dacht' an Lieb und Leben,
Und sehnte mich so sehr.

An einer zentralen Stelle in Eichendorffs Roman *Ahnung und Gegenwart* (1811/15) begegnet ein Nachhall dieser Romanze Brentanos: Als im vorletzten Kapitel der langgesuchte Bruder des Helden Friedrich sich findet, ist er der Welt abhanden gekommen, wie Brentanos Fischerknabe in seinem willenlos treibenden Kahn. Rudolfs Romanze (II,279 ff.) folgt bis zur wörtlichen Anspielung den Motiven und Bildern der Rheinromanze, und verkehrt dabei das Lorelei-Motiv:

Sie hat die Treu gebrochen,
Und alles ist vorbei.

Doch das Thema bleibt: die uneingelöste Liebe, die zum Tode führt.
Eichendorffs Romanze *Waldgespräch* begegnet im 15. Kapitel von *Ahnung und Gegenwart*, und zwar im zweiten Buch, das von der ›Verwirrung‹ des Lebens, von Fremde und Entfremdung, handelt. Die Landschaft ist sehr eichendorffisch; folgendermaßen erscheint der Rhein den Freunden Friedrich und Leontin:

Als sie aus dem Walde auf einen hervorragenden Felsen heraustraten, sahen sie auf einmal aus wunderreicher Ferne, von alten Burgen und ewigen Wäldern kommend, den Strom vergangener Zeiten und unvergänglicher Begeisterung, den königlichen Rhein. (II,179)

Die Landschaftsbeschreibung wird auf den folgenden Seiten bis hin zu einem allegorischen Tableau weitergeführt; der bedeutungsvolle Kontext leitet dazu an, auch die Lorelei-Romanze zunächst von den im Roman entfalteten Bezügen her zu betrachten. Leontin schaut vom Berg hinab auf die vom Gewitter durchzuckte Rheinlandschaft:

Warum wird unten auf den Flächen alles eins und unkenntlich wie ein Meer, und nur die Burgen stehen einzeln und unterschieden zwischen den wehenden Glockenklängen und schweifenden Blitzen? Du könntest mich wahnwitzig machen unten, erschreckliches Bild meiner Zeit, wo das zertrümmerte Alte in einsamer Höhe steht, wo nur das Einzelne gilt und sich, schroff und scharf im Sonnenlichte abgezeichnet, hervorhebt, während das Ganze in farblosen Massen gestaltlos liegt, wie ein ungeheurer, grauer Vorhang, an dem unsere Gedanken, gleich Riesenschatten aus einer andern Welt, sich abarbeiten. (II,182)

Als er kurz darauf das *Lied über ein am Rheine bekanntes Märchen* beginnt, antwortet ihm die Gräfin Romana, als Jäger verkleidet und unerkannt. Leontin hatte sie früher als »eine tollgewordene Genialität, die in die Männlichkeit hineinpfuscht«, gekennzeichnet (II,62). Von sich selber erzählt Romana, daß sie »den rechten Weg verloren« habe (II,123); sie tritt auch als »die schöne Heidin« auf, und die Romanze *Die wunderliche Prinzessin* (I,366) wird als ihre Erfindung dargestellt (II,135). Das Schloß der Gräfin »stand wie eine Zauberei hoch über einem weiten, unbeschreiblichen Chaos von Gärten, Weinbergen, Bäumen und Flüssen«, und in dessen Park »standen die seltsamsten ausländischen Bäume und Pflanzen wie halbausgesprochene, verzauberte Gedanken« (II,155). Über den unschuldigen Friedrich, der sie dort besucht, gewinnt die Zauberei dieser Umgebung Gewalt; als er sich, dank eines frommen Liedes von Leontin, das zu ihm dringt, losreißt, war seine Seele »wie von tausend Ketten frei«, und es war ihm, »als ob er aus fieberhaften Träumen oder aus einem langen, wüsten, liederlichen Lustleben zurückkehre« (II,160).

Das ist die Thematik auch der *Marmorbild*-Novelle, und es gibt Hinweise genug in der Formelsprache Eichendorffs, die es erlauben, Romana als Revenant der unerlösten Venus, als Vertreterin der »wilden Elementargeister, die aus der Tiefe nach uns langen« (II,344), als Botin des Verlangens auszulegen: Zauber/zauberisch, heidnisch/sinnlich, Verführung, Bann, Dämonie, Zerrissenheit, Trümmer/Ruine, Vereinzelung/Fremde, Sehnsucht, Verworrenheit, Wehmut, Wildnis usw. Dieser Hinweis auf die Formelwelt Eichendorffs kann der Interpretation behilflich sein: die Romanze *Waldgespräch* ist ja kein Rollengedicht, die Hexe Lorelei bezeichnet nicht etwa Romana als eine Romangestalt, eher erhält diese umgekehrt durch den vielfältigen Anschluß an Eichendorffs ›dämonische‹ Grundformeln eine Tiefendimension, die möglicherweise noch gegen Eichendorffs eigene Lesart zu verteidigen ist.

Brentanos Lore-Lay-Ballade deutet hinreißende Schönheit als Zauberei und gibt den Perspektivpunkt solcher Deutung als »geistliche Gewalt«, das bischöfliche Gericht, an. Die Lore Lay begehrt den Tod, den der Bischof ihr verwehrt; dem Kloster entgeht sie, indem sie sich vom Felsen in den Rhein stürzt. In der zweiten Fassung hat Brentano den Handlungszusammenhang trivialisiert; der geliebte, treulose Ritter ist nun der Bischof selbst; der Todessturz der Lureley (wie sie nun heißt) wird zur Anklage gegen ihn.

Eichendorffs sparsam erzählte Romanze arbeitet wieder mit formelhaften Kürzeln und versagt sich solche breite Ausmalung (Brentanos Lied hat in jeder Fassung 25 Strophen). Der dialogische Ansatz trägt zur Verknappung bei. Zum hieroglyphischen Stil Eichendorffs gehört es, daß vieles ungesagt bleibt; so nur schließt sich auch Unsagbares auf. Für das *Waldgespräch* lassen sich mehrere Lesarten vorschlagen: zunächst (im Anschluß an Bormann, *Natura loquitur*) eine kritisch-emanzipatorische, die sich dann eine Einschränkung gefallen lassen muß; diese wiederum ist in einer dritten Überlegung zu relativieren.

Sehr eichendorffisch ist die Kühnheit, die Lorelei als Reiterin in den tiefen Wald zu versetzen. Sie ist reich geschmückt, keine Umtreiberin, eher eine Standesherrin, Zurückhaltung wäre geboten. Doch sie ist Frau und damit als Freiwild zugelassen: Ohne überhaupt zu fragen, ob sie auch will, meldet der Mann sofort Besitz- und Verfügungsansprüche an: »Du schöne Braut! Ich führ' dich heim!« (4). Eine Frau als Braut heimzuführen bedeutet, sie ins Haus des Mannes zu ›verbringen‹. Von irgendeiner Werbung ist nicht die Rede. Folgerichtig reagiert die Frau mit der Summe der Geschlechtserfahrung (Trug, List und Schmerz) sowie mit Weigerung und Warnung.

Der Mann ist noch immer geblendet durch Aufzug und Schönheit; sein Erkennen ist zugleich ein Verkennen: »Du bist die Hexe Lorelei« (12). So wird sie dämonisiert, weil sie sich nicht fügt, ein übliches Schema. (Dem Mann ist ein Widerstand von einer Nicht-Hexe unvorstellbar.) Silvia Bovenschen erzählt von einer römischen Demonstration gegen den italienischen Abtreibungsparagraphen mit dem Slogan: »als Frau geboren, zur Hexe gemacht« (Bovenschen, S. 259). Die schöne Frau bekennt sich als Lorelei, nimmt die Dämonisierung als Dimension ihres Wesens an und gibt den Bann zurück. In ihrer Wiederholung wirken die Eröffnungsworte (1,15: »Es ist schon spät«) bedrohlich, bekommen einen Hintersinn (das Lebensende darf konnotiert werden; vgl. das Lied von den *Zwei Gesellen*). Die Verhexung bannt den Ritter in den Wald, seine Prädikation (Hexe) schlägt auf ihn zurück. Dazu lassen sich neuere Analysen zum Hexenbild anführen, die diese Deutung stützen, etwa Bovenschen:

Die antifeministische Geschlechtsmetaphysik hat die magisch-dämonischen Potentiale der Weiblichkeit so lange beschworen, bis diese auf sie zurückschlugen. Die Magie nähert sich der Realität über Bilder, und die »Zauberei ist wie die Wissenschaft auf Zwecke aus, aber sie verfolgt sie durch Mimesis, nicht in fortschreitender Distanz zum Objekt« (Horkheimer–Adorno). [...] Im Bild der Hexe oszillieren Vergangenes, Mythisches, aber auch ein aktuelles Los. Im überlebenden Mythos sind Natur und geronnene Geschichte aufbewahrt.   (Bovenschen, S. 265.)

Die Kritik an der ›männlichen‹ Welt, die nur den Verstand gelten läßt, ohne auf die Integrität sozialer Räume und der Individuen selbst Rücksicht zu nehmen, ist auch Sache der Romantik. Diese Kritik hat sich, vor allem bei Friedrich Schlegel und Eichendorff, manchmal bornierter vorgetragen als nötig. Die Einsicht, daß sich die Rationalität selbst verkürzt, wo sie ihre Voraussetzungen negiert und sich eigen-sinnig (Eichendorff sagt »hochmütig«) als alleinigen Maßstab setzt, gehört ebenso zur Romantik wie die Erfahrung von der Ohnmacht der Natur. Natur und Geschichte werden aufeinander bezogen; Natur, nur als Objekt genommen, verrätselt sich und rächt sich am Menschen. Der Gedanke des jungen Marx von einer »Resurrection der gefallenen Natur« ist durchaus auch romantisch.

Solche Überlegungen führen zu einer verallgemeinernden Interpretation des Gedichtes, die sich auch philologisch noch ausweisen muß. Die ›feministische‹ Deutung setzt spannend an: Sie nimmt ein Formmoment inhaltlich auf – die hieroglyphische, verknappende Formelsprache wird zum Indiz für versuchte Vergewaltigung, etwas deutlicher gesagt. Zur Einschränkung dieser direkten Deutung ist an die Formeltechnik der Volkslied-Tradition zu erinnern, etwa an die Lieder aus *Des Knaben Wunderhorn*, die Eichendorffs Freunde und Heidelberger Studienkameraden Arnim und Brentano gesammelt hatten. Da heißt es ähnlich:

Es fuhr ein Mägdlein übern See
Wollt brechen den Feil und grünen Klee.

In der zweiten Strophe kommt ein Ritter hergeritten, der sie »nach schwäbischen Sitten« (??) grüßt:

Er grüßt sie da alleine:
»Ich führ Euch mit mir heime.«

Mehr sagt er auch nicht, und das Mädchen ist doch schon entbrannt, ohne daß man ihr Leichtsinn vorhalten kann (*Des Knaben Wunderhorn*, S. 28 f.). Im Volkslied geht es stets sehr unvermittelt zu: »Mit Lust tät ich ausreiten / Durch einen grünen Wald« (*Des Knaben Wunderhorn*, S. 223), und es sind gleich »drei Fräulein fein«, die sich da dem Jäger unterm roten Monde finden. »Es ritt ein Jäger wohlgemut / Wohl in der Morgenstunde« (*Des Knaben Wunderhorn*, S. 209) erzählt von ähnlichem Jagdglück. So ist die erste Strophe des Eichendorff-Lieds auch in dieser Tradition aufzufassen und spricht also das standesvergessene Sichfinden (Einandersuchen) in der Liebe an: Der Wald meint in den Volksliedern einen allgemein-menschlichen, fast einen gegengesellschaftlichen Ort.

Auch Eichendorff nimmt ihn so auf. Daß er die Lorelei-Begegnung vom Rheinfelsen, ja vom Strom ablöst und in den tiefen Wald versetzt, deutet auf dessen Bedeutsamkeit für ihn. Der Kontext des Lieds im Roman hält die Rhein-Beziehung deutlicher fest. Doch sei die Möglichkeit, das dialogisch gebaute Lied durch die Entwicklung der Bedeutung zu erläutern, die den Sängern (Leontin und Romana) im Roman zukommt, jetzt nicht weiter verfolgt. Vielmehr sei zunächst die Bedeutung einiger Bildformeln mit Verweisen auf Eichendorffs Werk und Denken umschrieben. Wie weit wir uns schließlich an dessen Horizont halten müssen, steht dahin; aber ihn keck zu überspringen führt auch nicht sehr weit.

Wald. Der Wald wird, auch im Blick auf die Volkslied-Tradition, als Ort der freien, gesellschaftsvergessenen Liebe genommen, doch geschieht das nur als Zitat und Andeutung. Leontin spricht im letzten Kapitel von *Ahnung und Gegenwart* sein Bekenntnis zum Wald aus, das viele Parallelen in Eichendorffs Werk hat; es erlaubt uns, den Wald und die Lorelei als nicht-anstößige Verbindung zu denken:

Ich meine jene uralte, lebendige Freiheit, die uns in großen Wäldern wie mit wehmütigen Erinnerungen anweht [...], jene frische, ewig junge Waldesbraut, nach welcher der Jäger frühmorgens aus den Dörfern und Städten hinauszieht, und sie mit seinem Horne lockt und ruft, jener reine, kühle Lebensatem, den die Gebirgsvölker auf ihren Alpen einsaugen, daß sie nicht anders leben können, als wie es der Ehre geziemt. – (II,292)

Das Volkslied-Motiv vom freien Wald hatte noch einen sozialen Hintergrund: Das Holzrecht der Bauern (und lange auch das Wildrecht) ließen den Wald nicht als Privatbesitz der Aristokratie, sondern als Hort urtümlicher Freiheit erscheinen. Erst spät im 19. Jahrhundert wird er als Kapital begriffen und versteht sich die Rechtsprechung dazu, diesen privatisierenden Ansprüchen zu folgen (vgl. Drostes *Judenbuche*). Eichendorff nimmt das Motiv von der Waldesfreiheit stets sehr grundsätzlich auf. Er nimmt es so ernst, daß er selbst in für ihn kaum lösbare ideologische Schwierigkeiten kommt: was er lieber erträgt, als diese ursprüngliche Sehnsucht preiszugeben.

In seiner *Geschichte der poetischen Literatur Deutschlands* geht er vom alten nationalen Heidentum aus:

Es ist zunächst der erfrischende Hauch eines unverwüstlichen Freiheitsgefühles, der uns aus jener schönen Waldeinsamkeit entgegenweht. (IV,29)

Die romantische Gleichsetzung von Held und Dichter bei den Germanen hat eine programmatische Bedeutung:

Sie taten, wie sie sangen, und sangen, was sie taten, allen gleich verständlich, weil in allen wesentlichen Lebensansichten noch ein gemeinsamer Geist die ganze Nation verband, die nicht in Herren und Sklaven [...] zerfallen war. (IV,33)

Die Waldesfreiheit als gesellschaftlich-historisch verschollene hat noch mythische Gegenwart (einen kollektiven Untergrund) und einen undeutlichen Anspruch. Wo der erkannt *und* verkannt wird, wie hier, wird der Wald zum Labyrinth, »von dem kein Ende abzusehen« ist (II,633), zur »grünen Nacht«, in die »Wild und Jäger todestrunken« versinken (I,194).

Braut. Nimmt man das Waldmotiv so grundsätzlich, verwandelt sich auch der Blick auf die anderen von Eichendorff eingesetzten und sein gesamtes Werk mitbestimmenden Bildformeln. Leontin spricht in seinem Bekenntnis zur Waldesfreiheit diese als die »ewig junge Waldesbraut« an, als den reinen, kühlen Lebensatem. In den Versepen und in zahllosen Gedichten wird die ›schöne Braut‹ als das freie Leben, die sich selbst bestimmende Natur dargestellt. Doch stets nun in Kampf und Abwehr: die Krämer führen die »arme Schönheit« als niedere Magd zu Markte (*Der Wegelagerer*, I,106); das Gewürm der Philister (»wo das Leben schimmelt«) hält »in Schlingen die wunderschöne Braut« (*Kriegslied*, I,101). Das Motiv der ›armen Schönheit‹ muß zusammengedacht werden mit dem romantischen Antikapitalismus Eichendorffs, der die Moderne, als unter dem Primat des Verwertungsdenkens stehend, negativ beurteilt, was gewiß einseitig, aber doch auch nicht falsch ist – heute ist der Abbau nicht regenerierbarer Bestände wohl an sein Ende gekommen und gewinnt die romantische Warnung wieder Gehör. – Die ›Braut‹ meint die ›Waldesbraut‹ oder ›Braut der Erde‹, d. h. letztlich die Göttin Natur – eine fast heidnische Vorstellung, wie überhaupt Eichendorffs Dichten dem Mythos so nahe steht wie sein Denken dem Christentum.

Trug und List. Die Abwehr der Lorelei ist sehr grundsätzlich und entschieden, wenn wir die Formeltechnik einmal wieder inhaltlich nehmen wollen. Sie läßt keine Ausnahme zu: Ihre Erfahrungen wären auch durch eine Ausnahme nicht mehr zu revozieren. Die Gestalt der schönen, unglücklichen Heidin, der unerlösten Natur begegnet bei Eichendorff sehr oft als betrogene Frau. Die Diana in *Die Entführung* oder Juanna in *Dichter und ihre Gesellen* halten unbedingt an ihrer Freiheit fest: »Laßt das Werben um mich«, sagt Juanna zum (vermeinten) Freier, »mir ist wohl in meiner Freiheit« (II,606). Durch List kommt sie in die Gewalt Lothario-Victors und stürzt sich in den Fluß:

Er sah sie mit dem weitaufgelösten Haare gleich einer Nixe in klarem Mondlichte über die Flut dahinschweben, sinken und wieder emportauchen. (II,609)

Die Lore Lay Brentanos hatte sich in den Fluß gestürzt, um ihre Freiheit zu bewahren: Sie hatte um den Tod gebeten, weil für die sinnliche Schönheit / schöne Sinnlichkeit kein Ort in der christlich-modernen Welt angewiesen war; das Kloster (das Eichendorff auch seiner Diana zuweist) ist keine Lösung. Eichendorff nimmt Brentanos mythische Gestalt, die Lorelei, ähnlich grundsätzlich: Mit Trug und List ist der Sinnenwelt, der Liebe, der Natur nicht beizukommen. Doch verrätselt sich die Natur (auch den Menschen) unter dem Zugriff geschichtlicher Entwicklungen. Unter den Bildformeln einer dämonischen Natur denkt Eichendorff den Bezug von Geschichte und Natur durch, als Verstörung unserer Lebensbedingungen.

Her und hin. Diese Verstörung denkt er als Verworrenheit: Verworren sind die Stimmen der Natur, die Lebensverhältnisse etwa in der Residenz, die politischen Entwicklungen nach 1815, die Möglichkeiten der Dichtung. Was philosophisch-sozialgeschichtlich als ›Entfremdung‹ beschrieben wird, faßt Eichendorff als ›Fremde‹. Eine der Grundformeln, welche die Verstörung der Naturordnung anzeigen sollen, ist die Verkehrung von ›hin und her‹ zu »her und hin« (7). Sie ist so signifikant eingesetzt, daß sich der Gedanke an Reimnot verbietet. Eines der bedeutendsten Gedichte Eichendorffs heißt *In der Fremde* (I,34); das verlorene Ich hört die Bächlein »her und hin« rauschen, mit dem Ergebnis: »Ich weiß nicht, wo ich bin«. Im Gedicht *Zweifel* (I,97) »tost die Menge her und hin«. Wenn hier das Waldhorn ruft, so nicht im Sinne eines ›Aufgebots‹ (vgl. I,77): Dort ruft der »Wunderlaut«, das Waldhorn, »zur fernen Braut«, d. h. zum Frühling, und der zögernde Pilger bekommt unrecht. Hier gibt der Klang keine Richtung mehr an, auch wenn seine Bedeutung (7: »Wohl«) erhalten bleibt: Die Frühlingswelle, von der das *Aufgebot* spricht, muß man mit dem Schluß von *Die zwei Gesellen* (I,63) zusammennehmen: sie führt in die ›Gründe‹.

Die Hexe Lorelei. Dämonisierung wird bei Eichendorff als unwillig erlittenes Schicksal gedacht. Wird etwa die Natur

nur als Objekt genommen und als Subjekt geleugnet oder
mißachtet, so wird sie dämonisch: Aus dem neueren
(Eichendorff sagt: rationalistisch-aufklärerischen) Weltbild
ausgesperrt, wird sie diesem unbegreiflich und kehrt sich
(wie ganz früher) als mythische Gewalt hervor. So ergeht es
der (›heidnischen‹) Sinnlichkeit oder auch noch der ›ursprünglichen Volkskraft‹: ausgesperrt und verdrängt kehren
sie (nach Eichendorff) als dämonisch-zerstörerische Gewal-
ten (= revolutionär) wieder.
Nun beurteilt Eichendorff die Zeit resignativ: Die Poesie
selber, als »das ursprüngliche, freie, tüchtige Leben, das uns
ergreift, ehe wir darüber sprechen« (II,134), kommt nicht
mehr zum Vorschein vor lauter Anstalten dazu. Das freie
Leben ist fern wie die Waldesbraut, doch diese Lockung
gestaltet Eichendorff sehr häufig nur noch als Verlockung,
als Zauber, der in eine Fremde führt, aus der sich der
Bezauberte nicht zu retten weiß. Hölderlin spricht (in *Mnemosyne* III) diesen Zusammenhang an: die *gefangenen* Elemente und alten Gesetze der Erde gehen »unrecht, wie
Rosse«: »Und immer ins Ungebundene gehet eine Sehnsucht«. Dämonisch wird für die romantische Naturlehre
jede nicht anerkannte/verstoßene Subjektivität, die sich
selbst nicht über die Kraft des Bewußtseins zu befreien
vermag.
Das führt auf die Geisterlehre des Volksglaubens zurück,
der von der Romantik viel weniger naiv aufgenommen
worden ist, als ihre Verächter es wissen wollen. Das Zeit-
bild, das die Romanze einleitet, gibt einen Hinweis auf
die (neue) Bedeutung ungleichzeitiger Denkformen. Das
Ganze, heißt es da, ist noch gestaltlos, »in farblosen Massen«: »wie ein ungeheurer, grauer Vorhang, an dem unsere
Gedanken, gleich Riesenschatten aus einer andern Welt, sich
abarbeiten«.
Zu diesen Riesenschatten ist der romantische Lorelei-
Mythos zu zählen; und über die Hinweise auf einige Formeln und die Relativierung des direkten Zugriffs können wir

doch in die gegenwärtige Diskussion einlenken. Bovenschen zitiert (Ernst Bloch und) Herbert Marcuse:

Die Phantasie hat insofern erkennende Funktion [...], insofern sie die Ansprüche des Menschen und der Natur auf vollständige Erfüllung gegen alle unterdrückende Vernunft bewahrt und schützt. Im Reich der Phantasie wurden die unvernünftigen Urbilder der Freiheit vernunftvoll. (Triebstruktur und Gesellschaft)

(Bovenschen, S. 265.)

Die Romanze. Eichendorff greift auf Denkformen des mythischen Bewußtseins zurück, in denen ein unaufgearbeiteter nicht-mythischer Überschuß (Bloch) gegeben ist. Die Form des Liedes hält das fest: Es ist eine Romanze, das meint: eine romantische Ballade, die von phantastischen Begebenheiten, vom Einwirken der Geisterwelt ins gewöhnliche Leben berichtet. Die Romanze ist zumeist locker gefügt, fast improvisatorisch; ein gutes Beispiel dafür ist Romanas Romanze *Die wunderliche Prinzessin* (II,135), die als Seitenstück zur Lorelei-Ballade gelesen werden kann. Romana erzählt von einer schönen Zauberin im Walde, deren »fremde Töne« verlocken:

Wem sie recht das Herz getroffen,
Der muß nach dem Walde gehen,
Ewig diesen Klängen folgend.

Die schöne, fremde, verborgene Prinzessin heißt schließlich »die ewige Braut der Erde«, die unerlöst bleibt, weil der Moderne die Kraft dazu fehlt. Das mag unsere Deutung vom *Waldgespräch* bestätigen. Dessen Form weicht von der Romanze ein wenig durch die strenge, bewußte Fügung ab, wozu auch das dialogische Moment zählt. Das nehmen wir einmal inhaltlich auf, als Hinweis aufs Erkennen/Verkennen, woraus sich die Schärfe, die Pointe des Schlusses, der Bannfluch, erklärt. Zum andern als ›abgebrochenes Sprechen‹, das ›Grüßen‹ oder den ›Geisterblick‹ in Eichendorffs Formelsprache, das für unvermutete und unableitbare (nicht-kategoriale) Erkenntnis einsteht.

Brentanos Lore Lay hatte nicht verstehen können, daß jemand ernsthaft glaubte, durch die Vertauschung von Schwert und Kreuz »dem Zauber zu entgehn«. Eichendorff teilt dieses sympathische Unverständnis, ohne einen Rat zu wissen. Seine Lorelei-Gestalten bleiben Schatten aus einer anderen Welt und werden auf der Handlungsebene stets in diese zurückgeschickt (über den Tod in den Elementen). Die Begleiterin der Romana, Leontins Schwester Rosa, will den Eindruck der Romanze ausgleichen; ihr Lied (II,186) ist noch strenger gefügt, ein Sonett. Die gebundene Form und die inhaltliche Beruhigung verraten in der letzten Terzine ihren Preis:

Wir wollen stille sitzen und nicht weinen,
Wir wollen in den Rhein hinuntersehen,
Und, wird es finster auf der Welt, nicht scheiden.

Zitierte Literatur: Alexander von BORMANN: Natura loquitur. Naturpoesie und emblematische Formel bei Joseph von Eichendorff. Tübingen 1968. – Silvia BOVENSCHEN: Die aktuelle Hexe, die historische Hexe und der Hexenmythos. Die Hexe: Subjekt der Naturaneignung und Objekt der Naturbeherrschung. In: Gabriele Becker [u. a.]: Aus der Zeit der Verzweiflung. Zur Genese und Aktualität des Hexenbildes. Frankfurt a. M. 1977. S. 259–312. – Joseph Freiherr von EICHENDORFF: Neue Gesamtausgabe der Werke und Schriften. [Siehe Textquelle. Zit. mit Band- und Seitenzahl.] – Des Knaben Wunderhorn. Alte deutsche Lieder, gesammelt von L. Achim von Arnim und Clemens Brentano. (1806/08.) München 1957.
Weitere Literatur: Romanticism and Consciousness. Essays in Criticism. Ed. by Harold Bloom. New York 1970. – Romantik in Deutschland. Ein interdisziplinäres Symposion. Hrsg. von Richard Brinkmann. Stuttgart 1978.

Ludwig Uhland

Des Sängers Fluch

Es stand in alten Zeiten ein Schloß, so hoch und hehr,
Weit glänzt' es über die Lande bis an das blaue Meer,
Und rings von duft'gen Gärten ein blütenreicher Kranz,
Drin sprangen frische Brunnen in Regenbogenglanz.

5 Dort saß ein stolzer König, an Land und Siegen reich,
Er saß auf seinem Throne so finster und so bleich;
Denn was er sinnt, ist Schrecken, und was er blickt, ist Wut,
Und was er spricht, ist Geißel, und was er schreibt, ist Blut.

Einst zog nach diesem Schlosse ein edles Sängerpaar,
10 Der ein' in goldnen Locken, der andre grau von Haar;
Der Alte mit der Harfe, der saß auf schmuckem Roß,
Es schritt ihm frisch zur Seite der blühende Genoß.

Der Alte sprach zum Jungen: »Nun sei bereit, mein Sohn!
Denk unsrer tiefsten Lieder, stimm an den vollsten Ton!
15 Nimm alle Kraft zusammen, die Lust und auch den Schmerz!
Es gilt uns heut, zu rühren des Königs steinern Herz.«

Schon stehn die beiden Sänger im hohen Säulensaal,
Und auf dem Throne sitzen der König und sein Gemahl;
Der König furchtbar prächtig, wie blut'ger Nordlichtschein,
20 Die Königin süß und milde, als blickte Vollmond drein.

Da schlug der Greis die Saiten, er schlug sie wundervoll,
Daß reicher, immer reicher der Klang zum Ohre schwoll,
Dann strömte himmlisch helle des Jünglings Stimme vor,
Des Alten Sang dazwischen, wie dumpfer Geisterchor.

25 Sie singen von Lenz und Liebe, von sel'ger goldner Zeit,
Von Freiheit, Männerwürde, von Treu und Heiligkeit;

Sie singen von allem Süßen, was Menschenbrust durchbebt,
Sie singen von allem Hohen, was Menschenherz erhebt.

Die Höflingsschar im Kreise verlernet jeden Spott,
30 Des Königs trotz'ge Krieger, sie beugen sich vor Gott,
Die Königin, zerflossen in Wehmut und in Lust,
Sie wirft den Sängern nieder die Rose von ihrer Brust.

»Ihr habt mein Volk verführet, verlockt ihr nun mein Weib?«
Der König schreit es wütend, er bebt am ganzen Leib,
35 Er wirft sein Schwert, das blitzend des Jünglings Brust
                                        durchdringt,
Draus, statt der goldnen Lieder, ein Blutstrahl hochauf
                                        springt.

Und wie vom Sturm zerstoben ist all der Hörer Schwarm,
Der Jüngling hat verröchelt in seines Meisters Arm,
Der schlägt um ihn den Mantel und setzt ihn auf das Roß,
40 Er bind't ihn aufrecht feste, verläßt mit ihm das Schloß.

Doch vor dem hohen Tore, da hält der Sängergreis,
Da faßt er seine Harfe, sie aller Harfen Preis,
An einer Marmorsäule, da hat er sie zerschellt,
Dann ruft er, daß es schaurig durch Schloß und Gärten gellt:

45 »Weh euch, ihr stolzen Hallen! nie töne süßer Klang
Durch eure Räume wieder, nie Saite noch Gesang,
Nein! Seufzer nur und Stöhnen und scheuer Sklavenschritt,
Bis euch zu Schutt und Moder der Rachegeist zertritt!

Weh euch, ihr duft'gen Gärten im holden Maienlicht!
50 Euch zeig ich dieses Toten entstelltes Angesicht,
Daß ihr darob verdorret, daß jeder Quell versiegt,
Daß ihr in künft'gen Tagen versteint, verödet liegt.

Weh dir, verruchter Mörder! du Fluch des Sängertums!
Umsonst sei all dein Ringen nach Kränzen blut'gen Ruhms,

55 Dein Name sei vergessen, in ew'ge Nacht getaucht,
Sei, wie ein letztes Röcheln, in leere Luft verhaucht!«

Der Alte hat's gerufen, der Himmel hat's gehört,
Die Mauern liegen nieder, die Hallen sind zerstört,
Noch *eine* hohe Säule zeugt von verschwundner Pracht,
60 Auch diese, schon geborsten, kann stürzen über Nacht.

Und rings, statt duft'ger Gärten, ein ödes Heideland,
Kein Baum verstreuet Schatten, kein Quell durchdringt den
Sand,
Des Königs Namen meldet kein Lied, kein Heldenbuch;
Versunken und vergessen! das ist des Sängers Fluch.

Abdruck nach: Ludwig Uhland: Gedichte. Ausw. und Nachw. von Peter von
Matt. Stuttgart: Reclam, 1974 [u. ö.]. (Reclams Universal-Bibliothek. 3021.)
S. 21–23.
Erstdruck: Ludwig Uhland: Gedichte. Stuttgart/Tübingen: Cotta, 1815.

Fritz Martini

Ohnmacht und Macht des Gesanges.
Zu Ludwig Uhlands Ballade *Des Sängers Fluch*

Ludwig Uhlands *Des Sängers Fluch* war bis ins 20. Jahrhundert hinein ein Paradestück der Deklamationsvirtuo-
sen. Unzählige Schüler haben an der Ballade ihr Gedächtnis-
und Vortragsvermögen erprobt. Sie war eiserner Bestandteil des Bildungs- und Schulkanons; sie gehörte bis jüngst
zu jeder Balladenanthologie. (Zur Wirkungsgeschichte vgl.
Sengle und, mit reichem statistischen Material, Laufhütte,
S. 192 ff.) Sie galt, unterstützt durch viele Vertonungen, als
»volkstümlichste und ergreifendste« der Uhlandschen Balla-

den (Proelß, S. 46); zwar kritisierte man hier und da ihre allegorische Machart und ihre versöhnungslose Radikalität, doch entschuldigte man beides mit ihrer politischen Zielrichtung. Heute ist die Ballade in eine historisch gewordene Literaturzone abgesunken, in der man nicht mehr die großen Lyrikschöpfungen sucht. Ihr feierlicher Ernst ist ins Schauerlich-Komische umgeschlagen und provoziert die Parodisten (z. B. Tuinstra und Weigel). Was die Deklamatoren anzog, stößt jetzt eher ab: das rhetorische Pathos, die psychologielose Simplizität der Figuren, das Formelhafte der Typisierungen, die Virtuosität des Vorgangs- und Stimmungsarrangements, die Theatralik der Kulissen und szenischen Gruppierungen. Vorstellungen wie ›Sänger‹ und ›Gesang‹ haben nur noch historische Valenz. Eine Interpretation hat, so scheint es, nichts Verborgenes aufzudecken. Alles ist zur allzu deutlichen, pathetischen Sprache geworden und metrisch wie rhythmisch zu suggestiven Effekten zugespitzt, die sich wirkungspointiert aufdrängen. Eine immanente Interpretation kann, wie es scheint, nichts Neues mehr zur Einsicht befördern; ergiebiger ist deshalb vielleicht der Versuch, mittels einer historischen Standortbestimmung der Rezeption von *Des Sängers Fluch* und dem Uhland-Bild Ergänzungen zuzufügen.

Die Ballade nimmt eine Sonderstellung in seiner Lyrik ein. Sie hat mit der Ästhetik der ›romantischen‹ Lyrik, der man Uhlands Lieder und Romanzen bzw. Balladen zurechnet, kaum etwas zu tun. Auch nicht mit romantisch-nationaler Volkstümlichkeit. Als romantisch im äußerlichsten Sinne kann nur gelten, womit der Autor den hochdramatischen Vorgang aufhöhte: das bis zum blauen Meer glänzende hehre Schloß, umlagert vom Prunk der Gärten, der finsterbleiche Herrscher auf dem Thron, vor ihm das edle Sängerpaar, neben ihm die vollmondhaft milde Königin, die aus Trotz zu frommer Rührung erweichten Gefolgsleute – dann der brutale Mord an dem jungen, goldlockigen Sänger, der dreifache Fluch des Alten, die romantischer Ruinenpoesie angemessene Düsternis der Untergangsbilder, schließlich die schon geborstene Säule als vergängliches Mahnmal vergangener Herrlichkeit. Aber was hier aus Sagen- und Märchenreich, aus romantisch-archaischer Helden- und Märtyrergeschichte heraufgeholt wird, dient nur der Illustrierung extremer Kontraste. Es ist imprägniert von einer Verdeutlichungsfunktion, es soll einem aufs Überpersönliche angelegten Vorgang durch Inszenierung und Personifikationen einen Schein von Leben geben. Der Despot und sein Weib, die beiden Sänger, die Höflinge und Krieger sind allegorische Figuren, und *Des Sängers Fluch* ist das allegorische Gedicht vom Untergang der Dichtung im Spannungsfeld von Macht und Gesang, des Unmenschlichen und des Ideal-Menschlichen. (Zum Typus allegorisierender Balladen bei Ludwig Uhland vgl. Hinck, S. 39.) Uhland hat, wie nur noch in den Eberhard-Balladen, die Nibelungenstrophe aufgegriffen. Sie führt einen epischen Duktus ein und macht die Ballade zu einem äußerst reduzierten, konzentrierten Kleinstepos. Er hat sie, absichtlich oder aus mangelnder Kenntnis, leicht verändert (vgl. dazu Schneider, S. 112 ff., und Weber, S. 250 ff.); er vermied in ihr wie im Vokabular ein spezifisch historisches Kolorit, eine historisierende Tonlage. Er gibt ihr den gleichmäßig hohen Ton, ein gedrängtes, vorwärtsstürmendes Pathos.

Es wurde schon oft hervorgehoben, wie virtuos Uhland die Stiltechnik der Nibelungenstrophe sich aneignete: syntaktisch-rhetorisch wie im Bezugsgeflecht zwischen den Strophen und Verszeilen. Dazu gehören die anaphorischen Bindungen, Parallelismen, die Steigerungen durch variierende Wiederholungen, die scharf akzentuierten Antithesen und die Knappheit im gleichwohl weiträumigen Schwung der Verse. Alliterationen und Assonanzen fügen ein musikalisches Element hinzu. Knappheit – eine Bevorzugung der lakonischen Form- und Wortspezies – charakterisiert die Strophenkompositionen, die jeweils eine Vorgangs- und Sinneinheit umfassen. Dies wiederholt sich im Bau der Verszeilen, im Stil der lapidaren Hauptsätze. Er wird durch die Ausschließlichkeit männlicher Reime unterstützt. Als

Paarreime fassen sie je zwei Verszeilen fest zusammen. Der Satzbau orientiert sich an den zu betonter Position gerückten Substantiven; das poetisch Stimmende und Schmückende ist zumeist den Adjektiven überlassen. Die jeweilige Vorgangs- oder Bildeinheit ist zugleich syntaktisch-stilistisch wie metrisch-rhythmisch geschlossen. Zu dieser Deckung von Bedeutung und Ausdruck verhilft die Typisierung der Vorgänge, Figuren und Stimmungen. Dieser Stil ist darauf gerichtet, dem Generellen und Objektiven in »plastischer Bildlichkeit«, wie Uhland sie wollte, die Überhand über das realistische Individuelle und Atmosphärische zu lassen. (Vgl. hierzu die ausführliche Formanalyse von Burger sowie Froeschle, S. 75, 128.)

Der Gehalt von *Des Sängers Fluch* ist Allegorie und Reflexion der Situation der Kunst nach der ›Klassik‹. Der Dignität dieses Gegenstandes ist angemessen, daß die Ballade eher an die Ästhetik des Klassizismus als an die der Romantik anknüpft. Klassizistisch wirken die Erzählung einer vollständigen, geschlossenen Begebenheit, die Zuordnung der Teile zu einem Zentralereignis genau in der Mitte des Gedichts, die knappen Umrisse, die strenge Komposition und Sprachformung, schließlich die allegorische Vergegenwärtigung einer Kausalverkettung, in der das eine notwendig das andere hervorruft und begründet. Man hat schon recht früh die Nähe von *Des Sängers Fluch* zu Schillers Balladendichtung begriffen und ihn von romantischer Lyrik abgerückt (so Liebert, S. 39 f., und Dederich).

Uhland knüpfte anfänglich an eine schottische Ballade von Eifersucht und Mord an (abgedruckt bei Herder, Nr. 27). Er glaubte irrig, sie zu einem Drama ausformen zu können. (Vgl. den Tagebucheintrag vom 3. Januar 1810 und den Brief an Justinus Kerner vom 21. Januar 1810, ebenso den Tagebucheintrag vom 21. Januar 1810. Zur definitiven Entstehungsdatierung vgl. das Tagebuch unter dem 3. Dezember 1814: »Angefangene Ausarbeitung der schon früher entworfenen Ballade *Des Sängers Fluch*« sowie den Eintrag vom 11. Dezember 1814, ferner Brömse, S. 727 ff.) Die definitive

Balladenfassung führte weit von dem finster-gewalttätigen Initialstoff fort: von der ›nordischen Ballade‹ zur Ballade vom Martyrium des Gesanges, der Kunst. (Zur Unterscheidung zwischen ›nordischer‹ und Märtyrerballade vgl. Hinck, S. 16 ff.) Der junge Sänger wird um des Guten, Schönen und Reinen willen geopfert, der Fluch des Alten wird mit übermenschlicher Macht zum höchsten strafend-gerechten Richtspruch über den unmenschlichen Machthaber. Uhland rückt den Vorgang nicht nur in eine unbestimmte Frühzeit, er vermeidet auch jegliche subjektive Einmischung. Der Autor ist nur indirekt präsent: in Komposition und Selektion, in dem Arrangement der szenischen Situationen und in der Dramatik, die er mit heftigen Kontrasten zu mächtiger Schlußsteigerung führt. Er entfernt ins Zeitlose, er entpersönlicht den poetischen Ausdruck. Es geht ihm nicht um eine historische Anekdote, sondern um objektiv Überpersönliches.

Daß es sich um Allegorisches handelt, wurde in der Rezeptionsgeschichte der Ballade nicht übersehen, aber man war zu eifrig bemüht, das Generelle auf konkret und aktuell Historisches und auf eine chiffrierte persönliche Stellungnahme ihres Autors zu beziehen. (Vgl. hierzu Notter, S. 161 f., Gihr, S. 159 f., sowie zur politischen Stellungnahme Uhlands Thomke, S. 73, Froeschle, S. 75, 128.) Die Figur des finster-bleich zum Mordschwert greifenden Despoten, »an Land und Siegen reich« (5), wurde mit der nationalen Schreckfigur Napoleon I. gleichgesetzt, der junge Sänger mit der vernichteten deutschen Freiheit, der alte Sänger mit dem Rache schwörenden deutschen Volk. Uhland, so meinte man, habe derart nachgeholt, was er bisher in seiner Lyrik als Untertan eines Rheinbund-Partners Napoleons nicht sagen konnte. Uhland hat dieser Deutung nicht widersprochen, er hat sie auch nicht bestätigt. Gerade weil *Des Sängers Fluch* populär wurde, suchte man in der Ballade das Wort des nationalen Freiheitsdichters. Noch enger wurde der Anlaß der Ballade, nicht ohne Mithilfe eigener Phantasie, zusammengezogen, wenn man ihn auf Uhlands Eindrücke anläßlich eines Ausfluges nach Schloß und Park Hohenheim zurückführte (Proelß, S. 46 ff.). Er habe sich dabei an das Verhältnis zwischen Schiller und Herzog Karl Eugen erinnert; Schiller sollte in dem goldlockigen Sänger gemeint sein, der Landesfürst »furchtbar prächtig« (19) in seinem Mörder. Dies ließ die Ballade in die Tradition des vaterländischen Demokratismus einmünden, die sich in den beiden ›Dichter-Freiheitsaposteln‹ manifestierte. Eine andere ›Erlebnis‹-Grundlage wurde endlich in Uhlands eigener Biographie gesucht (Brömse, S. 733 f.). Indem die Vorzeit anstelle der Gegenwart setzte, so wurde argumentiert, habe Uhland vor der Zensur verborgen, daß es ihm in der Ballade um ein Gericht über das absolutistische Willkürregime des Königs Friedrich I. von Württemberg ging. Man baute mittels Zirkelschluß das Gedicht in ein präformiertes Bild des demokratisch-nationalen Dichters ein und suchte zugleich dieses Bild aus ihm heraus zu legitimieren. Man verkürzte derart die allegorische Bedeutungsdimension. Man verkürzte sie auch dann noch, wenn man die Ballade als Ausdruck der Euphorien und Illusionen der Freiheitswünsche zwischen dem Ende der Freiheitskriege und dem Wiener Kongreß verstand (v. Matt, S. 72).

Indem Uhland das Sängerpaar in den Mittelpunkt stellte, vergegenwärtigte er die doppelte Macht des Gesangs: Er kann, das Schöne mit dem Sittlich-Menschlichen vereinigend, alle Werte des Hohen und Idealen beschwören – und er kann, magisch-dämonisch, Gericht, Vernichtung und Tod bedeuten. Er kann Segen und er kann ein Erlöschen allen Lebens bringen. *Des Sängers Fluch* ist eine Allegorie der Macht und der Ohnmacht des Gesanges, der Kunst.

Die Umrisse der fahrenden Sänger entnahm Uhland mittelalterlicher Literatur. Auf sie weist der Sang »von Lenz und Liebe« (25), »von allem Süßen, was Menschenbrust durchbebt« (27), von »Wehmut« und »Lust« (31), von denen die Königin erotisch ergriffen wird, unbefriedigt in ihren Gefühlen, auf die ihr Gatte keine Antwort gibt. Aber »Sänger« und »Gesang« sind bei Uhland nicht romantische Erinnerungen mit historischer Prägung. Daß die Sängerfigur auffällig oft mit konstantem Rollenverhalten in seiner Lyrik erscheint, deutet auf sein eigenes, in ihr sich objektivierendes und erhöhendes Dichtungsverständnis. Sie sind mit Bedeutungsbezügen aufgeladen, die auf die Entwicklungen von Dichter- und Dichtungsverständnis seit dem späteren 18. Jahrhundert zurückweisen und erkennen lassen, wie Uhland, in anderer historischer Erfahrungslage, ihnen eine andere Wendung mitteilt. Es handelt sich in *Des Sängers Fluch* um eine Dichtung über die Dichtung. Im balladesken Stoff vergegenwärtigt sich eine Reflexion über die Existenz und Bedeutung der Poesie, bezogen auf die eigene dichterische Intentionalität wie, im generellen Sinne, auf ihre gesellschaftliche Leistung und Funktion. Uhland greift die idealistischen Inhalte auf, die sich mit den Vorstellungen von ›Sänger‹ und ›Gesang‹ verbunden hatten. Beide werden Botschaften aus einer höchsten Welt der positiven Werte, in denen sich das Schöne mit dem Sittlichen vereinigt, noch religiös eingefärbt, aber doch ganz auf das Irdische gerichtet. Die beiden Sänger, namenlos, von allem Individuellen freigehalten, sind, von irgendwoher auftauchend, aus allen Bezügen zur Realität freigehalten. Sie werden gleichsam ›absolut‹ gesetzt. Aber sie wollen etwas – »Nimm alle Kraft zusammen, die Lust und auch den Schmerz! / Es gilt uns heut, zu rühren des Königs steinern Herz« (15 f.) – sie wollen, was ihre Sendung ist, diesen totenähnlichen König, seinen Hof, sein Reich zu einer vollen und freien Menschlichkeit umbilden. Was als Pathos und Weihe des Dichterberufs im Verlauf des 19. Jahrhunderts wieder und wieder realitätsleer, verformelt und trivialisiert wiederholt wurde (Schlaffer, S. 297 ff.), Uhland setzt es der Konfrontation mit der völlig andersgearteten Wirklichkeit aus; er demaskiert es als Illusion.

Er nimmt ein typisiertes Situationsschema auf, das man etwa als ›Der Dichter vor dem Königsthron‹ bezeichnen könnte. Es hat eine lange Vor- und Nachgeschichte, die hier nicht auseinandergelegt werden kann. Ersichtlich ist: Uhland hat seine Ballade als Antwort, als Gegenstimme zu Goethes *Der Sänger* und Schillers *Der Graf von Habsburg* konzipiert; er verdankt ihrer Anregung mehr als der immer wieder berufenen schottischen Ballade. Die Situation bei Goethe kehrt in Uhlands Gedicht wieder: Der Sänger kehrt am Königshof ein, allerdings als willkommener Gast. Goethe gönnt dem Inhalt seines Gesanges kaum ein Wort: »Und schlug in vollen Tönen« (Uhland: »stimm an den vollsten Ton« [14]). Goethe legt das Gewicht auf die Wirkung, die Sänger und Herrscher, Gesang und Thron zu schöner Harmonie vereint. Der Sänger weist einen Lohn ab; Gold gebührt jenen, die dienen – er reserviert sich im Verzicht darauf seine Ungebundenheit, darin die Reinheit seines aus sich selbst quellenden Gesanges. Die Kunst bewahrt ihre Autonomie – auch am Hof des Königs. Ihre Freiheit findet nur dort die Grenzen, wo sie auch dem Herrscher gezogen sind: im beide umfassenden Religiösen. Instruktiv ist der Kontext des *Sänger* in *Wilhelm Meisters Lehrjahren*, von dem das Lied nicht abgelöst werden darf. Drei Stufen führen zu seinem Gipfel. Die beiden ersten Lieder des Harfners bleiben unzitiert, werden nur paraphrasiert. Das erste »enthielt ein Lob auf den Gesang, pries das Glück der Sänger, und ermahnte die Menschen, sie zu ehren«. Das zweite enthielt »das Lob des geselligen Lebens«. Der Harfner »pries Einigkeit und Gefälligkeit mit einschmeichelnden Tönen«, die wechselten, als er auf »gehässige Verschlossenheit, kurzsinnige Feindschaft und gefährlichen Zwiespalt« zu sprechen kam – es sind Laster, die Uhland seinem Despoten beilegt. Das dritte Lied, *Der Sänger*, leitet zum Triumph des Friedens und »Glück der Seelen«. In der schönen Harmonie und Humanität von Dichter und Herrscher entwirft Goethe eine dichtungs- wie sozialgeschichtlich für die Weimarer Klassik signifikante Utopie. Er verlegte sie in eine legendäre Ferne, dessen bewußt, sie hätte die Konfrontation mit der ›wirklichen Wirklichkeit‹ nicht ausgehalten.

Ein Echo Schillers läßt Uhland nicht weniger vernehmen. Schiller: »Doch den Sänger vermiß ich, den Bringer der

Lust, / Der mit süßem Klang mir bewegt die Brust, / Und mit göttlich erhabenen Lehren.« Uhland: »Sie singen von allem Süßen, was Menschenbrust durchbebt, / Sie singen von allem Hohen, was Menschenherz erhebt« (27 f.). Auch in Schillers Ballade stellt sich die schöne Harmonie zwischen König und Sänger ein. Sie wird noch dadurch verstärkt, daß der König einst sein Herrschaftszeichen, sein Pferd, dem Sänger-Priester abtrat und diese Demut wiederholt: »Er steht in des größeren Herrn Pflicht«. Schiller bindet Herrscher und Sänger im gleichen Gestus des Schenkens und in gleicher Frömmigkeit aneinander. »Sie beide wohnen auf der Menschheit Höhen«, heißt es in der *Jungfrau von Orleans* (I,2). Anders Uhland, anders auch Heinrich Heine in *Der Dichter Firdusi*. Auch in dem meisterlichen Artisten des *Schach Nameh* flammt noch etwas von »dem göttlich reinen Urlicht«. Um so niedriger ist, wie ihn der Fürst um seinen Lohn betrügt, um so souveräner, wie der Dichter den schlechten Lohn verwirft, sich in den Stolz der Armut zurückzieht, aus der der reuige Schach zu spät ihn herauszuholen sich bemüht. Firdusi ist auch ein Märtyrer, aber Heine faßt das Märtyrertum aus der materiellen Perspektive auf; der betrogene Dichter ist der Überlegene in einer schäbigen Wirklichkeit, von der selbst der Herrscher nicht ausgenommen ist. Uhland legt der Konfrontation von Sänger und Herrscher viel Pathos bei. Nicht Glück verkündend (wie Schillers Sänger-Mönch), nicht schenkend (wie Goethes Sänger) steht sein Sängerpaar dem Despoten gegenüber; es will ihn, seinen Hof, zu einer Wandlung bewegen, in ihm das unterdrückt Menschliche wecken. Ihr Gesang wirbt um ihn, will ihn »rühren« (16), greift ihn an. Die von ihm »steinern« (16) geschaffene Herrschaftswelt soll verändert werden. Damit ist von Beginn an der Konfrontation eine äußerste Konfliktspannung eingelegt. Eine andere Geschichtszeit und Wirklichkeitserfahrung hat der ›klassischen‹ Utopie die Glaubwürdigkeit genommen. Der Gesang von »sel'ger goldener Zeit« (25) spricht von einer vergangenen Zeit, und er nimmt eine Zukunft voraus, die, trotz der

Ergriffenheit der »Höflingsschar« (29) und der »Krieger« (30), trotz der Bewegtheit der »Königin« (31) noch fern ist. Dem Gesang gelingt es noch nicht, die Macht über den Machthaber mit dem Verführungsreiz von »allem Süßen« (27) und »allem Hohen, was Menschenherz erhebt« (28) zu gewinnen. »Freiheit, Männerwürde«, »Treu und Heiligkeit« (26) – es sind die Stichworte, unter deren Herrschaft Uhland verklärend das Mittelalter zu gewahren glaubte, und es sind die Werte, die einer fortschrittlichen, bürgerlich-freiheitlichen Gesinnung und Verfassung der sittlich-nationalen Gesellschaft eine Dauer versprachen. Es waren die überindividuellen, objektiven Werte, deren Werbungs- und Sprengkraft den Despoten widerlegen mußten. Der »Blutstrahl« (36) läßt den Gesang verstummen. Er erstickt die Macht des Gesanges. Übrig bleibt die gesanglos verödete und zerfallende Welt und Zeit, deren Zeichen die Unmenschlichkeit ist – »Seufzer nur und Stöhnen und scheuer Sklavenschritt« (47). Wenn im 19. Jahrhundert, das der Versöhnungen bedürftig war, das »Zerschellen der Harfe« durch den alten Sänger als »unnütz« und »etwas roh« kritisiert wurde, erwies sich ein Mangel an Verständnis für die Radikalität des Gedichtschlusses, seiner bestimmenden Pointe. Man vermutete sie bei Uhland nicht. Unter dem Einfluß einer veralteten Ästhetik hat man noch im 20. Jahrhundert ein »positives Moment« vermißt. Aber gerade in solcher Radikalität lag die historische Aktualität dieser Ballade. Denn wenn »die tiefsten Lieder« (14) sich als unkräftig zeigten, in die Wirklichkeit verändernd einzugreifen, gab es keine Macht des Gesanges mehr – nur die Macht des Fluches, unter dem diese Wirklichkeit »versteint, verödet« (52) und ins Nichts verfällt. Die Zerstörung der Harfe besiegelt den Fluch. Wie durch die Figur des jungen Sängers eine Imitatio Christi durchblickt – verkannt, gemordet, der das Gute bringen wollte –, so durch den alten Sänger die Figur der alttestamentlichen Rächer, Seher und Propheten.

Des Sängers Fluch ist eine politische Ballade; politisch allerdings nur im heute eingeschränkt erscheinenden Sinne. Die

Einschränkung liegt in dem Glauben, mittels des Gesangs, wie ihn Uhland verstand, also durch die auf das Gefühl wirkende, überindividuelle Macht des Schönen und des Sittlichen die Welt der Herrschaft umzubilden. Dies war eine Illusion Uhlands; er hat ihr Scheitern in der Ballade mit radikaler Konsequenz, bis zur allegorischen Selbstvernichtung des alten Sängers, vergegenwärtigt. Das politische Gedicht mußte künftig anders bestimmt werden oder verstummen. Diese historische Positionsbestimmung hilft nicht über die ästhetischen Schwächen hinweg, die für uns heute sichtbar wurden, aber sie gibt der Ballade eine nicht geringfügige Bedeutung in der Geschichte der neueren deutschen Lyrik.

Zitierte Literatur: Heinrich BRÖMSE: Uhlands Ballade »Des Sängers Fluch«. Ein Beitrag zu ihrer Entstehungsgeschichte und Deutung. In: Euphorion 20 (1913) S. 727 ff. – Heinz Otto BURGER: Schwäbische Romantik. Stuttgart 1928. – Hermann DEDERICH: Uhland als episch-lyrischer Dichter, besonders im Vergleich zu Schiller. Eine Skizze zur deutschen Literaturgeschichte und Poetik. Paderborn 1873. – Hartmut FROESCHLE: Ludwig Uhland und die Romantik. Köln/Wien 1973. – Johannes GIHR: Uhlands Leben. Ein Gedenkbuch für das deutsche Volk. Stuttgart 1864. – Johann Gottfried HERDER (Hrsg.): Volkslieder. T. 2. Leipzig 1778. – Walter HINCK: Die deutsche Ballade von Bürger bis Brecht. Kritik und Versuch einer Neuorientierung. Göttingen ³1978. – Hartmut LAUFHÜTTE: Die deutsche Kunstballade. Grundlegung einer Gattungsgeschichte. Heidelberg 1979. – Gustav LIEBERT: Ludwig Uhland. Eine Skizze. Hamburg 1862. – Peter von MATT: Nachwort. In: Ludwig Uhland: Gedichte. [Siehe Textquelle.] – Friedrich NOTTER: Ludwig Uhland. Sein Leben und seine Dichtungen. Stuttgart 1863. – Johannes PROELSS: Des Sängers Fluch. Zur Aufhellung von Schillers Anteil an Uhlands Ballade. In: Schwäbischer Schillerverein. 10. Rechenschaftsbericht 1905/1906. Marbach 1906. S. 46 ff. – Heinz SCHLAFFER: Das Dichtergedicht im 19. Jahrhundert. Topos und Ideologie. In: Jahrbuch der Deutschen Schillergesellschaft 10 (1966) S. 297–335. – Hermann SCHNEIDER: Ludwig Uhland. Leben, Dichtung, Forschung. Berlin 1920. – Hermann SCHNEIDER: Uhlands Gedichte und das deutsche Mittelalter. Berlin 1920. – Friedrich SENGLE: Biedermeierzeit. Deutsche Literatur im Spannungsfeld zwischen Restauration und Revolution 1815–1848. 3 Bde. Stuttgart 1971–80. – Hellmut THOMKE: Zeitbewußtsein und Geschichtsauffassung im Werke Uhlands. Bern 1962. – U. TUINSTRA: Levende Talen. Berichten en Medelingen van de Vereniging van Leraren in Levende Talen 1956. Groningen 1956. – Ludwig UHLAND: Briefwechsel. Im Auftrag des Schwäb. Schillervereins hrsg. von Julius Hartmann. T. 1: 1795–1815. Stuttgart/Berlin 1911. – Ludwig UHLAND: Tagbuch 1810–1820. Aus des Dichters handschriftlichem Nachlaß. Hrsg. von Julius Hartmann. Stuttgart 1898. – Albrecht WEBER: Ludwig Uhland. »Des Sängers Fluch«. In: Wege zum Gedicht. Bd. 2: Interpretationen von Balladen. Mit einer Einf. von Walter Müller-Seidel. Hrsg. von Rupert Hirschenauer und Albrecht Weber. München/Zürich 1963. S. 250–260. – Hans WEIGEL: Ludwig Uhland oder Der zusammengenommene Schmerz und der sitzende Schein. In: H. W.: Götterfunken mit Fehlzündung. Ein Antilesebuch. Zürich/Stuttgart 1971. S. 37 ff. *Weitere Literatur:* Hans HAAG: Ludwig Uhland. Die Entwicklung des Lyrikers und die Genesis des Gedichtes. Stuttgart 1907. – Wolfgang KAYSER: Geschichte der deutschen Ballade. Berlin 1936.

Johann Wolfgang Goethe

Selige Sehnsucht

Sagt es niemand, nur den Weisen,
Weil die Menge gleich verhöhnet,
Das Lebend'ge will ich preisen,
Das nach Flammentod sich sehnet.

5 In der Liebesnächte Kühlung,
Die dich zeugte, wo du zeugtest,
Überfällt dich fremde Fühlung,
Wenn die stille Kerze leuchtet.

Nicht mehr bleibest du umfangen
10 In der Finsternis Beschattung,
Und dich reißet neu Verlangen
Auf zu höherer Begattung.

Keine Ferne macht dich schwierig,
Kommst geflogen und gebannt,
15 Und zuletzt, des Lichts begierig,
Bist du, Schmetterling, verbrannt.

Und so lang du das nicht hast,
Dieses: Stirb und werde!
Bist du nur ein trüber Gast
20 Auf der dunklen Erde.

Abdruck nach: Goethes Werke. Hamburger Ausgabe. 14 Bde. Hrsg. von Erich
Trunz. Hamburg: Christian Wegner, 1948–64. Bd. 2. ³1956. S. 18 f.
Zur Entstehung: In der Handschrift, datiert »Wiesbaden, 31. 7. 1814«, hatte
das Gedicht den Titel *Buch Sad, Gazele I.* Im sogenannten Wiesbadener
Verzeichnis der *Divan*-Gedichte vom 30. Mai 1815 ist es unter Nr. 52 mit dem
Titel *Selbstopfer* angeführt.
Erstdruck: Taschenbuch für Damen auf das Jahr 1817. Tübingen: Cotta, 1816.
[Unter dem Titel: Vollendung.]

Weiterer wichtiger Druck: Johann Wolfgang von Goethe: West-oestlicher Divan. Stuttgart: Cotta, 1819. [Unter dem Titel: Selige Sehnsucht.]

Hannelore Schlaffer

Weisheit als Spiel. Zu Goethes Gedicht
Selige Sehnsucht

Dieses Gedicht aus dem *Buch des Sängers*, dem ersten des *West-östlichen Divan*, ist nicht nur eines der am meisten interpretierten Gedichte des Zyklus; es ist auch eines der am häufigsten zitierten. Das »Stirb und werde« der letzten Strophe hat schon manchem Aufsatz als Titel, als Motto gedient. Eduard Spranger etwa setzt den Vers über eine exegetische Abhandlung des Gedichts, die 1946 erschien. Die Versammlung, an die sich seine Auslegung wendet, verpflichtet er auf das Diktum der letzten Strophe, das Ermahnung und Gebot in einem sei: »Auch für die Völker gibt es ein ›Stirb und werde‹.« – »Das Leiden am Mißerfolg hat uns härter geglüht. Der Wille ist zäher geworden, der Mut beschwingter, das Vollbringen behender und wendiger« (Spranger, S. 393, 391). Die Emphase, mit der Spranger spricht, macht das Gedicht zum kanonischen Text, dessen Auslegung eine Gemeinde erhebt, läutert, reift. Aber nicht allein die Situation nach dem Zweiten Weltkrieg veranlaßt solche Ergriffenheit: Nahezu alle Interpretationen des Gedichts bis in die Gegenwart haben die Tendenz, erbaulich zu werden; kaum eine, die nicht vom »Dunkel der Lehre«, von dieser »letzten Weisheit«, diesem »Bekenntnis von höchster Bedeutung«, von einem im Gedicht angesprochenen »Abgrund des Vergehens«, einem »ewigen Willen zur Zeugung«, von den »unvergänglichen Urkräften der Natur« angerührt wäre.

335

Mit dieser erbaulichen Rezeption hat das Gedicht seine wohlberechnete Wirkung getan: Sein Gestus fordert Nachfolge und schließt, wie es scheint, Interpretation aus. Über der Auslegung des Gehalts, die dieser wie jeder Geheimlehre angemessen ist, vergessen die Interpreten die Poesie: *Ihr* Inhalt ist eine Szene, keine Lehre. Die Szene stellt dar, *wie* gelehrt wird. Die Interpreten aber, sobald sie nach nichts anderem als dem Sinn des Gedichts fragen, erliegen der Attitüde des sprechenden Subjekts, das um Glauben für seine Verkündigungen wirbt; sie erläutern jedoch nicht die Absicht des Dichters, der die Pose inszeniert. Freilich braucht jeder Auftritt sein Publikum, und das Gedicht, das den Weisen fingiert, rechnet mit einem Leser, der dessen Jünger sein will. Die persönliche Anrede der Verse suggeriert dem naiven Leser diese Rolle.

Auf den intellektuellen Charakter der *Divan*-Gedichte, der jegliche Identifikation verbietet, hat Goethe hingewiesen. Er selbst hat sie als Alterslyrik in dem Sinne definiert, daß der gebildete und erfahrene Mann hier mit dem angeeigneten Wissen spiele. Die *Noten und Abhandlungen zu besserem Verständnis des west-östlichen Divans* beschreiben den Verfasser als einen »Reisenden [...], dem es zum Lobe gereicht, wenn er sich den fremden Landesart mit Neigung bequemt« (II,127). Als eine imaginäre Reise durch die Landschaften des Geistes hat auch Max Kommerell die *Divan*-Gedichte gelesen. Wenn der Reisende sich den fremden Sitten »bequemen« kann, ohne daß er seine Herkunft zu verleugnen braucht, so darf sich auch der Gebildete in jenen Gegenden der Kultur heimisch machen, die nicht sein Ideenreich sind. Die Poesie nun realisiert solch spielerische Aufhebung der Distanz, des Fremden und Fernen im Rollengedicht.

Das Rollenspiel verleugnet Goethe in *Selige Sehnsucht* weniger als in jedem anderen Gedicht des Zyklus. Die erste Strophe stiftet das Verhältnis zwischen dem lehrenden Weisen und dem Leser als seinem Jünger. Die Rede unterscheidet zwischen Eingeweihten und Banausen. Nichts ist verfänglicher als die Autokratie solcher Zuweisung, denn wer sie nicht akzeptiert, weist sich selbst der »Menge« (2), den Niemanden zu. Wie alle Propheten rechnet auch der des Gedichts mit der Selbstachtung des Zuhörers, der sich Unempfänglichkeit für den Tiefsinn der Lehre nicht eingestehen darf. Der Angriff auf das Selbstbewußtsein ist die List des Lehrers.

Zweierlei mögliche Haltungen des Lesers dem Gedicht gegenüber sind also in ihm selbst angelegt: die des Adepten, der sich an der Lehre erbaut, und die des distanzierten Ästheten, der der Kunstfertigkeit des Autors auf der Spur ist und sich der Raffinessen erfreut. Andere: die »Menge« (2), den »trüben Gast« (19), nennt das Gedicht zwar, doch gibt es sie in seinem Horizont gar nicht, da jeder, der auf seinen Gestus reagiert, sich über die Banalität des Alltäglichen erhebt. Die Gebärde des Gedichts ist Verführung.

Uneingeschränkte Ehrerbietung gegenüber dem Poeten, der Goethe selbst ist, und gegenüber dem Propheten und Weisen, dessen Rolle er spielt, kennt auch der Kommentator des *Divan* nicht. Beide sind für ihn Artisten des Wortes, wenn auch ihre Rhetorik verschiedenen Zwecken dient. An Hafis lobt er den Unernst, »daß der Dichter nicht geradezu alles denken und leben müsse, was er ausspricht, am wenigsten derjenige, der in späterer Zeit in verwickelte Zustände gerät, wo er sich immer der rhetorischen Verstellung nähern und dasjenige vortragen wird, was seine Zeitgenossen gerne hören« (II,159). Nicht weniger bedacht auf Wirkung beim Publikum sei der Prophet, denn »irgendeine Lehre will er verkünden und, wie um eine Standarte, durch sie und um sie die Völker versammeln. Hierzu bedarf es nur, daß die Welt glaube; er muß also eintönig werden und bleiben, denn das Mannigfaltige glaubt man nicht« (II,143). Dichter und Prophet machen Worte, auf deren Gültigkeit sie sich selbst am wenigsten verpflichten. In *Selige Sehnsucht* spielt Goethe, der ›vieltönige‹ Dichter den »eintönigen« Propheten, um auch dessen Sequenzen seinen Liedern hinzuzufügen, dessen Sprachgestus als lyrische Möglichkeit zu erproben.

Gläubige zu versammeln wie Mahomet – dies ist auch die

Fiktion des Gedichts *Selige Sehnsucht*; daher spricht es »eintönig« und offen. Die Deutungen, die dem Gedicht im allgemeinen widerfahren, gelten der Lehre, nicht ihm selbst. Unauflösbare Sätze, verwunderliche Gesten, ungewöhnliche Bewegungen, deutungsbedürftige Bilder, unwiederholbare Empfindungen enthält der *West-östliche Divan* genug. Dieses Gedicht aber verkündet das offene Geheimnis einer altbekannten östlichen Weisheit. Dunkel ist es nicht wegen der Besonderheit und Außerordentlichkeit seiner Erfahrung, sondern wegen der Radikalität, mit der es zu ihren Grenzen vorstößt. Es denkt ein Unbegreifliches, das so, wie es einmal verkündet ist, geglaubt werden muß. Das Gedicht hat einen Sinn, doch keinen Hintersinn.

Die Idee seiner Offenbarung folgt persischen und indischen Lehren, die von Selbstvernichtung – ein früherer Titel war *Selbstopfer* –, Erlösung und Wiedergeburt predigen. »Das ist die fanā, Selbstvernichtung, der persischen Mystik, die sich eng berührt mit dem Erlösungsbegriff der strengmonistischen Richtung des indischen Vedānta und dem nirvāna, Verwehen, Erlöschen, des Buddhismus« (Schrader, S. 49). In diese orientalischen Gedanken flicht Goethe Ideen der orphisch-plotinischen Philosophie ein. Sie besagt, daß die Seele sich zeitweise in das Gefängnis des Körpers begeben müsse, um von hier aus das Licht zu schauen und nach Befreiung zu streben. Der Körper, die Erde ist das Grab (20: »dunklen Erde«), in dem die Seele vorübergehend weilt in der Ahnung des Lichts (19: »trüber Gast«). Die Zeugung ist der notwendige, wenn auch leidvolle Beginn der Auferstehung, denn ohne den Durchgang durch die Körperwelt wird eine Erlösung nicht gewährt.

Solchen mystischen Lehren ist es geläufig, den Liebesakt zum symbolischen Vollzug des Lebensweges zu erhöhen. Erregung und Befriedigung sind monadische Momente, die Leben und Tod, Vernichtung und Erlösung enthalten. Die unendliche Bewegung der Wiedergeburt im einzelnen Subjekt wie im gesamten menschlichen Geschlecht hält die »selige Sehnsucht« in Gang, wenn sie die reale Folge von

Liebessehnsucht und Erfüllung in der »Liebesnächte Kühlung« (5) wiederholt, sie dann aber umkehrt in den übernatürlichen Rhythmus von Tod und Auferstehung in dem Vers »Stirb und werde« (18).

Die Umkehrung natürlicher Verhältnisse in ihr Gegenteil ist in allen mystischen Religionen das Mittel, um die physische Wirklichkeit metaphysisch zu verklären. Im Gedicht wird das Glück der Liebe zum Schrecken der Einsamkeit (7: »fremde Fühlung«), die Umarmung zum Gefängnis (9: »nicht mehr bleibest du umfangen«), die Zeugung neuen Lebens ein Weg ins Grab (10: »Finsternis Beschattung«), die Sehnsucht des Körpers zur Sehnsucht der Seele (»Selige Sehnsucht«), das Streben nach dem Licht zum Todeswunsch, die Mühe des Weges zur Schwerelosigkeit einer Himmelfahrt (13: »Keine Ferne macht dich schwierig«), der Flammentod zur Auferstehung. Die Dualität von konkreter Erfahrung und mystischer Erhöhung bestimmt das Vokabular: Die Bewegung vollzieht sich in den Kontrasten von Licht und Finsternis, Leben und Tod, Leidenschaft und Selbstvernichtung, Schwere und Leichtigkeit, Brand und Kühlung, Nähe und Ferne.

Den lyrischen Reiz des Gedichts macht jene Verwirrung, die die gedrängte Nähe gewichtiger Wörter erzeugt, die ebensogut ihr Gegenteil bedeuten könnten. Freilich imitiert auch hier Goethe eine Technik der Weisen, Priester und Propheten, die durch die grelle Umkehrung der Bedeutungen die praktische Ordnung von Erfahrungen aufheben und den Verstand bis zur Glaubensbereitschaft verstören. Aus der mystischen Aufhebung des Wirklichen gewinnt das Gedicht den lyrischen Zustand unbestimmten Schwebens.

Die Dichte der bedeutungsschweren Begriffe macht ihre Abstraktheit, die dem lyrischen Gedicht nicht angemessen wäre, vergessen. Die substantivierten Verben (5: »Kühlung«, 7: »Fühlung«, 10: »Beschattung«), die Genitivkonstruktionen lassen vermuten, daß hier kein empfindendes Subjekt sich ausdrückt, sondern eines, das reflektiert. Die angestrengte Überlegung der Interpreten, ob im Gedicht mehr das Liebeserlebnis zähle oder mehr die Offenbarung der Wiedergeburt, verfällt der Verwirrung, die im Gedicht durch die Ungenauigkeit entsteht, mit der die Begriffe zugeordnet sind. Ohnehin ist von Zeugung, nicht von Liebe die Rede. An die Folgen der Leidenschaft aber denkt der Leidenschaftliche als letzter. Auch der Gebrauch des Plurals (5: »Liebesnächte«) statt des Singulars einer bestimmten Liebesnacht schließt Identifikation aus. Die Zeitspanne, die der Vers »Die dich zeugte, wo du zeugtest« (6) umfaßt, eine Generation also, setzt eine große Zeitdifferenz in Gegensatz zum lyrischen Augenblick, wie man ihn in einem ›Erlebnisgedicht‹ nachempfinden möchte. Die Diskussion übersieht also die Distanz, in die sich der Weise selbst zu seiner Aussage rückt. Ein Entweder-Oder ist nicht zu bedenken, wo sinnliche Leidenschaft und religiöse Ekstase in der Rede des Gedichts in eins gesetzt sind.

Verführung zum Glauben durch Verwirrung der Erfahrungen ist der Gestus des Gedichts, dem selbst die Interpreten verfallen sind. Goethe so gut wie der Weise, in dessen Verkleidung er geschlüpft ist, bleiben von solcher Mystik unberührt, wissen aber wohl, was sie mit ihr erreichen wollen. »Die Mystik konnte ihn nicht anmuten«, schreibt er in den *Noten und Abhandlungen* über Dschami, »weil er aber ohne dieselbe den Kreis des Nationalinteresses nicht ausgefüllt hätte, so gibt er historisch Rechenschaft von allen den Torheiten, durch welche stufenweise der in seinem irdischen Wesen befangene Mensch sich der Gottheit unmittelbar anzunähern und sich zuletzt mit ihr zu vereinigen gedenkt. [...] Denn was tut der Mystiker anders, als daß er sich an Problemen vorbeischleicht« (II, 160). Ein Brief an Zelter ironisiert die mystische Erhebung als Ballonfahrt, der Mystiker wird zum Luftikus: »Das Orientalisieren finde ich sehr gefährlich, denn eh man sich's versieht, geht das derbste Gedicht, wie ein Luftballon für lauter rationellem und spirituellem Gas, womit es sich anfüllt, uns aus den Händen und in alle Lüfte« (17. April 1815).

»Den Kreis des Nationalinteresses aufzufüllen«, hat Goethe

mit diesem Gedicht unternommen. Obgleich die einleitende Geste einen esoterischen, kleinen Kreis auszusondern vorgibt, ist sein Gedicht nicht ohne Grund populär geworden. Es ist der Charakter aller Geheimlehren, daß sie bekannte und einfache Gedankensysteme zitieren. Ideen, Sprache und Metaphorik sind eingängig, »eintönig«, wie es von Mahomets Lehre heißt, und unoriginell. Die Liebe als Flammentod, das Erdenleben als Nacht, der Schmetterling als Seelenbild sowohl wie als Bild dessen, der sich in Leidenschaft verzehrt, die Kerze, die die Kulisse der Liebesnacht beleuchtet und die zugleich Symbol des sich verzehrenden Lebens ist – von all diesen Bildern konnte Goethe seinerzeit annehmen, daß sie keiner Erklärung bedurften. In der Rolle des Weisen trägt er ein Ideenkonzept emphatisch, doch in einer durch Tradition gesicherten Sprache vor, so daß sie jedermann eingängig und zitierbar ist. Wiederholbarkeit der Lehrsätze sei die Absicht des Propheten, erläutert er am Beispiel Mahomets. Die Popularität des Gedichts zeigt die Wirklichkeit dessen, was es nur vorspielen wollte: die Exoterik des Esoterischen.

Zitierte Literatur: Goethes Werke. [Siehe Textquelle. Zit. mit Band- und Seitenzahl.] – Max KOMMERELL: Gedanken über Gedichte. Frankfurt a. M. ³1956. [Bes. S. 251 ff.] – F. Otto SCHRADER: »Selige Sehnsucht«. Ein Bekenntnis zur Seelenwanderung. In: Euphorion 46 (1952) S. 48–58. – Eduard SPRANGER: Stirb und Werde. In: Die Sammlung 1 (1945/46) S. 389–394.
Weitere Literatur: Ingeborg HILLMANN: Dichtung als Gegenstand der Dichtung. Zum Problem der Einheit des »West-östlichen Divan«. Bonn 1965. – Werner KRAFT: »Selige Sehnsucht«. In: W. K.: Augenblicke der Dichtung. München 1964. S. 295–303. – Edgar LOHNER (Hrsg.): Interpretationen zum »West-östlichen Divan«. Darmstadt 1973. [Darin u. a.: Wilhelm Schneider: Goethes »Selige Sehnsucht«. S. 72–83.] – Ewald RÖSCH: Goethes »Selige Sehnsucht« – Eine tragische Begegnung. In: Germanisch-Romanische Monatsschrift. N. F. 20 (1970) S. 241–256. – Friedrich WÜRZBACH: Dionysos. In: Den Manen Friedrich Nietzsches. Hrsg. von Max Oehler. München [o. J.]. S. 183–208.

Ludwig Tieck

Glosse

Liebe denkt in süssen Tönen,
Denn Gedanken stehn zu fern,
Nur in Tönen mag sie gern
Alles, was sie will, verschönen.

5 Wenn im tiefen Schmerz verloren
Alle Geister in mir klagen,
Und gerührt die Freunde fragen:
»Welch ein Leid ist dir geboren?«
Kann ich keine Antwort sagen,
10 Ob sich Freuden wollen finden,
Leiden in mein Herz gewöhnen,
Geister, die sich liebend binden
Kann kein Wort niemals verkünden,
Liebe denkt in süssen Tönen.

15 Warum hat Gesangessüsse
Immer sich von mir geschieden?
Zornig hat sie mich vermieden,
Wie ich auch die Holde grüße.
So geschieht es, daß ich büße,
20 Schweigen ist mir vorgeschrieben,
Und ich sagte doch so gern
Was dem Herzen sei sein Lieben,
Aber stumm bin ich geblieben,
Denn Gedanken stehn zu fern.

25 Ach, wo kann ich doch ein Zeichen,
Meiner Liebe ew'ges Leben
Mir nur selber kund zu geben,
Wie ein Lebenswort erreichen?
Wenn dann alles will entweichen

30 Muß ich oft in Trauer wähnen
Liebe sei dem Herzen fern,
Dann weckt sie das tiefste Sehnen,
Sprechen mag sie nur in Thränen,
Nur in Tönen mag sie gern.

35 Will die Liebe in mir weinen,
Bringt sie Jammer, bringt sie Wonne,
Will sie Nacht sein, oder Sonne,
Sollen Glückessterne scheinen?
Tausend Wunder sich vereinen:
40 Ihr Gedanken schweiget stille,
Denn die Liebe will mich krönen,
Und was sich an mir erfülle
Weiß ich das, es wird ihr Wille
Alles, was sie will, verschönen.

Abdruck nach: Ludwig Tieck: Gedichte. 3 Tle. Faksimiledr. nach der Ausg.
[Dresden: P. G. Hilscher,] 1821–23. Mit einem Nachw. von Gerhard Kluge.
Heidelberg: Lambert Schneider, 1967. (Deutsche Neudrucke. Reihe Goethezeit.) T. 2. S. 33–35.
Erstdruck: Ludwig Tieck: Phantasus. Eine Sammlung von Mährchen, Erzählungen, Schauspielen und Novellen. 3 Bde. Berlin: Realschulbuchhandlung,
1812–16. T. 3. 1816.

Paul Gerhard Klussmann

Bewegliche Imagination oder Die Kunst der Töne. Zu Ludwig Tiecks *Glosse*

Das Motto der *Glosse* enthält eine programmatische Poetik
der Lyrik Ludwig Tiecks. In einer pointiert formulierten
These wird das Prinzip einer Musikalisierung entschieden
ausgesprochen und kompositorisch eingebunden in das ro-

mantische Leitmotiv der Liebe. Schon Petrarcas berühmtes Einleitungssonett zum *Canzoniere* mit seinem auf die Reime verstreuten Klang der Klagen mag im Horizont der angespielten Tradition stehen, ja vielleicht sogar einen Impuls für den romantischen Dichter bedeutet haben. Die kunstvolle Form der Glosse dient Tieck dazu, das Motto vielfältig zu variieren und zu entfalten, gewinnt aber auch die Funktion, in der Durchführung dieses Themas das Verfahren lyrischer Musikalisierung zu demonstrieren als ein reizvolles und offenes Spiel dichterischer Improvisation, als einen musikalischen Vortrag einer »schnellen Beweglichkeit der Imagination« (I,56).

Zum ersten Male ist das Gedicht *Glosse* im dritten Band des *Phantasus* (1816) erschienen, aber das Motto hat seinen ursprünglichen Platz in einem Gedicht der frühromantischen Periode, von Tieck verfaßt in der Zeit des innigen Zusammenlebens mit dem Freunde Wackenroder. »Weht ein Ton vom Feld herüber«, lautet der Anfang dieses lyrischen Textes, der an einer bedeutsamen Stelle in den *Phantasien über die Kunst für Freunde der Kunst* (1799), innerhalb des Aufsatzes *Die Töne*, begegnet. Tieck stellt hier die romantische Frage nach der Alltäglichkeit des Wunderbaren und verbindet sie mit dem Wissen von der beständigen Begierde des Menschen nach Neuem und Unerhörtem. Mit der Antwort eröffnet sich der Bezirk der Musik. Sie wird beschrieben als eine kindhafte Wirklichkeit des Wunders, erfahrbar in der Wirkung, die sie errege: »das Allerunbegreiflichste, das wunderbar-Seltsamste, das geheimnisvollste Rätsel«. Mit den Tönen der Musik, meint der junge Romantiker, gerieten alle Gedanken »in ein feineres, edleres Element«, das in wechselnden Bildern sowohl der Höhe wie der Tiefe zugeordnet erscheint. Voraussetzung für die Entfaltung der rätselhaften Wirkung der Töne ist das Heraustreten aus den Hörgewohnheiten einer oberflächlichen Unterhaltung: »Wie wunderbar, wenn man sich vorstellt, man höre Musik zum ersten Male!« Das Feld musikalischer Erfahrungen beschreibt Tieck mit dem alten Topos der seligen Insel

und mit farbigen Bewegungsvorstellungen von Landschafts-
motiven: »Wie im stürmenden Ozean eine selige Insel; wie
eine Abendröte, die sich plötzlich zum dichten körperlichen
Wesen zusammenzieht, uns auf ihren Wolken aufnimmt,
uns aus der Nacht hier unten erlöst und uns mit hellesten
Strahlen umzingelt, und wir nun auf dem azurnen Boden
wandeln und einheimisch sind, unsre Häuser im roten
Glanze finden, unsere Freunde in den lichten Wolken, alles,
was uns so lieb und teuer war, in sichtbarlicher Gestalt uns
entgegenlächelnd« (Wackenroder, S. 243 f.). Die Wirkung
der Töne wird hier erlebt als ein synästhetisierender Prozeß
des Beglänzens und Erhebens, der Verwandlung und Ent-
rückung. Musik produziert den azurnen Raum, bedingt und
ermöglicht eine Phantasiewirklichkeit. So sagt es in einer
schlichten Form auch das Gedicht, in dessen Mitte das
Motto der *Glosse* steht:

Weht ein Ton vom Feld herüber,
Grüß' ich immer einen Freund,
Spricht zu mir: was weinst du Lieber?
Sieh', wie Sonn' die Liebe scheint:
Herz am Herzen stets vereint
Gehn die bösen Stunden über.

Liebe denkt in süßen Tönen,
Denn Gedanken stehn zu fern,
Nur in Tönen mag sie gern
Alles was sie will verschönen.
Drum ist ewig uns zugegen
Wenn Musik mit Klängen spricht
Ihr die Sprache nicht gebricht
Holde Lieb' auf allen Wegen,
Liebe kann sich nicht bewegen,
Leihet sie den Odem nicht.
        (Wackenroder, S. 247 f.)

Der Ton aus der Ferne, der das lyrische Ich trifft, verändert
mit überraschender Plötzlichkeit Weltblick und Stimmung.
In den Klängen der Musik entfaltet sich eine wunderbare

Kraft der Weltverschönerung, die mit dem Begriff »Liebe« zugleich abstrakt und symbolisch erfaßt ist. Nicht mit worthaften Gedanken, sondern in süßen Tönen wird »Liebe« als psychisches Grunderlebnis und als musikalische Befindlichkeit des Übergangs erfahren. Ohne Musik verlöre auch Liebe den Bewegungsimpuls, der Ich und Du in ästhetischer Weltsicht vereint und reimt.

Dieses Bekenntnis zur Musik fand im Kreis der Romantiker eine schnelle und lang anhaltende Resonanz, wie unterschiedlich auch immer die lyrische Praxis, die Liedkomposition und die Theorie des Verses darauf antworteten. »Liebe denkt in süssen Tönen« wurde aufgefaßt als ein Programm der Musikalisierung, das in Dichtung, Malerei und Musik den romantischen Weg nach Innen noch entschiedener vorantreiben sollte. Nicht Tieck selbst aber war es, der als erster die vier Verse aus dem Gedicht herauslöste und sie zum Thema einer Glosse machte. Ihren programmatischen Sinn hat wohl als erster Friedrich Schlegel begriffen, dessen Bruder dann in geselligem Zusammenspiel mit Tiecks Schwester, Sophie Bernhardi-Tieck, unter dem Titel *Variationen* zwei Doppelglossen über die thematischen Verse zusammenstellte und im ersten Band der Zeitschrift *Europa* im Jahre 1803 veröffentlichte. Tieck wurde am 20. September 1802 über diesen Plan in einem Brief von Schlegel informiert, der auch Auskunft darüber gibt, daß zwei Glossen von Sophie, zwei andere von ihm selbst verfaßt sind. Außerdem enthält der Brief die Nachricht, daß Johann Stephan Schütze eine weitere Glosse zu den Motto-Versen geschrieben habe (*Briefe an Tieck*, S. 276 f.).

Sophie Bernhardi überträgt die Aussagen des Mottos in eine Bildsequenz aus dem Bereich der romantischen Blumenmetaphorik. Thematischer Gipfelpunkt ihrer ersten Glosse ist eine rhetorische Behauptung, die den traditionsreichen Topos lyrischer Liebesrede – rote Rose – in der Vergleichung mit der Musik verwirft, freilich so, daß im Reim der Blumenname als klanglicher Ausdruckswert bewahrt bleibt:

Selbst der Purpurglanz der Rosen
Ist zu matt der Liebe: kosen
Nur in Tönen mag sie gern.

Auf die Wunschvorstellung zarter Liebesmelodien antwortet die Glosse August Wilhelm Schlegels mit einer gedanklichen Variation des Musik-Themas. Fraglich wird die Fähigkeit der Worte zu deutlicher Gefühlskommunikation:

Worte sind nur dumpfe Zeichen
Die Gemüther zu entziffern [...].

So beginnend, treibt Schlegel die These des Mottos auf die
Spitze, indem er Musik und Liebe auf der Ebene der Kunst
einander gleichsetzt. Freilich begreift der Romantiker
»Liebe« vornehmlich als ein Vermögen der Seele des Künstlers: gleichermaßen Schöpfungsverlangen und Empfängnis-
fähigkeit bezeichnend. Als Gefühlspotential einer in sich
selbst kreisenden Phantasie macht der liebende Künstler die
Liebe zum einzigen Gegenstand seines Gestaltungswillens,
der in der Musik sein wesentliches Medium findet.
Schlegels andere Glosse veranschaulicht das Motto durch die
Motive von Laute und Liebeslied. Mit erstaunlicher Sensibilität nimmt Sophie Bernhardi-Tieck diese motivische Explikation des Themas auf und führt sie in ihrer zweiten Glosse
mit einzelnen evokativen Versen durch, die wie ein Vorgriff
auf die lyrische Bildsprache Eichendorffs anmuten:

Hör' ich durch die dunklen Bäume
Nicht, wie sie sich rauschend neigen [...].
(Die zitierten Texte in: *Europa*, Bd. 1, S. 78–83.)

Doch die Klänge der romantischen Landschaft – noch einmal ist ausdrücklich in Worten vom »Worte« Abstand
genommen – lösen sich am Ende auf in die musikalische
Erfahrung des schnellen Hinschwindens, Verhauchens und
Verklingens, in ein Wissen, das Strophen aus Tiecks Mage-
lone-Liedern inhaltlich wiederholt.

Schlegel und seine lyrische Dialogpartnerin haben mit ihren Doppelglossen über das Thema von Ludwig Tieck nicht nur die Bekanntheit und den Ruhm der Motto-Verse begründet, sondern auch dazu beigetragen, die Form der Glosse in die deutsche Literatur einzubringen. Beide konnten dabei zurückgreifen auf die soeben erschienene grundlegende Darstellung romanischer Kunstformen in der *Sprachlehre* (1801–03) von August Ferdinand Bernhardi, mit dem Sophie seit 1799 verheiratet war. Bei der Übernahme der Dezimen-Form hält sich Schlegel an das spanische Vorbild, wählt aber statt der Assonanzen vier Reime nach dem Schema: abbaaccddc. Als Vers verwenden sowohl Schlegel als auch Sophie Bernhardi den trochäischen Viertakter. Jene Gedichtzeilen Tiecks, die Friedrich Schlegel als erster bemerkenswert gefunden hatte, ermöglichten durch ihre Versform die Fortführung in der Glosse.

Ludwig Tieck gestaltet seine *Glosse* ebenfalls nach dem vorgegebenen Muster. Vermutlich hat er sein Gedicht bald nach der Veröffentlichung der Vorbild-Stücke verfaßt. Das Reimschema wandelte er ab zu der Folge: abbaacdccd (in Str. 2: abbabcdccd). Im ganzen folgt er exakt dem Kunstprinzip der spanischen Glosse, die nach dem Erfinder Vicente Espinel auch als Espinela bezeichnet wird. Jeweils eine Zeile des Mottos wird am Ende der Dezimen wiederholt, so daß es als Thema und Schlußpointe neu wirksam wird und vom Ende her die Dezime und den ganzen Text der Glosse durchleuchtet. Damit glossiert der Dichter seinen eigenen, früher unabhängigen Text; er dichtet Lyrik über Lyrik.

Tiecks *Glosse* nimmt Abstand von den farbigen Bildern des *Töne*-Aufsatzes und entfernt sich auch von den Mustern der Durchführung, die seine Schwester Sophie und August Wilhelm Schlegel geschaffen haben. Weder die Höhen- und Wolkenlandschaft aus den *Phantasien über die Kunst* noch die Blumen-, Instrumenten- und Naturmetaphorik der unter Schlegels Namen allein veröffentlichten Glossen hat in den Dezimen Tiecks eine Fortführung gefunden. In der ersten Strophe der *Glosse* wird das Motto transformiert in eine Skala von Gefühlswörtern, die durch die Reihe »Schmerz« (5), »Leid(en)« (8, 11) und »Freuden« (10) bezeichnet ist. Im Vergleich zu den *Variationen* seiner Vorgänger bemerkt man an Tiecks Text einen Mangel an anschaulichen und dinghaften Bildern. Die erste Dezime gestaltet eine weit ausgreifende Wenn-dann-Periode, deren zeitlicher Sinn sich ins Unbestimmt-Iterative verflüchtigt, bis die Schlußzeilen sich in einer begründeten Folgerung auffangen. Durch Klopstocks Oden und Goethes *Werther*-Prosa ist der Gefühlswert einer solchen Satzkonstruktion vorgeprägt. Doch es fehlen bei Tieck die üblichen Naturbilder der Wenn-Gefüge; an ihre Stelle treten allgemeine Vorstellungen von bewegenden Gefühlen. Es zeigt sich auf der Ebene der Metaphorik jene »bemerkenswerte Unsinnlichkeit«, die Günther Müller in seiner *Geschichte des deutschen Liedes* für Tiecks Lyrik festgestellt hat (Müller, S. 267). Eine solche Aussage hat jedoch nur Gültigkeit in bezug auf mögliche Vorstellungsbilder, welche durch Vers, Strophe und Gedicht als visuell faßbare Gebilde evoziert werden können. Liest man Tiecks Dezimen im Sinn der Programmatik als rhythmische und klangliche Gebilde, so verändert sich der Befund. Vers- und Satzgliederung wirken zusammen, um der Strophe trotz des gleichbleibenden Viertakters eine variantenreiche rhythmische Linie zu geben, sei es durch die Mischung von unauffälligem und auffallendem Wortmaterial, sei es durch unterschiedliche Gewichte des Akzents, durch den Verlauf der Satzfügung oder auch durch rhetorische Mittel der Wiederholung und Parallelführung.

Eine leichte Komplizierung der Syntax mit rhythmischem Effekt ergibt sich in der ersten Dezime etwa durch den Einschub der wörtlichen Rede, durch die Umrahmung des Hauptsatzes mit unterschiedlichen Gliedsätzen, von denen der nachgestellte indirekte Fragesatz wegen des schon vorweggenommenen Objekts »keine Antwort« (9) höchst überraschend ist, und auch durch die Interpunktion, welche noch die drei letzten Zeilen der ersten Dezime in das Groß-

349

gefüge des Satzes hineinnimmt mit der Funktion einer Begründung für die Negation des Hauptsatzes, aber so, daß die logisch erforderliche Denn-Konstruktion ausbleibt und die Sätze sich frei und fast beziehungslos verselbständigen. Offensichtlich hat die verschlungene Satzfügung eine andere Bedeutung als die der logischen Gliederung. Mit ihren leisen Abweichungen lockt die Syntax in einen Sog der rhythmischen Linie und läßt Beziehungen hervortreten, die sonst in der Rede unbemerkt blieben: Beziehungen des Reimspiels der Glosse und Verknüpfungen der Aussagen durch Elemente des Wortklangs. Durchaus konsequent ist die Stimme des lyrischen Ich übersetzt in die Laute der Geister, die einerseits als Subjekt der Gefühle, andererseits als Objekt der Gefühlskundgabe fungieren. Sie vor allem scheinen die Kommunikation mit der von außen kommenden Stimme der Freunde zu bewirken. Wenn sich die Geister liebend binden, dann überschreiten sie die Möglichkeiten des Wortes und denken in Tönen. Der lyrische Vorgang des Bindens ist nicht nur für das Motiv der Liebe bezeichnend, sondern vor allem für die Poetik der Glosse, die hier als musikalisches Sprachspiel aufgefaßt ist.

Alle vier Dezimen folgen dem Prinzip des Themas. Sie erschaffen einen Komplex von nur ungefähr angedeuteten Gedankenfolgen, die immer aufs neue nach Möglichkeiten der Gefühlsübermittlung fragen. Das Schema der Frage und Antwort, das grammatisch in allen Strophen die Aussageform prägt, ist durch die Wortzeichen gewohnter Rede nicht erfüllbar. Darum die Negation in der ersten Dezime und die Vorschrift des Schweigens, des Stummbleibens, in der zweiten. Es entwickelt sich eine Opposition zwischen der gedanklich geprägten Rede und den Tönen des Gefühls. Zwar kann auch die Gebärde der Tränen den Gefühlen Ausdruck verleihen, wie es die dritte Dezime formuliert, aber das Kompositum und Reimwort »Gesangessüsse« (15), das in der eröffnenden Frage der zweiten Dezime auch als Subjekt mit der Tendenz zur Personifizierung noch weiter an Gewicht gewinnt, steht gleichsam in der Mitte des ganzen

Gedichts und führt markant die These des Mottos zu einem motivischen Höhepunkt. Nur im Gesang kann daher das »Lebenswort« (28) gewonnen werden, nach dem das lyrische Ich in der ein wenig pathetischer getönten Frage der dritten Strophe sucht. »Gesangessüsse« und »Lebenswort«, Neuschöpfungen Tiecks, bilden zugleich die Brennpunkte für die zentrale Achse dieses Gedichts. So sagt es dann auch die Schlußzeile, die wiederum gleichlautend ist mit dem dritten Vers des Mottos. Liebe ist nur mehr Chiffre für Musik, und in den Tönen des Gesanges erzeugt sich Liebe als Grundbefindlichkeit der Poesie.

Die vierte Dezime verdeutlicht am meisten das lyrisch-musikalische Gesetz der Rekurrenz. Leid und Freude, Trauer und Liebessüße, Tränen und tiefstes Sehnen, Liebesferne und Liebesnähe: das alles sammelt sich noch einmal in der offenen Frage der ersten Verse:

Will die Liebe in mir weinen,
Bringt sie Jammer, bringt sie Wonne,
Will sie Nacht sein, oder Sonne,
Sollen Glückessterne scheinen? (35–38)

Doch der Sinn liegt hier so wenig wie in den vorausgegangenen Versen mit gleichen oder ähnlichen Inhaltsmomenten darin, Spannungsbögen oder Kontraste des Liebesgefühls erlebnishaft elementar auszudrücken, auch nicht darin, das Liebesthema psychologisch auszuloten, sondern der Sinn zielt offenkundig darauf ab, ein vorgegebenes Wissen mit durchweg vertrauten Vokabeln neu in der Form zu arrangieren, so daß Gedanklichkeit sich auflöst und Raum frei wird für eine musikalische Variation des alten Themas. Diese erfüllt sich in Vokalreihen, Vokalwiederholungen, Abtönungen, Modulationen, bewußten Kombinationen und Alliterationen. So ist der erste Vers der vierten Dezime ganz auf den Vokal i gestimmt, der in das ei des Reimworts mündet. Auch im Fortgang der Strophe behält das i seine Bedeutung. Darum wird dann im zweiten Vers beim Verbum bewußt auf ›variatio‹ verzichtet. Das Reimwort »weinen« (35) verbindet sich mit »Nacht sein« (37); und »Wonne« (36) erhält seinen Klangraum mit der Lautfolge »oder Sonne, Sollen« (37 f.). Allenthalben werden durch scheinbare Sinnlosigkeiten Beziehungen eines musikalischen Sinnes erweckt, der sich vornehmlich in den Reimfindungen realisiert.

Was als Unsinnlichkeit, Unanschaulichkeit, Inhaltslosigkeit oder Mangel an visuell wirksamer Sprache erscheint, soll nach der Idee des Lyrikers Tieck rhythmisch-musikalische, melodisch und gesanghafte Wirkungen von Vers und Strophe verstärken. Die Beschränkung bei der Motivwahl fordert Wiederholung und Variation, lenkt das Interesse von der Syntax weg auf den Vers, den Reim und andere Mittel worthafter Klangverbindungen. Für das bewußte Absehen von den Regeln der Syntax und der Satzbegrenzung mag der zweite Abschnitt der dritten Dezime als Beispiel gelten:

Wenn dann alles will entweichen
Muß ich oft in Trauer wähnen
Liebe sei dem Herzen fern,
Dann weckt sie das tiefste Sehnen,
Sprechen mag sie nur in Thränen,
Nur in Tönen mag sie gern. (29–34)

Wiederum ist der Hauptsatz im Wenn-Gefüge von Gliedsätzen umrahmt, aber die Grenze zum Objektsatz bleibt offenkundig absichtlich unbezeichnet, um die beiden Verse enger zusammenzubinden, in denen der Dreiklang »Trauer«–»Liebe«–»Herz« aufklingt. Aus demselben Grunde wird das Satzende nach »fern« ignoriert und eine Fortführung geschaffen, die ganz einfach bei der Vorstellung der ferngerückten Liebe assoziativ anknüpft, um daraus, im Echoeffekt des erneuten und dennoch andersartigen »Dann«, die Entstehung der Sehnsucht abzuleiten. Und auch der Motivkomplex ›Trauer‹–›Liebesferne‹–›Tränen‹ kann durch die Aufhebung der Satzgrenze zusammenrücken. Als Satzfragment ist die Motto-Zeile des Schlußverses angehängt; aber sie greift zurück in den voraufgegangenen Vers und zwingt gegen alle Veränderung der Wortstellung das Verbum »spre-chen« in den Klangrahmen der Syntax. Für das Ohr reali-siert sich einmal die Beziehung »dem Herzen fern ... spre-chen ... mag sie gern«. Näher aber steht die Parallele, daß die sprechende Liebe sich »nur in Thränen«, »nur in Tönen« äußert. Die damit verbundene Ineinssetzung von »Thränen« und »Tönen« vertieft die Nennung der »süssen Töne« in der ersten Motto-Zeile zum Bittersüßen.

Ludwig Tieck hat für diese Art der Lektüre nicht nur in der *Glosse* selbst die Anweisung gegeben, sondern auch im Zusammenhang seines Nachdenkens über die Wirkung der mittelhochdeutschen Minnelyrik, mit der er sich während der Entstehungszeit des Gedichts intensiv befaßt hatte. Die von ihm veranstaltete Ausgabe *Die altdeutschen Minnelieder* (1803) legt davon Zeugnis ab. In der Vorrede zu dieser epochemachenden Edition entwickelt Tieck ausführlich seine Auffassung von lyrischer Musikalisierung. An den Formen der Kanzone und des Sonetts entdeckt er eine »zarte Künstlichkeit« der Komposition in den Klangwirkungen von Strophe und Reimbindung. Den Wohlklang der ganzen neueren Poesie glaubt er hier begründet zu finden; er erklärt die Entstehung und Kunst des Reims wie folgt:

Es ist nichts weniger, als Trieb zur Künstlichkeit oder zu Schwierig-keiten, welche den Reim zuerst in die Poesie eingeführt hat, sondern die Liebe zum Ton und Klang, das Gefühl, daß die ähnlich lauten-den Worte in deutlicher oder geheimnisvoller Verwandtschaft stehen müssen, das Bestreben, die Poesie in Musik, in etwas Bestimmt–Un-bestimmtes zu verwandeln. (I,199)

Unbekümmert um die Prosodie der Antike, vermische der reimende Dichter, so fährt Tieck in seinen Beobachtungen und Überlegungen fort, Längen und Kürzen willkürlich, um sich »dem Ideal einer rein musikalischen Zusammenset-zung« anzunähern. Das Fazit kann als präziser Kommentar zur *Glosse* gelesen werden:

Ein gereimtes Gedicht ist dann ein eng verbundenes Ganze, in welchem die gereimten Worte getrennt oder näher gebracht, durch

längere oder kürzere Verse auseinander gehalten, sich unmittelbar in
Liebe erkennen, oder sich irrend suchen, oder aus weiter Ferne nur
mit der Sehnsucht zu einander hinüber reichen; andere springen sich
entgegen, wie sich selbst überraschend, andere kommen einfach mit
dem schlichtesten und nächsten Reim unmittelbar in aller Treuher-
zigkeit entgegen. In diesem lieblichen labyrinthischen Wesen von
Fragen und Antworten, von Symmetrie, freundlichem Widerhall
und einem zarten Schwung und Tanz mannichfaltiger Laute schwebt
die Seele des Gedichts, wie in einem klaren durchsichtigen Körper,
die alle Theile regiert und bewegt, und weil sie so zart und geistig ist,
beinahe über die Schönheit des Körpers vergessen wird. (I, 199 f.)

Das Liebesmotiv, romantisch entfaltet, dient der metaphorischen Erfassung des neuen Formprinzips, entdeckt an den
Tieck zugänglichen Minneliedern und ausformuliert zu einer
Poetik des musikalischen Gedichts. Wie sich zeigt, geht es
dabei nicht allein um den Effekt der Reimklänge, sondern
um ein kompositorisches Aufspüren von Beziehungen man-
nigfacher Art, die immer auch Syntax, Rhythmus und Vers
zur Verwirklichung des strophischen Klangspiels einsetzen.
Die *Glosse* realisiert die romantische Poetik des Gedichts als
einen Tanz der Laute. Darum beschränkt sich der Autor auf
die wenigen vertrauten Motive, die schon in der europäischen Minnelyrik durchformuliert sind. Visuelle Vorstellungsbilder wären störend. Sie sind konsequent vermieden
oder werden durch die Textumgebung aus möglicher Anschaulichkeit in Musikalität überführt. So am Ende der
Glosse, wenn die Liebe das lyrische Ich »krönen« (41) will.
Das klangvolle Verbum stiftet fernab von jeder bildmäßig
gegenständlichen Vorstellung eine klangmotivische Kompo-
sitionseinheit mit den Worten »Tönen« und »verschönen«,
die sich als Wille der Liebe in einer höchst ambivalenten
Syntax und Metrik verwirklicht, freilich nur dann, wenn
man das Formprinzip der *Glosse* beim Lesen annimmt:

Denn die Liebe will mich krönen,
Und was sich an mir erfülle
Weiß ich das, es wird ihr Wille
Alles, was sie will, verschönen. (41–44)

Durch die syntaktische Anbindung an die Verbform »will«, durch die vage Gedanklichkeit der Rede, durch die Allgemeinheit der Aussagen und durch die kompositorische Einordnung in das Wille-Motiv verliert das Wort »krönen« hier seinen Bildsinn und bedeutet nur noch musikalische Liebeserfüllung im Reimspiel der *Glosse*. Es sind Klangerfindungen innerhalb des romantischen Literaturgesprächs. So bleibt das Gedicht offen für Fortsetzung oder Antwort und natürlich auch für die Parodie.

Ludwig Uhlands parodistisches Rollengedicht *Der Rezensent* beispielsweise, auch eine Glosse und im Erstdruck nur so betitelt, holt die Glossen der frühromantischen Dichter aus den Höhen der Künstlerkonversation herab in den Bereich des literarischen Marktbetriebs. Wiederum bilden Tiecks Motto-Verse das Thema; freilich ist die erste Zeile sinnverändernd entstellt: »Süße Liebe denkt in Tönen«. Dennoch trifft die rhetorisch pointierte Literaturkritik einige zentrale Punkte der romantischen Glossen-Kunst: den Unsinn der Motto-These, die Verhöhnung der Logik, die rätselhaften Momente des Reimspiels, die Leichtigkeit und die tanzhafte Form (»Duftig schwebeln, luftig tänzeln«) sowie das spanische Wesen. Gleichzeitig ist Uhlands Glosse Dokument einer nationalen Literaturauffassung auf der Linie der kanonisierten deutschen Klassik; denn gegen die »welsche Klangmethode« werden die »antiken Verskolosse« ins Feld geführt, gegen den tänzerischen Rhythmus die »stampfenden« Akzente und Takte verdeutschter Versfüße aufgeboten. Nur »im Hammerschlag und Dröhnen / Deutsch-hellenischer Camönen« soll Lyrik die Kraft zu Verschönerung haben (*Deutscher Dichterwald*, S. 129 f.).

Tiecks Gedicht hat seinen Ort im geselligen Umkreis einer gebildeten Künstlerkonversation und dient nicht zuletzt auch der romantischen Idee der Weltliteratur, indem hier die Glosse eine spanische Form für die deutsche Lyrik verfügbar macht. Tiecks anhaltendes Interesse an der spanischen Literatur belegt auch der Essay über den Erfinder der Glosse *Der spanische Dichter Vicente Espinel* in der Einleitung zu *Leben und Begebenheiten des Marcos Espinel* (1827; II,59–92).

Die lyrischen Klangexperimente Ludwig Tiecks sind zwar noch weit entfernt von modernen Kompositionstechniken, wie Mallarmé und Rimbaud sie begründet haben, aber als Poetik gelesen, greift die *Glosse* ebenso wie andere Gedichte Tiecks über die Romantik hinaus in eine spätere Phase der Dichtungsgeschichte und Kunstauffassung. Zusammen mit der *Vorrede* zu den *Minneliedern* und als Schlußstück eines Zyklus von Gedichten über die Musik, der schon in den Jahren 1803–05 für einen Almanach konzipiert war (vgl. Kluges Nachwort in: *Gedichte*, Bd. 3, S. 5), aber erst im zweiten Band der *Gedichte* Tiecks geschlossen erschienen ist, darf man das Gedicht *Glosse* als einen Vorgriff auf moderne Entwicklungen begreifen. Schopenhauers Idee der Musik als »Abbild des Willens selbst«, seine Beschreibung musikalischer Strukturen als rasche Übergänglichkeit im System von Wunsch und Befriedigung und seine Auffassung, daß unter den Künsten die Musik am meisten befähigt ist, »uns die innerste Seele der Vorgänge und Begebenheiten« kennen zu lehren (Schopenhauer, S. 324–330), konnte unmittelbar an Tiecks Musikalisierungskonzept anknüpfen. Bedeutsamer aber erscheint im Vorblick auf die Entwicklung in der Musikgeschichte die konsequente Austauschbarkeit von Thema und Variation, wie sie im Gedicht *Glosse* durchgeführt ist (vgl. Frank, S. 178–187, zum *Mondscheinlied* Tiecks). Modernen Linien der lyrischen Inspiration folgt auch die inhaltliche Auflösung des lyrischen Subjekts. Zwar bleibt es als formales Funktionselement noch erhalten, aber es hat die Konturen einer charakteristischen Individualität und eines in der Gestalt des Ich ergriffenen einmaligen Erlebnisaugenblicks ganz bewußt aufgelöst, um als melodische Strömung des Gefühls wirksam werden zu können. So verwirklicht die *Glosse* als lyrisches Experiment überzeugend Tiecks Grundsatz der »beweglichen Imagination« in der Form eines Variationsspiels, das den Weg zu Wagners Kompositionsprinzip der »unendlichen Melodie« weist.

Anders als Wagner zielt Tiecks Verfahren jedoch nicht auf ein konstruktives und weltanschaulich befrachtetes Gesamtkunstwerk: Der romantische Lyriker wählt statt eines Systems der Gedanken die Kunst der Töne, die ihm Traditionen der Weltliteratur neu und produktiv erschließt.

Zitierte Literatur: Briefe an Ludwig Tieck. Ausgew. und hrsg. von Karl von Holtei. Bd. 3. Breslau 1864. – Deutscher Dichterwald. Von Justinus Kerner, Friedrich de la Motte Fouqué, Ludwig Uhland und Andern. Tübingen 1813. – Europa. Eine Zeitschrift. Hrsg. von Friedrich Schlegel. Frankfurt a. M. 1803. – Manfred FRANK: Die unendliche Fahrt. Frankfurt a. M. 1979. – Günther MÜLLER: Geschichte des deutschen Liedes vom Zeitalter des Barock bis zur Gegenwart. München 1925. – Ludwig TIECK: Gedichte. [Siehe Textquelle.] – Ludwig TIECK: Kritische Schriften. 2 Bde. Leipzig 1848. [Zit. mit Band- und Seitenzahl.] – Arthur SCHOPENHAUER: Die Welt als Wille und Vorstellung. Teilbd. 1. Zürich 1977. – Wilhelm Heinrich WACKENRODER: Werke und Briefe. Heidelberg 1967.
Weitere Literatur: Emil HÜGLI: Die romanischen Strophen in der Dichtung deutscher Romantiker. Zürich 1900. – Renate KIENZERLE: Aufbauformen romantischer Lyrik aufgezeigt an Tieck, Brentano und Eichendorff. Diss. Tübingen 1946. – Uwe SCHWEIKERT (Hrsg.): Dichter über ihre Dichtungen. Bd. 9: Ludwig Tieck. 3 Bde. München 1971. – Gerhard KLUGE: Idealisieren – Poetisieren. Anmerkungen zu poetologischen Begriffen und zur Lyriktheorie des jungen Tieck. In: Jahrbuch der Deutschen Schillergesellschaft 13 (1969) S. 308–360.

Johann Wolfgang Goethe

Hatem.

Locken! haltet mich gefangen
In dem Kreise des Gesichts!
Euch geliebten braunen Schlangen
Zu erwiedern hab' ich nichts.

5 Nur dies Herz es ist von Dauer,
Schwillt in jugendlichstem Flor;
Unter Schnee und Nebelschauer
Rast ein Aetna dir hervor.

Du beschämst wie Morgenröthe
10 Jener Gipfel ernste Wand,
Und noch einmal fühlet Hatem
Frühlingshauch und Sommerbrand.

Schenke her! Noch eine Flasche!
Diesen Becher bring ich Ihr!
15 Findet sie ein Häufchen Asche,
Sagt sie: der verbrannte mir.

Suleika.

Nimmer will ich dich verlieren!
Liebe giebt der Liebe Kraft.
Magst du meine Jugend zieren
20 Mit gewaltiger Leidenschaft.
Ach! wie schmeichelt's meinem Triebe,
Wenn man meinen Dichter preist:
Denn das Leben ist die Liebe,
Und des Lebens Leben Geist.

Abdruck nach: Goethe: West-östlicher Divan. Krit. Ausg. der Gedichte mit textgeschichtlichem Komm. hrsg. von Hans Albert Maier. 2 Bde. Tübingen: Niemeyer, 1965. [Bd. 1:] Text. S. 153.
Erstdruck: Johann Wolfgang von Goethe: West-oestlicher Divan. Stuttgart: Cotta, 1819.

Gisela Henckmann

Zu Goethes *Divan*-Gedicht
Locken! haltet mich gefangen

Das Gedicht stammt aus dem *Buch Suleika*, einem der zwölf Gedichtbücher des *West-östlichen Divan*, den Goethe vor allem in den Jahren 1814 und 1815 niederschrieb. Der *Divan*, persisch ›Versammlung‹ oder auch ›Gedichtsammlung‹, ist aus der geistigen Begegnung Goethes mit dem persischen Dichter Hafis hervorgegangen, dessen Werk er aus der Übersetzung von Hammer-Purgstall näher kennengelernt hatte. Diese Begegnung führte über den als wesensverwandt empfundenen ›Zwilling‹ Hafis zu einer intensiven Auseinandersetzung mit orientalischer Dichtung und Kultur, die sich im Prosateil des *Divan* dokumentiert. Im Gedichtteil erscheint sie als Aufbruch aus der ›zersplitternden‹ westlichen Welt in die ursprünglichere und reinere des Orients, wo der Dichter unter »Lieben, Trinken, Singen« Verjüngung und neues Leben gewinnt. Das *Buch Suleika*, das einzige, das Goethe selbst als abgeschlossen bezeichnet hat, läßt sich als Kernstück des *Divan* ansehen, ein Zyklus im Zyklus, der sich aus der dialogischen Grundstruktur des Liebesgesprächs aufbaut. Die sorgfältige Anordnung bewirkt ein dichtes Verweisungsgefüge, in dem das einzelne Gedicht erst durch den Zusammenhang im Buch seinen vollen Sinn erschließt. Es ist daher nicht problemlos, ein einzelnes Gedicht aus dem Zyklus herauszulösen. Es soll

359

dennoch versucht werden, den Kontext nur soweit einzube-
ziehen, als es zum Verständnis notwendig ist.

Das Gedicht präsentiert sich als Dialog in zwei Teilen unter
einem männlichen und einem weiblichen Sprechernamen,
Hatem und Suleika, die auf den Orient verweisen. (Zur
Präsentation in zwei Gedichten vgl. Solms, S. 104 f.) Der
Hatem-Part umfaßt sechzehn Verse, die in vier Strophen
gegliedert sind, der Suleika-Part acht Verse ohne Unterglie-
derung, aber mit syntaktischem und semantischem Ein-
schnitt nach dem vierten Vers. Die Strophen enthalten jeweils vier Verse mit vier Hebungen, sie bilden abwech-
selnd männliche und weibliche Endungen mit regelmäßigem
Kreuzreim, bis auf eine Ausnahme, von der noch die Rede
sein wird. Sie entsprechen der Volksliedstrophe, erinnern
mit ihrer trochäischen Füllung aber auch an die bevorzugte
Strophe der Anakreontik. Ein einfaches, liedhaftes, traditio-
nelles metrisches Schema also, das besonders im Hatem-Part
in starken Kontrast zu der komplexen, bilderreichen und
verschlüsselten Redeweise steht.

Bereits die Sprechsituation ist komplizierter, als es die
äußere Anordnung erwarten läßt. In den ersten drei Strophen scheinen beide Sprecher anwesend zu sein, die Partnerin wird in direkten und indirekten Anreden immer wieder
in das Sprechen Hatems einbezogen. Erst die vierte Strophe
erhellt schlaglichtartig die eigentliche Situation: Hatem sitzt
in der Schenke wie so oft im *Divan*, die Gegenwart der
Geliebten war eine beim Wein beschworene Vision. Da
Suleika dennoch genau auf Hatems Verse antwortet, ließe
sich an einen Briefaustausch der Gedichte denken. Zugleich
deutet sich aber auch eine andere Ebene der Gegenwärtigkeit
der beiden Liebenden an, die zeit- und ortlos ist. Sie wird im
Buch Suleika nach schmerzlichem Wechsel von Trennung
und Wiederbegegnung erst im Abschlußgedicht an die »All-
gegenwärtige« endgültig erreicht.

Die ersten drei Strophen des Hatem-Parts bilden durch das
Beziehungsgeflecht der Metaphorik einen engen Zusammenhang. Es beginnt mit einer Anrede an die Locken der Ge-

liebten, einer Synekdoche. Die Bitte des Sprechers, ihn »In dem Kreise des Gesichts« (2) gefangenzuhalten, übernimmt den alten literarischen Topos von der Liebe als freiwilliger Gefangenschaft und konkretisiert ihn im Bild. Die Locken umgrenzen den ›Ort‹ der Gefangenschaft, der in einer früheren Fassung als »Kercker des Gesichts« noch stärker betont war, während »Kreis« in der Form des Gesichts einen magischen Bannkreis andeutet. Die metaphorische Umwandlung der Locken in Schlangen – ein gebräuchliches Bild der orientalischen Liebeslyrik – verselbständigt sie zu Wesen, die Gefahr und Versuchung signalisieren. Aber wie das entsprechende Reimwort »gefangen« werden auch sie durch den Kontext positiv bestimmt. Daß den braunen Locken darüber hinaus noch ein anderer Zeichencharakter zukommt, zeigt sich erst in der Relation zur nächsten Strophe. Hier wird ihnen ein zunächst nicht näher bestimmter Wert zugesprochen, dem der Sprecher nichts entgegenzusetzen hat; »nichts« (4) wird durch die Endstellung syntaktisch und metrisch besonders betont.

Aber schon der kontradiktorische Einsatz der nächsten Strophe zeigt, daß dieses »nichts« so endgültig nicht verstanden werden darf. Als Gegengewicht zu den Locken nennt der Sprecher, zögernd zunächst, sein »Herz« (5). Wie die Locken für das Du, so ist das Herz als Synekdoche für das Ich eingesetzt. Aber die oppositionelle Verwendung deutet auf einen weiteren Sinn, der sich bei »Herz« aus dem Sprachgebrauch unmittelbar ergibt: Herz ist Metonymie für Gefühl. Die dem Herzen zugeschriebene Eigenschaft, »von Dauer« (4) zu sein, wird durch die folgenden Bilder erläutert. Nicht Dauer im Sinne von Unwandelbarkeit ist hier gemeint, sondern gerade die Fähigkeit zur Verwandlung, die sich im Prozeß der Bildentfaltung als Naturmacht darstellt. »Schwillt« und »Flor« (6) verweisen auf die pflanzliche Natur in der Phase ihrer Erneuerung im Frühling, das Attribut »jugendlichst« nennt ihre metaphorische Bedeutung, läßt aber auch im ungebräuchlichen Superlativ erkennen, daß diese Jugendlichkeit nicht selbstverständlich ist, daß sie betont werden muß. Auch das nächste Bild bleibt im Bereich der Natur, drängt aber über die vegetabile Sphäre hinaus in die des Elementaren; aus dem stillen Vorgang des Blühens wird ein eruptiver Vulkanausbruch, aus »schwellen« wird »rasen« (8). Beide Vorgänge bleiben metaphorisch auf das Herz bezogen, drücken damit also einen veränderten bzw. gesteigerten Gefühlszustand aus. Haben wir es mit dem Bild des Schwellens und Blühens für Jugend und jugendliche Liebe noch mit einer gebräuchlichen Metaphorik zu tun, so ist das folgende Bild – das auf eine orientalische Anregung zurückgeht (vgl. Mommsen, S. 168 ff.) – ungewöhnlich und kühn. Es setzt sich aus zwei Gliedern zusammen, die über zwei Verse verteilt sind: »Schnee und Nebelschauer« (7) und der darunter hervorrasende Ätna (8). Der Ätna ist als Bild einer Leidenschaft, die Urgewalt und Gefahr signalisiert, unmittelbar evident. Schwerer erschließt sich die Bedeutung des erstgenannten Bildteils. »Schnee und Nebelschauer« sind auf der Bildebene oberhalb des Ätna lokalisiert und lassen an einen schneebedeckten Gipfel denken – Goethe hatte den Ätna wolken- und schneebedeckt erlebt (vgl. den Eintrag vom 30. April 1787 in der *Italienischen Reise*) – sie stehen aber mit der Konnotation Kälte/Nässe auch in Opposition zur Glut des Vulkanausbruchs. Zugleich setzt sich darin die Jahreszeitenmetaphorik des vorangehenden Verses fort, woraus sich die Opposition Frühling/Jugend – Winter/Alter ableiten läßt. Analog zur Relation Ätna/Herz ließe sich auch eine Entsprechung von »Schnee und Nebelschauer« zum menschlichen Körper erwarten. Dieses Bild steht im dritten Vers der zweiten Strophe. Im dritten Vers der ersten Strophe ist von den braunen Lockenschlangen der Partnerin die Rede, ohne daß sich dort eine besondere Bedeutung der Farbbenennung erkennen läßt. Die Farbe von »Schnee und Nebelschauer« ist weiß oder weiß-grau. Zusammen mit der metaphorischen Beziehung Winter/Alter und der aus der Bildebene übertragenen Lokalisierung oberhalb des Herzens ergeben sich verschlüsselte Hinweise auf die weißen Haare des Sprechers. Dadurch werden die braunen Locken nachträglich zum Zeichen von Jugend. Das so zunächst verrätselte Thema einer Liebesbeziehung zwischen einem alten Mann und einer jungen Frau, auf das der Leser des ganzen *Divan* allerdings bereits vorbereitet ist (vgl. besonders das Gedicht *Phaenomen* im *Buch des Sängers*), gibt der Sprecher hier erst zu erkennen, nachdem er die Opposition Alter/ Jugend auch in sein eigenes Ich verlegt und im Ätna-Bild aufs Äußerste gesteigert hat.

Die nächste Strophe beginnt mit einer deutlichen Zurücknahme des Übermutes: »Du beschämst ...« (9). Das Ätna-Motiv wird weitergeführt, aber gleichsam aufgespalten. In »Jener Gipfel ernste Wand« (10) erweitert sich der sizilianische Berg in eine Hochgebirgslandschaft. Durch das Demonstrativpronomen »jener« rückt sie der Sprecher weit von sich ab, und nur durch den Kontext wird klar, daß wir es auch hier mit einer Selbstdarstellung zu tun haben, in der die Altersmetaphorik fortgesetzt wird. Das Bild zeigt die Problematik dieser Lebensphase genauer und individueller: Es konnotiert Größe, Erhabenheit, aber auch Einsamkeit, Starre und Undurchdringlichkeit, unterstrichen durch das personalisierende Attribut »ernst«. Licht, Wärme und Farbe gehen hier vom Du aus, das über den Vergleich mit der Morgenröte ins Bild hineingenommen wird. »Du beschämst« entspricht auf der Bildebene dem durch die Morgenröte bewirkten ›Erröten‹ der Bergwand, auf der Bedeutungsebene ist es ein zarter Hinweis darauf, daß alles neue Leben, dessen sich der Sprecher vorher gerühmt hatte, von der Geliebten ausgeht. – Hier hat die räumliche Ausweitung der metaphorischen Bilderkette ihren Höhepunkt erreicht. So großartig sich das Ich darin selber darstellt, das Du erhält als kosmische Naturerscheinung einen höheren Platz in dieser Bildwelt. – In der Wiederaufnahme der Jahreszeitenmetaphorik fassen die letzten beiden Verse die Bildaussagen zusammen: Im Bewußtsein des Alters (11: »noch einmal«) steigert sich das Gefühl, indem es mehrere Lebensphasen zugleich umschließt. Diese ›Summe‹ der metaphorischen Aussagen ist mit einem Reimspiel verbunden: Der am Ende von Vers 11 genannte Name des Sprechers fällt auffallend aus dem sonst streng eingehaltenen Reimschema heraus; »Morgenröthe« reimt nicht auf Hatem, wohl aber auf Goethe. Damit wird der fiktionale Raum des Gedichtes für einen Augenblick durchbrochen und persönliches Erleben spielerisch ver- und enthüllt.

Als bedürfe es gerade hier einer besonderen Distanzierung, setzt die vierte Strophe in burschikoser Tonart mit Blickwechsel auf die Schenkenszene ein, die als plötzlich auftauchender Hintergrund alles bisher Gesagte als Weinrauschphantasie erscheinen läßt. Die Szene wird durch drei Ausrufe Hatems umrissen: Zweimal wendet er sich an den bisher nicht erwähnten, aber ›real‹ anwesenden Schenken um eine neue Flasche Wein, im dritten bringt er der bisher angesprochenen, aber ›real‹ abwesenden Suleika einen Becher davon dar. Dabei wird potentiell die ganze vorher aufgebaute Bilderwelt ad absurdum geführt: Der Brand wird zum Verbrennen, von der großartigen Selbstdarstellung in Ätna und Hochgebirge bleibt ein Häufchen Asche, das die Geliebte, will man dem Zitat des Sprechers Glauben schenken, mit dem Gleichmut einer Göttin als Opfergabe annimmt. Doch auch diese tragische Möglichkeit wird relativiert durch den Humor der Darstellung, durch den Widerspruch zur Situation des weinselig in der Schenke sitzenden Sprechers. – Die Wendung zur Schenkenszene ist also kein Stimmungsbruch im Sinne der späteren Lyrik Heines. Die Ironie zerstört nicht, sondern verbindet nach orientalischem Muster verschiedene Wirklichkeitsebenen miteinander. Die Schenkenwelt ist der gesellige Gegenpol zur Suleika-Liebe, in der sich die anakreontische Daseinsfreude in »Lieben, Trinken, Singen« entfaltet.

Hatems Gedichtpart zeigt seine Altersliebe, geprägt von Leidenschaft und Bewußtsein, verjüngtem Leben und selbstironischer Distanz, tragischer Gefährdung und spielerischem Übermut, getragen von einem alle Gegensätze versöhnenden Humor. Aber bei aller Hinwendung zur Partnerin ist diese Darstellung einseitig. Von der angesprochenen

Frau erfährt man wenig: ihre Jugend, die Farbe ihrer Haare, ihre Wirkung auf den Sprecher; aber nichts über ihr Gefühl, ihre Gedanken, ihre Einstellung zu dieser Liebe. Die Ganzheit, die Erfüllung der Liebe zeigt sich erst im Sprechen beider Partner. Suleikas Dialogpart ist genau auf den Hatems bezogen, aber in durchaus eigenständiger Weise: Sie schält aus seinen Bildern, Verrätselungen und spielerischen Umschreibungen den gedanklichen Kern heraus und beantwortet ihn aus ihrer Sicht in eindeutiger, z. T. maximenhaft verkürzter Sprache. – Mit lebhaftem Einspruch – syntaktisch und metrisch betont durch die Anfangsstellung von »Nimmer« (17) – knüpft sie an seine beiden Schlußverse an und nimmt damit die übermütig umspielte Möglichkeit des Liebestodes ernst. Sie reagiert also nicht als gleichmütige Göttin, wie er es ihr provozierend unterstellt hatte, sondern als liebende Frau, die sich auf die Kraft der wechselseitigen Liebe beruft. In Vers 19 greift sie ihrerseits das Thema des Altersunterschiedes auf und nimmt die für ihre Jugend dargebotene »gewaltige Leidenschaft« (20) nicht nur an, sondern bezeichnet sie sogar als Zierde. Das wirkt zunächst befremdend und wird erst klar durch den Hinweis auf Hatems Dichtertum in Vers 22: Leidenschaft kann »zieren« (19), wenn sie Dichtung wird. (Der Vergleich von Gedichten mit Perlen und Schmuck findet sich nach orientalischem Muster mehrfach im *Divan*.) »Zieren« korrespondiert mit »schmeicheln« (21), womit Suleika emphatisch das Lob ihres Dichters durch die Öffentlichkeit (22: »man«) auch auf sich selbst bezieht. In seiner Dichtung wird sie – das ist im zyklischen Kontext das Thema des vorausgehenden Gedichts – als ideale Geliebte verherrlicht und erregt damit den Neid der anderen Mädchen. Aber nicht darum geht es ihr; Doppelpunkt und kausale Verknüpfung weisen auf die Begründung in den nächsten Versen. Wenn Suleika hier zunächst Leben und Liebe gleichsetzt, so formuliert sie damit als Sentenz, was Hatem metaphorisch als Erfahrung neuen Lebens aus der Liebe umschreibt. Doch Suleika geht noch darüber hinaus: In maximenhafter Pointierung nennt sie den Geist als Ursache und zugleich Quintessenz des Lebens wie der Liebe. Hatem hatte die Liebe als Naturphänomen dargestellt, aber durch die Darstellung als Gedicht auch ihre geistige Potenz bezeugt. In Suleikas Part wird dieser Zusammenhang selbst zum Thema. Hatems Dichterruhm ist für sie die objektivierende Bestätigung ihrer gegenseitigen Liebe als Geist. – Auf dieser Ebene wird das Jugend-Alter-Problem gegenstandslos; das zeigt sich auch im Rollentausch gegenüber den ›normalen‹ Erwartungen: Hatem, der Alte, der Mann, betont das Gefühl und die Natur der Liebe, Suleika, die junge Frau, den Geist. »Sie, die Geistreiche, weiß den Geist zu schätzen, der die Jugend früh zeitigt und das Alter verjüngt«, heißt es in den *Noten und Abhandlungen zu besserem Verständnis des west-östlichen Divans* über sie.

Über die Motivkreise ›Orient‹, ›Verjüngung‹, ›Lieben, Trinken, Singen‹, ›Dichtung und Gesellschaft‹, über die Metaphorik, die Neigung zum Spruch, über Ironie und Humor ist das Gedicht mit dem ganzen *Divan* verbunden. In seiner spezifischen dialogischen Struktur, der Verbindung von Leidenschaft und Geist, Erlebnis und Distanz, Liebe und Dichtung, naturhafter Bestimmung und freiem Spiel, das auch tragische Möglichkeiten einbezieht, ist es typisch für das Buch Suleika.

Damit zeigt es, bei aller Besonderheit, auch zeittypische literarische Tendenzen der beginnenden Restauration: die Flucht aus der Zeit (Orient), die Wiederaufnahme anakreontischer Motive, die Abkehr von der reinen Erlebnislyrik durch die vielfachen Distanzierungen und Rückbindung der Dichtung an Gesellschaft und Geselligkeit.

Über das Reimspiel – das einzige dieser Art im *Divan* – weist das Gedicht auch auf seinen biographischen Hintergrund. Daß Goethe unter dem Namen »Hatem« seinen eigenen versteckt, haben zeitgenössische Leser (z. B. Rükkert, Simrock) nach Erscheinen des *Divan* durchaus wahrgenommen. Aber erst fünfzig Jahre später enthüllte Herman Grimm, daß hinter »Suleika« Marianne von Willemer stand, die selbst einige der schönsten Gedichte des *Buches Suleika* verfaßt hat. Das *Buch Suleika* ist also auch ein ›echter‹ poetischer Liebesdialog und damit einmalig in Goethes Liebeslyrik. Der Suleika-Part unseres Gedichtes ist nach Lage der Handschriften von Goethe geschrieben. Doch gehört er sowohl der Entstehungszeit wie der Thematik nach wohl zu dem, was Marianne nach ihren eigenen Worten »angeregt, veranlaßt und erlebt« hat (Grimm, S. 275).

Zitierte Literatur: Herman GRIMM: Goethe und Suleika. In: H. G.: Fünfzehn Essays. 2., verm. Aufl. der Neuen Essays. Berlin 1874. S. 258–287. – Katharina MOMMSEN: Goethe und Diez. Quellenuntersuchungen zu Gedichten der Divan-Epoche. Berlin [West] 1961. S. 168–180. – Wilhelm SOLMS: Interpretation als Textkritik. Zur Edition des West-oestlichen Divans. Heidelberg 1974.
Weitere Literatur: Paul BÖCKMANN: Die Heidelberger Divan-Gedichte. In: Goethe und Heidelberg. Hrsg. von der Direktion des Kurpfälzischen Museums. Heidelberg 1949. S. 204–239. – Ingeborg HILLMANN: Dichtung als Gegenstand der Dichtung. Untersuchungen zum Problem der Einheit des West-östlichen Divans. Bonn 1965. – Gisela HENCKMANN: Gespräch und Gesellligkeit in Goethes »West-östlichem Divan«. Stuttgart 1975.

Friedrich Hölderlin

Der blinde Sänger

Ελυσεν αινον αχος απ' ομματων Αρης
Sophokles

Wo bist du, Jugendliches! das immer mich
   Zur Stunde wekt des Morgens, wo bist du, Licht!
     Das Herz ist wach, doch bannt und hält in
       Heiligem Zauber die Nacht mich immer.

5 Sonst lauscht' ich um die Dämmerung gern, sonst harrt'
   Ich gerne dein am Hügel, und nie umsonst!
     Nie täuschten mich, du Holdes, deine
       Boten, die Lüfte, denn immer kamst du,

Kamst allbeseeligend den gewohnten Pfad
10   Herein in deiner Schöne, wo bist du, Licht!
     Das Herz ist wieder wach, doch bannt und
       Hemmt die unendliche Nacht mich immer.

Mir grünten sonst die Lauben; es leuchteten
   Die Blumen, wie die eigenen Augen, mir;
15   Nicht ferne war das Angesicht der
       Meinen und leuchtete mir und droben

Und um die Wälder sah ich die Fittige
   Des Himmels wandern, da ich ein Jüngling war;
     Nun siz ich still allein, von einer
20   Stunde zur anderen und Gestalten

Aus Lieb und Laid der helleren Tage schafft
   Zur eignen Freude nun mein Gedanke sich,
     Und ferne lausch' ich hin, ob nicht ein
       Freundlicher Retter vieleicht mir komme.

Dann hör ich oft die Stimme des Donnerers
    Am Mittag, wenn der eherne nahe kommt,
        Wenn ihm das Haus bebt und der Boden
            Unter ihm dröhnt und der Berg es nachhallt.

Den Retter hör' ich dann in der Nacht, ich hör'
    Ihn tödtend, den Befreier, belebend ihn,
        Den Donnerer vom Untergang zum
            Orient eilen und ihm nach tönt ihr,

Ihm nach, ihr meine Saiten! es lebt mit ihm
    Mein Lied und wie die Quelle dem Strome folgt,
        Wohin er denkt, so muß ich fort und
            Folge dem Sicheren auf der Irrbahn.

Wohin? wohin? ich höre dich da und dort
    Du Herrlicher! und rings um die Erde tönts.
        Wo endest du? und was, was ist es
            Über den Wolken und o wie wird mir?

Tag! Tag! du über stürzenden Wolken! sei
    Willkommen mir! es blühet mein Auge dir.
        O Jugendlicht! o Glük! das alte
            Wieder! doch geistiger rinnst du nieder

Du goldner Quell aus heiligem Kelch! und du,
    Du grüner Boden, friedliche Wieg'! und du,
        Haus meiner Väter! und ihr Lieben,
            Die mir begegneten einst, o nahet,

O kommt, daß euer, euer die Freude sei,
    Ihr alle, daß euch seegne der Sehende!
        O nimmt, daß ichs ertrage, mir das
            Leben, das Göttliche mir vom Herzen.

Abdruck nach: Hölderlin: Sämtliche Werke. Große Stuttgarter Ausgabe. Hrsg. von Friedrich Beißner. Stuttgart: Cotta (seit 1968: Kohlhammer), 1943 ff. Bd. 2,1. 1951. S. 54 f.
Entstanden: Wohl im Sommer 1801.
Erstdruck: Friedrich Hoelderlin: Gedichte. Hrsg. von Ludwig Uhland und Gustav Schwab. Stuttgart/Tübingen: Cotta, 1826.

Lawrence Ryan

Hölderlins »tragische Ode« *Der blinde Sänger*

In doppelter Hinsicht stellt *Der blinde Sänger* Hölderlins Bild eines modernen Dichtertums dar, das sich in Abhebung vom antiken Vorbild konstituiert. Schon das Motiv des blinden Sängers selbst – darauf spielt bereits das Gedichtmotto an – geht eindeutig auf die Antike zurück. Formal ist aber nicht nur die äußerliche Anknüpfung an die antike Überlieferung zu nennen, die in der Verwendung der alkäischen Strophenform ihren Ausdruck findet, sondern auch die historische Notwendigkeit einer der Tradition zwar verpflichteten, über diese aber bewußt hinausgehenden Ausprägung jener Gedichtart. Insofern nämlich für Hölderlin jede literarische Gattung von ihren Entstehungsbedingungen mit geprägt ist, läßt sich Formales nicht abstrakt, sondern nur in seinem Zeitbezug erfassen. So hat er die ›großen‹ Formen der Tragödie und des Heldenepos der griechischen Antike zugeordnet: diese »alten klassischen Formen« sind »so innig ihrem Stoffe angepaßt [...], daß sie für keinen andern taugen« (Brief an Neuffer vom 3. Juli 1799, VI,339). Wie etwa »das große Epos [...] vom übersinnlichsten poëtischen Stoff ausgeht« und eigentlich keinem irdischen Helden, sondern »dem Vater Jupiter [...] zu Ehren gesungen« ist (wie Hölderlin in seiner Rezension zu Siegfried Schmids Schauspiel *Die Heroine* ausführt, IV,289), so ist auch die

Tragödie von einer Begegnung zwischen Gott und Mensch geprägt, bei welcher »das Ungeheure, wie der Gott und Mensch sich paart, und gränzenlos die Naturmacht und des Menschen Innerstes im Zorn Eins wird, dadurch sich begreift, daß das gränzenlose Einswerden durch gränzenloses Scheiden sich reiniget« (V,201; ähnlich V,269). Solche ›ursprünglichen‹ Formen sind aber der gegenwärtigen Zeit nicht mehr angemessen, der das »Ideal eines lebendigen Ganzen« (VI,339) fehlt und die ihre dichterischen Stoffe »am meisten aus der Würklichkeit« (IV,289) zu nehmen hat. Dazu rechnet Hölderlin die Idylle (episch), die Komödie (dramatisch) und die Elegie (lyrisch), die bei aller formalen Verwurzelung in der antiken Dichtung doch erst in der neueren Zeit ihre dichtungsgeschichtlich bedeutsamste Ausprägung erlangt haben.

Wie ist es nun um die Ode bestellt? Um jene Form also, die zwar ohne den am Horazischen Vorbild geschulten, strengen ›gesetzlichen Kalkül‹ nicht zu denken wäre, andererseits aber zumindest als Vorstufe zum »hohen und reinen Frohloken vaterländischer Gesänge« (Brief an Friedrich Wilmans vom Dezember 1803, VI,436) zu gelten scheint, in dem Hölderlin die Eigenart der modernen Dichtung immer deutlicher erblickt. Seine erst nach langem ›Laborieren‹ gewonnene Einsicht in den Unterschied von Griechischem und ›Hesperischem‹ hat Hölderlin schon Ende 1801 formuliert (vgl. Brief an Casimir Ulrich Böhlendorff vom 4. Dezember 1801, VI,425–427); aber schon im Zeitraum 1799 bis 1801, in dem die meisten der mit dem *Blinden Sänger* kongruenten Oden entstanden sind, ging ihm an den zu keinem gerundeten Abschluß führenden Arbeiten am Empedokles-Stoff die Unmöglichkeit einer Nachahmung der antiken tragischen Form und somit die grundsätzliche Verschiedenheit auf. Auf dieser Entwicklungsstufe wurde ihm die Ode eine Zeitlang zur gültigsten Ausprägung des auf seine historischen Voraussetzungen reflektierenden modernen Dichtertums. Die Form der Ode ist als eine in ihren wesentlichen Zügen sich gleich bleibende Struktur zu verstehen, die in ihrem die

Form erst begründenden thematischen Bezug das Leben und Leiden des Dichters, dem die Zerrissenheit der eigenen Zeit zum Schicksal wird, mit jenem »Rühmen« des »Höhern« (vgl. I,312) zu verbinden bestrebt ist, das Hölderlin als die Grundlage seines »Dichterberufs (II,46) umschreibt. Hinzu kommt noch, daß es zu seiner Bestimmung der Ode auch gehört, das Erbe des ›Tragischen‹ anzutreten, das sich der adäquaten dramatischen Ausprägung entzieht. Wird im Aufsatz *Grund zum Empedokles*, der es unternimmt, das »tragische dramatische Gedicht« (IV,150) zu begründen, diesem als eine Art Kontrafaktur eine Darlegung des Baugesetzes der »tragischen Ode« (IV,149) vorangestellt, so dürfen wir im Hinblick auf das respektive Gelingen des lyrischen und des dramatischen Ansatzes die Akzentuierung umkehren und in der ›tragischen Ode‹ die am ehesten der Problematik des modernen Dichtens gerecht werdende Dichtart erkennen. Im *Blinden Sänger* profiliert sich diese historisch bedingte Notwendigkeit und Gültigkeit der Odenform fast am deutlichsten.

Diese Form ist nun von ihrem Inhalt her zu begründen, von der Blindheit des Sängers und seinem Erwachen zu neuem Sehen. Beides gehört zu seinem Wesen. Zur Verdeutlichung dieses Komplexes wäre an den aus der Antike überlieferten Topos des blinden Sehers zu erinnern, der auch sonst in Hölderlins Werk anklingt. Es liegt nahe, an den verblendeten Seher Tiresias zu denken, der in dem auch von Hölderlin übersetzten *Oedipus* des Sophokles weissagend auftritt und dessen Blindheit die Bestrafung für sein anmaßendes Wissen bildet, um sich damit als Bedingung seines Prophetentums zu erweisen. Der von »göttlichem Wahnsinn« (V,278) befallene Ajax, der in seiner Blindheit die Viehherde, die er für seine Gegner nimmt, niedermetzelt, wird gleich Hölderlins blindem Sänger von seiner Blindheit erlöst – darauf spielt der von Hölderlin als Motto zitierte Vers an: »Gelöst hat den grausamen Kummer von den Augen Ares«. Es dürfte allerdings auch zum Verständnis von Hölderlins Ode nicht unwichtig sein, daß bei aller Versöhnung mit den Göttern

wie mit den griechischen Landsleuten, mit denen er im
Hader gelegen hat, Ajax schließlich doch seinem gekränkten
Ehrgeiz nur dadurch genügen kann, daß er sich freiwillig
den Tod gibt. Das neue Sehendwerden wird dem so Sehenden tödlich – wie in einem noch aufzuzeigenden, eher
übertragenen Sinne auch in Hölderlins Gedicht.

Bei Hölderlin kommt nun das neue und wesentliche Moment hinzu, daß der Gegensatz nicht so sehr von Blindheit
und Sehen, sondern vielmehr von Nacht und Tag die Bildlichkeit des Gedichts bestimmt (die Blindheit wird auffälligerweise nur im Titel genannt). Der Sänger sieht deswegen
nicht, weil er von der »unendlichen Nacht« (12) gehemmt
wird, deren »heiliger Zauber« (4) ihn in den Bann schlägt. Es
stehen einander nicht Sehen und Blindheit als individuelles
Schicksal, sondern Tag und Nacht als allgemein waltende
Zustände gegenüber, so daß die Blindheit auch demjenigen
zugesprochen wird, der in einer Zeit sehen will, in der das
Licht als alles Sehen vermittelndes Medium fehlt. Aus der
Rückbesinnung auf das vergangene Glück, die die ersten
viereinhalb Strophen ausfüllt, geht nun hervor, daß die
›Blindheit‹ auf den Abfall von einem Zustand der naiven
Einheit mit der Natur zurückgeht. Der Erinnernde nennt
das nicht mehr zu sehende Licht ein »Jugendliches« (1), das
ihm selbst zu der Zeit, da er »ein Jüngling« (18) war, immer
gegenwärtig gewesen ist: das Licht und der Jüngling sind
einander zugeordnet. Die allmorgendlich erneuernde Wiederkehr des Lichts hat die Sicherheit einer fraglos gegebenen
Ordnung geboten, in der der Jüngling sich geborgen fühlte:
Er harrte »nie umsonst« (6), wenn das Licht »allbeseeligend« den »gewohnten Pfad« (9) herabkam. Durch die
Wiederholung des Pronomens »mir« – »Mir grünten sonst
die Lauben« (13), »es leuchteten / Die Blumen, wie die
eigenen Augen, mir« (13 f.), »leuchtete mir« (16) – wird die
naive Selbstgenügsamkeit, die zwischen Ich und Welt nicht
unterscheidet, deutlich betont. Vom »Himmel« wird nicht
etwa die ins Unendliche reichende Tiefe, sondern als über-
schaubare Erscheinung die »um die Wälder« kreisenden

Vögel, die »Fittige / Des Himmels« wahrgenommen (17 f.).
Auch die menschliche Gemeinschaft – »das Angesicht der /
Meinen« (15 f.) – ist dem Glücklichen wie selbstverständlich
gegeben.

Das Einbezogensein in den vom Licht getragenen Rhythmus
der Natur ist nun in die Isolation, die Gemeinschaft in die
Einsamkeit umgeschlagen. Wie schon aus der gleichsam ins
Leere gerichteten Frage des Gedichtanfangs (2, 10: »wo bist
du, Licht!«) hervorgeht, hat sich eine Diskrepanz aufgetan
zwischen dem natürlichen Rhythmus und dem Bewußtsein
des nunmehr Reflektierenden (Abfall von der Natur und
Hervortreten der Reflexion bedingen sich gegenseitig). Die
Blindheit ist der Verlust der Natur. Dieses Auseinandertre-
ten von Ich und Natur hat zwei Folgen. Einmal scheint die
Nacht sich endlos auszudehnen, sie »bannt« und hält
»immer« in »heiligem Zauber« (3 f.) den nun mutlos der
Dämmerung Harrenden. Da die in sich kreisende, als
zyklisch erlebte Zeit einer in eine unbestimmte Zukunft sich
erstreckenden, als ›historisch‹ zu bezeichnenden Linearität
gewichen ist, sitzt er »von einer / Stunde zur anderen« (19 f.)
in einer als beziehungsloser Sukzessivität erlebten Zeitfolge.
Daraus ergibt sich zum andern das Neue an der Tätigkeit des
so Vereinsamten: »Gestalten / Aus Lieb und Laid der helleren Tage schafft / Zur eignen Freude nun mein Gedanke
sich« (20–22). Auffälligerweise ist hier zum erstenmal von
einer eigenen schöpferischen Kraft des Subjekts die Rede,
die demnach die Vereinsamung zur Voraussetzung hat und
im Wiedervergegenwärtigen der verlorenen Natur, der helleren Tage des Glücks besteht. Der von diesem Selbstbezug
getragene »Gedanke« öffnet sich nicht mehr dem übergrei-
fenden Zusammenhang der Natur, sondern wendet sich in
sich selbst zurück, ist nur der »eignen Freude« verpflichtet
(22).

Wenn nun der Verlust der Natur und die Vorherrschaft der
Reflexion den problematischen Charakter der neueren Dichtung begründen, so zeichnet sich in der zweiten Gedicht-
hälfte eine wesentlich andere Bestimmung des sich neu

fassenden Dichtertums ab. Als bedeutsame Verschiebung fällt als erstes auf, daß das »Licht« nicht mehr als den irdischen Erscheinungen wie dem menschlichen Sehvermögen gleicherweise immanentes Prinzip angesehen wird, sondern daß der – zweimal so genannte – »Donnerer« (25, 31) zu einem unendlichen, überzeitlichen Wesen geworden ist. Als solches bestimmt er zwar den zeitlichen Ablauf in dessen Gesamtheit (er ist »in aller Zeit« [IV, 282] gegenwärtig), aber »im Moment« (ebd.) manifestiert er sich nur dadurch, daß er in die Zeit eingreift, sie unterbricht und gleichsam zum Stillstand bringt. So »hört« der nicht Sehende nunmehr den »Donnerer« (worin schon die Passivität des dem Gott Ausgelieferten sich bekundet), und zwar »am Mittag« (26) wie »in der Nacht« (29). Zu Mittag bringt der »Donnerer« als »Alleserschütt'rer« (vgl. I,300) das scheinbar Festgefügte zum »Beben«; in der Nacht eilt er »vom Untergang zum / Orient« (31 f.), er ist demnach – im Gegensatz zum ›natürlichen‹ Licht des anfänglichen Zustands – über die Zeitfolge erhaben, die er kraft eigener Überzeitlichkeit auch umkehrt. Auch der zum neuen Sehen Hingerissene – »o wie wird mir?« (40) – ist nun in seiner ekstatisch erlebten Vision der Zeit enthoben, er begegnet dem Gott »über den Wolken« (40), wo er sich gleichsam der Drehung der Erde entzogen hat. Der »über stürzenden Wolken« erlebte neue »Tag« (41) verwandelt die Sukzessivität in ein ›ewiges‹ Zugleich. So ist dem Sehenden in visionärer Fülle das »Jugendlicht«, das »Glük« (43), ja alles Vergangene und Verlorene – der »goldne Quell« (45), die »friedliche Wieg'« (46), das »Haus« seiner ›Väter‹, die »Lieben« (47) – gegenwärtig. Das überhelle Licht ist »des Vaters Stral«, von dem es in der unvollendeten Hymne *Wie wenn am Feiertage…* heißt, daß er den Gesang »zeugt« (II,119). Oder mit anderen Worten: das neue Licht, das den sehenden Sänger und das visionär Gesehene verbindet und vereinigt, so wie vorher das natürliche Licht den naiv Sehenden und seine Welt, ist die im »göttlichen Moment« gegebene »Identität der Begeisterung« (IV,251).

Man muß sich nun hüten, die abschließende Aufforderung an die »Lieben«, den Segen des Sehenden zu empfangen (49 f.), allzu vordergründig zu verstehen als Verwirklichung eines harmonischen Zustands, in dem die Gegensätze der Nachtzeit überwunden wären. Nicht das Neue wird begrüßt, sondern »das alte / Wieder« (43 f.). Zugespitzt gesagt: gewandelt hat sich der von ›göttlichem‹ Licht Getroffene, die Welt ›unter‹ den Wolken ist aber noch in jene Nacht gehüllt, die vom Verlust der ursprünglichen Einigkeit herrührt. Am Ende ist der Sänger immer noch bedrängt, nur hat sich das Mißverhältnis zwischen »Herz« und Bewußtsein (»Gedanke«) verschoben: war das »Herz« als unmittelbare Empfindung in der Nacht noch »wach« (3), da es sich nach dem Licht sehnte, so wird es nun so vom Licht überwältigt, daß es angesichts des Lichts, wie früher angesichts der Nacht, von einem bedrängenden, weil unerfüllbaren Verlangen nach dem vermittelnden Weitererreichen der »himmlischen Gaabe« (II,119) getrieben wird. Dieses Verlangen ist aber wohl als innere Not zu verstehen, es geht nicht in erfüllte Wirklichkeit über. Der »goldne Quell« rinnt nunmehr »aus heiligem Kelch« (45) eben »geistiger« (44) nieder, insofern er als wieder Vergegenwärtigtes nicht mehr naiv erlebt, sondern in der zeitlich ungebundenen Sicht der seherischen Vision wahrgenommen wird. Das quälende Leiden des Sängers am Licht – sei es in der Form der Blindheit, sei es unter dem überwältigenden Andrang – wird ihm nicht genommen.

Daraus ergibt sich nun, daß die Erhebung des einzelnen zur Teilnahme an jener ›Helle‹, die nicht mehr dem Wechsel von Tag und Nacht, des zeitlichen und des historischen Ablaufs untersteht, sondern diesen begründend übergreift, mit der Zeitgebundenheit auch die Individualität des einzelnen Subjekts auslöschen müßte. Die so entstehende »Cäsur« – die »gegenrhythmische Unterbrechung«, die dem »Wechsel der Vorstellungen, auf seinem Summum« begegnet (V,196), schließt demnach eine Gefährdung in sich ein, die der tragischen ›Katastrophe‹ – dem »Tod des einzelnen« (IV,153) –

durchaus analog wäre. In Hölderlins Lyrik fehlt es auch nicht an weiteren Beispielen für diese Motivkonstellation. Die Hymne *Wie wenn am Feiertage...*, die wir vergleichend herangezogen haben, läuft in eine ähnliche Problematik aus: Der Dichter wird als »falscher Priester« »tief unter die Lebenden« (II,120) geworfen. In der Ode *Der gefesselte Strom* entledigt sich der Strom seiner Schranken in gewaltigem Aufbäumen, seine Stimme erweckt »Berge« und »Wälder« zu neuem Leben, er selber darf aber – als »Göttersohn« – »nirgend« bleiben, »als wo / Ihn in die Arme der Vater aufnimmt« (II,67). Auch die Ode *Dichterberuf*, die auf den ersten Blick so zuversichtlich der Zukunft entgegensieht, hebt in der Schlußstrophe als Bedingung der Fähigkeit des Dichters, »einsam vor Gott« zu stehen, die »Einfalt« hervor – gerade jene Einfalt und Schuldlosigkeit, die auch in der Feiertags-Hymne (»Denn sind nur reinen Herzens, / Wie Kinder, wir, sind schuldlos unsere Hände«) heraufbeschworen wird, dort aber nicht auszureichen scheint, um den »hochherstürzenden Stürmen / Des Gottes« (II,120) standzuhalten. Gegen diesen Hintergrund gesehen, erscheint das in die »Einfalt« gesetzte Vertrauen ein wenig befriedigendes Motiv zu sein, da Hölderlin mit dem Anspruch auf Wiedergewinnung der verlorenen Naivität sich allzu unbedenklich über Schwierigkeiten hinwegsetzt, die ihm sonst wohl bewußt sind.

Der Ode *Der blinde Sänger* wohnt demnach eine Art ›Katastrophe‹ inne, da der Sänger sich von der Höhe der augenblicklichen Vereinigung mit dem »siebenfältig erneuenden« (II,501) Tag nur im schmerzlichen Bewußtsein der weiter bestehenden Diskrepanz zwischen der in der Begeisterung geahnten Totalität und der Gebundenheit der von dieser Begeisterung getragenen Sprache dem zeitlich bestimmten Dasein wieder zuwendet. Die ›lyrische‹ Entsprechung zur ›Katastrophe‹ des ›tragisch dramatischen‹ Gedichts ist durch die Gefahr des Selbstverlusts in der Begeisterung gegeben. Diese bildet das ungelöste Spannungsmoment, das die Ode am Schluß in eine neue Dissonanz einmünden läßt – welche allerdings »geistiger« (44) geworden ist, da der Dichter nicht mehr ins Ungewisse fragt, sondern »aus der Erfahrung und Erkenntniß des Heterogenen« (II,149) spricht.

In diesem Sinne konstituiert sich die Ode in ihrer Ganzheit gerade dadurch, daß sie »in den Anfangston« (IV,149) zurückgeht. Dieses Baugesetz hält Hölderlin in einer Reihe von Tabellen fest, bei denen er für verschiedene Odentypen den »Wechsel der Töne« bestimmt (IV,238–241). Allen Tonfolgen gemeinsam ist die abschließende Rückkehr in den Anfangston, das heißt für die »tragische Ode«: zu einer »geistigeren« Form des »Widerstreits«, von dem sie ausgegangen ist. Die diesem Fortgang zugrunde liegenden Gegensätze werden aber nicht »in einen fremden analogischen Stoff übertragen« (IV,150), sondern sind in der lyrischen Ausformung eher »in der Form und als unmittelbare Sprache der Empfindung vorhanden« (IV,150). Der tragischen Ode kommt somit – im Sinne der im schon genannten Brief an Neuffer vom 3. Juli 1799 getroffenen Unterscheidung – ein ›akzidentelles‹ Moment zu, insofern sie auf die ›Empfindung‹ eines einzelnen Menschen zurückgeht und nur in dieser Vermittlung die Begegnung von Gott und Mensch – die Ahnung einer die Zeit transzendierenden Totalität – ins Wort setzt. Sie ist eine repräsentative ›moderne‹ Dichtart, in der die der Antike zugeordnete Form der ›hohen Tragödie‹ gemäß den Bedingungen der neueren Zeit – des Weltzustands der Zerrissenheit – abgewandelt wird.

In den 1803 entstandenen Anmerkungen zu seiner Übersetzung von Sophokles' *Antigonae* unterscheidet Hölderlin die moderne von der antiken Ausprägung des Tragischen dahingehend, daß die antike Katastrophe in einem »wirklichen Mord [...] oder Tod« besteht, während in der neueren Dichtung eher »das Wort aus begeistertem Munde schreklich ist« (V,270) und nur »geistig«, nicht »körperlich« tötet. Damit hängt zusammen, daß in den neueren Dichtformen kein tragischer Held mehr die Gegensätze seiner Zeit in seiner Person verkörpert – wie Hölderlin es noch für seinen *Empedokles* erstrebt hatte –, sondern eher ein ›prophetisch‹

redender einzelner – »mehr im Geschmake des Oedipus auf Kolonos« (V, 270) – sich ›exzentrisch‹ zu diesen Gegensätzen verhält. Der blinde Oedipus dieses Stücks wäre wohl auch als der eigentliche Vorgänger von Hölderlins blindem Sänger anzusehen. So kann man von dieser Ode sagen, daß sie die »griechischen Vorstellungsarten und poëtischen Formen mehr den vaterländischen subordinirt« (V, 270). *Der blinde Sänger* bildet die in der Epoche ihres Entstehens wohl konsequenteste Darstellung der Möglichkeit – wie auch der prekären Ambivalenz – des Dichtens »in dürftiger Zeit«.

Nachbemerkung: Einzelinterpretationen zum *Blinden Sänger* liegen kaum vor. Manchmal wird die Ode im Hinblick auf die spätere, *Chiron* betitelte, Umarbeitung behandelt (zuletzt bei Schmidt). Auf den Vergleich mit *Chiron* konnte hier nicht eingegangen werden. Die Ausführungen nehmen Gedanken aus der früheren Arbeit des Verfassers über Hölderlins Lehre vom Wechsel der Töne auf.

Literatur: Friedrich BEISSNER: Hölderlins Übersetzungen aus dem Griechischen. Stuttgart 1933. – Paul BÖCKMANN: Hölderlin und seine Götter. München 1935. – Bernhard BÖSCHENSTEIN: Konkordanz zu Hölderlins Gedichten nach 1800. Göttingen 1964. – Maria CORNELISSEN: Hölderlins Ode »Chiron«. Tübingen 1958. – HÖLDERLIN: Sämtliche Werke. [Siehe Textquelle. Zit. mit Band- und Seitenzahl.] – Lawrence RYAN: Friedrich Hölderlin. Stuttgart 1962. – Lawrence J. RYAN: Hölderlins Lehre vom Wechsel der Töne. Stuttgart 1960. – Jochen SCHMIDT: Hölderlins später Widerruf in den Oden »Chiron«, »Blödigkeit« und »Ganymed«. Tübingen 1978. – Karl VIËTOR: Die Lyrik Hölderlins. Eine analytische Untersuchung. Frankfurt a. M. 1921.

Joseph von Eichendorff

Sehnsucht

Es schienen so golden die Sterne,
Am Fenster ich einsam stand
Und hörte aus weiter Ferne
Ein Posthorn im stillen Land.
5 Das Herz mir im Leib entbrennte,
Da hab' ich mir heimlich gedacht:
Ach, wer da mitreisen könnte
In der prächtigen Sommernacht!

Zwei junge Gesellen gingen
10 Vorüber am Bergeshang,
Ich hörte im Wandern sie singen
Die stille Gegend entlang:
Von schwindelnden Felsenschlüften,
Wo die Wälder rauschen so sacht,
15 Von Quellen, die von den Klüften
Sich stürzen in die Waldesnacht.

Sie sangen von Marmorbildern,
Von Gärten, die überm Gestein
In dämmernden Lauben verwildern,
20 Palästen im Mondenschein,
Wo die Mädchen am Fenster lauschen,
Wann der Lauten Klang erwacht
Und die Brunnen verschlafen rauschen
In der prächtigen Sommernacht. –

Abdruck nach: Sämtliche Werke des Freiherrn Joseph von Eichendorff. Hist.-
krit. Ausg. Hrsg. von Wilhelm Kosch. Regensburg: Habbel, [1908 ff.].
Bd. 1,1: Gedichte. Hrsg. von Hilda Schulhof und August Sauer. Mit einem
Vorw. von Wilhelm Kosch. [1921.] S. 32.
Erstdruck: Dichter und ihre Gesellen. Novelle von Joseph Freiherrn von
Eichendorff. Berlin: Duncker und Humblot, 1834.

Weitere wichtige Drucke: Gedichte von Joseph Freiherrn von Eichendorff. Berlin: Duncker und Humblot, 1837. – Joseph Freiherrn von Eichendorffs Werke. 4 Tle. Berlin: M. Simion, 1841/42. T. 1: Gedichte. 1841. T. 3: Dichter und ihre Gesellen. Krieg den Philistern. 1841. [Mit Ausnahme der Hinzufügung des Titels *Sehnsucht* in den kontextfreien Drucken gibt es keine sinntragenden Druckvarianten. Gegenüber zahlreichen modernen Drucken ist festzuhalten, daß *alle* autorisierten Drucke in Zeile 5 den Hiatus durch Elision des Schluß-e (also »Leib« statt »Leibe«) vermeiden.]

Wolfgang Frühwald

Die Poesie und der poetische Mensch.
Zu Eichendorffs Gedicht *Sehnsucht*

In *Dichter und ihre Gesellen*, jenem Roman Joseph von Eichendorffs, in dem sich im traditionsreichen Topos des Theatrum mundi dramatische, epische und lyrische Sequenzen zur Darstellung »einer neuen Totalität der menschlichen Grundkräfte, von Reflexion, Willen und Tat, Empfindung und Verinnerung« vereinen (Offermanns, S. 378), singt Fiametta zur Gitarre das Lied ihrer Sehnsucht nach der Heimat: »Es schienen so golden die Sterne«. Als sie das Lied beendet hatte, so berichtet der Erzähler, legte sie »die Gitarre schnell weg, verbarg ihr Gesicht an Fortunats Knien, und weinte bitterlich. – ›Wir reisen wieder hin!‹ flüsterte ihr Fortunat zu. Da hob sie das Köpfchen und sah ihn groß an. ›Nein‹, sagte sie, ›betrüg mich nicht!‹ –« (*Werke*, S. 492).
Die italienische Landschaft, die in Fiamettas Lied – im zweiten Teil – gezeichnet wird, verleugnet, wie die Sängerin selbst, ihre Vorbilder nicht; denn die Bilder der Gärten, der dämmernden Lauben, der Marmorstatuen und der über steile Felsen stürzenden Wasser erinnern sichtbar und hörbar an Mignons Lied »Kennst du das Land, wo die Zitronen blühn« aus dem dritten Buch von Goethes Roman *Wilhelm Meisters Lehrjahre*:

Kennst du das Haus? auf Säulen ruht sein Dach,
Es glänzt der Saal, es schimmert das Gemach,
Und Marmorbilder stehn und sehn mich an:
Was hat man dir, du armes Kind, getan?
Kennst du es wohl?
              Dahin! Dahin
Möcht' ich mit dir, o mein Beschützer, ziehn!

Kennst du den Berg und seinen Wolkensteg?
Das Maultier sucht im Nebel seinen Weg,
In Höhlen wohnt der Drachen alte Brut,
Es stürzt der Fels und über ihn die Flut:
Kennst du ihn wohl?
              Dahin! Dahin
Geht unser Weg; o Vater, laß uns ziehn!

Zu den Vorlagen von Fiamettas Lied gehören aber auch das
Duett Mignons und des Harfners *Nur wer die Sehnsucht
kennt* aus dem vierten Buch von Goethes Roman und
schließlich das *Sehnsucht nach Italien* überschriebene Kapitel zu Beginn von Wackenroders und Tiecks Roman *Herzensergießungen eines kunstliebenden Klosterbruders.* Ludwig Tieck hat 1823 das in diesem Kapitel zentrale Gedicht
»Soll ich in mir selbst verschmachten«, mit der Überschrift
Sehnen nach Italien, in den dritten Teil seiner gesammelten
Gedichte aufgenommen, und es damit als sein Eigentum
reklamiert.
Aus all diesen Vorlagen und Anklängen wird deutlich, daß
die italienische Szenerie in Eichendorffs Gedicht *Sehnsucht*
nicht so sehr einen geographischen Ort, ein reales Italien
meint, das der seit 1831 in Berlin lebende Autor nie gesehen
hat, sondern ein Land der Sehnsucht und der Poesie, das –
wie es bei Wackenroder/Tieck heißt – »gelobte Land der
Kunst«, die »Kunstheimat«, die »in allen Träumen« erscheint. Eichendorffs an Goethe und Tieck anklingendes,
sich gleichwohl im »Pianissimo« von Goethes »mächtig
festbannendem« Vers (Adorno, S. 132) lösendes Lied ist
vielleicht im Zusammenhang mit dem Roman *Dichter und*

ihre Gesellen (1834) entstanden, d. h. in einer Zeit, in welcher der Autor mit dem öffentlichen Leben auch die Poesie einer »allgemeinen Lähmung« erliegen sah. Die Poesie, so schrieb er am 10. Januar 1834 an Theodor von Schön, »geht bei den Philistern zu Gaste und wird mit ihnen ganz und gar politisch, das Albernste, was diesem undiplomatischen Götterkinde begegnen kann, wo nicht die Politik selbst Poesie wird, wie in den von Euer Exzellenz bezeichneten Jahren 1807–1809 und 1813« (*Briefe*, S. 45 f.). Doch selbst wenn dieses Gedicht lange vor dem Jahr seines Erstdrucks entstanden sein sollte, so belegt doch seine Einbettung in den Zusammenhang des Romantextes die Fundamente von Eichendorffs Poetologie. Ihm waren bekanntlich »Sehnsucht«, »Heimat«, »Goethe« Synonyme, aus deren Erinnerung die poetische Erhebung des Herzens, die poetische Verwandlung des Menschen erstand. Im Bild der »Kunstheimat« fallen für Eichendorff die Vorstellung des sonnigen Südens, die Erinnerung an eine poetisch begläntze Jugend, damit die Erinnerung an die Verehrung Goethes und die Entstehung des eigenen Dichtertums in der Zeit der Hochromantik, in eins. Da Fiametta das Lied der Sehnsucht nach der »Kunstheimat« singt, singt es die Kunst selbst, denn Fiametta ist Aurora, Figuration der Poesie, die Fortunat, den Dichter, im Buch des Lebens zu lesen gelehrt. Ihr bitterliches Weinen, in einer bei Eichendorff häufigen, bewußt formelhaften Anspielung auf die Tränen Petri (Matth. 26,75), weist auf jene von Novalis beschworene »heilige Wehmut«, durch welche die Kunst nur als Abbild und Gleichnis einer verlorenen, durch menschliche Schuld stets erneut verlorengehenden Vollkommenheit gedeutet wird. Kunst ist für Eichendorff auch dort, wo sie anderen Trost und Ruhe schenkt, Ausdruck einer augustinischen Unruhe, der Sehnsucht nach einem Glück, das alles menschliche Begreifen übersteigt:

Sage mir mein Herz, was willst du?
Unstät schweift dein bunter Will';

Manches andre Herz wohl stillst du,
Nur du selbst wirst niemals still.

»Eben, wenn ich munter singe,
Um die Angst mir zu zerstreun,
Ruh' und Frieden manchen bringe,
Daß sich viele still erfreun:

Faßt mich erst recht tief Verlangen
Nach viel andrer, beßrer Lust,
Die die Töne nicht erlangen –
Ach, wer sprengt die müde Brust?«
                    (*Gedichte*, S. 81.)

Die bitteren Tränen, das Leid im Lied, zeigen den engen
Zusammenhang von Kunst und Natur, die »nachtigallfar-
bene« Stimme der Poesie. Fiametta und der Taugenichts (ter
Haar, S. 16, 57) sind durch bitterliches Weinen als Figura-
tionen einer Poesie gekennzeichnet, die dem Menschen zu
erkennen gibt, daß er – einem Wort Friedrich Schlegels
zufolge – Ruhe nur in der Sehnsucht findet.
Im Roman *Dichter und ihre Gesellen*, der von der frühlibe-
ralen Kritik schon bei seinem Erscheinen als altmodisch
bezeichnet wurde, ist deshalb die romantische Evokation
der Sehnsucht das Fundament jener Poesie der Tat, die
Eichendorff in Victor, dem geistlichen Bruder des Fortunat,
so gestaltet hat, daß sein Roman auch als ein Kampfbuch der
in den Jahren zwischen 1830 und 1845 mächtig anwachsen-
den Katholischen Bewegung zu gelten hat. Der Schüler des
Joseph Görres deutete schon 1834 auf dessen Kampfschrift
Athanasius (1838) voraus, wie er noch 1845, auf dem Höhe-
und Wendepunkt der Katholischen Bewegung, in der Auseinandersetzung mit dem Deutschkatholizismus an seiner
Seite stand. Durch die Gestalt Victors, ein »geistliches Sol-
datenherz« (*Werke*, S. 507) wird er genannt, befreit sich
Eichendorffs Begriff der Sehnsucht von allen quietistischen
Nebentönen und allen Konnotationen der Todesverfallen-
heit in der Literatur der Novalis-Epigonen; »weibliches
Sehnen« (*Werke*, S. 506), in der Hochromantik noch der fast

384

numinose Zentralbegriff romantischer Liebeslyrik, wird nun als »weibisch« denunziert und die Poesie als Waffe im Weltanschauungskampf des Jahrhunderts verstanden. So ist Eichendorffs Begriff der Sehnsucht in *Dichter und ihre Gesellen* ebensoweit von Schillers Gedankenwelt entfernt – die, u. a. in dem Gedicht *Sehnsucht* aus dem Jahre 1803, die strenge Scheidung des »schönen Wunderlandes« der Ideen von der durch »kalten Nebel« umwölkten Realität postuliert – wie vom quietistischen Romantizismus Loebenscher Prägung. Es ist, als nähme Eichendorff in der fröhlichen Fiametta, einer wiedergeborenen Mignon, Goethe gegen dessen Darstellung von Mignons in den Tod führender Liebessehnsucht in Schutz, und als verteidige er in der Zueinanderordnung von Poesie und Leben Schiller gegen Schiller. »Nicht morsche Mönche, Quäker und alte Weiber«, sagt Victor in *Dichter und ihre Gesellen*, »die Morgenfrischen, Kühnen will ich werben, die recht aus Herzensgrund nach Krieg verlangt.« Er geht nicht den traditionsreichen und unter dem Pontifikat Gregors XVI. machtvoll erneuerten Weg in die Mission »unschuldiger Völker«, sondern den von Heinrich Heine schon in der *Romantischen Schule* bei seinen Gegnern verspotteten Weg der Ausbreitung des Glaubens, der »Propaganda« unter dem neuen Heidentum Europas: »[...] mitten auf den alten, schwülen, staubigen Markt von Europa will ich hinuntersteigen, die selbstgemachten Götzen, um die das Volk der Renegaten tanzt, gelüstet's mich umzustürzen und Luft zu hauen durch den dicken Qualm, daß sie schaurend das treue Auge Gottes wiedersehen im tiefen Himmelsgrund« (*Werke*, S. 506). Und Fortunat antwortet auf dieses Bekenntnis: »Zuletzt ist's doch dasselbe, was ich eigentlich auch meine in der Welt, ich habe nur kein anderes Metier dafür, als meine Dichtkunst, und bei der will ich leben und sterben!« (*Werke*, S. 507).

Auch unabhängig vom Kontext des Romans ist Eichendorffs Gedicht *Sehnsucht* erkennbar als Poesie der Poesie, geprägt von den Grundsituationen spätromantischer Lyrik. Ohne daß Wort und Begriff der Sehnsucht im Gedichttext selbst erscheinen, ist das Gedicht als ganzes Ausdruck einer elementaren Sehnsucht nach Verwandlung und Bewegung, gefaßt im Bild der Reise und der Wanderschaft. So stark ist diese den ganzen Roman durchziehende Sehnsucht, daß sich alle Dinge der Natur ihr fügen; denn als Fortunat und Fiametta in den dämmernden Morgen hineinreiten, weist die sie umgebende Schöpfung die Richtung ihrer Reise, ihrer Sehnsucht: »Vor ihnen glänzte schon manchmal die Landstraße unermeßlich herauf, alle Ströme zogen da hinaus, Wolken und Vögel schwangen sich durchs heitere Blau ihnen nach, und die Wälder neigten sich im Morgenwind nach der prächtigen Ferne« (*Werke*, S. 507 f.).

Auf den ersten Blick ist Fiamettas Lied, das in diesem Sinne einer alles durchwaltenden Sehnsucht eine zentrale Position im Roman einnimmt, völlig symmetrisch in zwei durch den Doppelpunkt in Zeile 12 getrennte Teile geteilt; die Zeilen 1–12 beschreiben die Situation des am Fenster lauschenden Ich, die Zeilen 13–24 das Lied der wandernden Gesellen. Die Symmetrie ist aber nur scheinbar vollkommen, obwohl sie erkenntlich von der Rahmentechnik und inhaltlichen Korrespondenzen zwischen der ersten und der dritten Strophe unterstützt wird. Eichendorffs Denken kreist nicht um die bloße Antithetik von Innen und Außen, um die ausschließliche Korrespondenz von Mensch und Natur, für ihn ist der Mensch ein Wesen an der Schwelle zwischen Natur und Übernatur, zwischen Freiheit und Bindung, zwischen der Enge des Daseins und der Weite des Bewußtseins. Nach Oskar Seidlins Beobachtung ist demnach das Gedicht »deutlich in drei Teile abgesetzt: ein *es*-Gedicht, ein *ich*-Gedicht, ein *sie*-Gedicht; und einfache Abzählung ergibt, wie diese Teile sich ausweiten. Das *es*-Gedicht füllt eine Zeile, die erste; dem *ich*-Gedicht fällt die übrige erste Strophe zu (7 Zeilen); dem *sie*-Gedicht der ganze Rest (16 Zeilen)« (Seidlin, S. 60). Wie das »*ich*-Gedicht« zwischen dem »*es*-« und dem »*sie*-Gedicht« steht, so steht in der hier gedachten Stufung des Daseins der Mensch zwischen kosmischer und irdischer Natur, zwischen Natur- und Selbsterkenntnis, zwischen Einsamkeit und Gemeinschaft; die rhythmisch durch die Adverbversetzung in der zweiten Zeile der ersten Strophe (vgl. Seidlin, S. 68 f.) betonte Einsamkeit des Ich (»ich einsam«), die der Gemeinsamkeit der Wanderschaft – als Bild erfüllter Existenz – in der ersten Zeile der zweiten Strophe gegenübergestellt ist (»*zwei* junge Gesellen«), verstärkt jene romantische Grundsituation, die hier sogleich in der ersten Strophe angesprochen ist und von Eichendorff in Lyrik und Prosa hundertfältig gestaltet wurde: »Am Fenster ich einsam stand«.

Der Blick aus dem Fenster gehört als Bild und Motiv zu dem in der deutschen Romantik prägenden, von Richard Alewyn, Oskar Seidlin, John Fetzer u. a. beschriebenen Bildbereich der Schwelle und der Grenze; in ihm spiegelt sich das Bewußtsein der prophetisch-transitorischen Situation romantischen Dichtertums, das eine in der Wissensexplosion zersplitternde Sprach- und Ideenwelt noch einmal in einem universalen Poesiebegriff zu sammeln und zu erklären versuchte. Dampf- und Maschinenwesen, die Ablösung der Gemeinschaft stiftenden Wanderschaft durch die entfremdenden Reisegewohnheiten des Eisenbahnzeitalters, war den Romantikern Bild einer sich den Entdeckern selbst entfremdenden Welt. An zahllosen Stellen wurde schon seit der Mitte des 18. Jahrhunderts der Horizont der herrschenden deistischen Weltbilder durch die mit beängstigender Beschleunigung vor sich gehende Ausbreitung des Erfahrungswissens durchbrochen. Die romantische Schwellenbildlichkeit, welche die gespannte Erwartung jenes Ich verdeutlicht, auf das Trost oder Schrecken eindringen, berichtet auch von der Bedrohung des kategorialen Denksystems. Clemens Brentano hat, u. a. in der 1817 erschienenen *Geschichte vom braven Kasperl und dem schönen Annerl* – Eichendorff entlehnt ihr in *Dichter und ihre Gesellen* die Kindernamen in Fortunats Märchen für Fiametta –, Schwelle und Türe als den Bereich der Begegnung von Bewußtsein und Welt, von Ich und Du, von Verlorenheit und Heimat gestaltet; er hat diesen Bereich der Begegnung von eng umgrenztem Innenraum und freier, aber auch beängstigender Weite an die Schwelle des bergenden Hauses verlegt, da seine poetischen Gestalten vor dem – in archaisierendem Wortverständnis – »Elend«, d. h. der Fremde des eigenen Bewußtseins fliehen und die Öffnung der Türe erwarten, um in die Geborgenheit des Hauses, der liebenden Gemeinschaft eingelassen zu werden. Eichendorffs poetische Gestalten erfahren dagegen am geöffneten Fenster Weite und Schönheit der Welt, sicher auch ihre Gefahr, und in dieser Weite die Größe und die Schönheit des menschlichen Herzens, das diese Welt in sich zu fassen vermag. In seiner »scheinbaren Fenster-Manie« (Alewyn, *Ein Wort*, S. 17) erweist sich Eichendorff als ein Erbe der Romantik, der schon in das realistische Zeitalter hinüberweist, denn Raum und Landschaft sind bei ihm nicht nur Spiegelungen des menschlichen Bewußtseins, seine Landschaft ist »erlebter Raum« in dem Sinne, daß sie »mit dem Betrachter in der engsten Korrespondenz und Kommunikation« ist, aber ihm doch »autonom gegenübersteht« (Alewyn, *Eine Landschaft*, S. 38). So ist das Fenster als Ort der Begegnung von Ferne und Ich »nicht nur ein pleonastisches Requisit, sondern übt eine entscheidende Funktion aus. Man muß einmal, abgesehen von den Ausblicken, die es gewährt, darauf achten, ein wie erstaunlich starker optischer und akustischer Verkehr sich des Fensters bedient. Es ist nicht zu sagen, wie viele Klänge und Lichter über diese Schwelle in den Innenraum hereinkommen, die alle als Signale verstanden werden, [...] als Grüße und Rufe und Botschaften aus dem freien in den geschlossenen Raum, aus jener Weite, die die Freiheit und das Leben, in die Enge, die Kerker, Krankheit und Tod bedeutet« (Alewyn, *Ein Wort*, S. 17). Diese Analyse der poetischen Funktion des Fenster-Motives bei Eichendorff kann unmittelbar auch auf das Gedicht *Sehnsucht* bezogen werden. Dort dringt über die Schwelle des Fensters zunächst das optische Signal der Ferne, der tausendfach gestirnte Himmel, dann der Klang des Posthorns, das akustische Signal von Reise und Wanderschaft. Die aus diesen Signalen gleichsam erwachende Landschaft ist völlig aus akustischen Reizen zusammengesetzt, aus dem Singen der Wanderer, dem Rauschen der Wälder, dem Klang der Lauten und dem verschlafenen Rauschen der Brunnen. Im gleichen Maße, in dem diese Signale aus der Weite der Welt durch das Fenster über die Schwelle des Bewußtseins dringen, öffnet sich das *innere* Auge des lyrischen Ich: es blickt in die Abgründe der Natur und zugleich in die Tiefe der eigenen Seele. Die orphische Melodie der Natur und der Traum der Seele sind aufeinander bezogen. »Was ist das für ein Traumlied in den Wäldern«, ruft Fortunat fröhlich vom Berge hinab, »gleichwie die Saiten einer Harfe, die der Finger Gottes gestreift« (*Werke*, S. 495). So ist die Landschaft im ersten Teil des Reiseliedes, die sich dem inneren Blick des Betrachters öffnet, geprägt von den Bildern bedrohlicher Elementarität der Natur, von steilen Klippen und tiefen Schluchten, in deren Nacht die Wasser des Lebens stürzen; der zweite Teil dieses Liedes aber, mit den Bildern der elementar bedrohten, kultivierten Natur und des Eros, ist Metapher einer Landschaft der menschlichen Seele: »Hier öffnen sich, verführerisch und ängstigend, die Urgründe der Natur, die Urgründe, die die Natur sind, so wie die zweite Vision – wir kennen sie hinlänglich aus dem ›Marmorbild‹ – die verführerischen und ängstigenden Tiefenschichten der Seele erahnen läßt« (Seidlin, S. 71).

Zu Schwellenbildlichkeit und Bewegung gehört in den erlebten Räumen Eichendorffs stets auch die »perspektivische Orientierung«, die seine »Landschaft unterscheidet von der absoluten Landschaft Stifters, aber auch von der anarchischen Bewegtheit der Sturm-und-Drang-Landschaft, und die sie davor bewahrt, in kaleidoskopisch partikularer Bewegung zu zerfallen wie die Jean Paulsche Landschaft« (Alewyn, S. 37). An Heinrich Heines 1822 erstmals erschienener Parodie des durch Herders *Volkslieder* und *Des Knaben Wunderhorn* verbreiteten Liedes *Wenn ich ein Vöglein wär* – auch des Taugenichts Sehnsuchtslied in Rom wandelt es ab – wird deutlich, wie sehr die Vogelperspektive der bevorzugte

Blickwinkel romantischen Dichtens ist. Heines erste Strophe leitet im parodistischen Stilbruch in die poetische Funktion dieser Perspektive ein – sie ist Ausdruck romantischer Sehnsucht:

Ich steh' auf des Berges Spitze,
Und werde sentimental.
»Wenn ich ein Vöglein wäre!«
Seufz' ich viel tausendmal.

Auch das lyrische Ich in Eichendorffs Gedicht *Sehnsucht* scheint von einem hochgelegenen Orte aus die Welt zu erfassen. Diese Haltung aber – Oskar Seidlin nennt sie eine »distanzbewußte und -bewahrende Sicht« (Seidlin, S. 45) – charakterisiert nochmals den spätzeitlichen Sehnsuchtsbegriff des Autors, der die Kreatürlichkeit der Welt und des Menschen betont und Abstand hält zu mythisch-pantheistischer Einheitssehnsucht. Die »Öffnung von Perspektiven« in diesem Gedicht – vom Himmel herab zur Erde, von steilen Klippen hinab in die Dunkelheit der Wälder, vom Fenster hinab auf den Platz mit den Brunnen oder hinaus in die Weite des Raumes – ist ebenso weit entfernt von Werthers Enthusiasmus der »Identität von Mensch und Natur« wie von »Fausts Sehnsucht, sich ins Innere der Natur hineinzubohren« (Seidlin, S. 45). In Loebens Poetologie, deren kindlichen Mysterien die Brüder Eichendorff in ihrer Studienzeit verfallen waren, ist der pantheistische Naturmystizismus ein charakterisierendes Element, Eichendorffs Lösung von dem Jugendfreund aber ging einher mit der Abwendung von dessen schwärmerischen Gefühlen einer Alleinheit des Lebens. Auch der fast unmerkliche Übergang vom Präteritum ins Präsens, in der zweiten und dritten Strophe des Gedichtes *Sehnsucht*, steht somit jeweils unter der Prämisse des »sie sangen« und belegt gerade die Bewahrung, nicht die Verwischung der Grenze zwischen Mensch und Natur. Diese Form der Distanzierung weist voraus auf das mutige »Dennoch« in den Gedichten der Annette von Droste-Hülshoff, wo in der Erkenntnis der Kreatürlichkeit des Menschen auch der Schuld- und der Erlösungszusammenhang einer »ächzenden Kreatur« gestaltet ist.

Bei aller Bewußtheit von Schwelle, Grenze und Distanz ist die Szenerie von Eichendorffs Sehnsuchtslied doch auch von Übergängen und Korrespondenzen geprägt, ist die Gefahr der Verschmelzung des Ich mit der Melodie der Natur immer präsent. Die enge Koppelung zweier Lieder, ja die Erweckung des Liedes in der Darstellung seiner Entstehung, spiegelt den künstlerischen Schaffensprozeß, die Entstehung von Kunst durch den seiner selbst bewußt gewordenen poetischen Menschen. »Ich hörte im Wandern sie singen«, heißt es in Zeile 11, und fast beschwörend wird dieses »sie sangen« in Zeile 17 wiederholt, dann aber sind die Korrespondenzen zwischen der ersten und der letzten Strophe nicht mehr abzuweisen: Die Ferne der ersten Strophe erhält in der letzten Kontur, der Glanz der Sterne kehrt wieder im Mondenschein, dem Ton des Posthorns entspricht der Klang der Lauten, dem lauschenden Ich am Fenster korrespondieren die am Fenster lauschenden Mädchen. Nicht zufällig sind die beiden archaisierenden grammatikalischen Formen, als Nebenformen in der Zeit Eichendorffs noch häufig gebraucht, im Individualgebrauch des Autors aber ungewöhnlich, nur in der ersten und der letzten Strophe enthalten: das umlautlose Präteritum von »brennen« (5: »entbrennte«) und das temporale »wann« (22), das Eichendorff sonst vom konditionalen »wenn« nicht unterscheidet. Schließlich bleibt ungewiß in der Schwebe, ob die Wiederholung der letzten Zeile der ersten in der letzten Zeile der dritten Strophe als eine kreisförmig schließende Bewegung des sich erinnernden Ich zu deuten ist oder als eine Bewegung der ›Ausweitung‹, in der beide Lieder, das erinnerte und das in der Erinnerung gehörte, in eine endlose Gegenwart übergehen.

In diesen Korrespondenzen von Erinnerung und Gegenwart scheint mir das Modell der Beziehung des poetischen Menschen zur Poesie gestaltet. Aus dem erfüllten Augenblick ersteht das Lied – »Das Herz mir im Leibe entbrennte« –

und die Bewegung des Herzens *in* diesem Augenblick *ist* das Lied. Der poetische Mensch – im ersten Teil des Sehnsuchtsliedes – und das Lied seines Herzens – im zweiten Teil – sind eins wie die beiden Zeilen, welche Glück und Erfüllung singen: »In der prächtigen Sommernacht« (8, 24). In diesem Modell schwingt der Poesiebegriff der Freiheitskriege mit, den Eichendorff in seinem Brief an Theodor von Schön im Januar 1834 gemeint hat und den vorbildlich Neidhart von Gneisenau 1811 gegen Friedrich Wilhelms III. Abwertung der »tapferen österreichischen Milizen« als bloße »Poesie« geltend gemacht hat: »Religion, Gebet, Liebe zum Regenten, zum Vaterland, zur Tugend sind nichts anderes als Poesie, keine Herzenserhebung ohne poetische Stimmung. Wer nur nach kalter Berechnung handelt, wird ein starrer Egoist. Auf Poesie ist die Sicherheit der Throne gegründet« (Kanzog, S. 162). In dieser Vorstellung schließt sich der kämpferische Poesiebegriff der Freiheitskriege mit der des Glaubensstreites der dreißiger und vierziger Jahre zusammen. Der »poetische Mensch« ist Ziel und Ausgangspunkt aller Kunst Eichendorffs. Dem Dichter ist es darüber hinaus gegeben, dieses Ziel in Worte zu fassen, um den Menschen stets von neuem an die ursprüngliche Gottebenbildlichkeit seiner Seele zu erinnern. Nichts anderes aber als diese ursprüngliche Gottebenbildlichkeit bedeutet die Vorstellung des von der Sehnsucht bewegten poetischen Menschen, von nichts anderem spricht Eichendorffs Werk.

Zitierte Literatur: Theodor W. ADORNO: Zum Gedächtnis Eichendorffs. In: Th. W. A.: Noten zur Literatur I. Frankfurt a. M. 1958. S. 105–143. – Richard ALEWYN: Eine Landschaft Eichendorffs. In: Eichendorff heute. Stimmen der Forschung mit einer Bibliographie. Hrsg. von Paul Stöcklein. Darmstadt ²1966. S. 19–43. – Richard ALEWYN: Ein Wort über Eichendorff. In: Eichendorff heute. Stimmen der Forschung mit einer Bibliographie. Hrsg. von Paul Stöcklein. Darmstadt ²1966. S. 7–18. – Joseph Freiherr von EICHENDORFF: Sämtliche Werke. [Siehe Textquelle.] Bd. 1,1: Gedichte. Bd. 1,2: Epische Gedichte. Bd. 12: Briefe. Hrsg. von Wilhelm Kosch. Regensburg 1910. – Joseph von EICHENDORFF: Werke. Textred.: Jost Perfahl. Mit einer Einf. und einer Zeittaf. [in Bd. 1] sowie Anm. von Ansgar Hillach. Bd. 2: Romane, Erzählungen. Nach den Ausg. letzter Hand unter Hinzuziehung der Erstdr.

München 1970. – Carel ter *Haar*: Joseph von Eichendorff: Aus dem Leben eines Taugenichts. Text, Materialien, Kommentar. München 1977. – Klaus KANZOG: Heinrich von Kleist »Prinz Friedrich von Homburg«. Text, Kontexte, Kommentar. München 1977. – Ernst L. OFFERMANNS: Eichendorffs Roman »Dichter und ihre Gesellen«. In: Literaturwissenschaft und Geschichtsphilosophie. Festschrift für Wilhelm Emrich. Hrsg. von Helmut Arntzen, Bernd Balzer, Karl Pestalozzi und Rainer Wagner. Berlin / New York 1975. S. 373–387. – Oskar SEIDLIN: Versuche über Eichendorff. Göttingen 1965.

Weitere Literatur: Manfred GSTEIGER: Poesie und Kritik. Betrachtungen über Literatur. Bern/München 1967. S. 23–28. – Helmut MOTEKAT: Reife und Nachklang romantischer Weltfülle. Betrachtungen zu Joseph von Eichendorffs Gedicht »Sehnsucht«. In: Blätter für den Deutschlehrer 4 (1956/57) S. 97–103. – Hartwig SCHULTZ: Form als Inhalt. Vers- und Sinnstrukturen bei Joseph von Eichendorff und Annette von Droste-Hülshoff. Bonn 1981. S. 189–197 u. ö. – Egon SCHWARZ: Joseph von Eichendorff. New York 1972. S. 91–98.

Joseph von Eichendorff

Mondnacht

Es war, als hätt' der Himmel
Die Erde still geküßt,
Daß sie im Blütenschimmer
Von ihm nun träumen müßt'.

5 Die Luft ging durch die Felder,
Die Ähren wogten sacht,
Es rauschten leis die Wälder,
So sternklar war die Nacht.

Und meine Seele spannte
10 Weit ihre Flügel aus,
Flog durch die stillen Lande,
Als flöge sie nach Haus.

Abdruck nach: Sämtliche Werke des Freiherrn Joseph von Eichendorff. Hist.-
krit. Ausg. Hrsg. von Wilhelm Kosch. Regensburg: Habbel, [1908 ff.]. Bd. 1,1:
Gedichte. Hrsg. von Hilda Schulhof und August Sauer. Mit einem Vorw. von
Wilhelm Kosch. [1921.] S. 382.
Erstdruck: Gedichte von Joseph Freiherrn von Eichendorff. Berlin: Duncker
und Humblot, 1837.
Weiterer wichtiger Druck: Joseph Freiherrn von Eichendorffs Werke. 4 Tle.
Berlin: M. Simion, 1841/42. T. 1: Gedichte. 1841. [Es gibt keine Druckvarianten. Ein Faksimile des handschriftlichen Entwurfes findet sich in: Literaturwissenschaftliches Jahrbuch. N. F. 15 (1974) Titelabbildung. – Die Handschrift –
heute im Berliner Nachlaß Eichendorffs in der Staatsbibliothek Berlin (Ost) –
weist nach Hilda Schulhof (I,2,768) auf des Autors »Schrift der 30er Jahre«.]

Wolfgang Frühwald

Die Erneuerung des Mythos.
Zu Eichendorffs Gedicht *Mondnacht*

Franz Werfel hat Clemens Brentanos *Frühlingsschrei eines Knechtes aus der Tiefe* als das schönste Gedicht der deutschen Romantik bezeichnet. Von Thomas Mann wird diese Einschätzung zwar zitiert, doch fragt er: »ist ›Es war, als hätt' der Himmel‹ von Eichendorff nicht am Ende schöner – wenigstens als Schumannsches Lied? Die Perle der Perlen« (Mann, S. 726).

An bewundernden Epitheta hat es Joseph von Eichendorffs *Mondnacht* nie gefehlt, und kaum einer der zahllosen Interpreten hat es versäumt, auf Robert Schumanns Vertonung des Liedes aus dem Jahre 1840 hinzuweisen. Von dieser Komposition, meinte Theodor W. Adorno, lasse sich so schwer reden, »wie, nach Goethes Diktum, von allem, was eine große Wirkung getan hat« (Adorno, S. 140); die Zeilen »Es war, als hätt' der Himmel / Die Erde still geküßt« waren Adorno schon in seiner Gymnasialzeit »so selbstverständlich [...] wie Schumanns Komposition«, doch konnte er dieser Selbstverständlichkeit wegen einem Lehrer, der ihn »auf die Trivialität des Bildes aufmerksam machte«, nicht entgegnen (Adorno, S. 108). Gleichwohl erschien Adorno Eichendorffs Gedicht zeitlebens, »als wäre es mit dem Bogenstrich gespielt« (Adorno, S. 112); Oskar Seidlin nannte es Eichendorffs »allerschönstes Gedicht«, eines der »– sagen wir – zehn vollendeten Wunder deutscher Sprache« (Seidlin, S. 234), und die musikwissenschaftlichen Handbücher, die häufig das deutsche und das romantische Kunstlied identifizieren, haben das Gedicht in Schumanns Vertonung »zum Inbegriff des romantischen Liedes« erklärt (Wiora, S. 68).

Der Nachruhm Joseph von Eichendorffs gründet wesentlich auf den Vertonungen seiner Gedichte, und der Erfolg des romantischen Kunstliedes in den Konzertsälen der Welt ist untrennbar mit seinem Namen verbunden. In den »beiden letzten Dritteln des 19. Jahrhunderts [sind] weit über 5000 Eichendorff-Vertonungen nachzuweisen« (Busse, S. 9), für die *Mondnacht* zählte Max Koch im 19. Jahrhundert allein 41 Kompositionen. Sieht man von dem handschriftlichen Entwurf im Berliner Nachlaß einmal ab, so gibt es – neben den Vertonungen – keinerlei Entstehungs- oder zeitgenössische Rezeptionsdokumente des Gedichtes. Wir dürfen aber vielleicht annehmen, daß Eichendorff im Jahre 1847, in dem er zum ersten und einzigen Mal in seinem Leben öffentlich gefeiert wurde, auch Schumanns Komposition der *Mondnacht* gehört hat. Am 15. Januar dieses Jahres nämlich nahmen, nach Wiener Pressemeldungen, »Herr und Frau Schumann« in Wien »von ihren Freunden und näheren Bekannten« – darunter Adalbert Stifter, Franz Grillparzer und Joseph von Eichendorff – »musikalisch Abschied«. Der Sänger de Marchion trug bei diesem Hauskonzert, das in anderen Pressemeldungen auch als »Soirée zu Ehren des seit einiger Zeit hier verweilenden greisen Dichters Eichendorff« bezeichnet wurde, »einige tiefgefühlte Lieder Eichendorffs« vor, »von Schumann im Geiste des Dichters komponiert«. Joseph von Eichendorff, so schrieb Clara Schumann, habe bei dieser Gelegenheit zu ihr gesagt, »Robert habe seinen Liedern erst Leben gegeben«, sie habe darauf erwidert, »daß seine Gedichte erst der Komposition das Leben gegeben« (Frühwald, S. 201).

Wenn mit Adorno und Moser Schumanns Melodie als eine dem musikalischen Bar nahestehende Form verstanden wird, in dem »die Naturbilder [...] den Aufgesang« geben, »die Wendung ins Innere [...] im erlösenden Abgesang ›nach Haus‹« führt (Moser, S. 367), so stehen poetische und musikalische Form in einem Spannungsverhältnis zueinander. Doch auch, wenn die Melodie als »variierte Strophenform« gedeutet wird (Busse, S. 21), da Schumann die Halbstrophen des Gedichtes mit einer sich demnach fünfmal wiederholenden Melodie komponierte und diese Melodie nur zu Beginn der dritten Strophe (also in der fünften Halbstrophe) leicht variierte, ist dieses Spannungsverhältnis nicht völlig in »Kongruenz und Synthese« (Busse, S. 22) zu lösen. Die »musica coelestis« (Wiora, S. 69), die Schumann in der intensivierenden Wiederholung einer Periode hörbar macht, ist einerseits eng am Text orientiert; er verwendet »die Portato-Wiederholung auf Tönen und Akkorden, die auch bei Beethoven Sinnbild der funkelnden, flimmernden Sterne ist« (Wiora, S. 69), »die vokalische Aufhellung vollzieht sich über steigender Melodielinie, Eindunkelung bedeutet fallende Linie« (Busse, S. 21); andererseits steht die fast monotone Wiederholung der immer gleichen Melodiezeile, mit einer schwachen Belebung und Bewegung an der Stelle, an der das lyrische Ich explizit in das Gedicht eintritt, in Spannung zu der auf den ersten Blick erkennbaren Tektonik des Textes. Schumanns Vertonung ist weniger interpretierender Nachvollzug der Sprachmelodie als vielmehr Neuschöpfung einer durch den Text evozierten inneren Bildwelt im Medium der Musik.

In Eichendorffs lyrischem Text überwiegt die Bewegung der Umarmung die der Strophenvariation des lyrischen Augenblicks. Zwei auffällig vom Konjunktiv geprägte Strophen, mit der korrespondierenden ›als ob‹-Figur, umschließen eine von Verben im Indikativ getragene Mittelstrophe. Die sprachliche Bewegung führt dabei in der ersten Strophe von oben nach unten, vom Himmel zur Erde, in der letzten Strophe aber wechselt die Perspektive, es ist, als ob die Seele aus der dunklen Welt auf zum Himmel flöge. In der zweiten Strophe begegnen sich die beiden gegenläufigen Bewegungen im Bild des Nachtwindes: Der Blick des impliziten Betrachters führt über die wogenden Felder, die Ähren, die rauschenden Bäume des Waldes hinauf zum Himmel einer sternklaren Nacht; weil aber »je zwei Verse metaphorisch aufeinander bezogen [sind], der durch die Felder gehenden Luft [...] das Wogen der Ähren [entspricht], das Rauschen der Wälder [...] die Antwort auf die Sternenklarheit der Nacht [ist]« (Schwarz, S. 87), scheint der Wind aus den

Weiten des Himmels herabzukommen. Er bewegt die Dinge
der Natur und bildet darin die Sehnsuchtsbewegung der
menschlichen Seele ab. Das inhaltlich tragende Bild der –
ehelichen – Umarmung spiegelt sich demnach in der Form,
wie auch die ›als ob‹-Figur formale Entsprechungen zeitigt.

Reim- und Assonanzmischungen sind in Eichendorffs
Gedichten stets genau bedacht. In dem ursprünglichen
Eröffnungsgedicht des Zyklus *Auf den Tod meines Kindes*,
das wie die *Mondnacht* in den dreißiger Jahren entstanden
ist (vermutlich um 1832, Erstdruck 1835) und mit dieser
die betonte Schlußformel teilt, ist allein die Zuversicht des
Wiedersehens in der letzten Strophe mit durchgehend reinen
Reimen gekennzeichnet; den Schmerz des Todes umschreibt
die schroffe, reimlose Verb-Adverb-Begegnung am Ende
der Zeilen 1 und 3 der beiden ersten Strophen; das volle
Bewußtsein der Trennung aber bricht in der dritten Strophe
ein, in der die ›als ob‹-Figur nicht mehr mit Reimen, sondern mit Assonanzen gepaart wird, so daß die Wehmut der
Erinnerung, der innige Wunsch einer Wiederkehr des toten
Kindes und gleichzeitig die scharfe Gewißheit seines Verlu-
stes in Klangbindung und Reimversagen ausgedrückt sind:

Von fern die Uhren schlagen,
Es ist schon tiefe Nacht,
Die Lampe brennt so düster,
Dein Bettlein ist gemacht.

Die Winde nur noch gehen
Wehklagend um das Haus,
Wir sitzen einsam drinne
Und lauschen oft hinaus.

Es ist, als müßtest leise
Du klopfen an die Tür,
Du hätt'st dich nur verirret,
Und kämst nun müd' zurück.

Wir armen, armen Toren!
Wir irren ja im Graus

Des Dunkels noch verloren –
Du fand'st dich längst nach Haus. (I,1,323)

Ähnlich ist die ›als ob‹-Figur, die bekanntlich erst in der
Lyrik Eichendorffs »endgültig als wichtige und kennzeich-
nende sprachliche Gebärde« für die Lyrik des 19. Jahrhunderts gewonnen wurde (Krummacher, S. 69), in der *Mondnacht* mit Assonanz und unreinem Reim verbunden (1/3:
»Himmel«/»Blüten-Schimmer«; 9/11: »spannte«/»Lande«),
um die Wunsch- und Vorstellungswelt des – nach Paulus –
nur im Spiegel und Gleichnis, stückweise erkennenden Menschen zu betonen. Die indikativische Mittelstrophe ist –
zwar nicht im Schriftbild, wohl aber im Klangbild – durchgehend rein gereimt; die Natur als Gleichnis ihres Schöpfers
und der kreatürlichen Sehnsuchtsbewegung zu ihm hin ist
Erfahrungswirklichkeit und Bildchiffre zugleich. Für Oskar
Loerke, der die neuromantischen Ursprünge seiner Lyrik
und seiner Kunsttheorie nicht geleugnet hat, sind »bloße
Silbengleichklänge beileibe keine Reime [...]; vielmehr reimen sich die hinter ihnen stehenden Dinge, und der Klang
versinnlicht den rhythmischen Ablauf der Welt« (Loerke,
S. 703). Eichendorff scheint in diesem Sinne den unreinen
Konsonantismus des Reimes in der dritten Strophe fast
mühelos gefunden zu haben, an der Assonanz der ersten
Strophe aber hat er gearbeitet; im Entwurf lautete das letzte
Wort der dritten Zeile nach einer Lücke zunächst »traumes-
trunken«, es wurde gestrichen und durch »Blüten-Schimmer« ersetzt. An Reim- und Assonanzbindung der *Mondnacht* also ist eine gedankliche Bewegung abzulesen, die ein
Fortschreiten des lyrischen Ich von Märchen und Mythos
zur Glaubensposition in der letzten Strophe andeutet.
In der Romantik, die erstmals in der literarischen Moderne
Deutschlands Literatur aus Literatur entwickelte, sind kryptische und offene Zitate Legion. Auch in Eichendorffs nur
scheinbar so einfach organisiertem Gedicht sind kryptische
Zitate als Konstituenten des Textes auszumachen: in der
ersten Strophe der alte Mythos von Uranos und Gaia, wie er

exemplarisch in Hesiods *Theogonie* erzählt wird (und in jedem Handbuch antiker Mythologie nachzulesen ist; vgl. Gockel, S. 337), und, in der dritten Strophe, Wackenroders Schilderung vom Musikerleben des Tonkünstlers Joseph Berglinger in den *Herzensergießungen eines kunstliebenden Klosterbruders*; bei Wackenroder findet sich nicht nur, wie Paul Koldewey schon 1904 erkannt hat, das zentrale Bild der geflügelten Seele, dort sind im Kontext dieses Bildes auch andere Leitvorstellungen von Eichendorffs Lied zu lesen: »Erwartungsvoll harrte er auf den ersten Ton der Instrumente; – und indem er nun aus der dumpfen Stille, mächtig und langgezogen, gleich dem Wehen eines Windes vom Himmel hervorbrach und die ganze Gewalt der Töne über seinem Haupte daherzog, – da war es ihm, als wenn auf einmal seiner Seele große Flügel ausgespannt, als wenn er von einer dürren Heide aufgehoben würde [...], und er zum lichten Himmel emporschwebte. [...] Die Gegenwart versank vor ihm; sein Inneres war von allen irdischen Kleinigkeiten, welche der wahre Staub auf dem Glanze der Seele sind, gereinigt« (Wackenroder, S. 107 f.). Schon in *Ahnung und Gegenwart* (vgl. Schulhof in I,2,738) hat Eichendorff das Bild der geflügelten Seele verwendet, es dort aber, Wackenroder ähnlich, in einen expliziten Vergleich eingebunden; daß es im übrigen antiken Ursprungs ist, verdeutlicht noch einmal die umarmende Funktion der Außenstrophen, da sich in ihnen die sprachliche Gebärde des ›als ob‹, der Konjunktiv und das mythologische Zitat entsprechen. »Im Potentialis«, wie Heinz Gockel den Konjunktiv deutet, »spricht sich eine neue Mythologie aus, die die alten Mythologeme verwandelt zitieren kann. Damit ist der Sprache jene Unbestimmtheit zurückgewonnen, die mythologische Rede auszeichnet« (Gockel, S. 336). Eichendorff hat den archaisch-antiken Trennungsmythos von Himmel und Erde, der in den romantischen Mythologemen des verlorenen Paradieses, des Geschlechterkampfes und des Elementenkrieges widergespiegelt ist, unter Bezug auf die eigene poetische Herkunft aus der romantischen Bewegung und ihrem

Postulat einer »neuen Mythologie« aufgehoben und in eine christliche Bildlichkeit übersetzt. Denn daß Eichendorffs »nach Haus« nur vordergründig die durch Mißwirtschaft verlorene schlesische Heimat Lubowitz meint, dann – auf einer ersten Transformationsstufe – die stets von neuem anzutretende Heimkehr zu jugendlich-poetischer Lebensfreude, und schließlich die ewige Heimat des Menschen, wird durch zahlreiche Parallelen aus dem Werke des Dichters belegt, von denen Hilda Schulhof (I,2,745) nur eine kleine Auswahl gesammelt hat und von denen die bildkräftige Parallele im Gedicht *Die Flucht der heiligen Familie* (1839) nur die deutlichste ist. Das Medium einer solchen – erträumten – Heimkehr ist für den Dichter – in allen Phasen seines Werkes – die Poesie.

So steht die *Mondnacht* innerhalb der Abteilung *Geistliche Gedichte*, der sie Eichendorff in der Handschrift ausdrücklich zugewiesen hat, mit dem Bild der ihre Flügel spannenden Seele kaum zufällig in der Mitte zwischen den Mottoversen und dem Schlußgedicht dieser Abteilung (*Durch*), wo jeweils charakteristisch variiert das Motiv des himmelwärts gerichteten Fluges akzentuiert wird:

Andre haben andre Schwingen,
Aber wir, mein fröhlich Herz,
Wollen grad' hinauf uns singen,
Aus dem Frühling himmelwärts! (I,1,331)

In Vollzug und Nachvollzug des Gedichtes mischen sich Poesie und Religion, der Text fixiert die Erinnerung eines erfüllten Momentes, in dem der Mensch nicht dichtet, sondern in der Transzendierung seines Ich Poesie lebt. Eichendorff hat dem klassisch-romantischen Bildtopos von den »Flügeln des Gesanges«, der durch Heinrich Heines *Lyrisches Intermezzo* im *Buch der Lieder* schon formelhaft zu erstarren drohte und bereits sprichwörtlich geworden war, durch eine Mythisches und Christliches verbindende, religiöse Dimensionierung noch einmal Leben gegeben. Die

Seele, die ihre Flügel spannt, als Bild eines Augenblickes, in dem der Mensch den Abglanz des Paradieses erfährt, ist in der *Mondnacht* sinnlich präsent durch die Synkopierung des jambischen Metrums zu Beginn der vierten Verszeile der dritten Strophe, »zu der das Enjambement hinführt: ›spannte weit‹« (Stöcklein, S. 81). Das Gedicht ist ebenso Erinnerung dieses erfüllten Augenblickes, wie dieser selbst Erinnerung an die ursprüngliche Einheit von Mensch und Natur ist, von Innen und Außen, Himmel und Erde; – aus dieser mehrfachen Erinnerungsstruktur erklärt sich das im Gedicht durchgehend verwendete Präteritum.

In der langen Reihe der seit dem späten 18. Jahrhundert gedruckten Mond-Gedichte markiert Eichendorffs *Mondnacht* jene Stelle, an der das Gestirn des Himmels – in Erinnerung an Matthias Claudius' *Abendlied* oder auch Goethes *An den Mond* – noch einmal »trostreich« (I,1,354) über der Welt aufgeht, ehe es zum Requisit der – von Heines Mond-Gedichten parodierten – Schauerromantik verkümmert oder – im Werke Georg Büchners – naturwissenschaftlich entzaubert und als ein blutiges Symbol des Mordes gleichzeitig literarisch dämonisiert wird. Erst Bertolt Brecht konnte (in *Trommeln in der Nacht*) diese bei Büchner erreichte Entwicklungsstufe der Mond-Motivik parodistisch überwinden.

Eichendorffs Versuch, den Mond als Wort und Motiv in das Gedicht einzufügen, scheiterte, weil sich die romantische Formel in der unpersönlichen Konstruktion des Märchentones dem Indikativ der zweiten Strophe nicht fügte und die vom Autor gewünschte gleiche Konstruktion der dritten Verszeile verdrängt hätte. In den ungemein stark überarbeiteten Versen, die in der Druckfassung dann die zweite Strophe bilden und in prägnanter Kürze die Chiffren von Eichendorffs »symbolischer Landschaft« (Oskar Seidlin) enthalten, läßt sich im Entwurf eine Grundschicht erkennen, die – mit Ausnahme der dritten Zeile – insgesamt wieder verworfen wurde; (dabei bedeuten in der folgenden

Umschrift eckige Klammern Soforttilgungen des Autors; die Mehrzahl der im Entwurf enthaltenen Alternativvarianten wird hier vernachlässigt):

Von weitem durch die Felder
Hört' ich die Ströme gehn,
Es rauschten leis die Wälder,
Der Himmel [schien] war so klar.
o Es schien der Mond so [klar] schön.

So ist in der Endfassung nicht der Mond als das sichtbare und vertraute Gestirn des Himmels präsent, sondern allein der Glanz seines Lichtes. Die Traumatmosphäre umfängt das ganze Gedicht, und der Brautschmuck der Erde schimmert im Mondeslicht. Es ist, als sei dieses Licht der Vermählungskuß des Himmels an die Erde. Damit wird der von Eichendorff für das Gedicht ursprünglich erwogene Titel »Im Mondenglanz« erklärbar, die endgültige – ebenfalls im Entwurf schon enthaltene – Überschrift *Mondnacht* aber erhält eine programmatische Note, die auf Ludwig Tiecks »mondbeglänzte Zaubernacht« verweist. Peter Paul Schwarz hat den Satz aus *Dichter und ihre Gesellen*: »Der Mond trat eben hervor und verwandelte alles in Traum« (*Werke*, S. 398) als »Schlüssel für fast alle Eichendorffschen Mondnachtschilderungen« bezeichnet (Schwarz, S. 85) und auf die Darstellungselemente dieser mondbeglänzten Traumlandschaften aufmerksam gemacht: die wunderbare Verbindung alles einander Fernen und voneinander Getrennten, die orphische Melodie der Nacht, die Prävalenz des Hörens und Fühlens vor dem Sehen, die Verzauberung der Welt, welche der Mensch als ebenso trostreich wie verwirrend empfinden kann. Nur im Entwurf experimentiert Eichendorff hier noch mit der direkten Nennung des Inventars seiner Landschaftsbilder, wobei er lediglich zur papierenen Kombination von Versatzstücken gelangt; in der endgültigen Fassung des Gedichtes ist in der konzentrierten Beschreibung des Nachtwindes die Melodie der Nacht ebenso präsent wie das stille Licht des Mondes. Als ein Konzentrations- und Präzisionsvorgang also kann die Arbeit des Dichters an den beiden ersten Strophen seines Gedichtes beschrieben werden. So ist in einer, dann verworfenen, Vorfassung zur jetzigen ersten Strophe zu lesen – (wieder werden Alternativvarianten vernachlässigt, die Lücke in der vierten Zeile abgebildet):

Das Land war schon versunken,
Noch hört' ich Glocken gehn
Und sah in   Funken
Die fernen Berge stehn.

Die den Horizont begrenzenden Berge sind bei Eichendorff stets Bild der Trennung, der Ferne, der Sehnsucht nach Vereinigung, die Glocken aber symbolisieren jenen einheitstiftenden Klang der Nachtmelodie, von dem es in *Dichter und ihre Gesellen* heißt: »Wahrlich, wen Gott liebhat, den stellt er einmal über allen Plunder auf die einsame Zinne der Nacht, daß er nichts als die Glocken von der Erde und vom Jenseits zusammenschlagen hört und schauernd nicht weiß, ob es Abend bedeute oder schon Morgen« (*Werke*, S. 495).
Auch in einem Vorentwurf zur jetzigen zweiten Strophe sind Traum und Nachtmelodie einander zugeordnet – (wobei die zweite Verszeile in diesem Stadium des Entwurfs noch fehlt):

Da rührt sich's in den Bäumen,

Als finge nun in Träumen
Das Land zu singen an.

Und schließlich heißt es in einer erwogenen Alternative zu der verworfenen Zeile 2 der zitierten Grundschicht der zweiten Strophe: »Kam's o weht's wie ein Singen sacht,« – ehe all diese Versuche zur direkten Nennung der Nachtmelodie in die Indikativstrophe eingehen.
Der Dichter sucht also nichts anderes zu gestalten als die Erkenntnis des Augenblickes von Einheit und Geborgen-

heit, in dem sich der Mensch seiner himmlischen Abkunft versichert, ohne das Bewußtsein seiner Kreatürlichkeit zu verlieren. Der Konjunktiv der Rahmenstrophen »schafft Distanz zwischen Hier und Dort, [...] verwirft den pantheistischen Monismus von phänomenalem und absolutem Bereich, von Erscheinung und Substanz, von Leben und Lebensspender« (Seidlin, S. 235). Der paradiesische Moment in dieser Welt aber ist – und darauf scheint mir der ›harte Werkstattkurs‹ von Eichendorffs Mondnacht vor allem zu deuten – kein Zu-Fall, kein Geschenk an die träge Erwartung, nicht einmal eine Gnadengabe Gottes an den Menschen; dieser Augenblick, auch wenn er im Zustand des Kreatürlichen, d. h. im Zustand des ›als ob‹ verharrt, ist erarbeitet, erlitten und erkämpft. Die zahlreichen Vorentwürfe, Korrekturen und Varianten der beiden ersten Strophen der *Mondnacht* stehen in augenfälligem Kontrast zur druckreifen Niederschrift der dritten Strophe schon auf dem Entwurfblatt. Die Beschwernis einer Näherung an das verlorene Paradies ist an den Neben-, Seiten- und Irrwegen abzulesen, die der Entwurf des Dichters geht, ehe er die Einheit des Tones gewinnt.

So ist nach der inneren Grammatik dieses Gedichtes die dritte Strophe als das Ziel der vorhergehenden Entwürfe zu betrachten, als die Befreiung von irdischer Schwere und Bitterkeit, so daß diese dritte Strophe nur scheinbar widerlogisch mit dem einzigen »und« des Textes beginnt; es setzt den am Entwurf ablesbaren, künstlerisch erarbeiteten Fortschritt der Stimmung des Textes bis zur erinnernden Öffnung des Gemütes – und das heißt, nach Novalis, »der inneren Welt in ihrer Gesamtheit« – voraus.

Eichendorffs mondbeglänzte, innere Landschaft, deren »ernste Schönheit [...] nur in Gedanken spricht und das Entfernteste wie im Traum zusammenfügt« (*Die Entführung*, in: *Werke*, S. 860 f.), variiert den romantischen Kerngedanken der Einheit alles Lebenden als Analogie der ursprünglichen Einheit einer zertrennten Welt. Die Konzentration seiner poetischen Texte in einer Idee, einem einzigen

Wort, einem Begriff, einem Bild – wie hier in *Mondnacht* – hat der Dichter schon um 1806/07 in einer handschriftlichen Notiz bemerkt: »Es gibt gewisse Worte, die plötzlich, wie ein Blitzstrahl, ein Blumenland in meinem Innersten auftun, gleich Erinnerungen alle Saiten der Seelen-Aeolsharfe berühren, als: Sehnsucht, Frühling, Liebe, Heimat, Goethe« (zit. nach Schumann, S. 162).

Zitierte Literatur: Theodor W. Adorno: Zum Gedächtnis Eichendorffs. In: Th. W. A.: Noten zur Literatur I. Frankfurt a. M. 1958. S. 105–143. – Eckart Busse: Die Eichendorff-Rezeption im Kunstlied. Versuch einer Typologie anhand von Kompositionen Schumanns, Wolfs und Pfitzners. Würzburg 1975. – Joseph von Eichendorff: Sämtliche Werke. [Siehe Textquelle. Zit. mit Band- und Seitenzahl.] – Joseph von Eichendorff: Werke. Textred.: Jost Perfahl. Mit einer Einf. und einer Zeittaf. [in Bd. 1] sowie Anm. von Ansgar Hillach. Bd. 2: Romane, Erzählungen. Nach den Ausg. letzter Hand unter Hinzuziehung der Erstdr. München 1970. – Wolfgang Frühwald: Eichendorff-Chronik. Daten zu Leben und Werk. München 1977. – Heinz Gockel: Mythos und Poesie. Zum Mythosbegriff in Aufklärung und Frühromantik. Frankfurt a. M. 1981. – Hans-Henrik Krummacher: Das »als ob« in der Lyrik. Erscheinungsformen und Wandlungen einer Sprachfigur der Metaphorik von der Romantik bis zu Rilke. Köln/Graz 1965. – Oskar Loerke: Das alte Wagnis des Gedichts. In: O. L.: Gedichte und Prosa. Hrsg. von Peter Suhrkamp. Bd. 1. Frankfurt a. M. 1958. – Thomas Mann: Das Lieblingsgedicht. Antwort auf eine Rundfrage. 1948. In: Th. M.: Altes und Neues. Kleine Prosa aus fünf Jahrzehnten. Stockholm 1953. S. 725–727. – Hans Joachim Moser: Das deutsche Lied seit Mozart. 2., wesentlich umgearb. und erg. Ausg. Mit einem Geleitw. von Dietrich Fischer-Dieskau und einem Prosa-Prolog von Hermann Hesse. Tutzing 1968. – Detlev W. Schumann: Eichendorffs Verhältnis zu Goethe. In: Literaturwissenschaftliches Jahrbuch. N. F. 9 (1968) S. 159–218. – Peter Paul Schwarz: Aurora. Zur romantischen Zeitstruktur bei Eichendorff. Bad Homburg v. d. H. [u. a.] 1970. – Oskar Seidlin: Eichendorffs symbolische Landschaft. In: Eichendorff heute. Stimmen der Forschung mit einer Bibliographie. Hrsg. von Paul Stöcklein. Darmstadt ²1966. S. 218 bis 241. – Paul Stöcklein: Dichtung vom Dichter gesehen. Alte und neue Winke der Dichter für den Literarhistoriker. In: Wirkendes Wort. Sonderh. 1 (1952) S. 72–92. – Wilhelm Heinrich Wackenroder: Herzensergießungen eines kunstliebenden Klosterbruders. Mit einem Nachw. von Richard Benz. Stuttgart 1967 [u. ö.]. – Walter Wiora: Das deutsche Lied. Zur Geschichte und Ästhetik einer musikalischen Gattung. Wolfenbüttel/Zürich 1971.

Weitere Literatur: Alexander von Bormann: Natura loquitur. Naturpoesie und emblematische Formel bei Joseph von Eichendorff. Tübingen 1968. – Wolfgang Kayser: Das sprachliche Kunstwerk. Eine Einführung in die Literaturwissenschaft. Bern/München ¹⁴1969. S. 64–71. – Klaus-Dieter Krabiel: Tradition und Bewegung. Zum sprachlichen Verfahren Eichendorffs. Stuttgart [u. a.] 1973. S. 44–56. – Friedrich NEMEC: Zur »Trivialität« in Eichendorffs »Mondnacht«. In: Literaturwissenschaftliches Jahrbuch. N. F. 15 (1974) S. 123 bis 134. – Johannes PFEIFFER: Wege zur Dichtung. Eine Einführung in die Kunst des Lesens. Hamburg ⁴1953. S. 80. – Hermann PONGS: Das Bild in der Dichtung. Bd. 1: Versuch einer Morphologie der metaphorischen Formen. Marburg ²1965. S. 219 f. – Egon SCHWARZ: Joseph von Eichendorff. New York 1972. S. 98–101. – Brigitte TONTSCH: Joseph von Eichendorff: Mondnacht. In: interpretationen deutscher und rumäniendeutscher lyrik. Hrsg. von B. T. Klausenburg 1971. S. 125–128.

Clemens Brentano

Die Abendwinde wehen,   I
Ich muß zur Linde gehen,
Muß einsam weinend stehen,
Es kommt kein Sternenschein;
5 Die kleinen Vöglein sehen
Betrübt zu mir und flehen,
Und wenn sie schlafen gehen,
Dann wein' ich ganz allein!
   »Ich hör' ein Sichlein rauschen,
   Wohl rauschen durch den Klee,
   Ich hör' ein Mägdlein klagen
   Von Weh, von bitterm Weh!«

Ich soll ein Lied dir singen,   II
Ich muß die Hände ringen,
15 Das Herz will mir zerspringen
In bittrer Tränenflut,
Ich sing und möchte weinen,
So lang der Mond mag scheinen,
Sehn' ich mich nach der Einen,
20 Bei der mein Leiden ruht!
   »Ich hör' ein Sichlein rauschen etc.«

Mein Herz muß nun vollenden,   III
Da sich die Zeit will wenden,
Es fällt mir aus den Händen
25 Der letzte Lebenstraum.
Entsetzliches Verschwenden
In allen Elementen,
Mußt ich den Geist verpfänden,
Und alles war nur Schaum!
30   »Ich hör' ein Sichlein rauschen etc.«

Was du mir hast gegeben,
Genügt ein ganzes Leben
Zum Himmel zu erheben;
O sage, ich sei dein!
5 Da kehrt sie sich mit Schweigen
Und gibt kein Lebenszeichen,
Da mußte ich erbleichen,
Mein Herz ward wie ein Stein.
    »Ich hör' ein Sichlein rauschen etc.«

10 Heb Frühling jetzt die Schwingen,
Laß kleine Vöglein singen,
Laß Blümlein aufwärts dringen,
Süß Lieb geht durch den Hain.
Ich mußt mein Herz bezwingen,
15 Muß alles niederringen,
Darf nichts zu Tage bringen,
Wir waren nicht allein!
    »Ich hör' ein Sichlein rauschen etc.«

Wie soll ich mich im Freien
50 Am Sonnenleben freuen,
Ich möchte laut aufschreien,
Mein Herz vergeht vor Weh!
Daß ich muß alle Tränen,
All Seufzen und all Sehnen
55 Von diesem Bild entlehnen,
Dem ich zur Seite geh!
    »Ich hör' ein Sichlein rauschen etc.«

Wenn du von deiner Schwelle
Mit deinen Augen helle,
60 Wie letzte Lebenswelle
Zum Strom der Nacht mich treibst,
Da weiß ich, daß sie Schmerzen
Gebären meinem Herzen

Und löschen alle Kerzen,
65 Daß du mir leuchtend bleibst!
    »Ich hör' ein Sichlein rauschen,
    Wohl rauschen durch den Klee,
    Ich hör' ein Mägdlein klagen
    Von Weh, von bitterm Weh!«

Abdruck nach: Clemens Brentano: Werke. 4 Bde. Hrsg. von Friedhelm Kemp.
München: Hanser, 1963–68. Bd. 1: Gedichte. Hrsg. von Wolfgang Frühwald,
Bernhard Gajek und Friedhelm Kemp. 1968. S. 567–569.
Zur Entstehung: Auf früheren Formulierungen basierend erster Entwurf 1817,
benachbart dem Entwurf von *Aus Immergrün gewunden*... Dem ersten
Entwurf entwächst als selbständiges Gedicht *Die Erde war gestorben*... in der
weltlichen und der geistlichen Fassung. Der Refrain entstammt einem Gedicht
aus *Des Knaben Wunderhorn*. Er erscheint zuerst im *Immergrün*-Gedicht und
wird dann bearbeitet in die Spätfassung des *Abendwinde*-Gedichts (1834)
übernommen.
Erstdruck: Clemens Brentano's Gesammelte Schriften. 9 Bde. Hrsg. von
Christian Brentano. Frankfurt a. M.: Sauerländer, 1852–55. Bd. 2. 1852. [Text
nach der (verlorenen) Reinschrift von 1834.]

Karl Eibl

Ein ›Klanggebilde‹ – beim Wort genommen

Emil Staiger hat 1957 eine Interpretation dieses Gedichts
vorgelegt, die uns als Ausgangsbasis dienen kann. Sie beruht
auf profunder Kenntnis des Gegenstandes und subtilem Sinn
für poetische Qualitäten. Und doch ist diese Interpretation
fast ein Verriß. Das Landschaftsbild, führt Staiger aus, berge
Widersprüche (Staiger, S. 165). In der ersten Strophe heiße
es: »Es kommt kein Sternenschein«, dann aber, in der
zweiten: »So lang der Mond mag scheinen«. Und was heiße:
»Bei der mein Leiden ruht«? »Vielleicht ›auf der mein Leiden beruht‹ oder ›bei der es stille wird‹?« (Staiger, S. 164).

Gar in der fünften Strophe: Von einem großen Elend sei da die Rede, während wir dann erfahren, »daß es sich nur um eine vorübergehende Unannehmlichkeit handelt« (Staiger, S. 166 – »Wir waren nicht allein«). Das sei doch, sagt Staiger, ein »Mißverhältnis von Gefühlsaufwand und Anlaß« (ebd.). In der sechsten Strophe schließlich »nehmen wir Anstoß an dem Wort ›entlehnen‹«, das sei »ein höchst seltsamer unangemessener Ausdruck, der einzig durch den Reim bedingt scheint« (ebd.). Manches Wort sei, »sofern wir es als Bezeichnung nehmen, unscharf, irreführend oder falsch«. »Der Kehrreim gar schwebt in der Luft« (ebd.). Und auch die Form sei bedenklich: Zwar könne die formale Absicht des Dichters aus dem Bau der ersten Strophe erschlossen werden. »Er gibt sie aber preis, sobald ihm die Durchführung Schwierigkeiten bereitet« (Staiger, S. 162).

Staigers Kritik ist jedoch nur eine List. Er will damit zeigen, daß das Wörtlich-Nehmen dem Gedicht unangemessen sei, daß es »gefährlich« sei, »beim Interpretieren sich mehr Mühe zu geben, als sich der Dichter gab, ihn beim Wort zu nehmen, wenn er selbst es ohne Sorgfalt braucht« (Staiger, S. 165). Denn über alle Unstimmigkeiten »trägt den Leser der betörende Klang hinweg« (Staiger, S. 166). Staiger stützt seinen Befund durch den Nachweis zahlreicher – von Boetius inzwischen vermehrter und präzisierter – Bezüge zu anderen Gedichten. *Aus Immergrün gewunden...*, *Die Erde war gestorben...*, *Der Spinnerin Nachtlied*, *Wie sich auch die Zeit will wenden...*, Briefstellen, ein altes Minnelied, für den Refrain ein Gedicht aus *Des Knaben Wunderhorn*: wörtlich sind dort Stellen wiederzuerkennen. Nimmt man hinzu, daß der erste Entwurf des Gedichts *Die Abendwinde wehen...* in das Jahr 1817 gehört und damals Luise Hensel galt, während die letzte Fassung von 1834 auf die Altersliebe Emilie Linder gemünzt ist, dann liegt tatsächlich die Vermutung nahe, daß hier zu musikalischen Figuren geronnene Formulierungen bei ähnlichen Gelegenheiten gesungen werden, gesättigt mit Stimmungsgehalt, aber ohne jegliche begriffliche Schärfe.

Ein zweiter Blick läßt stutzen. Die Form des Gedichts ist gar nicht so sorglos gehandhabt, wie das auf Anhieb scheinen möchte. Zwar ist das Schema der ersten Strophe nicht voll durchgeführt, aber dafür wird ein anderes, weit kunstvolleres System sichtbar (Frühwald, *Zu neueren Brentano-Ausgaben*). In den Strophen 1, 3 und 5 gehen die Zeilen 1–3 und 5–7 auf den gleichen Reim aus, ebenso die Zeilen 4 und 8. Es ergibt sich für diese Strophen das Schema aaabaaab, wobei a immer weiblich, b immer männlich endet (bzw., dem Volkslied-Ton angemessener, klingend und stumpf). In den Strophen 2, 4 und 6 hingegen tritt in den Zeilen 5–7 jeweils ein neuer Reim ein, also aaabcccb. Es ist also ein regelmäßiger Wechsel zweier Strophentypen. Sieht man hier die bewußte Kompositionsabsicht, dann wird auch die Eigenart der siebenten, der letzten Strophe, deutlich. Zwar ist sie nach dem zweiten Typus gebildet, so daß die Regelmäßigkeit des Wechsels gestört scheint. Bei genauem Hinsehen aber zeigt sich, daß der Reim a und der Reim c die Vokale gemeinsam haben (»-elle«, »-erzen«): Es handelt sich um Assonanzen, also um eine Art Mittelding zwischen Reim und Nicht-Reim, um eine Art Synthese. Das Strophenschema lautet: A B A B A B AB. Solch ein genau durchgeführter, auf Geschlossenheit zielender Plan läßt vermuten, daß man den Dichter durchaus beim Wort, wenn auch beim dichterischen Wort nehmen sollte.

Da ist ein Einsamer, der am Abend, in der Zeit des Übergangs, hier wohl auch des Lebensübergangs, zur Linde geht. Die Linde ist der Baum der Liebenden, doch auch Kranke und Schwache sollen sich unter Linden aufhalten, weil ihr Duft heilt, überdies verleiht sie angeblich Schutz vor dem Blitz (Erich/Beitl). Liebe, Heilung und Schutz also verheißt sie dem Bedrängten. Das Fehlen von Sternenschein jedoch deutet auf das Fehlen von höherer Einwilligung hin. Im Jugendgedicht *Wie sich auch die Zeit will wenden...* hatte es geheißen:

Wenn die Abendlüfte wehen, sehen
Mich die lieben Vöglein kleine
traurig an der Linde stehen, spähen
Wen ich wohl so ernstlich meine [liebe], daß ich helle Tränen weine,
Wollen auch nicht schlafen gehen,
Denn sonst wär ich ganz alleine. (I,123)

Die Parallelen sind deutlich, aber auch die Unterschiede. Waren seinerzeit die Vöglein immerhin solidarisch wach geblieben und hatten so die Einheit des Ich mit der Natur gewährleistet, so werden sie nun »schlafen gehen« (7) und das Ich »ganz allein« (8) lassen. Es ist die Antwort des alternden Dichters an das Jugendgedicht, eine Zurücknahme auch des letzten Trostes in der Natur.

Die zweite Strophe ist geprägt durch die Opposition »singen« – »Hände ringen« (13 f.) bzw. »singen« – »weinen« (17). Schon die »Spinnerin« hatte geklagt: »Ich sing' und kann nicht weinen«, und dann, wie in *Die Abendwinde wehen...*: »Ich sing' und möchte weinen« (I,131). Thematisiert wird also ein Gegensatz von vorsprachlichem Affektausdruck (»weinen«, »Hände ringen«, »Tränenflut«) und der schon reflektierten, artikulierten Formung im Lied, im objektivierten Gebilde. Es ist das Dilemma des Dichters vom Schlage Brentanos ausgedrückt. Wer so aus der persönlichen Betroffenheit heraus dichtet, bedarf einerseits des Mediums der Literatursprache, um die ihn bestürmenden Probleme und Empfindungen zu bewältigen und intersubjektiv zu machen. Anderseits ist damit aber ein Verzicht auf jene Gefühlsunmittelbarkeit und spontane Wahrhaftigkeit verbunden, die den Ursprung seines Dichtens ausmacht und sich nur in einer »Tränenflut« (16) adäquat ausdrücken könnte. Das »Singen« ist unumgänglich, ein Ausweg dessen, der sonst »ganz allein« wäre mit seinem Schmerz, eine Möglichkeit, Anschluß an ein Überindividuelles zu gewinnen. Zugleich aber ist es mit einer Art ›Entfremdung‹ und Unmittelbarkeitsverlust verbunden. Das zeigt sich schon an der angesprochenen Tendenz zum Selbstzitat, zur erstarrten

›musikalischen‹ Formel. Eine solche Distanz von individueller Erfahrung und überindividuellem, geformtem Ausdruck enthält in sich keimhaft die Lüge – und sei es nur jene Art der Lüge, die durch die Selbstproduktivität des Mediums Sprache zustande kommt. Brentano hat das unheimliche Eigenleben der Sprache empfunden wie kaum ein Dichter; es trug für ihn den Charakter des Dämonisch-Teuflischen. Immer wieder erscheinen in seinen Briefen regelrechte Kalauer-Kaskaden, auch viele seiner Gedichte spinnen sich wie von selbst fort. Und es erscheint auch die Klage, »daß mir die Worte nicht als rechtmäßige Bewohner, sondern als Mäuse, Raubtiere, Diebe, Buhler, Flüchtende und dergleichen mit meinen Empfindungen aus dem Maule laufen« (Briefentwurf an E.T.A. Hoffmann 1816).

Begreift man den tiefen Zwiespalt, der Brentanos Klage zugrunde liegt – er wird gleich noch weiter zu erörtern sein –, so erhält auch die Formulierung von der »Einen, / Bei der mein Leiden ruht!« (19 f.) bereits eindeutige Konturen. Ginge es nur um eine Klage um verlorenes Liebesglück, so könnte man meinen, das Leiden ›beruhe‹ auf der »Einen«, sie sei die Ursache. Aber angesichts der Spannung, in der der Dichter steht, ist die Geliebte offenbar mehr als nur eine geliebte Frau. »Ruhe« erhält fast terminologische Präzision, als Zustand, in dem die Spannung aufgehoben ist. Wo das Leiden zur Ruhe kommt, ist Einheit, ist das Heil. Die »Eine«, groß geschrieben, ist mehr als die irdische Geliebte, sie ist in einem noch näher zu bestimmenden Sinn Erlösungsinstanz.

Strophe 1 hatte die Situation des Ich in einer Naturszenerie gezeigt, einer Natur, die keinen Trost mehr spendet. Strophe 2 hatte, in einem weiten Sinne, das Verhältnis dieses Ich zu den Menschen, zur Menschensprache und zur Geliebten formuliert. Strophe 3 bringt nun, ohne Bezug auf eine konkrete Umwelt, die Stufe der Selbstreflexion in fast thesenhaft abstrakter Weise. Das Ich befindet sich in einer Situation der Wende und Erfüllung. Wenn das Herz »vollenden« (22) muß, wenn die Zeit sich »wenden« (23) will, dann ist ein Äußerstes erreicht, ein Eschaton der Biographie: der Blick auf den Tod. Dessen unverstellte Wahrheit läßt auch den letzten »Lebenstraum« (25) zerrinnen und macht jede Illusion zunichte. Unter dieser Voraussetzung gewinnen die Formulierungen der zweiten Strophenhälfte präzise Bedeutung als zusammenfassende Formel eines Grundwiderspruchs. Die »Elemente« (27) stehen für das Reich der Materie, »Geist« (28) für einen außermateriellen Auftrag. Das »Verschwenden« (26) und »Verpfänden« (28) besteht darin, daß der »Geist« sich ins Reich der Materie eingelassen hat. Brentano formuliert mit diesen Zeilen eine Gedankenfigur, die für ihn, für die ganze Romantik wie für die Philosophie des deutschen Idealismus bis hin zu Hegel grundlegend ist: den aus gnostisch-neuplatonischen Quellen herrührenden Gedanken, daß die Seele, der Geist, als ein ursprünglich Reines, sich an die Welt von Körperlichkeit, Stoff, Materie verliert, ohne doch je in ihr Genüge finden zu können. Dieser Dualismus von Geist und Materie, Seele und Körper mit der zeitlichen Entfaltung als Mythos von ursprünglicher Einheit, Fall, Verblendung und endlichem Wiederaufstieg des Reinen zu sich selbst ist in so unterschiedlichen Bereichen wie der Heilsgeschichte, der Geschichtsphilosophie, aber auch der individuellen Biographie immer wieder aufzufinden. Aus ihm leitet sich auch die Spannung »singen« – »weinen« als Spannung von Mittelbarkeit und Unmittelbarkeit ab.

Die spezifische Ausformung des Gedankens in unserem Gedicht wird am ehesten in Strophe 6 sichtbar. Es heißt dort, als Begründung für das »Weh« (52) des Sprechers:

Daß ich muß alle Tränen,
All Seufzen und all Sehnen
Von diesem Bild entlehnen,
Dem ich zur Seite geh! (53–56)

Wäre das nur Klage um unerfüllte Liebe, dann müßten die Formulierungen tatsächlich »unangemessen« klingen. Weshalb ist die Geliebte ein »Bild«, weshalb muß der Sprecher sein Seufzen und Sehnen »entlehnen«? Ist das wirklich nur sprachliche Sorglosigkeit, Klingklang ohne nähere Absicht?

Wenn wir den Dichter beim Wort nehmen, ergibt sich ein anderer Befund. Gerade hier ist die Ausweglosigkeit der Verstrickung in die Materie pointiert und konkret formuliert. Die Geliebte ist in einem ganz präzisen Sinn nur ein »Bild« – Abbild des jenseitigen Sehnsuchtszieles. Und das Seufzen und Sehnen ist in einem ganz präzisen Sinn »entlehnt«. Es gilt nicht dem »Bild«, sondern dem jenseitigen Heil, aber das »Bild« ist die stofflich-materielle Konkretion des Heils, so daß die Sehnsucht nach dem Heil sich immer als Liebesklage manifestiert. Das »Weh« aber besteht, so wird man bei genauer Lektüre finden, nicht im Liebesverlust, sondern gerade in diesem Entlehnungs-Zusammenhang: Es ist Klage darüber, *daß* das Seufzen und Sehnen dem »Bild« »entlehnt« werden »muß«. Was bedeutet das?

Von früh an hat Brentano die Erotik metaphysiziert, die Metaphysik erotisiert. Im Jugendroman *Godwi* etwa wird auf höchst gewagte Weise der Leib Christi und der Leib der Geliebten zur Vision einer erotischen Eucharistie verknüpft: »[...] die ganze Natur würde niederknien und ans Herz schlagen, wie das Volk, und hätte sie gesprochen, wie der Göttliche sprach – Nimm hin, das ist mein Leib – o wie sollte sie unter meinen glühenden Küssen in mich selbst zerrinnen, und ich in sie« (II,291). Im Entwurf von *Ich bin durch die Wüste gezogen...* wird der rettende Engel hartnäckig mit dem Pronomen »sie« bedacht, erst in der zweiten Fassung wird ein grammatikalisch richtiges »er« daraus (s. I,349 ff.). Und noch im Alter dichtet Brentano von dem »Traum [...], / Es habe des Lichtes Klarheit / Verkörpert sich im Weib« (Frühwald, *Das Spätwerk*, S. 341). Das sind nur wenige aus einer Vielzahl möglicher Beispiele. Solche Bezüge zwischen Religiosität und Erotik haben eine lange Tradition; das Hohelied Salomonis und seine Deutungen sind das hervorstechendste Beispiel. Aber für Brentano ist das kein literarischer, sondern sozusagen ein existentieller

Topos, der sowohl die Religiosität wie die Erotik in hohem Maße kompliziert. Wenn »Klarheit« des Lichtes sich »verkörpert«, dann ist das nicht nur ein Zugewinn an Konkretion im Bild, sondern zugleich eine Einbuße an Klarheit, denn die ›Verkörperung‹ unterwirft die Klarheit zugleich dem Gesetz der Materie. So sind Geist und Materie, religiöses und erotisches Sehnsuchtsziel auf unselige Weise ineinander verwoben und stehen einander im Wege. Körperlicher Liebesgenuß hat nur Stellvertreterfunktion und bleibt deshalb immer unbefriedigend; das religiöse Heil nimmt immer die Gestalt des »Bildes« an und verliert seine »Klarheit« – kein Wunder, daß Brentano gerade Frauen wie Luise Hensel und Emilie Linder anhing, die wohl ahnten, daß seine Leidenschaft durch sie hindurch einem anderen galt, und die ihn deshalb kurzhielten.

Da klärt sich denn auch manche andere rätselhafte Formulierung. So wird z. B. deutlich, weshalb in Strophe 4 zunächst das Liebesverhältnis so rundum positiv gesehen wird und dann der Umschlag in die Verzweiflung erfolgt. Wenn das »ganze Leben« (32) durch das, was die Geliebte »gegeben« (31) hat, »zum Himmel« »erhoben« (33) werden kann, dann meint dies zunächst die Bildfunktion der Liebe, die eine Art anagogischer, im Bilde hinanführender Leistung vollbringt. Es fehlt nur noch die letzte Besiegelung und Bestätigung: »O sage, ich sei dein!« (34). Aber eben diese letzte Bestätigung, das »Lebenszeichen« (36; auch das nicht redensartlich gemeint, sondern als ›Zeichen des Lebens‹ in einem emphatischen Sinn), kann gar nicht gegeben werden, denn dadurch würde die ewige Differenz von Bild und Eigentlichem aufgelöst werden. Der Übergang vom Bild zum Eigentlichen wird verweigert, und damit bricht zugleich auch das Bild in seiner wegweisenden Funktion zusammen: »Mein Herz ward wie ein Stein« (38), d. h. das Zentrum des Ich wird zurückgeworfen in die leblose Materie. Ähnliches geschieht in der folgenden, der fünften Strophe. Die Eingangsszenerie von Frühling und Liebesglück ist gekennzeichnet durch eine Aufwärtsbewegung (»Heb [...]

die Schwingen« [40], die »Vöglein«, gleichfalls zum Fluge fähig, »singen« [41], bringen also wohl eine Botschaft, die Blümlein dringen »aufwärts« [42]). Dem widerspricht in der zweiten Strophenhälfte die Situation des Ich. Die Erklärung dafür: »Wir waren nicht allein!« (47), mutet auf den ersten Blick tatsächlich etwas schwach an, und auch eine Rückführung auf die Biographie, auf den eifersüchtigen Ausschließlichkeitsanspruch, mit dem Brentano zeitweise Emilie Linder quälte, befriedigt nicht recht. Doch man kann diesen Ausschließlichkeitsanspruch als Verfügenwollen über das Bild, als Reinhalten des Bildes von der Welt deuten. »Nicht allein« zu sein bedeutet dann, daß die Geliebte als Sinnträger in so hohem Maße anderen Einflüssen unterworfen ist, daß der Sinn selbst schwindet.

Selbst die letzte, vielleicht dunkelste Strophe des Gedichts wird nun klar. Vergewissern wir uns in der Paraphrase ihrer eigentümlichen Sinnbewegung: Wenn die Geliebte den Sprecher mittels ihrer Augen von ihrer Schwelle ins Dunkle vertreibt (61: »Zum Strom der Nacht«), dann weiß er, daß diese Augen dem Herzen fruchtbare Schmerzen verursachen (63: »Gebären«). Die Augen löschen nämlich nur eine bestimmte Sorte von Licht aus, die »Kerzen« (64); ist diese Sorte von Licht erloschen, so wird das Du erst eigentlich als bleibend Leuchtendes sichtbar. Oder kurz: Die Verweigerung der Geliebten zwingt dem Liebenden eine Askese auf, die ihn vom Materiellen löst und auf das bleibende Spirituelle verweist. So wird am Ende des Gedichts der Schmerz umgedeutet und produktiv gemacht als das Medium, in dem das Diesseitig-Materielle abgestreift, die unselige Verheddgerung von Bild und eigentlich Gemeintem durchbrochen und der Weg auf ein anderes, nicht mehr ›verkörpertes‹ Du gewiesen wird. Was andere Romantiker als poetisches Prinzip formuliert hatten: die ›romantische Ironie‹ als »Annihilation«, als »Aufhebung von Bedingtem und Fixiertem« im dichterischen Werk (Strohschneider-Kohrs), das erfährt Brentano existentiell als ›Annihilation‹ des Materiellen durch den Schmerz.

Ob man einer solchen Gedankenbewegung folgen mag, ist eine andere Frage. Immerhin ist die Grundspannung von Geist und Bild, Reinheit des Gottesbegriffs und Bedürfnis nach Vorstellung uralt und aktuell zugleich. Sie reicht von der Spannung zwischen dem unsichtbaren Gott des Moses und dem Goldenen Kalb des Aaron bis hin zu der zwischen Kerygma und Mythos oder, außertheologisch, von Sinnbedürfnis und Lebensstandard. Und daß das Leiden als eine Art Selbstaufhebung des Materiellen zu einer höheren Spiritualität hinleiten kann, steht zwar im Widerspruch zum offiziellen Hedonismus unserer Gesellschaft, ist aber eine nicht minder verbreitete Gedankenfigur, ob man nun auf die antiken Mythen um Prometheus, Herkules oder Ödipus, auf die christliche Mythe vom erlösenden Kreuzestod oder auf die Philosophie des Brentano-Zeitgenossen Schopenhauer blickt.

Brentano jedenfalls vergewissert sich der Allgemeinheit seiner Situation. Er zitiert im Refrain ein Volkslied, das vom »Weh, von bitterm Weh« eines »Mägdleins« spricht (11 f.). Das Leiden des vergeblich liebenden Mannes wird von dem des vergeblich liebenden »Mägdleins« begleitet, das Leiden des mit allem erotischen und religiösen Raffinement durchtriebenen Intellektuellen von dem des einfachen Menschen aus dem Volk, die individuelle Formulierung der Klage von der kollektiven im Volkslied. So verschafft Brentano der eigenen Situation eine übersubjektive Beglaubigung. Nicht die persönliche Leiderfahrung allein soll Thema des Gedichtes sein; sie soll aufgehoben werden im Allgemeinen der Conditio humana.

Zitierte Literatur: Henning BOETIUS: Entstehung, Überlieferung und Datierung dreier Gedichte Clemens Brentanos. In: Jahrbuch des Freien Deutschen Hochstifts 1970. S. 258–280. – Clemens BRENTANO: Werke. [Siehe Textquelle. Zit. mit Band- und Seitenzahl.] – Oswald Adolf ERICH / Richard BEITL: Wörterbuch der deutschen Volkskunde. Stuttgart ³1974. – Wolfgang FRÜHWALD: Das Spätwerk Clemens Brentanos (1815–1842). Tübingen 1977. – Wolfgang FRÜHWALD: Zu neueren Brentano-Ausgaben. In: Literaturwissenschaftliches Jahrbuch der Görres-Gesellschaft 5 (1964) S. 361–380, bes.

S. 363 ff. – Emil STAIGER: Clemens Brentano: Die Abendwinde wehen. In: Deutsche Lyrik von Weckherlin bis Benn. Hrsg. von Jost Schillemeit. Frankfurt a. M. 1965 [u. ö.]. S. 159–172. – Ingrid STROHSCHNEIDER-KOHRS: Die romantische Ironie in Theorie und Gestaltung. Tübingen ²1977.
Weitere Literatur: Karl EIBL: Suche nach Wirklichkeit. Zur ›romantischen Ironie‹ in Brentanos Dirnengedichten. In: Romantik. Ein literaturwissenschaftliches Studienbuch. Hrsg. von Ernst Ribbat. Königstein (Ts.) 1979. S. 98–113.

Clemens Brentano

Was reif in diesen Zeilen steht,
Was lächelnd winkt und sinnend fleht,
Das soll kein Kind betrüben,
Die Einfalt hat es ausgesäet,
5 Die Schwermut hat hindurchgeweht,
Die Sehnsucht hat's getrieben;
Und ist das Feld einst abgemäht,
Die Armut durch die Stoppeln geht,
Sucht Ähren, die geblieben,
10 Sucht Lieb', die für sie untergeht,
Sucht Lieb', die mit ihr aufersteht,
Sucht Lieb', die sie kann lieben,
Und hat sie einsam und verschmäht
Die Nacht durch dankend in Gebet
15 Die Körner ausgerieben,
Liest sie, als früh der Hahn gekräht,
Was Lieb' erhielt, was Leid verweht,
Ans Feldkreuz angeschrieben,
O Stern und Blume, Geist und Kleid,
20 Lieb', Leid und Zeit und Ewigkeit!

Abdruck nach: Clemens Brentano: Werke. 4 Bde. Hrsg. von Friedhelm Kemp.
München: Hanser, 1963–68. Bd. 1: Gedichte. Hrsg. von Wolfgang Frühwald,
Bernhard Gajek und Friedhelm Kemp. 1968. S. 619.
Erstdruck in: Gockel, Hinkel, Gackeleja. Mährchen, wieder erzählt von
Clemens Brentano. Frankfurt: Schmerber, 1838.
Weitere wichtige Drucke: Clemens Brentano: Märchen III. Hrsg. von Richard
Benz. In: C. B.: Sämtliche Werke. 18 Bde. Unter Mitw. von Heinz Amelang,
Victor Michels, Julius Petersen [u. a.] hrsg. von Carl Schüddekopf. München/
Leipzig: Georg Müller, 1909–17. Bd. 12,2. 1917. – Clemens Brentanos Liebes-
leben. Eine Ansicht von Lujo Brentano. Frankfurt a. M.: Frankfurter Verlags-
Anstalt, 1921. [Enthält die erste Fassung an Emilie Linder.]

Erika Tunner

Die geheime heilige Geschichte des Herzens.
Zu Clemens Brentanos Gedicht *Was reif in diesen*
Zeilen steht

Brentanos berühmte, vieldeutige und viel gedeutete Verse
bilden den Schluß des *Tagebuchs der Ahnfrau*, d. h. des
Anhangs zur erweiterten Spätfassung des Märchens *Gockel,
Hinkel und Gackeleia*, die ab 1835 entstanden sein dürfte.
Diese Spätfassung, in welche Brentano den ursprünglichen
Text des Märchens aus den Jahren 1815/16 mit geringfügigen
Änderungen vollständig übernommen hat, ist in einer mehr-
seitigen *Herzlichen Zueignung* Marianne von Willemer,
Goethes »Suleika« und Brentanos Jugendliebe, gewidmet.
Sowohl diese *Herzliche Zueignung* als auch die Beigabe
des *Tagebuchs der Ahnfrau* stecken voller biographischer
Details und persönlicher Anspielungen in verschlüsselter
Form. Dabei ist die »Ahnfrau« (gemeint ist die Ahnfrau des
»Gockelgeschlechts«) keineswegs eine gespenstisch-alte
Ahnfrau wie etwa bei Grillparzer, sondern ein junges, schö-
nes, sehr frommes Mädchen, Amey genannt, welches der
Nachwelt – und damit uns – Kunde gibt von ihren Erlebnis-
sen, ihren Träumen, ihrer Suche nach Selbsterkenntnis,
während der Zeit zwischen dem Karfreitag und der Sonnen-
wende des Jahres 1317. Dieses *Tagebuch der Ahnfrau* ist
nicht denkbar ohne Brentanos Bekanntschaft mit der in
München lebenden protestantischen Basler Malerin Emilie
Linder, welcher er Anfang 1834 begegnet war und die er mit
der ihm eigenen Mischung aus Ergebung, ja Unterwerfung
einerseits und Besitz- bzw. Herrschsucht andererseits
umworben, zur Konversion und Ehe zu bewegen versucht
hatte. Am 7. Juni 1834 schickte er ihr mit einem heute
verlorenen Brief die erste Fassung des vorliegenden Gedichtes:

Was heiß aus meiner Seele fleht,
Und bang in diesen Zeilen steht
Das soll dich nicht betrüben
Die Liebe hat es ausgesäet
Die Liebe hat hindurchgeweht,
Die Liebe hat's getrieben.

Und ist dies Feld einst abgemäht,
Arm Lindi durch die Stoppeln geht,
Sucht Ähren, die geblieben,
Sucht Lieb', die mit ihr untergeht,
Sucht Lieb', die mit ihr aufersteht,
Sucht Lieb', die ich mußt' lieben!

Eine literarische Anregung zu diesen Versen wie auch zu
ihrer späteren Fassung stellt ein Gedicht von Brentanos
Freund und Schwager Achim von Arnim aus der zweiten
Wintergarten-Novelle (1819) dar:

Ach hätt ich nur kein Schiff erblickt,
So wär ich länger ruhig blieben,
Die Sehnsucht hat es hergeschickt,
Die Sehnsucht hat es fortgetrieben [...].
(Arnim, S. 191.)

Dasselbe Gedicht Arnims kehrt fast wörtlich in einem weite-
ren von Brentano an Emilie Linder gesandten Liebesgedicht
wieder, *Zur Stunde, die in Sehnsucht zagt...* (I,549). Solche
Übernahmen sind bei Brentano nicht selten. Sie sind Ausdruck jener für sein Denken und Fühlen so bezeichnenden
Art von Liebesverquickung, Ausdruck jenes Anschlingens
und Anlehnens des romantischen »Ich« an ein romantisches
»Du«, welche als innere Bewegtheit sein Leben von den
Anfängen bis in die Spätphase entscheidend bestimmt.
In den Versen *Was reif in diesen Zeilen steht...* sind die
persönlichen Anspielungen auf Emilie Linder und auf Brentano selbst ausgeklammert zugunsten einer allgemeineren
Gültigkeit. Diese Verse stammen keineswegs aus der Feder
der Tagebuch schreibenden Amey, sondern aus der Feder
eines »Bübleins«, in welchem der Dichter sich selbst ge-

zeichnet hat. Dieses »Büblein« schreibt die Verse in Ameys Tagebuch, daraufhin verschwindet es auf geheimnisvolle Weise ein für allemal. Es sind also seine »letzten Worte« (III,929), und sie haben innerhalb des Kontextes, aber auch für Brentanos Leben und Werk, eine Art Testamentscharakter.

Leitmotive in Brentanos poetischem Werk sind die Bildkomplexe, welche das Gedicht durchziehen. Mit dem zentralen Bildkomplex der Ernte, womit auf die Zeit des Spätsommers und Herbstes verwiesen wird, ist die Frage nach dem Ertrag der Ernte, nach dem Ertrag des poetischen Lebens und Schaffens verbunden. Gleichzeitig klingt das Thema des Abschieds und des Todes, das Thema der Wende vom Zeitlichen zum Ewigen, an.

Obwohl die 20 Verszeilen des Gedichts ohne Zäsur aneinandergereiht sind, ergibt sich aus dem Reimschema doch eine Zweigliedrigkeit: In paralleler Fügung reimen im Dreier-Rhythmus aab die Zeilen 1–18, während die letzten beiden Zeilen im Zweitakt cc aufeinander bezogen sind und die langen Vokale in die Dualität des Diphthongs übergehen, wodurch sich gewissermaßen eine lautliche Entsprechung zu dem von Brentano stets tief empfundenen Dualismus von Leben und Schreiben ergibt. Die ersten 18 Zeilen gliedern sich ihrerseits in drei Gruppen: Die ersten 6 Zeilen nennen die Motive und Stimmungen, welche das Schreiben bestimmt haben. Die Zeilen 7–12 beziehen sich auf das, was geschieht, wenn Schreiben (und Leben) vollendet sind. Dabei wird den drei menschlichen Eigenschaften der ersten Gruppe, Einfalt, Schwermut, Sehnsucht, die zur Vollendung eines menschlichen Werkes notwendig erscheinen, in dreifacher Wiederholung die *eine* göttliche Eigenschaft gegenübergestellt, die zur Vollendung des göttlichen Erlösungswerkes unentbehrlich ist: die Liebe, der durch einen Relativsatz dreimal eine neue Dimension verliehen wird. Liebe aber bedeutet schon für den jungen Brentano eine durchaus im religiösen Sinne erlösende Kraft. So schreibt er bereits am 3. Oktober 1804 an Achim von Arnim: »Meine

Liebe, meine Hinneigung zu andern waren die Sakramente, von welchen ich allen himmlischen Trost begehrte« (*Briefe*, Bd. 1, S. 243). Die folgenden 6 Zeilen der dritten und letzten Gruppe bereiten auf die erlösenden Schlußworte vor, welche dem zuteil werden, dem es in der Nacht des Lebens betend gelang, Körner »auszureiben« (15), d. h. wahre von falschen Werten zu trennen.

Das Gedicht setzt ein mit einer Reflexion über Inhalt und Absicht »dieser Zeilen«, der Zeilen des Gedichtes selbst, aber auch der Zeilen des Tagebuchs der Ahnfrau. Was in »diesen Zeilen« steht, wird als »reif« bezeichnet, also als durchdacht in der Bedeutung und als vollendet in der Form. Es wird in den nächsten Versen näher bestimmt als ein »lächelndes Winken« und ein »sinnendes Flehen« (2), und damit als eine dringliche Aufforderung an den Leser, die sich, durch die Verbindung der Merkmale »lächeln« und »sinnen«, ebenso an das Gefühl wie an die Vernunft richtet, eine Aufforderung, die zugleich heiter und nachdenklich ist, eine Zusammensetzung von ›Scherz‹ und ›Ernst‹. Die Absicht dieser Aufforderung ist, niemanden, auch kein »Kind«, zu betrüben (3). Damit wird ein zweiter für Brentano überaus charakteristischer Bildkomplex eingeführt, der des Kindes. Er erscheint in Brentanos Werk so häufig und mit so vielschichtigem Sinngehalt, daß er Gegenstand eingehender Untersuchungen geworden ist (vgl. dazu G. Schaub). In der *Herzlichen Zueignung* wird die Adressatin ausdrücklich darum gebeten, die folgenden Blätter »welken und sterben« zu lassen »auf kindlichen Händen« (III,617). Als der Historiker Johann Friedrich Böhmer im Jahre 1827 eine Veröffentlichung der Urfassungen von Brentanos Märchen vorschlug, bat der Dichter bereits dringend darum, »alles, was im mindesten ein reines Herz verletzen könnte, doch ja zu vernichten« (Brentano an Böhmer, 16. Februar 1827, in: *Dichter über ihre Dichtungen*, S. 178). »Kind« meint grundsätzlich für Brentano eine vom Leser wie auch vom Dichter selbst geforderte Haltung, die Einfachheit, Einfalt, Güte, Wahrheit, letztlich die Gotteskindschaft umfaßt, im Sinne von Luk. 18,17 (vgl. dazu Frühwald). Das ›Kindliche‹ bedeutet ferner für Brentano schon in früher Zeit das ›Naive‹, im Gegensatz zum ›Sentimentalischen‹ im Sinne Schillers (vgl. dazu Müller-Seidel). Brentano selbst war eine sentimentalische Natur mit dem Wunsch, naiv zu sein, so wie er ein höchst bewußt und genau arbeitender Künstler war, mit dem Wunsch, weniger bewußt zu sein. Der ›naive‹ Klang- und Bildzauber seiner Dichtung ist niemals im üblichen Sinne naiv, er wird fast immer durch einen gedanklichen Reiz hervorgerufen, ein Vorgang, der u. a. durch die Verszeilen 4–6 illustriert wird, welche die Entstehung des Reifens in der Natur in die Allegorie des Reifens in der Dichtung übersetzen, das sich für Brentano in drei Phasen entfaltet: den Ausgangspunkt, die »Saat«, bildet die »Einfalt« (4), das ursprüngliche, ungebrochene Verhältnis des Dichters zu seiner Dichtung. Doch Brentano selbst weist sogleich darauf hin, daß diese »Einfalt« eben nicht wirklich einfältig-naiv ist, da jene »Schwermut« »hindurchgeweht« hat (5), die in allen Variationen, von der trivialen Liebesmelancholie bis zur »göttlichen Trauer« in seinem Werk anzutreffen ist und ein Grundelement seines Wesens bildet. In unserem Gedicht erhält die Schwermut ihre Bestimmung durch ihre Stellung zwischen »Einfalt« und »Sehnsucht« (6). Sie hat sich, wie auch Einfalt und Sehnsucht, gegen jene »Liebe« durchgesetzt, die in der Vorstufe vom 7. Juni 1834 noch als ausschließlicher Bezugspunkt erschien. Der neue Dreier-Rhythmus von Einfalt–Schwermut–Sehnsucht legt den Gedanken nahe an die romantische Lieblingsvorstellung des Geschichtszyklus vom Paradies, dem Schmerz über dessen Verlust und der Hoffnung auf dessen Wiederkehr. Da die Schwermut sozusagen die ›mittlere Periode‹ beherrscht, hat sie einen transitorischen Charakter und birgt in sich die Möglichkeit ihrer Metamorphose, durch welche sie sich der dritten Epoche als Sehnsucht mitteilt (vgl. zu diesem Thema Wille). Die Sehnsucht ihrerseits treibt das Werk zur Fülle, als Antizipation der zukünftigen Wiederherstellung vergangener Harmonie. Freilich ist dabei nicht

zu übersehen, daß diesem Prozeß, allein durch die Trieb-
kraft der Sehn-*Sucht*, unvermeidlicherweise auch etwas
Krankhaftes innewohnt, was allerdings in den Denkkatego-
rien der Romantiker das produktive Prinzip unseres Lebens
darstellte und auch für den ›späten‹ Brentano kein Nega-
tivum bedeutet.

Mit dem siebenten Vers, »Und ist das Feld einst abgemäht«,
setzt jene Gedankenverbindung von Ernte und Tod ein, die
Brentano seit seinen Jugendjahren vertraut ist und ein Kon-
tinuum in seinem Werk bildet. Sie gründet in der Erinnerung an ein altes katholisches Kirchenlied, *Es ist ein Schnitter, der heißt Tod...*, das von Brentano bereits in seinem
ersten und einzigen Roman, *Godwi* (1800–02), zitiert wird,
wo es einer der weiblichen Hauptgestalten, Violette, in den
Mund gelegt und von dem Erzähler als »kindisches Toten-
lied«, als »trauriges Lied« bezeichnet wird. Violette verwundert sich darüber, denn es sei ja ein Ernte-Lied, und fügt
hinzu, sie kenne auch ein Lied vom Säemann, mit den
Anfangsworten »Es ist ein Säemann, der heißt Liebe«
(II,406 f.). Damit ist ein Bogen geschlagen vom Thema der
Ernte und des Todes zum Thema der Aussaat und der Liebe,
damit ist auch ein Bogen geschlagen vom Jugend- zum
Alterswerk Brentanos. Stark bearbeitet wurde das »Ernte-
Lied« in das *Tagebuch der Ahnfrau* übernommen, wo es
Amey im Traum singt, zusammen mit jenem Schnitter, der
den Tod verkörpert: Die letzte Strophe beginnt dort mit den
beiden Schlußzeilen unseres Gedichts.

Mit dem achten Vers erscheint die seltsame Gestalt der
»Armut«, um die übriggebliebenen Ähren zu lesen. Mehrere
Assoziationen schwingen in diesem Bild mit. In Brentanos
langem Gedicht, *Zweimal hab ich dich gesehn...* (I,449 ff.),
aus den Jahren 1821/22, das an die Dichterin Luise Hensel
gerichtet ist und einer Lebensbeichte gleichkommt, identifiziert das lyrische Ich selbst sich mit der »Armut«:

Abgemähet war das Feld,
Nach der Ernte ging ich fragen,

427

Und mir war da freigestellt,
Meine Armut frei zu sagen.

Im *Tagebuch der Ahnfrau* geht die Wärterin Ameys ährenlesend durchs Feld, jene alte Verena, die stets als eine »gottselige Jungfrau« bezeichnet wird und eine mit vielen persönlichen Erinnerungen und symbolischen Zügen ausgestattete Gestalt ist, die u. a. auch auf die Armut im Geiste verweist und auf das christliche Erbarmen, hat sie doch jenes »Büblein« erlöst, das einmal einer großen Versuchung erlegen ist. Mit der »Armut«, welche die Ähren *liest* (ein Verb, das an ›auflesen‹, ›auslesen‹, aber auch an ›lesen‹ im Sinne von ›Geschriebenes lesen‹ denken läßt), verschiebt sich die Perspektive schließlich auf das Verhältnis von Leser und Dichtung. Indem der arme, also einsame Leser (die Ausgangsbedeutung von ›arm‹ ist ja ›vereinsamt, verlassen‹) die »reifen« Fragmente des Dichters *liest* und ihre guten »Körner« »herausreibt« (15), findet er auch jene Liebe, die ihn mit dem Dichter verbindet, jene Liebe, für welche dieser gedichtet hat, für die er untergegangen ist, in der er durch seine Dichtung überlebt, wiedergeboren wird (vgl. dazu R. E. Schaub). Diese Liebe findet, *erkennt* er mit anbrechendem Morgen, beim ersten Hahnenschrei: Nach dem Dunkel der Nacht wird Licht genug sein, um die Botschaft zu *lesen*. Neben der Reminiszenz der bekannten biblischen Situation evoziert der erste Hahnenschrei bei Brentano auch den Bruch mit einem »dunklen Zauber«. So heißt es im ersten Akt von Brentanos großem historischen Drama *Die Gründung Prags*: »Bald reißt der Hahn mit sichelförmgem Schrei / Ins Herz der Nacht, und bricht die Zauberei« (IV,589). Auch im Gedicht *Was reif in diesen Zeilen steht ...* handelt es sich um den Bruch mit einer Zauberei, d. h. um eine Erlösung, die dem gewährt wird, der gläubig und unbeirrbar *sucht*. Denn als mathematische Mitte der ersten 18 Zeilen erscheint in viermaliger Wiederholung das Wort »suchen« (9–12), jedesmal in Spitzenstellung, zu Beginn der Verszeile. Das Suchen bildet somit Herzstück und Hauptanliegen des Gedichtes. Ein ewiges Suchen verband Brentano selbst seit eh und je mit seinem Leben und mit seinem Dichten: So sah er sich schon 1803 als einen, der »ewig suchen« muß, um dann »eingebildete Helden« finden zu lassen, was er selbst vermisse (9. September 1803 an Sophie Mereau, in: *Dichter über ihre Dichtungen*, S. 260). Auch in dem vorliegenden Gedicht findet ein »eingebildeter Held« jenen geheimnisvollen Spruch, der das ist, was die Liebe erhielt, das, was das Leid verweht hat (17). Dabei können »Liebe« und »Leid« sowohl als Akkusative aufgefaßt werden wie als Nominative, »erhielt« schließt die Bedeutung von ›bekommen‹ und ›bewahren‹ ein. Völlig eindeutig ist der Satz nicht aufzulösen und soll es wohl nicht sein, denn gerade in der sprachlich-poetischen Mystifikation lag für Brentano höchste Annäherung an die Wahrheit.

Das, was am Morgen gelesen wird, ist an ein Feldkreuz angeschrieben, das im *Tagebuch der Ahnfrau* mit dem »Büblein« in Verbindung gebracht wird und das Brentano, kurz vor seinem Tod, ausdrücklich mit seinem eigenen Leben in Verbindung bringt. So schreibt er am 10. April 1841 an einen seiner damals engsten Freunde, van der Meulen: »Ich selbst, lieber Freund bin in schwerer Gemüthsverfaßung, der arme Pilger liegt meißt hilf- und rathlos am Wege unter dem Kreuze und weint, so findet ihn meist der Morgen« (*Die Brentanos in Aschaffenburg*, S. 91). – Jene geheimnisvollen Zeilen am Feldkreuz, die Schlußzeilen des vorliegenden Gedichts, werden von Dr. phil. Serenus Zeitblom, eine, wie es heißt, »gesunde, human temperierte, auf das Harmonische und Vernünftige gerichtete Natur« (Mann, S. 10) in Thomas Manns *Doktor Faustus*, als »geisterhafte Schlußzeilen« (Mann, S. 243) eines Gedichtes bezeichnet, das ihm ohnehin als Ganzes unsäglich irr und wirr vorkommt, ein Teil der »entartenden Sprachträumerein« (Mann, S. 246) jenes Romantikers Clemens Brentano, von denen Adrian Leverkühn so unwiderstehlich angezogen wird. Hans Magnus Enzensberger, der Brentanos Poetik in seiner Doktorarbeit behandelte, geht dem langen und verwickelten Entstehungsprozeß nach, welchen die Teilkomplexe Stern–Blume, Geist–Kleid, Liebe–Leid, Zeit–Ewigkeit, die ja durchaus traditionelle und literarisch weit verbreitete Bildkomplexe sind, in Brentanos Poetik darstellen. Enzensberger glaubt dabei einen immer fortschreitenden Einfluß der »Entstellung« erkennen zu können und kommt zu dem Schluß, daß sich diese Teilkomplexe in *Was reif in diesen Zeilen steht...* zu einer zwar dichterisch bündigen, doch unergründlichen und damit letztlich unverständlichen Chiffre verdichten. Nun wird diese Chiffre, die sich aus antithetischen Worten scheinbar a-logisch zusammensetzt, im *Gockel*-Märchen und im *Tagebuch der Ahnfrau* leitmotivisch verwendet, manchmal in einem trivialen, manchmal in einem bedeutungsschweren Zusammenhang, sicherlich immer mit einer bestimmten Absicht, ja sie bildet den geheimen Mittelpunkt der Geschichte und ist auf der letzten der 14 Lithographien, welche das Märchen und dessen Anhang illustrieren, in ein von Philipp Otto Runges *Nacht* inspiriertes Bild umgesetzt, das einen von Ameys Träumen wiedergibt. Amey selbst sagt, als sie diese »Chiffre« hört: »Ich verstand sie durch und durch und konnte sie doch nicht erklären. Ich verstand ihr Wesen und hatte keine Worte für sie als sie selbst« (III,857). Dennoch faßt sie den Entschluß, diese Worte zu ihrem Wahlspruch zu machen. Diese Worte scheinen, wie Emil Staiger betonte, »schwankenden Auslegungen« ausgesetzt zu sein (Staiger, S. 105). Elisabeth Stopp geht als erste ausführlicher auf den Bezug zwischen Ameys Worten und ihrem Kontext ein, wodurch die Auslegung sogleich weniger schwankend wird. Amey gesteht, daß sie einen »eignen Abscheu« (III,872) vor allem Wunderbaren habe, gerade das Wunderbare aber widerfährt ihr im Zusammenhang mit dieser »Chiffre«, und dies Wunderbare akzeptiert sie schließlich voll und ganz: Sie versteht ein Mysterium, ohne es erklären zu können, weil es zum Wesen des Mysteriums gehört, unerklärbar zu sein und zu bleiben. Parallel dazu ist für den Dichter Brentano, mutatis mutandis, auch eine poetische Metapher ein Mysterium, das wohl erfaßt, nicht aber rational erläutert werden kann. Nach dem Erscheinen von Brentanos *Gesammelten Schriften* (1852) äußerte Brentanos Wiener Schwägerin, Antonie Birkenstock, dem Maler Eduard Steinle gegenüber, der in Brentanos letzten Lebensjahren zum engsten Freundeskreis des Dichters gehörte, sie könne diesen »Spruch« nicht verstehen (*Clemens Brentano und Edward von Steinle*, S. 213). Steinle entgegnete ihr, daß er eine ganz einfache Erklärung des Verses zu geben wisse. Diese Erklärung gab er in Form eines Aquarells, welches, in Übereinstimmung mit der Behauptung des ersten großen Biographen Brentanos, des Jesuitenpaters Diel, der sich auf eine mündliche, jedoch nicht weiter belegte Aussage Brentanos stützt, die drei segensreichen Geheimnisse und Christi Himmelfahrt darstellt. Freilich greift Steinle damit nur *eine* der zahlreichen Interpretationsmöglichkeiten heraus, aber sie ist so abwegig nicht, vor allem, wenn man den gewiß vertrauten Meinungsaustausch zwischen dem Dichter und dem Maler nicht außer acht läßt. Mit zu bedenken ist, daß der »Spruch« innerhalb von Brentanos Poesie zum erstenmal in einem Liebesgedicht an Emilie Linder auftaucht, mit dem Titel *20. Jänner [1835] nach großem Leid* (I,601 ff.), worin jeder der 18 Verse, die einen Traum Emiliens erzählen, litaneiartig-beschwörend mit dem »Spruch« endet, der dadurch jede einzelne Etappe des Traumes begleitet, für die Träumende wie für den Dichter eine geheime überredende, ja überzeugende Bedeutung zu haben scheint und dem es schließlich zu verdanken ist, daß, wie es im Gedicht heißt, »das kalte Wissen« ermattet und »das milde Fühlen« erwacht, ein Wunsch, der für Brentano, wie bereits angedeutet, in engstem Zusammenhang stand mit Emilie Linders Konversion und der dadurch möglichen Eheschließung mit dem Dichter. Doch mag wohl in allgemeinerer Form auch an den Leser des Gedichtes *Was reif in diesen Zeilen steht . . .* die Aufforderung ergehen, das »milde Fühlen« zu fördern und das »kalte Wissen« beiseite zu lassen, eine Lebenshaltung, die zu Brentanos Versuch der ›Lebensbewältigung‹ gehörte.

Schon 1827 hatte Brentano einen »inneren Widerwillen gegen das Drucken«, den er gar nicht beschreiben kann (an Böhmer, 16. Februar 1827, in: *Dichter über ihre Dichtungen*, S. 177). 1837 gesteht er, er habe eine »krankhafte Angst vor aller Öffentlichkeit« (*Dichter über ihre Dichtungen*, S. 181), und nur auf das Drängen Böhmers hin stimmt er widerwillig der Veröffentlichung des großen *Gockel*-Märchens samt Zueignung und Beigabe zu, welche 1838 in Frankfurt erfolgt. Einmal stellt er fest, er habe »zu wenig eine öffentliche Basis«, zweitens findet er, halb ironisch, halb resigniert, es sei eine »solche Vortrefflichkeit in der Poesie eingerissen«, daß er sich schäme, mit seinen »Hobelspänen« hervorzutreten (an Böhmer, 15. Januar 1837, in: *Dichter über ihre Dichtungen*, S. 181). Freilich war Brentanos Dichtung keine im üblichen Sinne zeitgemäße Dichtung, also nicht Spiegel des Tages, nicht Spiegel der Stunde. Bestimmte Anspielungen waren überhaupt nur Eingeweihten erkennbar, in seinen späten Gedichten schrieb Brentano ohne Rücksicht auf unmittelbare Verständlichkeit: Er entläßt den Leser ins Ungewisse, d. h. ins einzig Gewisse. Tarnkappen sind vonnöten, wenn man nicht sichtbar werden lassen will, was die »geheime heiligere Geschichte« des eigenen Herzens darstellt, und dies, so schrieb Brentano bereits 1810 an Philipp Otto Runge (*Briefe*, Bd. 2, S. 4), wären alle seine Dichtungen. Sie sind es bis zu seinem Lebensende geblieben.

Zitierte Literatur: Achim von ARNIM: Sämtliche Romane und Erzählungen. Bd. 2. Auf Grund der Erstdr. hrsg. von Walther Migge. München 1963. – Clemens BRENTANO: Werke. [Siehe Textquelle. Zit. mit Band- und Seitenzahl.] – Clemens Brentanos Briefe. 2 Bde. Hrsg. von Friedrich Seebaß. Nürnberg 1951. – Clemens Brentano und Edward von Steinle. Dichtungen und Bilder. Hrsg. von Alexander von Bernus und Alfons M. von Steinle. Kempten/München 1909. – Die Brentanos in Aschaffenburg. Gedenkblätter von Ewald Reinhard. Aschaffenburg 1928. – Dichter über ihre Dichtungen. Bd. 6: Clemens Brentano. Hrsg. von Werner Vordtriede in Zusammenarb. mit Gabriele Bartenschlager. München 1970. – Johannes Baptista DIEL: Clemens Brentano. Ein Lebensbild nach gedruckten und ungedruckten Quellen. Erg. und hrsg. von Wilhelm Kreiten. Nachdr. der Ausg. Freiburg 1877/78. Bern 1970. – Hans

Magnus ENZENSBERGER: Brentanos Poetik. München 1961. – Wolfgang FRÜH-WALD: Das verlorene Paradies. Zur Deutung von Clemens Brentanos »Herzli-cher Zueignung« des Märchens »Gockel, Hinkel und Gackeleia« (1838). In: Literaturwissenschaftliches Jahrbuch im Auftrage der Görres-Gesellschaft. N. F. 3 (1962) S. 113–192. – Thomas MANN: Doktor Faustus. Das Leben des deutschen Tonsetzers Adrian Leverkühn erzählt von einem Freunde. Frankfurt a. M. 1965. – Walter MÜLLER-SEIDEL: Brentanos naive und sentimentalische Poesie. In: Jahrbuch der Deutschen Schillergesellschaft 18 (1974) S. 441–465. – Gerhard SCHAUB: Le Génie Enfant. Die Kategorie des Kindlichen bei Clemens Brentano. Berlin / New York 1973. – Raymond Earl SCHAUB: Die romantische Ironie in der Lyrik Clemens Brentanos. Diss. Houston, Tex.: Rice University 1974. – Emil STAIGER: Die Zeit als Einbildungskraft des Dichters. Untersu-chungen zu Gedichten von Brentano, Goethe und Keller. Zürich ³1963. – Elisabeth STOPP: Brentano's »O Stern und Blume«: its poetic and emblematic context. In: Modern Language Review 67 (1972) S. 95–117. – Klaus WILLE: Die Signatur der Melancholie im Werk Clemens Brentanos. Bern 1970.

Weitere Literatur: Dieter DENNERLE: Kunst als Kommunikationsprozeß. Zur Kunsttheorie Clemens Brentanos. Bern / Frankfurt a. M. 1976. – Wolfgang FRÜHWALD: Das Spätwerk Clemens Brentanos (1815–1842). Romantik im Zeitalter der Metternich'schen Restauration. Tübingen 1977. – Bernhard GAJEK: Homo Poeta. Zur Kontinuität der Problematik bei Clemens Brentano. Frankfurt a. M. 1971. – Margard STRASSMANN: Die Bildlichkeit in der Lyrik Clemens Brentanos. Diss. Köln 1952. – Erika TUNNER: Sirene und Dirne. Chiffren der Dichterexistenz und der Poesie in Clemens Brentanos lyrischem Werk. In: Recherches Germaniques 9 (1979) S. 141–159. – Erika TUNNER: Clemens Brentano. 1778–1842. Imagination et sentiment religieux. 2 Bde. Paris 1977. – Friedrich Wilhelm WOLLENBERG: Brentanos Jugendlyrik. Studien zur Struktur seiner dichterischen Persönlichkeit. Diss. Hamburg 1964. – [Nach Abschluß der Arbeit erschien die Studie von Grete Lübbe-Grothues: Clemens Brentano: »Was reif in diesen Zeilen steht«. In: Jahrbuch des Freien Deutschen Hochstifts 1982. S. 262–276.]

Clemens Brentano

Frühlingsschrei eines Knechtes aus der Tiefe

1

Meister, ohne dein Erbarmen
Muß im Abgrund ich verzagen,
Willst du nicht mit starken Armen
Wieder mich zum Lichte tragen.

2

5 Jährlich greifet deine Güte,
In die Erde, in die Herzen,
Jährlich weckest du die Blüte,
Weckst in mir die alten Schmerzen.

3

Einmal nur zum Licht geboren,
10 Aber tausendmal gestorben,
Bin ich ohne dich verloren,
Ohne dich in mir verdorben.

4

Wenn sich so die Erde reget,
Wenn die Luft so sonnig wehet,
15 Dann wird auch die Flut beweget,
Die in Todesbanden stehet.

5

Und in meinem Herzen schauert
Ein betrübter bittrer Bronnen,
Wenn der Frühling draußen lauert,
20 Kömmt die Angstflut angeronnen.

6

Weh! durch gift'ge Erdenlagen,
Wie die Zeit sie angeschwemmet,

Habe ich den Schacht geschlagen,
Und er ist nur schwach verdämmet.

7

Wenn nun rings die Quellen schwellen,
Wenn der Grund gebärend ringet,
Brechen her die gift'gen Wellen,
Die kein Fluch, kein Witz mir zwinget.

8

Andern ruf' ich, schwimme, schwimme,
Mir kann solcher Ruf nicht taugen,
Denn in mir ja steigt die grimme
Sündflut, bricht aus meinen Augen.

9

Und dann scheinen bös Gezüchte
Mir die bunten Lämmer alle,
Die ich grüßte, süße Früchte,
Die mir reiften, bittre Galle.

10

Herr, erbarme du dich meiner,
Daß mein Herz neu blühend werde,
Mein erbarmte sich noch keiner
Von den Frühlingen der Erde.

11

Meister, wenn dir alle Hände
Nahn mit süßerfüllten Schalen,
Kann ich mit der bittern Spende
Meine Schuld dir nimmer zahlen.

12

Ach, wie ich auch tiefer wühle,
Wie ich schöpfe, wie ich weine,
Nimmer ich den Schwall erspüle
Zum Kristallgrund fest und reine.

13

Immer stürzen mir die Wände,
50 Jede Schicht hat mich belogen,
Und die arbeitblut'gen Hände
Brennen in den bittern Wogen.

14

Weh! der Raum wird immer enger,
Wilder, wüster stets die Wogen,
55 Herr, o Herr! ich treib's nicht länger,
Schlage deinen Regenbogen.

15

Herr, ich mahne dich, verschone,
Herr! ich hört' in jungen Tagen,
Wunderbare Rettung wohne
60 Ach, in deinem Blute, sagen.

16

Und so muß ich zu dir schreien,
Schreien aus der bittern Tiefe,
Könntest du auch nicht verzeihen,
Daß dein Knecht so kühnlich riefe!

17

65 Daß des Lichtes Quelle wieder
Rein und heilig in mir flute,
Träufle einen Tropfen nieder,
Jesus, mir, von deinem Blute!

Abdruck nach: Clemens Brentano: Werke. 4 Bde. Hrsg. von Friedhelm Kemp. München: Hanser, 1963–68. Bd. 1: Gedichte. Hrsg. von Wolfgang Frühwald, Bernhard Gajek und Friedhelm Kemp. 1968. S. 329–332. [Fassung von 1824. Die Fassung von 1838 mit der Versnachschrift für Luise Hensel S. 620–623. Die Prosanachschrift für Luise Hensel S. 1185 f.]
Erstdruck: Geistliche Blumenlese aus deutschen Dichtern von Novalis bis auf die Gegenwart. Mit einem Anhange biographischer Nachrichten. Hrsg. von Heinrich Kletke. Berlin: C. Fr. Amelang, 1841.

Weitere wichtige Drucke: Clemens Brentano's Gesammelte Schriften. 9 Bde. Hrsg. von Christian Brentano. Frankfurt a. M.: Sauerländer, 1852–55. Bd. 8. 1855. S. 212. [Erste Strophe.] S. 232. [Elfte Strophe.] Bd. 9. 1855. S. 63–65. [Faksimile dieser Brieffassung von 1824 in: Jahrbuch des Freien Deutschen Hochstifts 1964. Abb. 5.] – Clemens Brentano: Gedichte. Nach den Handschriften und Erstdrucken ausgew. und mit Anh. und Bibl. neu hrsg. von Wolfgang Frühwald. Reinbek bei Hamburg: Rowohlt, 1968. (Rowohlts Klassiker der Literatur und der Wissenschaft. Deutsche Literatur. 25.) [Erster vollständiger Druck der Fassung für Luise Hensel 1838. – Sämtliche Fassungen weichen geringfügig, aber charakteristisch voneinander ab.]

Wolfgang Frühwald

**Der Bergmann in der Seele Schacht.
Zu Clemens Brentanos Gedicht *Frühlingsschrei
eines Knechtes aus der Tiefe***

Nach allen eigenhändigen Zeugnissen, die wir von Clemens Brentano über den *Frühlingsschrei eines Knechtes aus der Tiefe* besitzen, ist eine Entstehung des Gedichtes im Frühling des Jahres 1816 wahrscheinlich, also vor der Begegnung mit Luise Hensel, die meist auf den Oktober dieses Jahres datiert wird. Gleichwohl ist die erste bekannte (aber bisher nicht vollständig gedruckte) Fassung des Textes in den berühmten Weihnachtsbrief an Luise aus dem Jahre 1816 verflochten, freilich mit der aufschlußreichen Lesart »Liebes Armen« statt »starken Armen« (3) und dem Hinweis, das Lied habe »die Betrachtung im vorigen Frühling [...] aus der Tiefe des Lebens« gesungen (VIII,211). In einem vermutlich 1817 geschriebenen Brief an Luise ist eine stark veränderte Fassung der elften Strophe enthalten, für Luise Hensel hat Brentano auch im Oktober 1838 in München das Lied nochmals abgeschrieben und mit einer halb ernsten, halb spöttischen, Prosa und Vers mischenden Nachschrift versehen. Über Luise Hensel bzw. ihre Schwester Wilhelmine gelangte dann Hermann Kletke, der allzu fruchtbare Herausgeber zahlreicher Anthologien und spätere Chefredakteur der *Vossischen Zeitung*, in den Besitz einer Abschrift, die er unter dem von ihm erfundenen Titel *Erbarme dich, Herr!* dem Erstdruck in seiner *Blumenlese*, einem typischen Produkt des spätnazarenischen Katholizismus des 19. Jahrhunderts, zugrunde legte. Obwohl also dieser Erstdruck noch zu Lebzeiten des Autors erschienen ist, darf man wohl kaum von einer – auch nur passiven – Autorisation des Textes sprechen. Die Entstehung des Gedichtes im Frühjahr 1816 wird von Brentano nochmals in einem Brief (vom 8. Februar 1824) an seinen Frankfurter Freund Johann Friedrich Böhmer bestätigt. In diesem Brief, den der Dichter den neugierigen Augen der literarischen Öffentlichkeit seiner Zeit entzogen wissen wollte, ist – erstmals in den uns bisher bekannten Fassungen – die Überschrift enthalten. Als ein »Sehnsuchtslied« bezeichnet Brentano dort sein Gedicht, er habe es »vor etwa acht Jahren auch im Frühling« niedergeschrieben (IX,62). All diese ungefähren Datierungen durch den Autor selbst – nur in der Nachschrift 1838 verlegt er die Entstehung in das Jahr 1818 – lassen sich durch einen Brief an Johann Nepomuk Ringseis auf den Februar des Jahres 1816 präzisieren, in dem offensichtlich ein trügerisch vorzeitiger Frühling angebrochen war. Einige Passagen dieses Briefes klingen wie eine Prosaparaphrase des Gedichts *Frühlingsschrei eines Knechtes aus der Tiefe:*

Ich für mich selbst kann keinen Glaubensartikel in meiner Seele recht fest halten, als die Güte des Guten, die Bosheit des Bösen und mein einziges Gebet ist stündlich: ›Allmächtiger, erbarme dich meiner!‹ – Hier ist abermal eine Lücke! – Was unterbricht mich immer im Schreiben? Ach, es ist die Last, die sich ewig zurückwälzt auf meine Brust. [...] Der Frühling regt sich; dann empfinde ich immer eine ganz eigentümliche Angst; sie hängt äußerlich mit unbestimmter Erinnerung, innerlich mit unbestimmter Sehnsucht zusammen. (VIII,182 f.)

So wird durch äußere Kriterien gestützt, was an Wortschatz, Bildlichkeit und im Problemhorizont des Gedichtes ohnehin erkennbar ist: Brentanos *Frühlingsschrei eines Knechtes aus der Tiefe* ist eines der bedeutendsten literarischen Zeugnisse des Neupietismus in Deutschland. Das Gedicht speist sich aus den Energien der Erweckungsbewegung und ist im Werk des Autors an jener Stelle angesiedelt, an der er aus dem Kunstglauben seiner Jugend den Weg zu Bindungen in religiösen Gemeinschaften suchte. Unter dem Einfluß Luise Hensels wohl hat sich Brentano von der Überkonfessionalität der Erweckungsbewegung dann im Laufe der Jahre 1816/1817 abgewandt und am 27. Februar 1817 in Berlin eine Generalbeichte über sein ganzes bisheriges Leben abgelegt. Nach Achim von Arnims Bericht umfaßte sie »10 Bogen eng geschrieben«; Brentano habe ihm versichert, »es sei ein ungeheurer Sündenhaufen gewesen«. 1824, als Brentano aus seiner Dülmener Einsiedelei wieder einen Schritt in die Welt wagte, ist der Prozeß der Rückkehr zu kirchlich gebundener Frömmigkeit abgeschlossen, der mit der Entstehung des *Frühlingsschreies* erst begonnen hatte. Im Brief an Böhmer, der am Vorabend des Todes von Anna Katharina Emmerick geschrieben wurde, fühlte sich Brentano »mit Jesu Blut [...] teuer erkauft« (IX,68) und der Heiligen Allianz zu Dank verpflichtet, weil während seiner »Entfernung Gottes Geißel die Religion [...] etwas courfähig gemacht« (IX,57), so daß der zum Glauben seiner Kindheit zurückgekehrte Dichter der Welt wenigstens nicht »als ein kompletter Narr« erschien.

Der *Frühlingsschrei eines Knechtes aus der Tiefe* lebt aus der Spannung unwillkürlicher Abwehr der Reversionsgedanken und der schrittweisen Näherung an die theologischen Unterscheidungslehren, der die Erweckungsbewegung und ihre Anhänger in der beginnenden Restaurationszeit ausgesetzt waren; die Bibel ist die prägende Sprachquelle des Textes. In der Überschrift schon ist im Schrei des Knechtes aus der Tiefe seiner Leiden, auch für ein wenig bibelgewohntes Ohr, das »De profundis clamavi ad te, Domine; Domine, exaudi vocem meam« zu hören, doch ist die bevorzugte Gestaltfolie des Gedichtes nur guten Bibelkennern zugänglich; Brentanos Freunde im Kreis der Berliner Neupietisten waren dies ohne Zweifel. Die Antithetik von Verzweiflung und Erlösung, auf der die Interpretation von Harry Tucker aufbaut, ist von vielfachen Anklängen an die Sprache des Alten und des Neuen Testamentes getragen, wobei die Psalmensprache, und mit ihr die Stimme der Klage, die des johanneischen Nikodemus-Gespräches, also die Stimme der Erlösungshoffnung, überwiegt. Die prägenden Bilder mystisch-pietistischer Wassermetaphorik finden sich sämtlich bereits in Psalm 69, der auch in älteren Ausgaben der Luther-Bibel als ein Gebet »des Knechtes des Herrn im tiefsten Leiden« erläutert wird:

Gott, hilf mir; denn das Wasser gehet mir bis an die Seele.
Ich versinke in tiefem Schlamm, da kein Grund ist; ich bin im tiefen Wasser, und die Flut will mich ersäufen.
Ich habe mich müde geschrieen, mein Hals ist heiser; das Gesicht vergehet mir, daß ich so lange muß harren auf meinen Gott.

(Ps. 69,2–4.)

Aber auch die Bilder des Abgrundes (Str. 1), des Brunnens (Str. 5), des Schachtes (Str. 6), der Tiefe (Str. 16), die in der Rezeptionsgeschichte des Textes, von Brentanos eigener Nachschrift 1838 bis zu Thomas Manns *Doktor Faustus*, mit romantischer Bergwerksmetaphorik identifiziert wurden, sind im Bild des Brunnenschachtes in Psalm 69,15 f. vorgeprägt:

Errette mich aus dem Kot, daß ich nicht versinke; daß ich errettet werde von meinen Hassern und aus dem tiefen Wasser;
daß mich die Wasserflut nicht ersäufe und die Tiefe nicht verschlinge und das Loch der Grube nicht über mir zusammengehe.

Von der ersten Strophe an zieht sich diese Bildkette durch das ganze Gedicht, verbindet sich, vielleicht in Anlehnung an Offb. 9,1, mit der Vorstellung vom »Brunnen des Abgrunds« und in deutlicher Evokation der Noah-Erzählung des Alten Testamentes mit jener von den »Brunnen der großen Tiefe«, aus denen die Sintflut hervorbricht und die Welt des Bewußtseins überschwemmt. August Langen hat die pietistische Tradition der Bildlichkeit vom Brunnen der Sünde belegt (Langen, S. 321); ihren Ursprung vermutet er in den Schriften Jacob Böhmes.

In pietistischer Literatur ist die Psychologisierung solcher Bildtraditionen, wie sie Brentanos Gedicht beherrschen, schon vorgeformt, so daß im *Frühlingsschrei eines Knechtes aus der Tiefe* zwar nicht der Begriff, wohl aber das Faktum des Unterbewußtseins präsent ist. Erst Hugo von Hofmannsthal, der dem Werk Brentanos ebenso verpflichtet war wie der Tiefenpsychologie seiner Zeit, konnte im *Ad me ipsum* ganz selbstverständlich vom »tiefen Brunnen als dem eigenen Ich« sprechen. In Brentanos Text ist so eine Kausalität zwischen der aus den Tiefen des Ich aufsteigenden Angstflut und der biblischen Sintflut hergestellt, die der Dichter – entgegen Luthers Deutung von der »großen Flut« – als Sünd-Flut interpretiert. *Weil* das Bewußtsein der Schuld so angeschwollen ist, daß dem Sünder Tränen der Angst und der Reue aus den Augen brechen, ist die in ihm steigende Flut die der Angst vor Verlassenheit und Gericht. Dabei bleibt Brentano teilweise erstaunlich nahe am Bibeltext, der aber zugleich durch imperativische Formen der Quelle entfremdet und dem lyrischen Ich anverwandelt wird. »*Meinen* Bogen hab ich gesetzt in die Wolken; der soll das Zeichen sein des Bundes zwischen mir und der Erde« (1. Mose 9,13), heißt es in der Noah-Erzählung des Alten Testamentes, und Brentano übernimmt das biblische Possessivum in jenen Imperativ, der die Genesis-Allusionen des Gedichtes abschließt:

Herr, o Herr! ich treib's nicht länger,
Schlage *deinen* Regenbogen. (55 f.)

Die Nähe zur Bibel wird auch daran deutlich, daß deren Text gelegentlich den Kommentar zum Verständnis der poetischen Metapher liefert. In Strophe 11, deren letzte Zeile an das Gleichnis vom unbarmherzigen Schuldner anklingt (Matth. 18,23 ff.), erläutert Offb. 5,8 das Bild der »süßerfüllten Schalen« (42); jene nämlich, welche kommen, das Lamm anzubeten, führen »Harfen und goldene Schalen voll Räucherwerks« mit sich, *das sind die Gebete der Heiligen*, und das neue Lied, das sie singen, ist das Lied der Erlösung durch Jesu Blut (Offb. 5,8 f.).

Zwei Stimmen sind gleichsam im *Frühlingsschrei* gegeneinander gesetzt: die laut klagende Stimme von Sündenbewußtsein und Verzweiflung und die ebenso laut klagende des Gnadenhungers und der Erlösungsgier; sie spricht in Bildern der johanneischen Gleichnissprache, denn in vielfältiger Variation findet sich hier jenes: »Wahrlich, wahrlich, ich sage dir: Es sei denn, daß jemand von neuem geboren werde, so kann er das Reich Gottes nicht sehen« (Joh. 3,3).

Wie Altes und Neues Testament, so stehen sich Wasser- und Lichtmetaphorik gegenüber, der Regenbogen, die durch Sonnenlicht aus dem Wasser geborene Himmelserscheinung, ist das Zeichen der Versöhnung feindlicher Elemente, des Bundes, den Gott mit seiner Kreatur geschlossen hat. Im Verlauf des Gedichtes wird dieser Prozeß einer möglichen Versöhnung von Wasser und Feuer vorangetrieben, denn in der letzten Strophe erscheint sie in einer synästhetischen Genitivmetapher – »des Lichtes Quelle« (65) – in der Sprache des Dichters vollzogen.

Die romantischen Elementar-Mythen, wonach in der Liebe der im Geschlechterkampf sich dokumentierende, nie endende Krieg von Feuer und Wasser zur Ruhe gekommen ist, verbindet sich in Brentanos Gedicht mit der Bluttheologie der Brüdergemeinde, die von Zinzendorf über Novalis an den Neupietismus vermittelt worden ist. In Anlehnung an 1. Joh. 1,7 und Offb. 1,5 ist darin Jesu Blut, das nach Zinzendorfs Lehre seinen Platz im Himmel hat und nicht verweist, Zeichen der Liebe Christi. Die pietistische Bluttheologie und ihre schon bei Zinzendorf kenntliche Nähe zu erotischer Bildlichkeit wird in Brentanos Berliner Gedichten häufig beschworen; sie verschmilzt mit dem ebenfalls erotisch geprägten Wundenkult seiner frühen Lyrik und Prosa und nimmt, etwa in den Gedichten *Gute Nacht du liebes Blut* (1817) oder *Was ich tue, was ich denke* (1817), auch Vorstellungen der Popularmedizin in sich auf. Das Blut Jesu ist in diesem Bildfeld eine neue Sündflut, welche die Erde »rein von aller Sünde« wäscht (1. Joh. 1,7); der bei den Badern der Zeit gebräuchliche Aderlaß ist Bild und andeutende Analogie der Erlösungstat Jesu:

Und ließ ich denn meine Sünden,
Alle heut in meinem Blut,
Wolle mich in ihm entbinden,
Wie die Erd' in Sündenflut.

Mit dem Blute wird verschuldet,
Mit dem Blute wird versühnt,
Du Herr hast die Pein erduldet,
Ich, ich habe sie verdient.
     (*Werke*, Bd. 1, S. 409.)

Im Vollzug des Glaubens an Jesu Erlösungstat wird dann die Metaphorik von Licht und Wasser in der Vorstellung der Gegenwart des reinigenden Blutes aufgelöst. Die Pietisten, ihre Kritiker und ihre modernen Adepten konnten sich dabei auf einen Satz Luthers berufen: »Also lebt und fließt das Blut unseres lieben Herrn Christi noch immerdar, es ist nicht gestocket noch kalt.« So bedeutet die künstlerische Adaption der Bluttheologie durch Brentano einen Schritt weg von der Fiktion der Wasser- und Feuermetaphorik in Richtung auf Konkretisierung und Greifbarkeit, damit zugleich den Ausdruck scharfer Skepsis gegenüber dem lange geglaubten heilenden, die Trennungsmythen überwindenden Kraft der poetischen Metapher. Im Weihnachtsbrief an Luise Hensel 1816 findet sich in der Konsequenz dieser Vorstellung die durchaus zeittypische Absage Brentanos an Autonomieästhetik und Liebeslyrik, das Postulat, künftig in Prosa auszudrücken, was in Reim und Metrum eine ethisch anfechtbare Selbständigkeit erlangen könnte. Mit dem Beginn der Restaurationszeit ist der das 19. Jahrhundert akzentuierende Wertekonflikt zwischen Wahrheit und Schönheit offenkundig:

In Versen wird schier alles zur Lüge und zum Machwerk; alle Kunstform stiehlt dem Eigentum das Eigentum und macht es zum Gemeingut. [...] Die meisten Liebesgedichte sind verrucht, als Ausprägung von bedauernswerter, ja bei tiefster Betrachtung sehr erniedrigender Abhängigkeit und Not im Menschen. Nur die Liebe zu Jesus und dem Ewigen muß und darf laut gesungen werden, weil sie mit Demütigung verbunden ist, oder wenn sie alles unter sich sieht. Wo sie Nachahmung des Heiligen ist, wird man es schon merken. (VIII,205)

In der neupietistischen Blutverehrung ist das Erstaunen Brentanos vorgedeutet, das ihn angesichts des »Wunders« der Stigmatisation (Anna Katharina Emmericks in Dülmen) ergriff, das ihn über mehr als ein Jahrzehnt hin der Lyrik abschwören und zum – scheinbar – getreuen Schreiber ekstatischer Zustände werden ließ.
Bei den Berliner Neupietisten haben Brentanos von Mund zu Mund gehende Erweckungslieder solches Aufsehen erregt, daß Verse daraus wie Parolen und Tageslosungen in den Anfechtungen der schweren Nachkriegsjahre zitiert wurden. Die innige Verbindung von Kunst und Religion in dieser Lyrik, ihre dezidiert unkirchliche, auf die »persönliche Herzensgemeinschaft des Einzelnen mit dem Erlöser« ausgerichtete Haltung, die ästhetische Übersetzung biblischer Bilder in den Ausdruck individueller Verzweiflung und der inneren Erfahrung eigener Erlösung machen sie – und zumal den als Leittext anzusehenden *Frühlingsschrei eines Knechtes aus der Tiefe* – zu paradigmatischen Texten eines modernen Pietismus; diesen hat Brentano nicht imitiert, sondern literarisch wesentlich gestaltet. Die psychologisierenden und die subjektiven Elemente freilich stehen im *Frühlingsschrei* so prägnant im Vordergrund, daß darin schon die Autonomie der Tiefenperson präfiguriert ist, wie

sie im Laufe des 19. Jahrhunderts immer deutlicher in den Vordergrund trat. Pietistischer Erwartung kommt die von der Prävalenz der Verbalsprache erzeugte Bewegung des Textes entgegen; seine Dynamik wird von Verben der Bewegung (4: »tragen«, 5: »greifen«, 13: »regen«, 14: »wehen«, 15: »bewegen«, 25: »schwellen« etc.), von Verbalsubstantiven (z. B. 1: »Erbarmen«), von verbalen Präfixbildungen (22: »anschwemmen«, 32: »ausbrechen«, 27: »herbrechen«, 20: »anrinnen«, 47: »erspülen«, 67: »niederträufeln« etc.), von Verbaladjektiven und dem Ersatz der Adjektive durch Partizipien erzeugt. Die bekannte Fülle pietistisch-mystischer Sprachmöglichkeiten wird von Brentano, u. a. durch das in den Reim verlegte Verbalpräfix, durch die nominale Präfixerweiterung und die Kombination vielfältiger Variationen der Verbalsprache fast ins Unmeßbare erweitert. Der pietistische Ton der »heiligen Wehmut« aber, durch Klopstock und Novalis an die sprachliche Moderne vermittelt, und als ein weicher, quietistischer Ton, als ein Tonfall der Ergebenheit, ja der Passivität bekannt, weicht in den Imperativen von Brentanos Gedicht dem Ton der Forderung und der Anklage; »servant speaks to master, it is true [...], but the mode of address seems to be almost that of an accuser; indeed, in the first stanza, in its either/or structure, Brentano seems almost to deliver an ultimatum unto the Lord« (Tucker, S. 292). So wird das »Weh und Ach«, das Goethe (etwa im *Heidenröslein* oder in Philines Lied aus *Wilhelm Meister*) noch unbedenklich redensartlich und volkstümlich als Doppelformel gebrauchte, voneinander getrennt und als Schrei (»Weh!«) und Seufzer (»Ach«) streng alternierend auf die Einzelstrophen (Str. 6, 12, 14 und 15) verteilt.

Die Intensivierung des Ich in den Strophen des *Frühlingsschreies*, die stete Wiederholung des »ich [...] in mir«, die harte Konfrontation des Ich mit dem Du des Herrn in den Eingangsstrophen (Str. 1–3), den Mittel- (Str. 10 f.) und den Schlußstrophen (Str. 14–16), die betonte Stellung des »mir« und »mein« zu Beginn mehrerer Verszeilen (30, 34, 39, 44) und schließlich die rhythmische und metrische Akzentuierung des »mir« in der letzten Zeile des Gedichtes (als zweite volle Hebung des fordernden, vierfüßigen Trochäus) weisen über die pietistische Glaubensbegegnung mit Jesus, dem Generalältesten der Gemeinde, hinaus. Das Ich dieses Gedichtes lehnt in der Hermetik des völligen Ausgeliefertseins jede Vermittlung zwischen dem Meister und dem Knecht ab; dieses Ich erwartet das Heil, die Erlösung – auch die Gnade des Glauben-Könnens – von *seinem* Herrn unmittelbar.

Die neupietistische Heilsgemeinde, in welche die romantische Zirkelbildung zu Beginn der Restaurationszeit – nicht nur in Berlin, auch in Bayern und anderen Ländern des Deutschen Bundes – mündete, sah sich beauftragt, die Erweckung des Einzelnen zu fördern, in der Gemeinschaft am Glaubenserlebnis des Bruders oder der Schwester zum eigenen Heil zu finden: »Wenn einer hervortritt vor den übrigen, so ist es nicht ein Amt oder eine Verabredung, die ihn berechtigt, nicht Stolz oder Dünkel, die ihm Anmaßung einflößt [...]. Er tritt hervor, um sein eigenes, von Gott bewegtes Innere den anderen hinzustellen als einen Gegenstand teilnehmender Betrachtung, sie hinzuführen in die Gegend der Religion, wo er einheimisch ist, damit er ihnen seine heiligen Gefühle einimpfe: er spricht das Göttliche aus, und im heiligen Schweigen folgt die Gemeine seiner begeisterten Rede« (Schleiermacher, S. 232). Brentano hat auch diese Gemeinschaft abgelehnt, den pietistischen Individualismus mit romantisch-poetischer Subjektivität überformt. Die eigene (katholische) Kirche als Mittlerin des Heils wies er 1816 noch ausdrücklich von sich, von der kleinen Gemeinde der Erweckten in der Kirche des Berliner Pastors Hermes, zu der sein Schwager Achim von Arnim und seine Schwester Bettine gehörten, von einer Kirche, die ihm »zuerst im Leben den Eindruck einer Gemeinde gemacht« (VIII,183), fühlte er sich angezogen und getrennt zugleich:

Ich fühle durch und durch, daß mir religiös nicht zu helfen ist, als durch das Anschließen an einen Menschen, dem ich unbedingt traue und den ich innigst liebe, und daß ich dann allen eignen Willen aufgebe und ihm gänzlich folge wie ein Knecht. (VIII,183)

Damit fügte sich Brentano bei aller Adaption und Assimilation der Bibelsprache doch auch der neupietistischen Distanzierung von der Bibel, deren Lektüre ihn nicht zu fesseln vermochte, da ihn »das Historische darin« hinderte (VIII,177); Schleiermachers – zwischen 1799 und 1821 allerdings entscheidend variierter – Satz, daß nicht der Religion habe, »der an eine Heilige Schrift glaubt, sondern der, welcher keiner bedarf und wohl selbst eine machen könnte« (Schnabel, S. 47), scheint fast zur Maxime seiner neupietistischen Lyrik geworden zu sein. Alle scharfsinnigen Untersuchungen zu Aufbau und Struktur des Gedichts *Frühlings-schrei eines Knechtes aus der Tiefe* konnten im Grunde nur die intensivierende Wiederholung des in der ersten Strophe angeschlagenen Themas zeigen, die sich im Verlauf des Gedichtes verdichtende Atmosphäre der Verzweiflung, die im Kontrast zur erwachenden Natur – oder besser: zur erweckten Natur – immer bedrohlicher anschwellende Erkenntnis der Gottverlassenheit des Herzens, bis die gequälte Kreatur in den Schrei um Gnade und Erlösung ausbricht. »[...] in der schriftlichen Mitteilung der Frömmigkeit« nämlich, so erkannte Schleiermacher, »bedürfte alles einer doppelten und dreifachen Darstellung, indem das Ursprünglich-Darstellende wieder müßte dargestellt werden, und dennoch die Wirkung auf den ganzen Menschen in ihrer ganzen Einheit nur schlecht nachgezeichnet werden könnte durch vervielfältigte Reflexion« (Schleiermacher, S. 230). Das Prinzip der romantischen Potenzierung, oft auch als das Grundprinzip romantischer Ironie beschrieben, ist hier auf den religiösen Text übertragen. Auch dies scheint einer der Gründe dafür zu sein, daß Brentano seine Berliner Gedichte nicht gedruckt hat: Das neupietistische Lied sollte im lebendigen Nachvollzug des lyrischen Geschehens leben, nicht tot und starr als Bildungsgut verkauft oder in eine gedruckte ›Blütenlese‹ eingereiht werden.

Daß auch Schleiermachers Forderung, »die ganze Fülle und Pracht der menschlichen Rede« auf die Mitteilung der Religion zu verwenden (Schleiermacher, S. 231), im *Frühlingsschrei* streng befolgt wurde, bedarf kaum eines Nachweises. Doch erzeugt die Fülle der reichen Reime, der Anaphern, Alliterationen, Assonanzen etc. einen Klangrausch, welcher der Absicht, Ruhe in der völligen Preisgabe des Inneren, in der Entlastung des sündenbeladenen Bewußtseins zu finden (VIII,181), ästhetisch widerstreitet. Die Kluft zwischen der erkannten Einfachheit des biblischen Textes und der reflexionsbeladenen Frömmigkeit der Moderne konnte in solchen Gedichten nicht geschlossen, sondern nur benannt werden. Über einen Gedanken konnte Brentano 1816 nicht hinwegfinden, daß selbst »ein Mensch, der sein ganzes Leben nach der Lehre Jesu zu leben ernstlich strebt, am Ende doch nur durch die Barmherzigkeit Gottes gekrönt werden kann« (VIII,180). So erfüllt sich die Form des *Frühlingsschreies eines Knechtes aus der Tiefe* nicht in Erlösungsgewißheit und Glaubensfreude, sondern in zwei Begriffen, die Brentano in der Zeit seines Ringens um den Glauben häufig zitiert: Schrei und Bekenntnis.

Damit wird verständlich, weshalb Franz Werfel diesen Text als das schönste Gedicht der deutschen Romantik bezeichnet hat. Er nimmt in der expressiven Gewalt seiner sprachlichen Mittel und der totalen Öffnung der eigenen Seelengeschichte Absicht und Ausdruck expressionistischer Lyrik vorweg. Daß die späte religiöse Lyrik Brentanos in der Zeit des Expressionismus wiederentdeckt worden ist, fügt sich diesem Urteil Werfels an. Für Brentano selbst ist der *Frühlingsschrei* zu einem Lebenslied geworden, das die Begegnung mit Luise Hensel und die Faszination durch die Stigmatisierte von Dülmen vorausgedeutet hat. So konnte er in der Nachschrift für Luise Hensel die von dieser erbetene Abschrift als die erneute Blutung vernarbter Wunden deuten, den Dichter in die Rolle des durch ewige Sehnsucht wahrhaft Stigmatisierten versetzen, dem – gleich Tannhäuser

im Venusberg – beim Anblick der Geliebten zwanzig Jahre
wie ein Hauch vergehen:

So mein Lied, weh! heut mit Bangen,
Als gleich einer Honigimme
Aus dem Rosenbusch der Wangen
Grüßte deine graue Stimme.

Stimme nachtigallenfarben,
Ätzend Liederpulver streuend,
Daß zu Wunden werden Narben
Leid und Lied und Schmerz erneuend.

Torenstimme einer Weisen
Weise Stimme einer Törin,
Stimme aus den Zaubergleisen
der Frau Venus, Klang der Möhrin.
(*Werke*, Bd. 1, S. 622 f.)

Das Bild vom Dichter als dem Bergmann in der Seele
Schacht aber gehörte seit Brentanos *Frühlingsschrei* zum
unangefochtenen Inventar der artistischen Selbstdeutung.
Noch Oskar Loerke konnte es unbedenklich in *Der Stein-
pfad* (Nr. 16) verwenden, doch hat Thomas Mann wenige
Jahre nach Loerke daran die Größe und die Gefahr romantischer Lyrik verdeutlicht. Er hat in Kapitel 23 des *Doktor
Faustus*, in Ines Roddes Poem *Der Bergmann*, die Autorme-
tapher ironisch parodiert und gleichwohl im Manuskript des
21. Kapitels den *Frühlingsschrei eines Knechtes aus der Tiefe*
unter die dreizehn von Adrian Leverkühn komponierten
Brentano-Gesänge aufgenommen. Dieses Gedicht vor allem
schien ihm zutiefst romantisch und damit zutiefst deutsch zu
sein, da Deutschland für ihn das »eigentliche Heimatland«
der Romantik war. Als ein »Schmerzensgesang« wird der
Frühlingsschrei im *Doktor Faustus* bezeichnet, »von dem
manche Strophe dem Novalis zu danken sein könnte, der
aber in schrecklicheren Bildern, mit jammervoller emporge-
rungenen Händen, als Hardenbergs Gebete, das nicht zu
tragende Elend des ›In sich Verdorbenseins‹ malt« (Wysling,

449

S. 68). Das »Schwelgen in Brentano-Liedern« hat Thomas Mann in der Druckfassung des *Doktor Faustus* eingedämmt, denn dieses Schwelgen in Gedichten, die »groß [sind] und von starker Inbrunst« (Wysling, S. 69), muß zusammenge-sehen werden mit jener Definition der Romantik, die Thomas Mann an solchen Texten gewonnen hat: »daß sie ihrem innersten Wesen nach Verführung ist, und zwar Verführung zum Tode«.

Zitierte Literatur: Clemens BRENTANO: Werke. [Siehe Textquelle.] – Clemens Brentano's Gesammelte Schriften. [Siehe Textquelle.] Bd. 8, 9: Gesammelte Briefe. Neudr. Bern 1970. [Zit. mit Band- und Seitenzahl.] – August LANGEN: Der Wortschatz des deutschen Pietismus. Tübingen 1954. – Thomas MANN: Notizen zu Felix Krull, Friedrich, Königliche Hoheit, Versuch über das Theater, Maja, Geist und Kunst, Ein Elender, Betrachtungen eines Unpoliti-schen, Doktor Faustus und anderen Werken. Hrsg. von Hans Wysling. Heidelberg 1973. (Beihefte zum Euphorion. 5.) [Zit. als: Wysling.] – Schleier-machers Reden über die Religion an die Gebildeten unter ihren Verächtern. Mit einer Einl. von D. Siegfried Lommatzsch. Gotha ²1888. – Franz SCHNA-BEL: Deutsche Geschichte im 19. Jahrhundert. Die protestantischen Kirchen in Deutschland. Freiburg i. Br. 1965. – Harry TUCKER: Clemens Brentano: The Imagery of Despair And Salvation. In: Modern Language Quarterly 13 (1953) S. 284–297.

Weitere Literatur: John F. FETZER: Nachklänge Brentanoscher Musik in Thomas Manns »Doktor Faustus«. In: Clemens Brentano. Beiträge des Kollo-quiums im Freien Deutschen Hochstift 1978. Hrsg. von Detlev Lüders. Tübingen 1980. S. 33–46. – John F. FETZER: Clemens Brentano. Boston, Mass., 1981. S. 55–59. – Wolfgang FRÜHWALD: Das Spätwerk Clemens Bren-tanos (1815–1842). Romantik im Zeitalter der Metternich'schen Restauration. Tübingen 1977. S. 135–137. – Anneliese de HAAS: Clemens Brentano: Früh-lingsschrei eines Knechtes aus der Tiefe. In: Wege zum Gedicht. Mit einer Einf. von Edgar Hederer. Hrsg. von Rupert Hirschenauer und Albrecht We-ber. München/Zürich 1956. S. 199–207. – Curt HOHOFF: Clemens Brentano: Frühlingsschrei eines Knechtes aus der Tiefe. Ebd. S. 199–202. – Walter MÜLLER-SEIDEL: Brentanos späte Lyrik. Kontinuität und Stilwandel. In: Cle-mens Brentano. Beiträge des Kolloquiums im Freien Deutschen Hochstift 1978. Hrsg. von Detlev Lüders. Tübingen 1980. S. 258–262. – Hermann PONGS: Das Bild in der Dichtung. Bd. 1: Versuch einer Morphologie der metaphorischen Formen. Marburg ²1965. S. 335–337. – Erika TUNNER: Cle-mens Brentano (1778–1842). Imagination et sentiment religieux. 2 Bde. Paris 1977. S. 746–749.

Joseph von Eichendorff

Denkst Du des Schlosses noch auf stiller Höh?
Das Horn ruft nächtlich dort, als ob's Dich riefe,
Am Abgrund grast das Reh,
Es rauscht der Wald verwirrend aus der Tiefe –
5 O stille! wecke nicht! es war, als schliefe
Da drunten unnennbares Weh. –

Kennst Du den Garten? – Wenn sich Lenz erneut,
Geht dort ein Fräulein auf den kühlen Gängen
Still durch die Einsamkeit
10 Und weckt den leisen Strom von Zauberklängen,
Als ob die Bäume und die Blumen sängen,
Von der alten schönen Zeit.

Ihr Wipfel und ihr Brunnen, rauscht nur zu!
Wohin Du auch in wilder Flucht magst dringen:
15 Du findest nirgends Ruh!
Erreichen wird Dich das geheime Singen,
In dieses Sees wunderbaren Ringen
Gehn wir doch unter, ich und Du! –

Abdruck nach: Joseph von Eichendorff in Selbstzeugnissen und Bilddokumenten. Dargest. von Paul Stöcklein. Reinbek bei Hamburg: Rowohlt, 1963. (rowohlts monographien. 84.) S. 120 f.
Erstdruck: Deutscher Musen-Almanach. Hrsg. von Christian Schad. Jg. 9. Würzburg: Stahel, 1859. [Unter dem Titel: Die Heimat. An meinen Bruder 1819.]
Zur Entstehung: Überschrift und Datierung (1819) stammen von Hermann von Eichendorff. Diese Datierung, von der noch Stöcklein (*Joseph von Eichendorff,* 1963) ausgeht, ist nach Kunisch (Eichendorff, *Das Wiedersehen,* 1965) falsch; das Gedicht sei frühestens nach 1835 entstanden, also in der Zeit auch der Memoirenfragmente und des *Unstern.*
Weitere wichtige Drucke: In den Werkausgaben treffen wir das Gedicht nur in der von Hermann von Eichendorff geglätteten Fassung an. Das Manuskript ist verschollen, aber als Faksimile ist die Handschrift mehrfach wiedergegeben worden; so in dem Heft *Lubowitz* (im Auftr. der Deutschen Eichendorff-Stiftung einger. von Alfred Jahn, Einf. von Willibald Köhler, Neiße: Deutsche

Eichendorff-Stiftung, [1940]), im Katalog der Ausstellung zum 100. Todestag Eichendorffs (1957), bei Stöcklein (*Joseph von Eichendorff*, 1963) und bei Frühwald (1975). In der Handschrift hatte das Gedicht demnach keinen Titel.

Alexander von Bormann

»Tief Verlangen nach beßrer Lust«. Zu Eichendorffs Gedicht *Die Heimat. An meinen Bruder*

Das Gedicht steht in einem Motivzusammenhang, den Kunisch mit »Lubowitz, Jugend, Bruder, Zauber« umreißt (Kunisch, in: Eichendorff, *Das Wiedersehen*, S. 27). Es spricht den Bruder an und ist wohl das eindrücklichste, tiefste, radikalste der vielen Bruder-Gedichte Eichendorffs. Es ist so konsequente Lyrik, daß auch die stets wieder naheliegende Versuchung, es vorzüglich biographisch zu lesen, abgewiesen werden kann. Dennoch ist zunächst zu zeigen, wie weit immerhin die biographischen Bezüge reichen.

Eichendorffs Bruder Wilhelm wurde 1786 geboren, war also zwei Jahre älter als Joseph, und bis in ihre Referendarszeit hinein waren die Brüder unzertrennlich, wofür es viele Zeugnisse gibt. Erst 1813 trennen sich ihre Wege: Wilhelm wird Kreishauptmann der österreichischen Regierung in Südtirol, Joseph nimmt an den Befreiungskriegen teil und erhält eine Anstellung in Preußen. Paul Stöcklein hat die tiefe Bindung der Brüder ausführlich dargestellt, gerade auch mit Bezug auf dieses Gedicht (Stöcklein, *Joseph von Eichendorff*, S. 117 ff.). Er zitiert aus einem Brief Wilhelms, der dem Bruder von einer Liebe erzählt, zu der er sich aus Verantwortung kaum entschließen kann:

Ich [...] betete aus dem innersten Grund des Herzens, dieses arme gute Kind aus den Klauen des Teufels zu erretten, und sie nicht mit hinein in den Zauberkreis sinken zu lassen, mit dem der böse Geist mich und Dich seit Jahren umzogen hat, und der uns unstet und armselig durch die ganze wilde Welt peitscht.

(Stöcklein, *Joseph von Eichendorff*, S. 118.)

Ähnliche Zeugnisse Wilhelms, die von den »gefährlichen Geistern« um Lubowitz sprechen, stellen sich dazu; von der blauen Luft der Heimat schreibt Wilhelm:

Denn sie lockt und zieht den Gedanken hinaus in die öde Leere, bis er in endloser Verwirrung zerreißt und der Mensch matt wie vom Fieber zusammensinkt. (Stöcklein, *Joseph von Eichendorff*, S. 119.)

Auch die Schwester Eichendorffs schreibt ihrem Freund Adalbert Stifter von ihrer Furcht, geisteskrank zu werden (sie starb in einer Nervenheilanstalt). Wir haben also allen Grund, das Gefühl des Bedrohtseins, das dieses Gedicht so unmittelbar ausspricht, ernst zu nehmen und nicht zu verharmlosen.

Als Verharmlosung muß etwa der (durch den biographischen Ansatz nahegelegte) Versuch Stöckleins gelten, das Gedicht »eher ein Zeugnis der Genesung als der Krankheit« zu finden und es als Hinweis auf »die Lösung der dunklen Periode (1813–15)« zu nehmen (Stöcklein, *Joseph von Eichendorff*, S. 119 ff.). Es sei nicht verschwiegen, daß Stöcklein auch dazu auffordert, den Text nicht nur wörtlich, sondern zeichenhaft zu nehmen: als Heimweh und »Sehnsucht nach der wahren Lebensluft«, nach dem »unverstellten, unbestaubten Leben« (Stöcklein, *Joseph von Eichendorff*, S. 123). Doch die biographische Zuordnung, die zudem auf einer irrigen Datierung beruht, mindert schließlich das Gewicht des Textes hin zu einer Stimmungsaussage.

Andererseits kann wiederum ein Aufsatz Stöckleins bezeugen, wie auch die Betrachtung des Gedichts als eines Kunstwerks dieses entmächtigen kann: Mit roher Feinsinnigkeit wird Eichendorffs dunkler Text auf die Ideologie des »runden Kunstgebilds« (so Stöcklein) gereimt:

Es ist eine herrliche Erfindung: das Brüderpaar, das sich hier offenbar aus der Ferne miteinander ausspricht und das noch im Tode vereint sein wird: »Gehn wir doch unter, ich und du«. Alles steht in einer vollkommen runden Handlung. Ballade? Ja: auch dies rudimentär. Und so ist übrigens auch jede Strophe, so ist schließlich das Ganze dieser drei Strophen eine runde, geschlossen-lebendige, wohlgebaute »Erfindung«.

(Stöcklein, *Weder Aussage noch Ausdruck?*, S. 45.)

Deutlicher kann man am Text nicht vorbeigehen, das »O stille! wecke nicht!« (5) bezieht hier der Interpret fälschlich auf seine Aufgabe. – Einen sehr weitreichenden Deutungsversuch trägt Hermann Kunisch in seiner gründlichen Studie über das gleichzeitig veröffentlichte Novellenfragment *Das Wiedersehen* vor. Dieses Fragment ist stark autobiographisch getönt und entstand 1816/17. Es handelt von zwei Brüdern, Ludwig und Leonhardt, die einander 1813 aus den Augen verlieren und getrennte Wege gehen. Kunisch berichtet:

Auf der ersten Seite, rechts neben der Überschrift, steht die Bemerkung: »Zu vollenden. Das Wiedersehen geschieht aber in Lubowitz. Ludwig wird verrückt, da er Leonhardten aufeinmal wiedersieht etc.« (Kunisch, in: Eichendorff, *Das Wiedersehen*, S. 9.)

Zur Deutung aus dem Kontext zieht Kunisch im wesentlichen die gleichen Texte wie schon Stöcklein heran. Er betont, daß »die Bedrohung keine romantische Phantasie, sondern erfahrene Wirklichkeit war« (Kunisch, in: Eichendorff, *Das Wiedersehen*, S. 28). Sein Aufsatz in dem Sammelband *Eichendorff heute* (zuerst 1960) geht von der »Grundmelodie der Spannung« bei Eichendorff aus (vgl. den Titel: *Freiheit und Bann – Heimat und Fremde*) und beginnt mit Überlegungen zum vorliegenden Gedicht:

Der aber ursprünglich gemeinte Sinn ist der, daß in dem Zauber der Heimat die Gefahr des Verfallens an alten Trug und alte Mächte verborgen ist, wie sie im *Marmorbild*, der *Entführung*, dem *Julian* und den Venus- und Lorelei-Gedichten sichtbar wird.

(Kunisch, *Freiheit und Bann*, S. 133.)

Kunisch führt dann zwei Denkfiguren durch, die einander im Grunde widersprechen: a) der dunkle Grund als Gefährdung, der man widerstehen soll (und kann); die Rettung aus Wirrung und Fremde ins Klare, Einfache, Stille: »Gut heißt Befreiung aus dem Reich der Zauberinnen Venus und Loreley, der Lust, der Musik in die Stillung, den Himmel und in Gottes Haus« (Kunisch, *Freiheit und Bann*, S. 164); b) den Gedanken der Spannung, wonach alle Motive von Eichendorffs Denken und Dichten »einen Doppelsinn und verschieden geartete Tiefe« haben. Spannung meint aber mehr als eine Gefahr des Verfallens, meint eine Konstitutionsbedingung dieses Dichtens. (»Zart Gedicht, wie Regenbogen, / Wird nur auf dunklen Grund gezogen« – Goethe).

Leider entscheidet sich Kunisch für die Deutung nach dem ersten Muster. Der Aufsatz zum *Wiedersehen* endet mit einer waghalsigen Konstruktion: Kunisch hat ähnlich wie Stöcklein offensichtlich (berechtigte) Angst, daß Eichendorffs Dichtungen den Boden der Klassik verlassen. (Warum eigentlich?) So reimt auch Kunisch auf gut Glück Eichendorffs Werk auf Goethes Poetik. Er schreibt Eichendorff ein Œuvre zu, das er sich zu diesem Behufe ausdenkt. »Mit Entzücken, aber auch mit Bekümmerung« stellt Kunisch, fest: »Eichendorff hat seinen *Faust* nicht vollendet« (Kunisch in: Eichendorff, *Das Wiedersehen*, S. 34). Das nämlich hätte das große Epos *Lubowitz* sein müssen, das sich als Zusammenhang vieler Bruchstücke extrapolieren läßt: »Es gibt hinter und unter Eichendorffs ganzem Werk den großen Entwurf eines alles Ausgeführte und Geplante zu einem Ganzen verbindenden Lebenswerkes, das nicht gestaltet werden konnte« (Kunisch, in: Eichendorff, *Das Wiedersehen*, S. 33 f.).

Wieso »konnte«? Ist es nicht philologisch redlicher und vorsichtiger, erst einmal den Gedanken zu erwägen, daß Eichendorff einen gegenüber Goethe moderneren Erfahrungstyp poetisch ausbildet, der die Verbindung zu einem Ganzen nicht (so leicht) gestattet? Daß er Kleist und Hölderlin näher stand als Goethe? Jedenfalls, meine ich, wäre zunächst Eichendorffs eigene, sehr reflexive Poetik zu rekonstruieren, bevor man seine ›Bruchstücke‹ bedauernd am *Faust* mißt.

Es ist erhellend, daß der Sohn Eichendorffs dieses Gedicht so stark verändert hat; das war sonst seine Gewohnheit nicht. Vor allem nimmt er in der dritten Strophe das Wort »Flucht« (14) fort und den Untergang in den letzten Zeilen. Gegen die angeführten Deutungen ist an Adorno zu erinnern, der 1957 befand: »Eichendorffs entfesselte Romantik führt bewußtlos zur Schwelle der Moderne.« Adorno hebt das moderne Element in Eichendorff hervor, »das heute wohl erst offen liegt«, und pointiert das noch polemisch als »antikonservativ«: »Absage ans Herrschaftliche, an die Herrschaft zumal des eigenen Ichs über die Seele« (Adorno, S. 119). Was Selbstentäußerung und moderne Lyrik miteinander zu tun haben, wird von Adorno so tiefsinnig und bezugsreich ausgelegt, daß man auch hieraus sehen kann, woraus die modernen (französischen) Texttheorien schöpften.

Das Gedicht ist zuerst als Gedicht und nicht als Zeugnis zu lesen. Die Überschriften, die es biographisieren sollen (»Heimat«, »Bruder«), stammen nicht von Eichendorff. Die Bilder, die es beruft, sind aus vielen anderen Eichendorff-Texten vertraut. Die zeitliche Nähe zum Spätroman *Dichter und ihre Gesellen* (1834) tritt auch in der dunkleren Einfärbung der Bildformeln hervor: Das Horn lockt »nächtlich« (2), das Reh grast am »Abgrund« (3), der Wald rauscht »verwirrend« (4). Die übliche, Eichendorffs Werk sehr weitgehend (aber eben: nicht durchgängig) bestimmende Denkform würde nun der ›Verwirrung‹ die ›Lösung‹ folgen lassen. Eichendorffs Morgen-Symbolik ist so angelegt; seine Poetik läßt sich im Zeichen Auroras begreifen (vgl. dazu Schwarz). Nicht so dies Gedicht. Der Zuspruch für den »kranken Mut« gilt nicht mehr (I,37):

Nichts ist so trüb in Nacht gestellt,
Der Morgen leicht macht's wieder gut.

Adorno liest hier »leicht« als wienerisches ›vielleicht‹ und entnimmt dem Ton die Ohnmacht der vergeblichen Beschwörung (Adorno, S. 111); auch den Schluß von *Zwielicht* sieht er als Einrede gegen Kinderangst und betont die Zeile »Manches bleibt in Nacht verloren«.

Die erste Strophe des *Heimat*-Gedichtes geht noch darüber hinaus. »Wecke nicht« (5) ist intransitiv gebraucht: Das Weh ist nicht mehr zu benennen, damit ist auch das Vertrauen auf eine ›Lösung‹ vergangen. Die setzte voraus, daß das ›Rauschen‹ der Natur, die »halbvernehmbaren Naturlaute« und die Träume (IV,653) sich ›besprechen‹ lassen, wie Eichendorff sagt – daß die unbewußte Verbindung mit der Natur schließlich in eine Verständigung mündet, die auch sprachfähig/bewußt ist. »Der geistige Lichtblick des Künstlers kann erst das Wunderbare im Menschen, die Seele, befreien und sichtbar machen« (IV,410). Die Voraussetzung für solche Versöhnung ist von Eichendorff dialektisch gedacht:

Die verschiedenen menschlichen Kräfte, Gelüste und Widersprüche, einmal freigegeben, müssen sich erst kämpfend aneinander messen und formulieren, um sich selbst zu begreifen und, wills Gott, endlich ein Gleichgewicht und eine Versöhnung wiederherstellen zu können. (IV,176)

Man kann, im Hinblick auf das vorliegende Gedicht, behaupten, daß Eichendorff von dem Wissen durchdrungen war, daß solches Gleichgewicht nur die Ausnahme war. Seine tiefsten Gestalten und Gestaltungen handeln vom Gegenteil. Der Zuruf »wecke nicht!« hält ja die beschriebene Dialektik an: ängstet sich vor dem Freigeben der Widersprüche, glaubt nicht, sie ›formulieren‹ und damit ›formieren‹ zu können. Das ist nicht als Ausweichmanöver beschreibbar, sondern zeigt, warum Eichendorff fernab von frisch-fröhlichen Liedertafeln stets wieder aufs neue gelesen und angeeignet wird: als Sänger einer sehnsüchtigen Schwermut, deren Ausdruck so echt, so undisputierbar ist, daß man ihr nachfragen, nicht aber sie wegdeuten kann.

Ein wirklicher Melancholiker oder Depressiver schreibt

kaum mehr solche Gedichte. Eichendorffs Schwermut wird nicht zur ausweglosen Selbstversunkenheit; das »Weh« (6) gemahnt an sein eigenes Grundwort »Wehmut«. Der so betitelte Gedichtzyklus (I,71 ff.) führt wörtlich die Zeile an »Als ob ich fröhlich sei«, die Adorno von Rilke nahm (»Als ob wir noch Fröhlichkeit hätten«), um Eichendorffs Nähe zum ›europäischen Weltschmerz‹ (Adorno, S. 110) zu zeigen. (Damit ist noch keine Deutung gewonnen.) ›Weltschmerz‹ ist vielleicht ein angemessenes Wort (›Schwermut‹ wird gern klinisch interpretiert): Die Klage meint kein benennbares Weh, sondern ist so unbestimmt wie die Sehnsucht, die ja ihren Gegenstand auch nicht zu nennen weiß, ohne deswegen bloß vages Gefühl zu sein. Die Sehnsucht meint einen unabdingbaren Anspruch, eine (vermutlich) uneinholbare Glücksvorstellung. In *Wehmut* weist Eichendorff auf »das tiefe Leid« im Lied und deutet die emblematische Formel vom Seelenvogel neu aus:

So lassen Nachtigallen,
Spielt draußen Frühlingsluft,
Der Sehnsucht Lied erschallen
Aus ihres Käfigs Gruft.

Wehmut ist die Sehnsucht, die sich gefangen weiß. Das Lied hilft anderen über den Schmerz hinweg, die Angst des Sängers löst es nicht. Im Gegenteil, der Gesang vertieft das Weh:

Eben, wenn ich munter singe,
Um die Angst mir zu zerstreun,
[...]
Faßt mich erst recht tief Verlangen
Nach viel andrer, beßrer Lust,
Die die Töne nicht erlangen –
Ach, wer sprengt die müde Brust?

Eichendorffs Sehnsucht kennt stets zwei Richtungen, sie ist Fernweh und Heimweh. Beides kann man ineinander denken. Das Fernweh ist nicht bestimmt, wohl aber wird die

Ferne noch als Lockung und Verheißung erfahren. (Während es bei Kafka in *Der Aufbruch* nur noch um die Abstoßbewegung geht: »nur weg von hier. Immerfort weg von hier.«) Die Sehnsucht ist nicht wirklich erfüllbar: Die Ferne ist grundsätzlich uneinholbar, bleibt immer am Horizont. Adorno machte darauf aufmerksam, daß im Gedicht *Sehnsucht* die »prächtige Sommernacht« für den Aufbruch wie für das Ziel steht, und folgerte: »Sehnsucht mündet in sich als in ihr eigenes Ziel, so wie, in ihrer Unendlichkeit, der Transzendenz über alles Bestimmte, der Sehnsüchtige den eigenen Zustand erfährt« (Adorno, S. 132). Doch Eichendorffs leidenschaftliche Suche nach Glück stillt sich nicht in der Bewegung selbst (wie ihm von vielen Interpreten vorgeschlagen wird):

Manches andre Herz wohl stillst du,
Nur du selbst wirst niemals still. (I,71)

Als Schwermut erscheint die Sehnsucht, die dessen innegeworden ist. Als Heimweh kehrt sie sich um, was Geschiedenheit vom Ursprung voraussetzt. Der »alte Garten« (I,343) wird nun zum mythischen Bild der »alten schönen Zeit«, die wiederum nicht geweckt werden darf. Die zweite Strophe von *Die Heimat* ist jenem Gedicht sehr nahe: Das Nicht-Wecken klingt hier versöhnlicher, ist es aber nicht. Der wunderbare nächtliche Klang meint in Eichendorffs Poetik den Anruf der Natur, dem das Gemüt des Sängers zu antworten hat, will es nicht in Zauber und Dämonie versinken. (Vgl. dazu den Gedichtentwurf *Der Schlaf*, IV,1066). »Wach und munter« ist gegen alles Zwielicht gesetzt, aber das letzte Wort Eichendorffs ist das nicht. Es wäre auch fast philiströs, angesichts der Tiefe der an- und ausgesprochenen Erfahrungen.

Das Heimweh führt in die Kindheitswelt zurück, das Bild des Gartens ist als deren Umhegtheit bestimmt. So warnt die Mutter, irre geworden, ihre ungebärdige Tochter Romana:

459

Und eben, weil du oft fröhlich und kühn sein wirst und Flügel haben, so bitte ich dich: Springe niemals aus dem stillen Garten! (II,124)

Das erinnert an Brechts bös-kritische Verse »Nutze die Jugend nicht, denn sie vergeht!«. Der Zauber des Gartens wird mit dem sich erneuenden Lenz verknüpft, das heißt aber, mit dem Verlangen. Es ist im Frühling, daß Romana ihren Bräutigam sieht und aus dem Garten springt. Romana, das Bild der an ihr Verlangen verlorenen Seele in *Ahnung und Gegenwart*, endet ihre Erzählung:

Ich sah ihn niemals mehr wieder; aber der Ring blitzt wohl noch jeden Frühling aus der Grüne farbigflammend in mein Herz, und ich werde die Zauberei nicht los. (II,124)

Ein weiteres Beispiel, um den Zusammenhang von Frühling–Verlangen–Zauber–Garten anzuzeigen: Die Venus im *Marmorbild*, für heidnische Sinnlichkeit stehend, wird vom Frühling erweckt, »daß all' die alten Wünsche auferstehen« (II,322; 344). Am Ende der Erzählung heißt es von den Tönen der Tanzmusik, daß sie »recht wie ein Frühling« über uns kommen und zauberisch alle die Lieder wecken, »die unten gebunden schliefen« (II,327). Das Bild der schönen Frau wird auch in der *Marmorbild*-Erzählung auf die frühe Kindheit bezogen. Der sich dissoziierende junge Held bemerkt:

Ach! das ist alles wie ein Meer von Stille, in dem das Herz vor Wehmut untergehen möchte!

Die Antwort der Venus:

»Laßt nur das!« sagte hier die Dame wie in Zerstreuung, »ein jeder glaubt mich schon einmal gesehen zu haben, denn mein Bild dämmert und blüht wohl in allen Jugendträumen mit herauf.« (II,338)

Die tiefste Bedeutung des Heimwehs kommt, wie sich aus der Bedeutung der Formelzusammenhänge zeigen ließe, aus dem Verlangen, den alten und verborgenen Wünschen, die das Reisen etwa in Freiheit setzt. Als Florio bekennt, sich »wie aus einem Gefängnis erlöst« vorzukommen, »alle alten Wünsche und Freuden« los weiß und dem »Spielmann« folgen möchte, der »von großer, unermeßlicher Lust« singt (II,308), wird er vom Begleiter gewarnt. Dessen »Hütet Euch!« entspricht dem »wecke nicht!« unseres Gedichts. Der Kontext der anderen Bruder-Gedichte (auch Wilhelm von Eichendorffs Marmorbild-Romanze *Die zauberische Venus* wäre hinzuzunehmen), auch die Erläuterung dieser Formel in den literaturwissenschaftlichen Schriften deuten das »geheime Singen« (16) als das Lied der Sirenen, als Lockung der Sinnlichkeit. Die Kindheit wird (regressiv) zum Ziel der ziellos, der unerfüllt gebliebenen Lust, der sich als gebunden erfahrenden Sehnsucht (die darum nicht gestillt werden kann). Die tiefste Schicht des Liedes verrät, warum (ich verkürze hier den analytischen Gang): Das Fräulein und der Bruder, weiblicher und männlicher Eros, sind dem kindlichen Verlangen noch beide voll präsent, die Ziele sind – unnennbar – unentmischt. Das tiefe »Verlangen nach beßrer Lust« ist per definitionem polymorph; so muß jede Zielfestlegung zur Enttäuschung geraten; dann muß auch die Formulierung untersagt, weil ausweglos, bleiben, und Entfernung wie Rückkehr, Sehnsucht wie Schwermut, beide Bewegungen werden die Stillung des Verlangens versagen. Der wilden Flucht bleibt nur der Untergang in den »wunderbaren Ringen« (17).

Der Bezug auf den Bruder, das sei nicht übersehen, meint auch Selbstbezug und weist so, über das Sirenen-Motiv, auf die Narzißmus-Problematik, für die das Marmorbild steht:

Der Mond, der eben über die Wipfel trat, beleuchtete scharf ein marmornes Venusbild, das dort dicht am Ufer auf einem Stein stand, als wäre die Göttin soeben erst aus den Wellen aufgetaucht und betrachte nun, selber verzaubert, das Bild der eigenen Schönheit, das der trunkene Wasserspiegel zwischen den leise aus dem Grunde aufblühenden Sternen widerstrahlte. (II,318)

Im zu vergleichenden Gedicht *Heimweh. An meinen Bruder* (I,95) wird die Angst vor der Fremde, vor der kalten Welt, als Motiv genannt:

So fremde sind die andern,
Mir graut im fremden Land.

Als Bild der Aufhebung der Fremde – die als Vereinzelung begriffen wird – erscheint auch das Zusammentreffen der Quellen im Meere (I,136, 141, 73 u. ö.). Auch dieses Bild leitet dazu an, vom Verlangen auszugehen, das seine Stillung nur als Untergang imaginieren und erleben kann.

Zitierte Literatur: Theodor W. ADORNO: Zum Gedächtnis Eichendorffs. In: Th. W. A.: Noten zur Literatur I. Frankfurt a. M. 1958. S. 105–143. – Joseph Freiherr von EICHENDORFF: Neue Gesamtausgabe der Werke und Schriften. 4 Bde. Hrsg. von Gerhart Baumann in Verb. mit Siegfried Grosse. Stuttgart 1957/58. [Zit. mit Band- und Seitenzahl.] – Joseph Freiherr von EICHENDORFF: Das Wiedersehen. Ein unveröffentlichtes Novellenfragment. Hrsg. und komm. von Hermann Kunisch. In: Aurora 25 (1965) S. 7–39. – Joseph Freiherr von Eichendorff. Katalog der Ausstellung zum 100. Todestag in der Bayerischen Akademie der Schönen Künste. München 1957. – Wolfgang FRÜHWALD: Eichendorff Chronik. Daten zu Leben und Werk. München 1975. – Hermann KUNISCH: Freiheit und Bann – Heimat und Fremde. In: Eichendorff heute. Stimmen der Forschung mit einer Bibliographie. Hrsg. von Paul Stöcklein. Darmstadt ²1966. S. 131–164. – Peter Paul SCHWARZ: Aurora. Zur romantischen Zeitstruktur bei Eichendorff. Bad Homburg v. d. H. [u. a.] 1970. – Paul STÖCKLEIN (Hrsg.): Joseph von Eichendorff. [Siehe Textquelle.] – Paul STÖCKLEIN: Weder Aussage noch Ausdruck? Der Fall des romantischen Gedichts. In: P. St.: Literatur als Vergnügen und Erkenntnis. Heidelberg 1974. S. 43–46. Zuerst in: Eichendorff heute. Stimmen der Forschung mit einer Bibliographie. Hrsg. von P. St. Darmstadt ²1966. S. 242–273. [Als Teil des Aufsatzes: Eichendorffs Persönlichkeit.]

Autorenregister

Arnim, Achim von: Getrennte Liebe (Hartwig Schultz) . . .   280

Brentano, Clemens: Auf dem Rhein (Walter Hinck)   216

Brentano, Clemens: Die Abendwinde wehen (Karl Eibl) . . .   408

Brentano, Clemens: Es sang vor langen Jahren
(Wolfgang Frühwald)   268

Brentano, Clemens: Frühlingsschrei eines Knechtes aus der
Tiefe (Wolfgang Frühwald)   434

Brentano, Clemens: Was reif in diesen Zeilen steht
(Erika Tunner)   421

Eichendorff, Joseph von: Denkst Du des Schlosses noch auf
stiller Höh? (Alexander von Bormann)   451

Eichendorff, Joseph von: Frische Fahrt (Helmut Koopmann) .   293

Eichendorff, Joseph von: Mondnacht (Wolfgang Frühwald) .   394

Eichendorff, Joseph von: Sehnsucht (Wolfgang Frühwald) . .   380

Eichendorff, Joseph von: Waldgespräch
(Alexander von Bormann)   306

Goethe, Johann Wolfgang: Der Gott und die Bajadere
(Hartmut Laufhütte)   114

Goethe, Johann Wolfgang: Die Metamorphose der Pflanzen
(Karl Richter)   153

Goethe, Johann Wolfgang: Fünfte Elegie (Wulf Segebrecht) .   48

Goethe, Johann Wolfgang: Grenzen der Menschheit
(Ursula Segebrecht)   23

Goethe, Johann Wolfgang: Locken! haltet mich gefangen
(Gisela Henckmann)   358

Goethe, Johann Wolfgang: Selige Sehnsucht
(Hannelore Schlaffer)   334

Hölderlin, Friedrich: Der blinde Sänger (Lawrence Ryan) . .   368

Hölderlin, Friedrich: Dichterberuf / An unsre großen Dichter
(Walter Müller-Seidel)   227

Hölderlin, Friedrich: Die Eichbäume (Momme Mommsen) .   144

Hölderlin, Friedrich: Hälfte des Lebens (Jochen Schmidt) .   256

Novalis (Friedrich von Hardenberg): An Tieck
(Gerhard Schulz)   243

Novalis (Friedrich von Hardenberg): Hymnen an die Nacht. 5
  (Gerhard Schulz)   196
Schiller, Friedrich: Das Ideal und das Leben
  (Helmut Koopmann)   78
Schiller, Friedrich: Der Spaziergang (Jürgen Stenzel)   60
Schiller, Friedrich: Die Bürgschaft (Jürgen Stenzel)   169
Schiller, Friedrich: Die Götter Griechenlands
  (Sybille Demmer)   33
Schiller, Friedrich: Nänie (Norbert Oellers)   181
Tieck, Ludwig: Glosse (Paul Gerhard Klussmann)   342
Tieck, Ludwig: Melankolie (Franz Loquai)   99
Uhland, Ludwig: Des Sängers Fluch (Fritz Martini)   320